高等教育法学教材

经济法概论
——流通法律制度（第四版）

主 编：刘 茵 副主编：阎章荣 金 曼
顾 问：尚 珂

知识产权出版社
全国百佳图书出版单位
—北 京—

图书在版编目（CIP）数据

经济法概论：流通法律制度/刘茵主编．—4 版．—北京：知识产权出版社，2021.3
ISBN 978 - 7 - 5130 - 2945 - 2

Ⅰ. ①经… Ⅱ. ①刘… Ⅲ. ①经济法—中国 Ⅳ. ①D922. 29

中国版本图书馆 CIP 数据核字（2021）第 037479 号

内容提要

随着我国社会主义市场经济的快速发展，作为调整国家对市场经济进行干预与管理的经济法的重要性日益凸显，经济法也普遍成为高等院校的必修课程。编者在吸收借鉴国内既有的经济法研究成果的基础上，更加突出市场流通法律制度的内容，并有所创新，即在对经济法、市场流通法的基本范畴、调整对象、基本原则、地位等理论问题进行系统阐述的基础上，以建立公平、公正、高效的市场经济秩序、完善国家对市场经济的微观管制与宏观调控为核心价值追求，遵循主体、流通行为概述、流通秩序、纠纷解决的法律制度逻辑顺序，对我国的经济法律制度进行了系统阐述。

本教材力求基本范畴、原理、制度的准确，做到知识的系统性与实用性相结合，并附有案例导入和推荐阅读等内容，可读性强，适合高等院校财经、工商管理类专业学生学习使用，也适合于其他专业的经济法学习者需要。对其他从事法律教学、实务工作的人员亦有参考价值。

责任编辑：石红华　国晓健　　　　　　责任校对：谷　洋
封面设计：回归线（北京）文化传媒有限公司　　责任印制：刘译文

经济法概论
——流通法律制度（第四版）
刘　茵　主编

出版发行：知识产权出版社有限责任公司		网　　址：http://www.ipph.cn		
社　　址：北京市海淀区气象路 50 号院		邮　　编：100081		
责编电话：010 - 82000860 转 8130		责编邮箱：shihonghua@ sina. com		
发行电话：010 - 82000860 转 8101/8102		发行传真：010 - 82000893/82005070/82000270		
印　　刷：三河市国英印务有限公司		经　　销：各大网上书店、新华书店及相关专业书店		
开　　本：787mm×1092mm　1/16		印　　张：18.75		
版　　次：2021 年 3 月第 4 版		印　　次：2021 年 3 月第 1 次印刷		
字　　数：400 千字		定　　价：68.00 元		

ISBN 978 - 7 - 5130 - 2945 - 2

第四版编写说明

　　《经济法概论——流通法律制度》教材自 2007 年出版并于 2008 年第一次修订以来，受到了读者的欢迎。在过去的十几年时间里，我们对该教材进行了三次修订，最近一次修订是 2014 年。随着经济的高速发展及各种高科技在经济领域特别是在流通领域的运用，我国市场的流通经济实践活动取得了长足的发展，流通经营活动的方式呈现多样化，网络购物快速增长，国家也因此修订或制定了大量的法律法规。在这一背景下，再次修订本教材，十分必要。自 2020 年 1 月开始，我们即着手进行本教材的修订工作。在保持第三版（该版本的作者为刘茵、吴长军、苗静、徐金桂、王惠玲、阎章荣）风格的基础上，本次修订主要是对所有的章节内容按照最新的法律制度进行修订、增补、删除，力求全面反映最新的法律法规和司法实践，以便更准确地理解和适用相关法律，为经济生活保驾护航。

　　修订后的《经济法概论——流通法律制度》（第四版）共 6 编十五章。

　　参加本书第四版修订的作者为：刘茵，阎章荣，金曼。

目　录

第六编 流通纠纷解决法律制度

第一编

经济法与市场流通法律概述

第一章　经济法概论

【本章提示】

　　经济法是一个独立的部门法。在学习经济法之前，只有先了解法的基础概念，如法的概念和特征、法律规制、法律渊源、法律体系、法律关系等内容，方能掌握经济法的基础理论。同时，由于行为既是经济法律关系中的客体，又是经济法律关系发生、变更和消灭的原因之一，因此非常有必要对行为的概念、特征、行为分类、生效要件以及不具备生效要件的法律后果等知识进行介绍，以便于对经济活动中各种行为进行法律效力的分析。再者，在经济活动中，存在着大量的代理行为，只有掌握代理的相关法律规定，才能运用代理的优势。最后，为了促进当事人及时行使自己的权利，避免将来不能获得法律上的保护，在法的基础理论结尾处介绍了诉讼时效的相关内容。在此基础上，再对经济法的基础理论进行阐述，包括经济法的产生、概念、调整对象、基本原则、经济法律关系、经济法律责任等基本内容。

【重点内容】

1. 法的概念和特征。
2. 法律关系。
3. 民事法律行为的生效要件，不具备生效要件的民事法律行为种类。
4. 代理的概念及代理权。
5. 无权代理和表见代理的异同。
6. 诉讼时效的中止、中断。
7. 经济法的概念和调整对象。
8. 经济法的基本原则。

第一节　法的基础理论

【案例导入】

全国首例"暗刷流量"案宣判：合同无效　收缴双方非法所得❶

　　常某长期从事互联网推广工作，因为工作原因，她结识了许某，但两人一直是网

---

❶ 摘自北大法宝 > 司法案例 > 案例报道，正文阅读有删减。http://www.pkulaw.cn.

上沟通未见过面。2017 年 9 月 11 日，许某通过微信向常某寻求"暗刷流量"，并提到是以"植入一个暗刷点击"的方式。其实质是希望借助其他 App 或广告的点击量，在其中植入暗刷点击，通过搭其他广告便车的方式，来刷其自身游戏的访问量，并且不被相关用户知晓。随后，双方达成一致意见，通过电子邮件确认了统计链接、结算方式、单价等内容，并确定按许某指定的第三方后台 CNZZ 统计数据结算。前两次暗刷后，许某都及时付款，但这一次许某以各种理由拒不付款。因此，常某起诉至北京互联网法院，请求法院判令许某支付服务费 3.07 万元及利息。

一、法的概念与特征

（一）法的概念

法的概念有很多种，根据马克思主义的观点，法是统治阶级意志和利益的体现，这种意志和利益的内容是由统治阶级的物质生活条件所决定，由国家制定或认可，并由国家强制力保证实施的行为规范体系。

（二）法的特征

与其他社会规范体系相比，法具有以下特征。

（1）法是调整行为关系的规范。

（2）法是由国家制定和认可的行为规范。

（3）法是由国家强制力保证实施的行为规范。

（4）法是以权利和义务为其内容的行为规范。

二、法律种类

按照不同的标准，可以把法律规则区分为不同的类型。

（一）按照规范内容划分

按照规范的内容不同，可分为授权性规则和义务性规则。

（1）授权性规则是规定人们可以按自己的意愿作出一定的行为或不作一定的行为，抑或依照自己的意愿要求他人作一定的行为或不作一定的行为的法律规则。

（2）义务性规则是规定人们必须为一定行为或不为一定行为的法律规则。

（二）按权利义务的刚性程度划分

按照权利义务的刚性程度不同，可分为强行性规则和任意性规则。

（1）强行性规则是指所规定的权利、义务具有绝对确定的性质，不允许当事人之间相互协议或任何一方任意予以变更的法律规则。

（2）任意性规则是指在法定范围内允许行为人自行确定其权利义务具体内容的法律规则。

（三）按照规则内容的确定性程度划分

按照规则内容的确定性程度不同，可分为确定性规则和非确定性规则。

（1）确定性规则是指内容已经完备，不用援引或参照其他规则来确定的规则。

（2）非确定性规则是指没有明确具体内容，需要引用其他法律来确定的规则。

三、法律渊源和法律体系

（一）法律渊源

法律渊源亦称法源，叫法的形式。法的渊源受政治、经济、思想、道德、文化等因素影响，在不同的国家及不同的历史阶段有不同的表现形式。纵观法的发展历史，法的渊源主要有制定法、判例法、习惯法、法理、国际协定和条约五种形式。

目前我国以制定法为法的主要渊源，根据《中华人民共和国立法法》（以下简称《立法法》）的规定，我国的法律渊源主要有以下几种：

（1）宪法。宪法是国家的根本大法。

（2）法律。法律是指由全国人民代表大会及其常委会制定的规范性文件。

（3）行政法规。行政法规是指由国家最高行政机关即国务院根据宪法和法律制定的规范性文件。

（4）地方性法规、自治条例和单行条例。

（5）规章。规章包括部门规章和地方性规章。

（6）国际条约和国际惯例。国际条约是指我国同外国缔结的双边和多边条约、协定和其他具有条约、协定性质的文件。国际惯例是指在国际实践中反复使用形成的、具有固定内容的、并为一国所承认、具有约束力的一种习惯做法或常例。

（7）特别行政区基本法及特别行政区法律。特别行政区基本法是指由全国人民代表大会根据宪法制定通过的，仅在特别行政区适用的规范性文件。特别行政区法律是指根据宪法和特别行政区基本法，在特别行政区内施行的法律。

（二）法律体系和法律部门

法律体系是指一个国家现行的全部法律规范，按照不同的法律部门分类组合而形成的一个呈体系化的有机联系的统一整体。❶

法律部门是指根据一定的标准和原则，按照法律调整社会关系的不同领域和不同方法等所划分的同类法律规范的总和。法律部门是法律体系的基本组成要素，各个不同的法律部门的有机组合，便成为一国的法律体系。❷

我国主要有宪法、行政法、民商法、刑法、经济法、劳动与社会保障法、诉讼法、自然资源与环境保护法等法律部门。

四、法律关系

（一）法律关系的概念

法律关系是指法律规范在调整人们行为的过程中形成的人与人之间的以权利和义务为内容的关系。

---

❶ 张文显主编：《法理学》，高等教育出版社 2004 年第 2 版，第 80 页。
❷ 同上，第 83 页。

（二）法律关系的构成要素

法律关系的构成要素有三个方面，即法律关系的主体、客体、内容。

（1）主体。即在法律关系中依法享有权利和承担义务的人或组织，也称为权利主体或权利义务主体。

（2）客体。即法律关系主体的权利和义务所指向的共同对象。

（3）内容。即法律关系主体所享有的权利和承担的义务。

（三）法律关系的发生、变更与消灭

法律关系的发生、变更与消灭都必须以一定的法律事实为依据。法律事实是由法律规定的，能够引起法律关系发生、变更与消灭的各种客观现象的总称。法律事实按照是否与人的意志相关，可分为行为和非行为。

（1）行为。通过人的作为或不作为而形成的事实状态，与人的意志有关的客观现象。❶ 又可根据是否以行为人的意思表示为要素，分表示行为和非表示行为。表示行为是行为内容以行为人的意思表示为要素的行为；非表示行为是指事实行为不考虑当事人的意愿，但仍可以引起一定的法律后果的行为。

（2）非行为。非行为是指与当事人意志无关的客观情况，又可分为事件和状态。事件是指某种客观现象的发生，如人的出生与死亡、自然灾害与意外事件等；状态是指某种客观现象的持续。如时间的经过、生死不明等。

五、民事法律行为

民事法律行为，是指民事主体通过意思表示设立、变更、终止民事法律关系的行为。

（一）成立与生效

（1）成立。一般情况下，当某项民事法律行为具备当事人、意思表示、标的这三项内容时，民事法律行为就成立。当法律规定某一具体的民事法律行为的成立，除须具备前三项内容外，还须具备其他特殊要件的，该民事法律行为在具备该特殊要件时成立。

（2）生效。生效是指成立后的民事法律行为取得法律认可的效力。按照《中华人民共和国民法典》（以下简称《民法典》）第一编总则（以下简称总则编）第143条的规定，民事法律行为的生效主要有三项：行为人具有相应的民事行为能力；意思表示真实；不违反法律、行政法规的强制性规定，不违背公序良俗。

（二）无效的民事法律行为

无效的民事法律行为是指因不具备民事法律行为生效要件，不能按照行为人的意愿产生法律效果的民事法律行为。例如，不发生买卖合同的效果。无效民事法律行为是自始、当然、确定的无效。结合总则编的相关规定，无效民事法律行为主要有以下几种类型：

---

❶ 《民法学》编写组：《民法学》，高等教育出版社2019年版，第38页。

（1）无民事行为能力人实施的；

（2）行为人与相对人以虚假的意思表示实施的；

（3）行为人与相对人恶意串通，损害他人合法权益的；

（4）违反法律、行政法规的强制性规定的，但是，该强制性规定不导致该民事法律行为无效的除外；

（5）违背公序良俗的。

（三）可撤销的民事法律行为

可撤销的民事法律行为是指行为虽然已经成立生效，但因具备法律规定的情形，行为人有权撤销的民事法律行为。

结合总则编的规定，包括以下情形：当行为存在重大误解；一方利用对方处于危困状态、缺乏判断能力等情形，致使民事法律行为成立时显失公平的；一方以欺诈手段，使对方在违背真实意思的情况下实施的民事法律行为；第三人实施欺诈行为，使一方在违背真实意思的情况下实施的民事法律行为，对方知道或者应当知道该欺诈行为的；受对方或第三人胁迫而实施的民事法律行为。

撤销权人撤销的意思表示应向人民法院或仲裁机构提出。撤销权人自知道或应当知道撤销事由之日起一年内、重大误解的当事人自知道或应当知道撤销事由之日起90日内、受胁迫的自胁迫行为终止之日起一年内没有行使撤销权的，撤销权消灭；当事人亦可以明确表示或以行为表明放弃撤销权。

撤销权的除斥期间是五年，即自民事法律行为发生之日起五年内没有行使撤销权的，撤销权消灭。

（四）效力待定的民事法律行为

效力待定的民事法律行为，是指已经成立但效力不能立刻生效，必须有待于第三人的追认或者形成其他法定条件方可生效的行为。

根据总则编的相关规定，效力待定的情形主要是限制民事行为能力人依法不能独立实施的民事法律行为。该行为经法定代理人同意或追认后有效，但纯获利益的合同或者与其年龄、智力、精神健康状况相适应而实施的民事法律行为有效。行为的相对人有权催告法定代理人自接到通知之日起在一个月内予以追认，在法定代理人追认之前，善意相对人有撤销的权利，撤销后，效力待定的民事行为自始无效。

（五）民事法律行为被确认无效的法律后果

按照总则编的规定，民事法律行为被确认为无效或者被撤销后自始没有法律效力。当事人因该行为取得的财产，应当予以返还。不能返还或者没有必要返还的，应当折价补偿。有过错的一方应当赔偿对方因此所受的损失，双方都有过错的，应当各自承担相应的责任。法律另有规定的，依照其规定。

六、代理

（一）概念和特征

（1）概念。根据总则编的规定，代理是指代理人在代理权限内，以被代理人的名义实施民事行为。代理关系由三方当事人构成：本人（即被代理人）、代理人、相对人（即第三人）。

（2）特征。一是代理人独立实施代理行为；二是以被代理人的名义进行；三是代理行为是能够产生民事权利义务的行为；四是代理行为的法律效力由被代理人承担。

（二）种类

代理的种类主要有委托代理、法定代理。

（1）委托代理。委托代理人按照被代理人的委托行使代理权。

（2）法定代理。法定代理人依照法律的规定行使代理权。

（三）无权代理

（1）概念。按照总则编的相关规定，无权代理是指行为人没有代理权而实施的代理行为。包括没有代理权、超越代理权或者代理权终止后仍以被代理人的名义从事的行为。

（2）法律后果。当无权代理没有得到被代理人的追认，对于被代理人不发生法律效力，由行为人承担法律后果。但此时相对人可以催告被代理人在接到通知之日起30日内追认，被代理人未作表示的，视为拒绝追认。在被代理人追认之前，善意相对人有撤销的权利。

行为人实施的行为未被追认的，善意相对人有权请求行为人履行债务或者就其受到的损害请求行为人赔偿。但是，赔偿的范围不得超过被代理人追认时相对人所能获得的利益。

相对人知道或者应当知道行为人无权代理的，相对人和行为人按照各自的过错承担责任。

（四）表见代理

（1）概念。行为人没有代理权、超越代理权或者代理权终止后，仍然实施代理行为，相对人有理由相信行为人有代理权的，为表见代理，该代理行为对被代理人有效。

（2）构成要件。①行为人无代理权；②相对人主观上须为善意且无过失；③客观上有使相对人相信无权代理人具有代理权的情形；④相对人基于对行为人拥有代理权的信赖，与行为人进行民事行为。

（3）法律效果。表见代理对于本人来说，产生与有权代理一样的效果。对于相对人来说，既可以主张其为无权代理，行使善意相对人的撤销权，使得整个代理行为归于无效，也可以主张其为表见代理，要求被代理人承担有效代理的法律后果。

（五）代理的其他规定

（1）不当代理的法律责任。代理人不履行或者不完全履行职责，造成被代理人损害的，应当承担民事责任。

代理人和相对人恶意串通，损害被代理人合法权益的，代理人和相对人应当承担连带责任。

（2）代理违法的法律责任。代理人知道或者应当知道代理事项违法仍然实施代理行为，或者被代理人知道或者应当知道代理人的代理行为违法未作反对表示的，被代理人和代理人应承担连带责任。

（3）禁止自己代理和双方代理。代理人不得以被代理人的名义与自己实施民事法律行为，但是被代理的双方同意或者追认的除外。代理人不得以被代理人的名义与自己同时代理的其他人实施民事法律行为，但是被代理的双方同意或者追认的除外。

（4）转委托的规定。即复代理，代理人需要转委托第三人代理的，应当取得被代理人的同意或者追认。转委托代理经被代理人同意或者追认的，被代理人可以就代理事务直接指示转委托的第三人，代理人仅就第三人的选任以及对第三人的指示承担责任。转委托代理未经被代理人同意或者追认的，代理人应当对转委托的第三人的行为承担责任；但是，在紧急情况下代理人为了维护被代理人的利益需要转委托第三人代理的除外。

（5）职务代理的规定。执行法人或者非法人组织工作任务的人员，就其职权范围内的事项，以法人或者非法人组织的名义实施的民事法律行为，对法人或者非法人组织发生效力。法人或者非法人组织对执行其工作任务的人员职权范围的限制，不得对抗善意相对人。

 扩充阅读

为追 17 万元货款及利息状告买方，表见代理不成立部分诉请被驳回❶

2010 年 1 月 8 日，原告与自称是某长城集团公司员工的叶某、李某签订了建筑模板销售合同。原告按约定将货送至被告指定工地，被告某长城集团公司向原告支付了部分货款。2011 年，经结算，叶某出具了尚欠原告货款 17 万元的欠条。后原告将被告某长城集团公司、叶某、李某诉至江西省吉安市吉州区人民法院，请求判令被告某长城集团公司支付其木胶板款 17 万元及利息，被告叶某、李某承担连带责任。

吉州法院经审理认为，2009 年 11 月 7 日，叶某以包工包料形式承包某长城集团公司的模板工程，与该公司签订了模板承包合同，系承包合同关系。原告认为叶某、李某系某长城集团公司员工，属表见代理，因无证据证实，法院不予采信。叶某、李某与原告签订的合同，未加盖某长城集团公司的公章，也未得到公司追认，根据合同相对性，叶某、李某购买木胶板系个人行为。某长城集团公司未对叶某出具的欠条盖章，未以确认。某长城集团公司虽付过款给原告，但并不必然证明双方存在买卖合同关系，原告要求某长城集团公司承担支付责任，证据不足，法院不予支持，该货款及利息应由叶某、李某承担。

2012 年 10 月 18 日，吉州法院一审判决被告叶某、李某共同偿付原告货款 17 万元及利息；驳回原告其他诉讼请求。

七、民事责任

民事责任，是指民事主体不履行或者不完全履行民事义务应当依法承担的法律

后果。

1. 承担民事责任的方式

承担民事责任的方式主要有：停止侵害；排除妨碍；消除危险；返还财产；恢复原状；修理、重作、更换；继续履行；赔偿损失；支付违约金；消除影响、恢复名誉；赔礼道歉。承担民事责任的方式，可以单独适用，也可以合并适用。

法律规定惩罚性赔偿的，依照其规定。

2. 不承担民事责任的情形

（1）因不可抗力不能履行民事义务的，不承担民事责任。法律另有规定的，依照其规定。不可抗力是不能预见、不能避免且不能克服的客观情况。

（2）因正当防卫造成损害的，不承担民事责任。正当防卫超过必要的限度，造成不应有的损害的，正当防卫人应当承担适当的民事责任。

（3）因紧急避险造成损害的，由引起险情发生的人承担民事责任。危险由自然原因引起的，紧急避险人不承担民事责任，可以给予适当补偿。紧急避险采取措施不当或者超过必要的限度，造成不应有的损害的，紧急避险人应当承担适当的民事责任。

（4）因保护他人民事权益使自己受到损害的，由侵权人承担民事责任，受益人可以给予适当补偿。没有侵权人、侵权人逃逸或者无力承担民事责任，受害人请求补偿的，受益人应当给予适当补偿。

（5）因自愿实施紧急救助行为造成受助人损害的，救助人不承担民事责任。

3. 违约责任与侵权竞合的责任承担

因当事人一方的违约行为，损害对方人身权益、财产权益的，受损害方有权选择请求其承担违约责任或者侵权责任。

八、诉讼时效

（一）概念、效力和适用范围

（1）概念。诉讼时效是指权利状况经过一段法定时间而失效或减损，即因不行使权利达到一定期限后，该权利不受法律保护。

（2）效力。诉讼时效的效力是指当诉讼时效完成后，产生何种法律效果。在我国立法和司法实务中采取抗辩权发生主义，即当诉讼时效完成后，权利人的实体权利并没有消灭，仍然具有起诉权，但义务人取得拒绝履行的抗辩权。

（3）适用范围。在我国，诉讼时效主要适用于债权请求权。但以下债权请求权不适用诉讼时效：①请求停止侵害、排除妨碍、消除危险；②不动产物权和登记的动产物权的权利人请求返还财产；③请求支付抚养费、赡养费或者扶养费；④依法不适用诉讼时效规定的其他请求权。

（二）诉讼时效的种类

（1）普通诉讼时效。凡是法律没有规定特别诉讼时效的，都应该适用普通的诉讼时效。我国法律规定普通诉讼时效的期间是 3 年。

（2）特别诉讼时效。我国规定的特别诉讼时效有两种：①长期诉讼时效。其是指时效期间在 3 年至 20 年（不包括 3 年和 20 年）之间的诉讼时效。如《合同法》规定，涉外货物买卖合同争议提起诉讼或仲裁的诉讼时效为 4 年。②最长权利保护期。其是指从权利被侵害之日起超过 20 年的，人民法院不予保护。

（三）诉讼时效期间的起算、中止、中断与延长

（1）诉讼时效期间的起算。诉讼时效期间从权利人知道或应当知道权利被侵害以及义务人之日起计算。

当事人约定同一债务分期履行的，诉讼时效期间自最后一期履行期限届满之日起计算。

无民事行为能力人或者限制民事行为能力人对其法定代理人的请求权的诉讼时效期间，自该法定代理终止之日起计算。

未成年人遭受性侵害的损害赔偿请求权的诉讼时效期间，自受害人年满十八周岁之日起计算。

（2）诉讼时效的中止。在诉讼时效期间的最后六个月内，因不可抗力，诉讼时效中止；无民事行为能力人或者限制民事行为能力人没有法定代理人，或者法定代理人死亡、丧失民事行为能力、丧失代理权，诉讼时效中止；继承开始后未确定继承人或者遗产管理人，诉讼时效中止；权利人被义务人或者其他人控制等障碍，不能行使请求权的，诉讼时效中止。从中止时效的原因消除之日起，诉讼时效期间继续计算 6 个月。

（3）诉讼时效的中断。有下列情形之一的诉讼时效中断：因权利人向义务人提出履行请求；义务人同意履行义务；权利人提起诉讼或者申请仲裁；与提起诉讼或者申请仲裁具有同等效力的其他情形。从中断、有关程序终结时起，诉讼时效期间重新计算。

（4）诉讼时效的延长。从权利被侵害之日起超过 20 年的，人民法院不予保护。有特殊情况的，人民法院可以延长诉讼时效期间。

诉讼时效的期间、计算方法以及中止、中断的事由由法律规定，当事人约定无效。当事人对诉讼时效利益的预先放弃无效。

九、期间计算

民法所称的期间按照公历年、月、日、小时计算。

按照年、月、日计算期间的，开始的当日不计入，自下一日开始计算。按照小时计算期间的，自法律规定或者当事人约定的时间开始计算。

按照年、月计算期间的，到期月的对应日为期间的最后一日；没有对应日的，月末日为期间的最后一日。

期间的最后一日是法定休假日的，以法定休假日结束的次日为期间的最后一日。期间的最后一日的截止时间为二十四时；有业务时间的，停止业务活动的时间为截止时间。

期间的计算方法依照《民法典》的规定，但是法律另有规定或者当事人另有约定的除外。

（一）一般原则

经济法作为法律的一部分，它与其他法律有着共同遵循的一般原则，如遵守宪法的原则，此外还必须遵循客观经济规律的原则。

（二）特有原则

经济法作为一个独立的法律部门，除了必须遵循一般原则，还必须遵循经济法所特有的原则。

（1）国家干预与市场自由相统一的原则。国家统一领导和经济实体自主经营是相辅相成、不能偏废的。两者结合才能使各个企业的经济活动既符合国民经济发展的总体要求，又能适应复杂多变的社会需要，保证各个企业生产经营的多样性、灵活性和进取性，增强企业活力，搞活整个国民经济。

（2）平衡协调原则。平衡协调是指经济法的立法和执法应从整个国家经济的协调发展和社会整体利益出发，来调整具体经济关系，协调经济利益关系，以促进、引导或强制实现社会整体目标与个体利益目标的统一。

（3）权利制衡原则。法律的直接目的是承认或设定人们的权利。但享有权利，就必须承担义务。国家、政府和一切国家经济管理机关在组织、管理社会经济活动中，以及企业和企业机构在组织生产和经营中都需要有一定的权利作保障。但这些权利，都必须是有一定限度的，并有一定的力量和机制予以制约。

（4）维护公平竞争原则。维护公平竞争原则是经济法反映现代市场经济内在要求和理念的一项核心的、基础性的原则。公平竞争作为合理民商关系的本质要求，在市场经济中却有可能被背离诚实信用原则与商业道德的不正当竞争现象以及经济力量集中的垄断现象所扭曲，从而使市场机制合理优化配置资源的目的落空。经济法作为"有形之手"与"无形之手"相结合的产物，必然要担负起维护和保障市场机制正常发挥作用的重任，确立公权对私权合理干预的法律秩序。

四、经济法律关系

（一）经济法律关系的概念

经济法律关系就是由经济法确认的，国家在干预和协调社会经济过程中形成的经济法主体之间的权利和义务关系。

（二）经济法律关系的构成要素

经济法律关系由主体、内容、客体三个要素构成。

（1）经济法律关系的主体，简称经济法主体，是指参加经济法律关系、享受经济权利、承担经济义务的当事人。

（2）经济法律关系的内容，是指经济法律关系主体享有的经济权利和承担的经济义务。

（3）经济法律关系的客体，是指经济法律关系主体的权利和义务所指向的对象，主要是经济性行为。这些行为可以分为两大类，即经济管理主体所从事的经济管理行为与经济活动主体所从事的基本经济行为。

五、经济法律责任

经济法律责任是指经济法律关系主体违反了经济法律、法规而依法应当由经济法律关系主体及其责任人员承担的法律后果。或者说是国家专门机关，包括人民法院、检察院、行政执法机关等对经济违法、犯罪行为而采取的处分或惩罚措施。

承担经济法律责任的形式主要有三种：民事责任、行政责任和刑事责任。

（一）民事责任

民事责任是指经济法律关系主体违反了经济法律、法规，依法应当承担的民事法律后果。民事法律后果主要有：赔偿经济损失；定金制裁；支付违约金；消除障碍；修理更换；返还财产等。

（二）行政责任

行政责任是指经济法主体违反了经济法律、法规，依法应当承担的行政处罚。或者说是国家行政机关或国家授权的有关单位对违反经济法律、法规的单位或个人依法采取的行政制裁措施。行政制裁措施主要有：警告；罚款；没收违法所得、没收非法财物；责令停产、停业；暂扣或吊销许可证和营业执照。

（三）刑事责任

刑事责任是指国家审判机关对严重违反经济法并触犯刑律的个人或单位依法采取的刑事制裁措施。追究刑事责任是最严厉的一种法律责任形式。刑事制裁措施主要有：管制、拘役、有期徒刑、无期徒刑、死刑五种主刑和罚金、剥夺政治权利等附加刑。

本书涉及法律全称简称对应表

全 称	简 称
《中华人民共和国立法法》	《立法法》
《中华人民共和国民法典》	《民法典》
《中华人民共和国合同法》	《合同法》
《中华人民共和国公司法》	《公司法》
《保护贸易和商业不受非法限制与垄断之害法》	《谢尔曼法》
《中华人民共和国全民所有制工业企业法》	《全民所有制工业企业法》
《中华人民共和国城镇集体所有制企业条例》	《城镇集体所有制企业条例》
《中华人民共和国合伙企业法》	《合伙企业法》
《中华人民共和国个人独资企业法》	《个人独资企业法》
《中华人民共和国外商投资法》	《外商投资法》
《中华人民共和国反不正当竞争法》	《反不正当竞争法》
《中华人民共和国产品质量法》	《产品质量法》
《中华人民共和国消费者权益保护法》	《消费者权益保护法》
《中华人民共和国预算法》	《预算法》

全　称	简　称
《中华人民共和国审计法》	《审计法》
《中华人民共和国中国人民银行法》	《中国人民银行法》
《中华人民共和国商业银行法》	《商业银行法》
《中华人民共和国税收征收管理法》	《税收征收管理法》
《中华人民共和国个人所得税法》	《个人所得税法》
《中华人民共和国土地管理法》	《土地管理法》
《中华人民共和国城市房地产管理法》	《城市房地产管理法》
《中华人民共和国农业法》	《农业法》
《中华人民共和国对外贸易法》	《对外贸易法》
《中华人民共和国电子商务法》	《电子商务法》
《中华人民共和国价格法》	《价格法》
《中华人民共和国反垄断法》	《反垄断法》
《中华人民共和国经济合同法》	《经济合同法》
《中华人民共和国中外合资经营企业法》	《中外合资经营企业法》
《中华人民共和国中外合作经营企业法》	《中外合作经营企业法》
《中华人民共和国民法通则》	《民法通则》
《中华人民共和国烟草专卖法》	《烟草专卖法》
《中华人民共和国食品卫生法》	《食品卫生法》
《中华人民共和国广告法》	《广告法》
《中华人民共和国招标投标法》	《招标投标法》
《中华人民共和国标准化法》	《标准化法》
《中华人民共和国计量法》	《计量法》
《中华人民共和国拍卖法》	《拍卖法》
《中华人民共和国食品安全法》	《食品安全法》
《中华人民共和国药品管理法》	《药品管理法》
《中华人民共和国电子签名法》	《电子签名法》
《中华人民共和国循环经济促进法》	《循环经济促进法》
《中华人民共和国清洁生产促进法》	《清洁生产促进法》
《中华人民共和国固体废物污染环境防治法》	《固体废物污染环境防治法》
《中华人民共和国企业破产法》	《企业破产法》
《中华人民共和国民法典》	《民法典》
《中华人民共和国票据法》	《票据法》
《中华人民共和国政府采购法》	《政府采购法》
《中华人民共和国公路法》	《公路法》
《中华人民共和国铁路法》	《铁路法》
《中华人民共和国民用航空法》	《民用航空法》

续表

全　称	简　称
《中华人民共和国保险法》	《保险法》
《中华人民共和国专利法》	《专利法》
《中华人民共和国商标法》	《商标法》
《中华人民共和国环境保护法》	《环境保护法》
《中华人民共和国进出口商品检验法》	《进出口商品检验法》
《中华人民共和国进出境动植物检疫法》	《进出境动植物检疫法》
《中华人民共和国著作权法》	《著作权法》
《中华人民共和国海商法》	《海商法》
《中华人民共和国安全生产法》	《安全生产法》
《中华人民共和国农产品质量安全法》	《农产品质量安全法》
《中华人民共和国侵权责任法》	《侵权责任法》
《中华人民共和国民事诉讼法》	《民事诉讼法》
《中华人民共和国行政诉讼法》	《行政诉讼法》
《中华人民共和国刑法》	《刑法》
《中华人民共和国治安管理处罚法》	《治安管理处罚法》
《中华人民共和国企业所得税法》	《企业所得税法》
《中华人民共和国资源税法》	《资源税法》
《中华人民共和国海关法》	《海关法》
《中华人民共和国企业所得税法实施条例》	《企业所得税法条例》
《中华人民共和国行政复议法》	《行政复议法》
《中华人民共和国仲裁法》	《仲裁法》

注：从第二章起相关法律均直接用简称。

复习思考题

1. 法的概念和特征。
2. 法律规制的种类。
3. 法律关系的构成要素及引起法律关系变动的原因。
4. 民事法律行为的分类。
5. 民事法律行为的成立与生效要件。
6. 无效民事法律行为的类型。
7. 可撤销的民事法律行为的类型。
8. 效力待定的民事法律行为类型。
9. 代理的种类。
10. 无权代理和表见代理的异同。
11. 诉讼时效的种类。
12. 诉讼时效的中止条件和中断条件。

13. 经济法的调整对象。
14. 经济法的原则。

 推荐阅读

1. 常某某与被告许某、第三人马某某网络服务合同纠纷
   北京互联网法院/（2019）京 0491 民初 2547 号/2019.5.23
2. 蔡文金与漳州市恒昌物流有限公司借款合同纠纷上诉案
   福建省漳浦县人民法院/（2016）闽 06 民终 2604 号/2017.2.28
3. 吴某诉葛某股票期货委托理财合同纠纷案
   上海市第一中级人民法院/（2015）沪一中民一（民）终字第 2655 号/2015.9.25
4. 磁能公司诉新世纪公司超过诉讼时效主张债权被驳回案
   江苏省泰州市中级人民法院/（2015）泰中商终字第 00240 号/2015.9.17
5. 中国远大集团有限责任公司与中国轻工业对外经济技术合作公司进出口代理合同纠纷案
   最高人民法院/（2015）民提字第 128 号/2015.10.12

第二章 市场流通法律概论

【本章提示】

本章主要阐述了市场流通及市场流通法律的基本知识。首先介绍了市场流通的内涵及特征，阐述了市场流通在国民经济发展中的地位，分析了市场流通规制的内涵及特征，阐述了市场流通政策；其次阐述了市场流通法的概念、价值目标及基本原则；再者阐述了市场流通法的地位，分析了市场流通法与经济法、产品质量法、消费者权益保护法、反不正当竞争法、反垄断法和自然资源环境保护法的辩证关系；最后简要阐述了我国市场流通法律建设的发展历程。

【重点内容】

1. 市场流通的内涵及特征。
2. 市场流通在国民经济发展中的地位。
3. 市场流通规制的内涵及特征。
4. 市场流通法的价值目标。
5. 市场流通法律的基本原则。
6. 市场流通法律的地位。
7. 市场流通法律建设的发展历程。

第一节 市场流通概论

一、市场流通的内涵及特征

（一）市场流通概念

广义的市场流通是指人类生产成果及一切生产要素的流动过程，如商品流通、货币流通、资金流通、劳动力流通、信息流通等。狭义的市场流通是指商品流通，即商品（包括服务）由生产领域到消费领域的社会转移过程，它是所有权的转移（商流）与商品实体转移（物流）两种形式分别进行或并行的过程。❶ 所谓商流是指商品价值形态变化即所有权变更的运动过程；所谓物流是指使用价值变动即商品实体物质运动的过程；所谓信息流是指把商流与物流两个运动过程中所发生的信息传递和反馈的过

---

❶ 夏春玉编著：《当代流通理论——基于日本流通问题的研究》，东北财经大学出版社 2005 年版，第 1 页。

程。商品流通就是商流、物流、信息流三者的统一。市场流通是社会产品从生产领域进入流通领域所经过的全部过程。

（二）市场流通的特征

（1）流通主体独立自主。即市场流通的参与者在交换活动中拥有独立决策和行动的独立人格，他们拥有经营自主权。

（2）市场交换自由平等。自由和平等是市场经济发展的本质要求和内在规定。商品交换的实现，是买卖双方自愿、合意缔结的结果，它是交易双方各自意志的表达。

（3）市场流通竞争公平。公平竞争是市场经济体制下商品流通有序发展的基石。国家通过法律对不正当竞争行为与非法垄断行为予以规制，以维护公平自由的市场竞争秩序。因此，无论是商品生产者还是经营者，必须公平竞争，注重产品质量，讲究商业信誉。

（4）市场流通统一开放。社会主义市场经济是一个统一开放、自由竞争的市场，商品流通作为市场经济条件下的广泛的商品交换，必然也是一个开放性的市场。在市场经济体制下，价值规律、供求规律、竞争规律等共同发挥作用，企业在追求自身利益最大化的同时，完成了资源的最优配置。❶

二、市场流通在国民经济发展中的地位

流通是生产的前提和要素。流通产业在国民经济发展中居于基础性先导地位。

（一）流通是推动经济增长的重要力量

消费是借助流通来实现的，因而承担着消费转化职能的流通具有重要引领与主导作用。我国流通产业在促进生产、引导消费、推动经济结构调整和经济增长方式转变等方面的作用日益突出。

（二）流通是市场经济发展的要求

流通不仅可以引导生产和消费，而且对稳定经济全局和优化资源配置的作用也越来越大。流通产业已成为促进经济全面发展的基础性与先导性产业。商品流通市场体系的培育是整个市场体系建立的基础条件。

（三）流通是经济运行状况的反映

经济结构是否合理、国民经济是否协调发展，首先会在流通领域表现出来。流通反映着国民经济产业结构合理化的程度。流通的顺畅与否，决定着国民经济能否实现良性循环。❷

三、市场流通规制的内涵及特征

（一）市场流通规制的内涵

市场流通规制，是指以法律、行政法规、规章、政策等制度对市场流通经济活动

---

❶ 纪良纲著：《商品流通学》，中国物价出版社2002年版，第78－79页。
❷ 李薇辉、茆训诚编著：《流通经济理论与政策》，华东理工大学出版社2008年版，第36页。

加以规范、引导、限制的行为；是国家运用公权力介入社会经济生活，克服和弥补"市场失灵"的主要手段。国家通过制定行为规范引导、调节、控制、监督市场主体的经济行为，规范、约束市场监管主体的管理行为，从而保护消费主体的利益。

（二）市场流通规制的主要特征

（1）规制主体的公共性。公共性是指在以市场机制为基础的经济体制下，以矫正或改善流通市场机制失灵为目的，政府干预流通市场主体活动的行为。

（2）规制角度的限制性。限制性即为了维护公共利益，通过限制流通市场主体的意思自治，对阻碍流通市场机制发挥应有功能的现象加以限制，如价格限制、数量限制或经济许可等。

（3）规制内容的经济性。流通规制是以克服"市场失灵"为出发点的经济性规制，以反不正当竞争、反垄断和保护消费者权益为着力点，维护公平自由竞争的市场秩序。

（4）规制范围的微观性。流通规制虽然对宏观经济会产生影响，但其直接对象是微观经济行为。

（5）规制政策的动态性。由于流通市场的变动性与不确定性，流通规制始终处于动态之中，需要根据流通市场的发展情况予以动态调整，达到最佳的规制目标。

第二节　市场流通法的概念、价值目标与基本原则

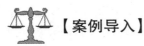 【案例导入】

快递未获同意就"入柜"，遭遇纠纷谁来赔？❶

好鲜公司在某电商平台经营一家销售生鲜水果的网店。2019年7月17日，李先生在该店购入一箱奇异果，订单实价29.8元，红包抵扣2.6元，实付27.2元。同日，好鲜公司通过某快递公司发货。7月18日，包裹被存放至李先生所在小区的智能快件箱。李先生称快递公司未经其允许擅自将包裹放置智能快件箱2天，放置后也未电话或短信告知他。7月20日，包裹被快递员取出，退回至好鲜公司。7月27日，物流信息显示退回的包裹已被好鲜公司签收。看到物流信息后，李先生认为自己全程被"蒙在鼓里"，感到十分生气，于是联系好鲜公司，要求退还货款，却被好鲜公司拒绝。因此，李先生将好鲜公司诉至广州互联网法院，请求法院判令好鲜公司退还款项29.8元。

法院审理后认为，《电子商务法》第20条规定：电子商务经营者应当按照承诺或者与消费者约定的方式、时限向消费者交付商品或者服务，并承担商品运输中的风险和责任。但是，消费者另行选择快递物流服务提供者的除外。本案中，由于快递公司擅自将生鲜产品投递于智能快件箱，且未履行告知义务，导致李先生未收到涉案商品，此风险应由好鲜公司承担。李先生诉请好鲜公司退还货款，事实清楚，理由充分，法

---

❶ 摘自北大法宝＞司法案例＞案例报道，正文阅读有删减。http://www.pkulaw.cn.

院予以支持。

广州互联网法院遂判决，被告好鲜公司于判决生效之日起十日内向原告李先生退还货款27.2元。案件受理费由被告好鲜公司承担。目前该判决已发生法律效力。

一、市场流通法的概念

市场流通法是指国家立法机关制定的调整市场流通经济关系的法律。市场流通法的内涵可以概括为，为了流通整体的安全与效率，以流通过程中发生的人与人之间的利益经济关系为调整对象的法律规范的总和。

市场流通法属于经济法范畴，是经济法在市场流通领域的应用与发展。市场流通领域的法律、行政法规及部分规章共同构成市场流通法体系。

二、市场流通法的价值目标

法的价值是指在作为主体的人与作为客体的法之间的关系中，法对人的积极意义和有用性。市场流通法是经济法体系中的重要部门法，它具有一般法的价值，同时也有其独特的价值，即市场流通法追求流通安全、效率。

（一）安全

保障市场流通安全，是现代市场流通市场稳定运行的前提条件。安全目标包含两个层面的含义，既包含流通市场的安全，也包含流通商品本身的安全。市场流通法的安全价值属于整体安全，以保护消费者安全权益为目的。国家通过规范现代市场流通组织方式、现代交易方式、现代信息处理模式，以及规范流通经营者的经营行为，维护流通市场秩序安全，维护市场流通的整体安全；同时加强对商品质量与数量监管，实施市场流通监测，加强应急调控等措施，保障流通商品及相关服务的安全。

 扩充阅读

"永健"保健品非法传销案❶

2005年11月3日，沂源县工商局公平交易局的执法人员接到群众的咨询，群众询问某公司的营销行为是不是合法的。经过研究，县局初步认定这是一种传销行为，并决定对此案进行调查。通过调查查明，银杏保健品公司的营销方式为："消费者"购买一单价款为1280元的"永健"银杏系列产品，即成为公司"优惠顾客"，即得推荐他人购买"永健"银杏系列产品的资格，当推荐三人成为公司的"优惠顾客"后，"消费者"便成为公司"嘉宾顾客"而享有"消费分红"的权利，每周分红一次。

"消费者"自成为"嘉宾顾客"后的下一周开始，第一周分红600元，第二周分红500元，以后每周300元，直到分红53310元为止。在此轮分红过程中，当分红达到10000元时，公司扣下1280元，再购买一份公司产品，成为一个新的"优惠顾客"，当再推荐至三人且每人购买一单（1280元）产品时，即又成为公司"嘉宾顾客"，又享

---

❶ 徐孟洲著：《经济法学原理与案例教程》，中国人民大学出版社2010年版，第54页。

有分红的权利，分红率同上，以此类推。这起保健品传销案件，属于国务院颁布且于2005 年 11 月 1 日起施行的《禁止传销条例》第 7 条第 2 款所规定的传销行为，即通过发展人员，要求被发展人员以认购商品方式变相交纳费用，取得加入的资格，牟取非法利益的传销活动。

（二）效率

提高市场流通效率是促进国民经济发展的基本要求，因此效率是市场流通法的重要价值目标之一。市场流通法效率价值追求的是社会整体效率价值。

流通效率的提高有赖于优化市场匹配机制、促进管理和技术创新等政策措施的实施。国家促进市场流通组织合理化，推行市场流通标准化，鼓励现代技术的应用，促进流通方式和管理创新，降低流通成本，提高流通效率。

三、市场流通法的基本原则

市场流通法的基本原则贯穿于市场流通法制全过程，是为市场流通法所确认和体现的总的指导思想和根本法律准则。它是市场流通法的性质、任务、目的、调整对象和调整方法的综合概括，是市场流通法本质的集中体现。

（一）可持续发展原则

可持续发展是指既满足当代人的需求，又不损害后代人满足需要能力的发展。市场流通的可持续发展是指今天的市场流通结果不应影响到未来市场流通的环境及资源条件。市场流通业属于高耗能性产业，与经济社会可持续发展密切相关，更应贯彻可持续发展原则，推行节能降耗和绿色流通措施，减少资源消耗，保护环境，实现经济、社会、资源和环境保护的协调发展。

（二）市场调节与国家调控统一原则

市场经济要求市场在配置资源中起决定性作用，但市场存在失灵现象，因此要对市场进行国家调控。国家对市场流通的调控应本着适度与合理原则，合理界定行政权力的边界，着眼于促进与规范相结合；并遵守统一市场原则，各级政府主管部门应当分别在职责范围和管辖范围内取消有可能妨碍国内统一市场形成的各类文件和规定，采取积极措施为市场流通主体创造有序、公平的市场竞争环境。

扩充阅读

国家发展改革委处罚液晶面板价格垄断案❶

2013 年 1 月，国家发展改革委对韩国三星、LG，我国台湾地区奇美、友达、中华映管和瀚宇彩晶等六家国际大型液晶面板企业 2001 年至 2006 年的价格垄断行为进行处罚，包括责令退还、没收和罚款总金额达 3.53 亿元。记者就相关问题采访了国家发展改革委有关负责人。

---

❶ 参见《国家发展改革委有关负责人就液晶面板价格垄断案答记者问》，http://news.163.com/13/0104/11/8KCFA90800014JB5.html，2014 年 1 月 10 日访问。

1. 这些企业如何实施价格垄断行为。2001 年至 2006 年六年时间里，韩国三星等六家液晶面板生产企业在我国台湾地区、韩国共召开 53 次"晶体会议"，针对全球市场交换液晶面板市场信息，协商液晶面板价格。在中国大陆境内销售液晶面板时，涉案企业依据晶体会议协商的价格或互相交换的有关信息，操纵了液晶面板市场价格。据统计，2001 年至 2006 年，面板成本占彩电生产成本的 80% 左右。近年来这一比例有所回落，但也在 70% 左右。涉案企业的价格垄断行为损害了国内彩电企业和消费者的合法权益。

2. 用《价格法》而不用《反垄断法》进行处罚的原因。本案价格违法行为发生在 2001 年至 2006 年，由于当时我国《反垄断法》尚未颁布施行，按照法律不溯及既往，以及在新旧法间从旧兼从轻的原则，我们依据《价格法》对此案进行了定性处罚。涉案企业在 2001 年至 2006 年通过晶体会议等形式交换价格信息，协商液晶面板价格，并在我国大陆境内进行具体实施，违反了《价格法》第 14 条第 1 项"相互串通，操纵市场价格，损害其他经营者或者消费者的合法权益"的规定，按照《价格法》第 40 条、第 41 条规定，国家发展改革委责令涉案企业退还国内彩电企业多付价款 1.72 亿元，没收违法所得 3675 万元，并处罚款 1.44 亿元，以上经济制裁总计 3.53 亿元。

3. 该案的调查时间。液晶面板价格垄断案，欧盟 2010 年 12 月 8 日进行处罚，调查历时四年多；韩国 2011 年 10 月 30 日进行处罚，调查历时五年多；最早开始此案调查的美国今年❶9 月 21 日才完成对于友达的审理与处罚，历时六年以上。欧盟最近刚刚公布的阴极射线管价格垄断案，从调查到宣布处罚历时近六年时间。本案的调查过程是复杂和曲折的，证据的提取难度很大，需要精心准备，利用持续的反垄断调查压力和宽大政策，迫使企业前来自首。调查工作投入了大量的人力、物力、财力和时间，用于搜集线索、外围摸底、调查取证、数据比对、经济分析、固定证据、接受自认、案件审理、实施处罚等工作。因此，调查的时间周期比较长。

4. 这次处罚对国内相关行业的影响。此次价格执法对进一步促进相关产业合作与技术交流，有效提升我国彩电企业竞争力发挥了重要作用。涉案企业承诺今后将严格遵守我国法律，自觉维护市场竞争秩序，保护其他经营者和消费者合法权益；承诺尽最大努力向我国彩电企业公平供货，向所有客户提供同等的高端产品、新技术产品采购机会；承诺对我国彩电企业内销电视提供的面板无偿保修服务期限由 18 个月延长到 36 个月。据了解，韩国的 LG，我国台湾地区的奇美、友达等企业已经在 2012 年 12 月前开始实施保修期延长政策，韩国三星也将于 2013 年 1 月 1 日起实施。据行业协会测算，仅此一项每年可为国内彩电企业减少维修成本支出 3.95 亿元。

第三节　市场流通法的地位

市场流通法的地位问题实际是该法律在整体部门法律体系中的地位问题。市场流通法不是一项独立的法律部门，从性质上应当属于经济法范畴，是经济法的子部门法，但具有相对的独立性。

---

❶ 指 2013 年。

一、市场流通法与经济法的关系

市场流通法是经济法的范畴。因为经济法的本质就是国家对经济活动的管理与调控。市场流通法仅仅局限于国家在流通领域对经济的调控，而不是所有领域。

市场流通法是经济法的一个下位概念。市场流通法的调整对象是指国家为了流通领域的公共利益，对流通经济活动进行管理与调控所形成的国家与当事人之间或当事人相互之间的社会经济关系。

扩充阅读

以我国食品药品监督管理体制为例，2013 年 3 月，国务院办公厅下发了《国务院办公厅关于印发国家食品药品监督管理总局主要职责内设机构和人员编制规定的通知》，对新成立的国家食品药品监督管理总局主要职责、内设机构和人员编制作出了规定，明确了相关职责分工。比如在国家食品药品监督管理总局与商务部的有关职责分工上，商务部负责拟订药品流通发展规划和政策，国家食品药品监督管理总局负责药品流通的监督管理，配合执行药品流通发展规划和政策；商务部负责拟订促进餐饮服务和酒类流通发展规划和政策，国家食品药品监督管理总局负责餐饮服务食品安全和酒类食品安全的监督管理；商务部发放药品类易制毒化学品进口许可前，应当征得国家食品药品监督管理总局同意等。❶

二、市场流通法与产品质量法的关系

市场流通法与产品质量法同属于经济法范围，但既有区别又有联系，具有互补作用。主要区别，一是立法目的不同。我国市场流通法的立法目的可确定为：规范与促进市场流通，建立统一开放、竞争有序、高效安全、城乡一体的现代流通市场，保护经营者和消费者的合法权益，维护社会公共利益，保障社会经济持续健康稳定发展。产品质量法的立法目的在于：加强对产品质量的监督管理，提高产品质量水平，明确产品质量责任，保护消费者的合法权益，维护社会经济秩序。二是适用范围不同。市场流通法作为调整市场流通方面的法，适用于中华人民共和国境内从事市场流通经营活动及其监督管理活动。产品质量法适用于在中华人民共和国境内从事产品生产、销售的活动。

三、市场流通法与消费者权益保护法的关系

市场流通法与消费者权益保护法同属于经济法范围，主要区别一是立法目的不同：市场流通法的立法目的是规范与促进市场流通，建立统一开放、竞争有序、高效安全、城乡一体的现代市场流通市场，保护经营者和消费者的合法权益，维护社会公共利益，保障社会经济持续健康稳定发展。消费者权益保护法的立法目的在于保护消费者的合

---

❶ 《国务院办公厅关于印发国家食品药品监督管理总局主要职责内设机构和人员编制规定的通知》（2013 年 3 月）。

法权益，维护社会经济秩序，促进社会主义市场经济健康发展。二是适用范围不同：市场流通法作为国内法，适用于中华人民共和国境内从事市场流通经营活动和监督管理活动。消费者权益保护法适用于消费者为生活消费需要购买、使用商品或者接受服务的活动；经营者为消费者提供其生产、销售的商品或者提供服务的活动。

四、市场流通法与反不正当竞争法的关系

市场流通法与反不正当竞争法同属于经济法范围，二者之间有着密切的联系。我国反不正当竞争法既调整市场主体的竞争关系，也调整竞争管理关系。市场流通法是以流通市场领域的自由公平竞争为原则，自然也反对流通领域的不正当竞争行为。不正当竞争法同样也适用于市场流通领域的市场行为。市场流通经营者销售商品或者提供服务，应当遵守反不正当竞争法等法律、法规的规定，禁止以不正当竞争方式损害其他经营者、消费者的合法权益。

五、市场流通法与反垄断法的关系

市场流通法与反垄断法均属于经济法。反垄断法是市场经济法律体系中的一个重要组成部分，旨在预防和制止垄断行为，保护市场公平竞争。市场流通法也是以流通市场领域的自由公平竞争为原则，自然也反对流通领域的滥用市场支配地位、垄断协议、可能产生限制竞争性影响的经营者集中行为等垄断行为。反垄断法同样也适用于市场流通领域的市场垄断行为。

六、市场流通法与自然资源和环境保护法的关系

市场流通法与自然资源和环境保护法具有一定的联系。市场流通法体现着与自然资源和环境保护法所追求的价值目标，例如，市场流通法中的废旧物品的回收利用法律制度、流通环境安全保障法律制度等，都体现着可持续发展的理念。

第四节　市场流通法律建设的发展历程❶

扩充阅读

中华人民共和国商务部负责流通行业管理、促进等发展工作，拟订有关规章并组织实施；开展行业统计工作；牵头组织协调流通行业标准立项和起草工作，推动流通标准化和流通行业科技进步；提出深化流通体制改革的政策、建议并组织实施，指导流通企业改革，积极培育大型企业集团，支持促进商贸中小企业发展和中华老字号的保护与促进；拟订推进工贸结合、农贸结合、内外贸结合的政策措施；推进、发展物流中心和体系的建设，大力培育专业化第三方物流企业；拟订调整优化流通产业结构的政

---

❶ 高泉：《中国流通法制建设发展总报告》（2013）。

策并组织实施，优化商业布局和结构；牵头拟订连锁经营、商业特许经营等现代流通方式发展的方针政策并组织实施，推进流通业态和流通组织形式现代化；指导工商企业营销工作；按有关规定对拍卖、典当、租赁、旧货流通、外轮供应、免税商店等特殊流通行业进行监督管理；推进流通领域节能减排工作；指导散装水泥推广和再生资源回收工作；指导生产资料流通行业发展，拟订相关发展规划和政策；负责内贸综合工作。❶

中华人民共和国成立后，特别是改革开放 40 多年的发展历程，伴随社会经济发展的步伐，我国商贸流通业经历了从计划经济向市场经济体制的转变，从传统流通向现代流通的转变，实现了从计划经济条件下的封闭式、管制式的商品流转向市场经济条件下多元化、多渠道、开放式商品流通的转变。与此相适应，我国流通法制发展大体上可以分为改革开放前和改革开放后两个主要阶段。

一、改革开放前中国流通法制建设的发展历程

改革开放前，统购统销、统购包销是计划经济体制下两项基本的商业政策和商品管理模式。中华人民共和国成立初期，1950 年 3 月，中央人民政府政务院在统一全国财经工作的同时，颁布了《中央人民政府政务院关于统一全国国营贸易实施办法的规定》。1953 年 11 月 23 日政务院颁布了《政务院关于实行粮食的计划收购与计划供应的命令》和《粮食市场管理暂行办法》。1957 年 8 月，国务院发布《国务院关于由国家计划收购（统购）和统一收购的农产品和其他物资不准进入自由市场的规定》，要求对农副产品、土特产品等进行统一收购。商贸流通活动主要靠党的政策、行政命令和指令性计划的方式调整，法律在商贸流通活动中的调整作用并不彰显，也始终没能形成完整的流通法律体系。

二、改革开放后中国流通法制建设的发展历程

改革开放以来，我国流通业从流通主体、流通渠道、流通方式、经营业态，直至运行机制和管理体制都发生了根本性转变，逐步建立了适应社会主义市场经济发展的商品流通体制，流通法制建设日趋完善。

（一）商品流通法制建设的起步阶段（1978—1992 年）

此阶段是我国经济体制改革的起步阶段。我国实行改革开放政策，不断推进经济体制改革，流通体制从国营垄断经济到逐步放开计划管理，实行国营渠道为主多种经济成分为辅，再到除影响国计民生的商品之外，其余全部放开经营。流通领域多种所有制、多种经济成分、多种社会组织并存。这时期是流通法制初步发展的时期。这个阶段国家先后颁布了《经济合同法》《中外合资经营企业法》《中外合作经营企业法》《全民所有制工业企业转换经营机制条例》《民法通则》《全民所有制工业企业承包经营责任制暂行条例》《中华人民共和国城镇集体所有制企业条例》《盐业管理条例》

---

❶《商务部流通发展司主要职能》，http://ltfzs.mofcom.gov.cn/article/gywm/201106/20110607602532.shtml，2014 年 2 月 1 日访问。

《烟草专卖法》等一系列反映改革开放要求的法律、法规。同时，原商业部、国务院经贸办等部委也发布了《商业部关于国营大中型商业企业认真执行全民所有制工业企业承包经营责任制暂行条例的通知》《中华人民共和国城镇集体所有制企业条例商业企业实施细则》《全民所有制商业企业转换经营机制实施办法》等规章，推进商业领域的改革开放进程。

（二）流通法制建设的快速发展阶段（1993—2000 年）

1993 年 11 月，党的十四届三中全会作出《中共中央关于建立社会主义市场经济体制若干问题的决定》，并以此作为国家经济体制改革的目标。商贸流通领域市场化改革明显加快，1993 年 2 月，国务院发布《国务院关于加快粮食流通体制改革的通知》，提出："在国家宏观调控下放开价格，放开经营，增强粮食企业活力，减轻国家财政负担，进一步向粮食商品化、经营市场化方向推进。"❶ 1993 年成立国内贸易部，促进生产资料流通与生活资料流通体制的融合，推进流通的城乡一体化建设。

为了适应市场经济健康发展和国家干预经济活动的需要，国家颁布了大量法律、法规和规章。比如，在规范流通市场秩序方面的主要立法有《反不正当竞争法》《产品质量法》《消费者权益保护法》《食品卫生法》《广告法》《价格法》《招标投标法》《标准化法》《计量法》《拍卖法》等；在粮食流通体制改革方面，国务院先后发布了《国务院关于加快粮食流通体制改革的通知》《国务院关于进一步深化粮食流通体制改革的决定》等；在对重要商品市场和特种行业实行特殊监管方面的主要立法有《批发市场管理办法》《生猪屠宰管理条例》《旧货流通管理办法（试行）》《食盐专营办法》《药品流通监督管理办法（暂行）》等。这些立法活动，使我国流通法制建设进入了一个前所未有的快速发展时期，统一开放、竞争有序的市场流通格局，也为流通法律体系的初步形成提供了立法实践基础。

（三）流通法制建设的逐步完善阶段（2001 年至今）

（1）流通管理体制方面。2003 年 3 月，国务院成立内外贸一体化的商务部，负责流通领域的行业管理工作。2005 年，国务院发布了《国务院关于促进流通业发展的若干意见》，提出"加快制订我国流通领域的法律法规"。2012 年 8 月，国务院出台了《国务院关于深化流通体制改革加快流通产业发展的意见》（国发〔2012〕39 号）。目前，国务院商务主管部门负责流通行业管理工作，工商管理部门、产品质量与技术监督管理部门、食品安全卫生部门、发展与改革部门等部门在各自职责范围内对市场流通活动实施监督管理。

（2）流通领域对外开放方面。2004 年以来，商务部又颁布了《外商投资商业领域管理办法》以及 5 个《〈外商投资商业领域管理办法〉的补充规定》。

（3）流通竞争秩序方面。2006 年，商务部、国家发展改革委、公安部等部委联合发布了《零售商供应商公平交易管理办法》，之后又出台了《零售商促销行为管理办法》。2007 年我国颁布了《反垄断法》并于 2008 年实施。直销活动监管方面，2005 年 8 月涉及直销法律的两部核心条例《直销管理条例》和《禁止传销条例》正式出台。

---

❶ 《国务院关于加快粮食流通体制改革的通知》（1993 年 2 月）。

（4）商业特许经营管理方面。2004年商务部出台了《商业特许经营管理办法》；2007年1月31日，国务院第167次常务会议通过《商业特许经营管理条例》，自2007年5月1日起施行；商务部随后颁布了《商业特许经营备案管理办法》《商业特许经营信息披露管理办法》等配套的规章。食品药品流通监管方面，2004年5月，国务院又发布了《国务院关于进一步深化粮食流通体制改革的意见》；2004年5月19日，国务院第50次常务会议通过了《粮食流通管理条例》。

（5）食品安全立法方面。2009年2月28日，第十一届全国人民代表大会常务委员会第七次会议通过了《食品安全法》，自2009年6月1日起施行。在药品流通方面，根据《药品管理法》《药品管理法实施条例》和有关法律、法规的规定，国家食品药品监督管理局2007年1月颁布了《药品流通监督管理办法》。

（6）电子商务与网络交易方面。中华人民共和国第十届全国人民代表大会常务委员会第十一次会议于2004年8月28日通过了《电子签名法》。商务部2007年出台了《关于网上交易的指导意见（暂行）》（商务部公告2007年第19号），国家工商行政管理总局2010年出台了《网络商品交易及有关服务行为管理暂行办法》（国家工商行政管理总局令2010年第49号），对网络交易行为进行规范。商务部2011年制定了《第三方电子商务交易平台服务规范》。资源再生回收利用与绿色流通方面，随着我国对环境保护问题的日益重视，我国制定并实施了《循环经济促进法》《清洁生产促进法》《固体废物污染环境防治法》等一系列环境法律、法规。

我国改革开放特别是实施社会主义市场经济以来，不断加强流通法制建设，市场流通法律体系日趋完善。流通业是国民经济的重要组成部分，涉及生产、流通、消费等各个领域，更需要依靠法律来调整和规范。流通主管部门要坚持依法行政。同时，流通企业自身要依法经营和管理，依法维护自身的合法权益，形成良好的自我约束、自我保护和自我发展机制。

复习思考题

1. 试述市场流通的内涵及特征。

2. 试述市场流通在国民经济发展中的地位。

3. 试述市场流通规制的内涵及特征。

4. 简述市场流通法的概念。

5. 试述市场流通法的价值目标。

6. 简述市场流通法的可持续发展原则。

7. 简述市场调节与国家调控统一原则。

8. 市场流通法与经济法的关系。

9. 市场流通法与产品质量法的关系。

10. 市场流通法与消费者权益保护法的关系。

11. 市场流通法与反不正当竞争法的关系。

12. 市场流通法与反垄断法的关系。

13. 市场流通法与自然资源和环境保护法的关系。

第二编

流通主体法律制度

第三章 流通主体组织形式法律制度

【本章提示】

本章介绍了个人独资企业、合伙企业和公司这三类流通主体相关的法律制度。个人独资企业的实质是投资人对债务承担无限责任的经营实体。合伙企业主要介绍了其是在合伙协议的基础上，合伙人对出资、经营、收益、风险等问题予以决定的营利性组织；而公司的特性是法人。注意区分这三类主体的性质、设立条件、内部组成、管理方式和承担责任等问题。

【重点内容】

1. 个人独资企业的设立条件、事务管理与第三人的关系。
2. 合伙企业的财产和事务执行。
3. 有限责任公司的设立条件。
4. 组织机构和各组织机构的职权和议事规则。
5. 公司的合并、分立、解散。

第一节　个人独资型流通主体法律制度

【案例导入】

小强在读大学二年级时就做起了计算机生意并注册了个人独资企业，生意一直不错，因1月份一笔20万元的生意而上当受骗，卖出的都是假冒伪劣产品。按合同约定，小强要赔偿全部损失，但小强称自己财产仅6万元，无偿还能力，于是对方要求其家长负连带责任。对方声称若不偿还，就起诉到法院。小强怕事态闹大很无奈，希望朋友能帮助他解决这个问题。

思考：请运用个人独资企业法的相关知识进行分析。

一、个人独资企业的概念和特征

个人独资企业是指依照《个人独资企业法》在中国境内设立，由一个自然人投资，财产为投资人个人所有，投资人以其个人财产对企业债务承担无限责任的经营实体。其特征为：一个自然人投资；投资人对企业的债务承担无限责任。

二、个人独资企业的设立条件

根据《个人独资企业法》第 8 条规定，设立个人独资企业应当具备下列条件：

（1）投资人为一个自然人；

（2）有合法的企业名称；

（3）有投资人申报的出资；

（4）有固定的生产经营场所和必要的生产经营条件；

（5）有必要的从业人员。

三、个人独资企业的投资人及事务管理

（一）个人独资企业的投资人

根据《个人独资企业法》第 17 条规定，个人独资企业投资人对本企业的财产依法享有所有权，其有关权利可以依法进行转让或继承。根据《个人独资企业法》第 18 条规定，在申请企业设立登记时明确以其家庭共有财产作为个人出资的，应当依法以家庭共有财产对企业债务承担无限责任。

（二）个人独资企业的事务管理

根据《个人独资企业法》第 19 条规定，个人独资企业投资人可以自行管理企业事务，也可以委托或者聘用其他具有民事行为能力的人负责企业的事务管理。投资人委托或者聘用他人管理个人独资企业事务，应当与受托人或者被聘用的人签订书面合同，明确委托的具体内容和授予的权利范围。

受托人或者被聘用的人员应当履行诚信、勤勉义务，按照与投资人签订的合同负责个人独资企业的事务管理。投资人对受托人或者被聘用的人员职权的限制，不得对抗善意第三人。

四、个人独资企业解散的规定

（一）个人独资企业的解散

根据《个人独资企业法》第 26 条规定，有下列情形之一时，应当解散：投资人决定解散；投资人死亡或者被宣告死亡，无继承人或者继承人决定放弃继承；被依法吊销营业执照；法律、行政法规规定的其他情形。

（二）个人独资企业的清算

根据《个人独资企业法》第 27 条规定，个人独资企业解散，由投资人自行清算或者由债权人申请人民法院指定清算人进行清算。投资人自行清算的，应当在清算前 15 日内书面通知债权人，无法通知的，应当予以公告。债权人应当在接到通知之日起 30 日内，未接到通知的应当在公告之日起 60 日内，向投资人申报其债权。

根据《个人独资企业法》第 28 条规定，个人独资企业解散后，原投资人对个人独资企业存续期间的债务仍应承担偿还责任，但债权人在 5 年内未向债务人提出偿债

请求的，该责任消灭。根据《个人独资企业法》第 29 条规定，个人独资企业解散的，财产应当按照下列顺序清偿：所欠职工工资和社会保险费用、所欠税款、其他债务。

根据《个人独资企业法》第 31 条和第 32 条规定，个人独资企业财产不足以清偿债务的，投资人应当以其个人的其他财产予以清偿。个人独资企业清算结束后，投资人或者人民法院指定的清算人应当编制清算报告，并于 15 日内到登记机关办理注销登记。

第二节　合伙型流通主体法律制度

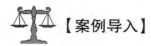

【案例导入】

2017 年 1 月，甲、乙、丙三人共同合伙开办了普通合伙企业，甲出资 3 万元，乙出资 2 万元，丙以劳务出资，合伙协议中未约定利润分配和亏损分担比例，只约定三人共同管理企业。2017 年 6 月，甲想把自己的一部分财产份额转让给丁，乙同意但丙不同意，因多数合伙人同意丁入伙成为新的合伙人，丙便提出退伙，甲、乙表示同意丙退伙，丁入伙。此时，该合伙企业欠长城公司货款 3 万元一直未还。2017 年 10 月，甲私自以合伙企业的名义为其朋友的 4 万元贷款提供担保，银行对甲的私自行为并不知情。2018 年 4 月，由于经营不善，该合伙企业宣告解散，企业又负债 9 万元无法清偿。

根据案情，试回答下列问题：

1. 丁认为长城公司的欠款是其入伙之前发生的，与自己无关，自己不应该对该笔债务承担责任，丁的看法是否正确？

2. 丙认为其早已于 2017 年 6 月退伙，该合伙企业的债务与其无关，丙的看法是否正确？

3. 若甲的朋友到期不能清偿贷款，银行是否有权要求合伙企业承担担保责任？

4. 若其他合伙人在得知甲私自以合伙企业的财产提供担保后一致同意将其除名，该决议是否有效？

5. 在合伙企业清算后，长城公司、贷款银行和该合伙企业的其他债权人认为乙个人资金雄厚，要求其做全部的清偿，这些债权人的要求是否可以得到支持？

6. 乙满足了合伙企业债权人的要求后，甲的朋友向乙支付了 4 万元，乙应如何向其他合伙人进行追偿？

一、合伙企业法概述

（一）合伙企业的概念

根据《合伙企业法》第 2 条规定，合伙企业是指自然人、法人和其他组织依照本法在中国境内设立的普通合伙企业和有限合伙企业。普通合伙企业由普通合伙人组成，合伙人对合伙企业债务承担无限连带责任。法律有特别规定的，从其规定。有限合伙企业由普通合伙人和有限合伙人组成，普通合伙人对合伙企业债务承担无限连带责任，有限合伙人以其认缴的出资额为限对合伙企业债务承担责任。

（二）合伙企业法

1997 年 2 月 23 日，第八届全国人大常委会通过了《合伙企业法》，并由中华人民共和国第十届全国人民代表大会常务委员会第二十三次会议于 2006 年 8 月 27 日修订通过，自 2007 年 6 月 1 日起施行。

二、普通合伙企业

（一）普通合伙企业的设立条件

根据《合伙企业法》第 14 条规定，设立合伙企业，应当具备下列条件：

（1）有二个以上合伙人。合伙人为自然人的，应当具有完全民事行为能力；

（2）有书面合伙协议；

（3）有合伙人认缴或者实际缴付的出资；

（4）有合伙企业的名称和生产经营场所；

（5）法律、行政法规规定的其他条件。

（二）合伙企业的财产

根据《合伙企业法》第 20 条规定，合伙人的出资、以合伙企业名义取得的收益和依法取得的其他财产，均为合伙企业的财产。根据《合伙企业法》第 16 条规定，合伙人可以用货币、实物、知识产权、土地使用权或者其他财产权利出资，也可以用劳务出资，非货币出资需要评估作价的，可以由全体合伙人协商确定，也可以由全体合伙人委托法定评估机构评估。

根据《合伙企业法》第 21 条规定，合伙人在合伙企业清算前，不得请求分割合伙企业的财产；但法律另有规定的除外。合伙人在合伙企业清算前私自转移或者处分合伙企业财产的，合伙企业不得以此对抗善意第三人。

（三）合伙企业的事务执行

根据《合伙企业法》第 26 条与第 27 条规定，各合伙人对执行合伙企业事务享有同等的权利，既可以由全体合伙人共同执行合伙企业事务，也可以由合伙协议约定或者全体合伙人决定，委托一名或者数名合伙人执行合伙企业事务，执行合伙企业事务的合伙人，对外代表合伙企业，其他合伙人不再执行合伙企业事务。不参加执行事务的合伙人有权监督执行事务的合伙人，检查其执行合伙事务的情况。

（四）合伙人的权利和义务

1. 合伙人的主要权利

（1）共有财产权。所谓共有财产权是指合伙财产归合伙人共有，而非合伙人个人所有；在合伙企业存续期间，合伙财产属于合伙企业的财产。合伙企业财产由全体合伙人共同管理和使用，并规定在合伙企业进行清算前，合伙人不得请求分割合伙企业的财产，但《合伙企业法》另有规定的除外。

（2）合伙经营权。合伙经营权包括：合伙事务的决定权、合伙事务执行权、监督检查权、查阅账簿权。

（3）利润分配请求权。合伙人组成合伙企业进行经营的目的在于获得经济利益，这是不言而喻的。因此，利润分配请求权应是合伙人最基本的权利，应当依据合伙协议中的约定行使。

2. 合伙人的主要义务

（1）出资义务。出资是合伙人承担的首要义务。合伙人应以自己的合法财产及财产权或劳务出资，并应严格按照约定的方式、数额和期限出资。

（2）承担合伙事务的义务。设立合伙业务执行人的，业务执行人应认真履行职责，按照约定向其他合伙人报告有关情况并接受监督检查。一般合伙人查阅账簿，对合伙事务进行监督、检查，共同决定合伙重大事务，这些都是履行承担合伙事务义务的形式。

（3）分担亏损的义务。共享收益、共担风险是合伙企业的共同特征。因此，合伙人有分担合伙亏损的义务，具体表现为对外的连带责任，对内的按比例分担责任。根据我国《合伙企业法》的规定，合伙企业对其债务应先以其全部财产进行清偿。合伙企业财产不足清偿到期债务的，各合伙人应当对外承担无限连带责任。

（4）竞业禁止的义务。为了避免合伙人利用其有利地位同本合伙企业进行竞争，而给其他合伙人的利益造成损害，我国《合伙企业法》规定了合伙人的竞业禁止义务，即合伙人不得自营或者同他人合作经营与本合伙企业相竞争的业务。

（五）合伙人的事务表决

根据《合伙企业法》第30条与第31条规定，按照合伙协议约定，合伙人对合伙企业有关事项作出决议。合伙协议未约定或约定不明确的，实行合伙人一人一票并经全体合伙人过半数通过的表决办法。除合伙协议另有约定外，合伙企业的下列事项应当经全体合伙人一致同意。①改变合伙企业的名称；②改变合伙企业的经营范围、主要经营场所的地点；③处分合伙企业的不动产；④转让或处分合伙企业的知识产权和其他财产权利；⑤以合伙企业的名义为他人提供担保；⑥聘任合伙人以外的人担任合伙企业的经营管理人员。

（六）合伙企业的损益分配

根据《合伙企业法》第33条规定，合伙企业的利润分配、亏损分担，按照合伙协议的约定办理；合伙协议未约定或约定不明确的，由合伙人协商决定；协商不成的，由合伙人按照实缴比例分配、分担；无法确定出资比例的，由合伙人平均分配、分担。合伙人不得约定将全部利润分配给部分合伙人或由部分合伙人承担全部亏损。

（七）合伙企业与第三人的关系

根据《合伙企业法》第37条至第39条规定，合伙企业对合伙人执行合伙事务以及对外代表合伙企业权利的限制，不得对抗善意第三人。合伙企业对其债务，应先以其全部财产进行清偿。合伙企业不能清偿到期债务的，合伙人承担无限连带责任。

根据《合伙企业法》第41条与第42条规定，合伙人发生与合伙企业无关的债务，相关债权人不得以其债权抵销其对合伙企业的债务；也不得代位行使合伙人在合伙企业中的权利。合伙人的自有财产不足清偿其与合伙企业无关的债务的，该合伙人可以以其从合伙企业中分取的收益用于清偿；债权人也可以依法请求人民法院强制执行该合伙人在合伙企业中的财产份额用于清偿。

人民法院强制执行合伙人的财产份额时，应当通知全体合伙人，其他合伙人有优先购买权；其他合伙人未购买，又不同意将该财产份额转让给他人的，依照《合伙企业法》的规定为该合伙人办理退伙结算，或者办理削减该合伙人相应财产份额的结算。

（八）财产份额的转让与出质

根据《合伙企业法》第 22 条与第 23 条规定，合伙人之间转让在合伙企业中的全部或者部分财产份额时，应当通知其他合伙人。合伙人向合伙人以外的人转让其在合伙企业中的财产份额的，须经其他合伙人一致同意，在同等条件下，其他合伙人有优先购买权；但是，合伙协议另有约定的除外。

根据《合伙企业法》第 25 条规定，合伙人以其在合伙企业中的财产份额出质的，须经其他合伙人一致同意；未经其他合伙人一致同意，其行为无效，由此给善意第三人造成损失的，由行为人依法承担赔偿责任。

（九）合伙企业的入伙和退伙

1. 入伙

根据《合伙企业法》第 43 条与第 44 条规定，新合伙人入伙，除合伙协议另有约定外，应当经全体合伙人一致同意，并依法订立书面入伙协议。新合伙人与原合伙人享有同等权利，承担同等责任，入伙协议另有约定的，从其约定。新合伙人对入伙前合伙企业的债务承担无限连带责任。

2. 退伙

合伙人退伙包括自愿退伙和法定退伙两种情况。自愿退伙又包括协议退伙和通知退伙。法定退伙又包括当然退伙和除名退伙两种情况。

（1）协议退伙。根据《合伙企业法》第 45 条规定，合伙协议约定合伙期限的，在存续期间，有下列情形之一的，合伙人可以退伙：①合伙协议约定的退伙事由出现；②经全体合伙人一致同意；③发生合伙人难以继续参加合伙的事由；④其他合伙人严重违反合伙协议约定的义务。

（2）通知退伙。根据《合伙企业法》第 46 条规定，合伙协议未约定合伙期限的，合伙人在不给合伙企业事务执行造成不利影响的情况下，可以退伙，但应当提前三十日通知其他合伙人。

（3）当然退伙。根据《合伙企业法》第 48 条规定，合伙人有下列情形之一的，当然退伙：①作为合伙人的自然人死亡或者被依法宣告死亡；②个人丧失偿债能力；③作为合伙人的法人或者其他组织依法被吊销营业执照、责令关闭、撤销，或者被宣告破产；④法律规定或者合伙协议约定合伙人必须具有相关资格而丧失该资格；⑤合伙人在合伙企业中的全部财产份额被人民法院强制执行。

合伙人被依法认定为无民事行为能力人或者限制民事行为能力人的，经其他合伙人一致同意，可以依法转为有限合伙人，普通合伙企业依法转为有限合伙企业。其他合伙人未能一致同意的，该无民事行为能力或者限制民事行为能力的合伙人退伙。

（4）除名退伙。根据《合伙企业法》第 49 条规定，合伙人有下列情形之一的，经其他合伙人一致同意，可以决议将其除名：①未履行出资义务；②因故意或者重大过失给合伙企业造成损失；③执行合伙事务时有不正当行为；④发生合伙协议约定的事由。对合伙人的除名决议应当书面通知被除名人。被除名人接到除名通知之日，除名生效，被除名人退伙。被除名人对除名决议有异议的，可以自接到除名通知之日起30日内，向人民法院起诉。

合伙人退伙，其他合伙人应当与该退伙人按照退伙时的合伙企业财产状况进行结算，退还退伙人的财产份额。退伙人对给合伙企业造成的损失负有赔偿责任的，相应扣减其应当赔偿的数额。退伙时有未了结的合伙企业事务的，待该事务了结后进行结算。退伙人在合伙企业中财产份额的退还办法，由合伙协议约定或者由全体合伙人决定，可以退还货币，也可以退还实物。退伙人对基于其退伙前的原因发生的合伙企业债务，承担无限连带责任。

三、特殊的普通合伙企业

根据《合伙企业法》规定，以专业知识和专门技能为客户提供有偿服务的专业服务机构，可以设立为特殊的普通合伙企业。特殊的普通合伙企业名称中应当标明"特殊普通合伙"字样。特殊普通合伙企业中，一个合伙人或者数个合伙人在执业活动中因故意或者重大过失造成合伙企业债务的，应当承担无限责任或者无限连带责任，其他合伙人以其在合伙企业中的财产份额为限承担责任。合伙人在执业活动中非因故意或者重大过失造成的合伙企业债务以及合伙企业的其他债务，由全体合伙人承担无限连带责任。合伙人执业活动中因故意或者重大过失造成的合伙企业债务，以合伙企业财产对外承担责任后，该合伙人应当按照合伙协议的约定对给合伙企业造成的损失承担赔偿责任。

四、有限合伙企业

（一）有限合伙企业的设立

根据《合伙企业法》规定，应具备以下条件：

（1）由2个以上50个以下合伙人设立；但是，法律另有规定的除外。有限合伙企业至少应当有一个普通合伙人；

（2）有书面合伙协议；

（3）有合伙人认缴或实际缴付的出资。有限合伙人可以用货币、实物、知识产权、土地使用权，或者其他财产权利作价出资。有限合伙人不得以劳务出资；

（4）有合伙企业的名称和生产经营场所。有限合伙企业名称中应当标明"有限合伙"字样；

（5）法律、行政法规规定的其他条件。

（二）有限合伙企业的事务执行

根据《合伙企业法》第67条与第68条规定，有限合伙企业由普通合伙人执行合伙事务。执行事务合伙人可以要求在合伙协议中确定执行事务的报酬及报酬提取方式。

有限合伙人不执行合伙事务，不得对外代表有限合伙企业。

（三）有限合伙人的权利和义务

根据《合伙企业法》第 70 条至第 73 条规定，有限合伙人可以同本有限合伙企业进行交易；但是，合伙协议另有约定的除外。有限合伙人可以自营或同他人合作经营与本有限合伙企业相竞争的业务；但是，合伙协议另有约定的除外。

有限合伙人可以将其在有限合伙企业中的财产份额出质；但是，合伙协议另有约定的除外。有限合伙人可以按照合伙协议的约定向合伙人以外的人转让其在有限合伙企业中的财产份额，但应当提前 30 日通知其他合伙人。

有限合伙人应当按照合伙协议的约定按期足额缴纳出资；未按期足额缴纳的，应当承担补缴义务，并对其他合伙人承担违约责任。

（四）有限合伙企业中合伙人身份的转化及责任承担

根据《合伙企业法》第 82 条至第 84 条规定，除合伙协议另有约定外，普通合伙人转变为有限合伙人，或者有限合伙人转变为普通合伙人，应当经全体合伙人一致同意。有限合伙人转变为普通合伙人的，对其作为有限合伙人期间有限合伙企业发生的债务承担无限连带责任。普通合伙人转变为有限合伙人的，对其作为普通合伙人期间合伙企业发生的债务承担无限连带责任。

五、合伙企业的解散和清算

1. 合伙企业的解散

根据《合伙企业法》第 85 条规定，合伙企业有下列情形之一的，应当解散：合伙期限届满，合伙人决定不再经营；合伙协议约定的解散事由出现；全体合伙人决定解散；合伙人已不具备法定人数满 30 天；合伙协议约定的合伙目的已经实现或无法实现；依法被吊销营业执照、责令关闭或被撤销；法律、行政法规规定的其他原因。

2. 合伙企业的清算

根据《合伙企业法》第 86 条至第 88 条规定，合伙企业解散，应当由清算人进行清算。清算人由全体合伙人担任；经全体合伙人过半数同意，可自合伙企业解散事由出现后 15 日内指定一个或数个合伙人或者委托第三人担任清算人。自合伙企业解散事由出现之日起 15 日内未确定清算人的，合伙人或其他利害关系人可以申请人民法院指定清算人。清算人自被确定之日起 10 日内将合伙企业解散事项通知债权人，并于 60 日内在报纸上公告。债权人应当自接到通知书之日起 30 日内，未接到通知书的自公告之日起 45 日内，向清算人申报债权。债权人申报债权，应当说明债权的有关事项，并提供证明材料。清算人应当对债权进行登记。清算期间，合伙企业存续，但不得开展与清算无关的经营活动。

根据《合伙企业法》第 89 条规定，合伙企业财产在支付清算费用和职工工资、社会保险费用、法定补偿金，以及缴纳所欠税款、清偿债务后的剩余财产，按照合伙协议的约定办理；合伙协议未约定或约定不明确的，由合伙人协商决定；协商不成的，由合伙人按照实缴出资比例分配；无法确定出资比例的，由合伙人平均分配。

根据《合伙企业法》第90条至第92条规定，清算结束，清算人应当编制清算报告，经全体合伙人签名、盖章后，在15日内向企业登记机关报送清算报告，申请办理合伙企业注销登记。合伙企业注销后，原普通合伙人对合伙企业存续期间的债务仍应承担无限连带责任。合伙企业不能清偿到期债务的，债权人可以依法向人民法院提出破产清算申请，也可以要求普通合伙人清偿。合伙企业依法被宣告破产的，普通合伙人对合伙企业债务仍应承担无限连带责任。

第三节　公司型流通主体法律制度

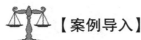

【案例导入】

甲、乙、丙共同出资设立了A有限责任公司，公司注册资本为800万元人民币。其中，甲以个人信用出资，作价240万元；乙以个人姓名出资，作价200万元；丙以人民币出资360万元。经丙提议，公司召开了股东会临时会议，补选公司职工王某和财务负责人李某担任公司的监事。同时，股东会对修改公司章程事项进行了表决，甲和乙赞同，丙表示反对，最终公司章程修改案获得通过。请思考以下问题：

（1）A公司股东的出资，是否符合《公司法》的规定？为什么？

（2）丙是否可以提议召开股东会临时会议？为什么？

（3）股东会补选公司职工王某和财务负责人李某担任公司的监事，是否符合《公司法》的规定？为什么？

（4）股东会关于修改公司章程的决议，是否符合《公司法》的规定？为什么？

一、公司法概述

（一）公司的概念和特征

1. 概念

公司一般是指依照法定条件和程序设立的、以营利为目的从事商业经营活动、以其全部财产对其债务承担责任的法人组织。

2. 特征

公司具有以下特征：公司必须从事经营活动；公司必须以营利为目的；公司具有法人资格。

（二）公司的种类

1. 无限责任公司、有限责任公司、股份有限公司和两合公司

以股东的责任范围不同，可分为无限责任公司、有限责任公司、股份有限公司和两合公司。无限责任公司是指全体股东不分出资额的多少，均对公司的债务承担无限连带责任的公司。有限责任公司简称有限公司，是指由一定人数的股东所组成的，股东以其出资额为限对公司承担责任，公司以其全部资产对公司债务承担责任的公司。

股份有限公司是指由一定人数以上的股东发起成立的，公司全部资本分为等额股份，股东以其所持有的股份对公司承担责任，公司以其全部资产对公司的债务承担责任的公司。两合公司是由无限责任股东和有限责任股东组成，有限责任股东仅就其认缴的出资额或认购的股份为限对公司债务承担责任，无限责任股东对公司债务承担无限责任或无限连带责任的公司。

2. 母公司与子公司

以公司之间的控制依附关系为标准，可将公司分为母公司与子公司。母公司是指拥有其他公司一定数额的股份或根据协议，能够实际控制其他公司的公司。子公司是一定数额的股份被另一公司所持有，或者根据协议被另一公司所控制或支配的公司。需要注意的是，虽然子公司受其他公司控制，但其仍然具有独立的法人资格，是一个独立的企业法人，对外独立开展活动和承担责任。

3. 公司与分公司

以公司之间的隶属关系为标准，可将公司分为公司与分公司。在公司与分公司的关系中，分公司是公司的分支机构，是公司的组成部分，在法律上不具有独立的主体地位和法人资格，不能独立地对外承担法律责任，分公司的全部债务由公司承担。

但是，只要分公司是依法设立、具有相应的授权、领取了营业执照，就可以以分公司的名义作为诉讼主体参加诉讼。

（三）公司法概念

狭义的公司法一般是指《公司法》（1993年12月29日第八届全国人民代表大会常务委员会第五次会议通过，于2005年10月27日第十届全国人民代表大会常务委员会第十八次会议修订，于2013年12月28日第十二届全国人民代表大会常务委员会第六次会议修正，于2018年10月26日第十三届全国人民代表大会常务委员会第六次会议《关于修改〈中华人民共和国公司法〉的决定》第四次修正）。

广义的公司法是调整与公司的设立、组织、活动、解散等对内对外关系的法律规范的总称。

（四）股东的权利与义务

股东将其财产投入到公司后，即以其对公司的投资享有对公司的股权。股东享有股权，主要体现为资产收益权及参与公司重大决策和选择管理者等权利。股东在享有权利的同时，亦须承担一定的义务，其主要义务是足额出资的义务、不得滥用股东权利损害公司或者其他股东的利益、不得滥用公司法人独立地位和股东有限责任损害公司债权人的利益。公司股东滥用公司法人独立地位和股东有限责任，逃避债务，严重损害公司债权人利益的，应对公司债务承担连带责任；滥用行为，实践中常见的情形有人格混同、过度支配与控制、资本显著不足等。

二、有限责任公司

（一）概念

有限责任公司是指股东以其认缴的出资额为限对公司承担责任，公司以其全部资产对其债务承担责任的企业法人。

（二）设立条件

（1）股东符合法定人数，由 50 个以下股东出资设立；

（2）有符合公司章程规定的全体股东认缴的出资额；

（3）股东共同制定公司章程；

（4）有公司名称，建立符合有限责任公司要求的组织机构；

（5）有公司住所。

（三）股东的出资

1. 出资方式

股东可以用货币出资，也可用实物、知识产权、土地使用权等可以用货币估价并可以依法转让的非货币财产作价出资；但是，法律、行政法规规定不得作为出资的财产除外。如股东或者发起人不得以劳务、信用、自然人姓名、商誉、特许经营权或者设定担保的财产等作价出资。对作为出资的非货币财产可以评估作价，核实财产，不得高估或者低估作价。法律、行政法规对评估作价有规定的，从其规定。

2. 出资规则

股东以货币出资的，应当将货币出资足额存入有限责任公司在银行开设的账户；以非货币财产出资的，应当依法办理其财产转移手续。

3. 出资责任

股东不按照规定缴纳出资的，除应当向公司足额缴纳外，还应当向已按期足额缴纳出资的股东承担违约责任。

公司成立后，发现作为设立公司出资的非货币财产的实际价额显著低于公司章程所定价额的，由交付该出资的股东补足其差额，公司设立时的其他股东承担连带责任。

（四）组织机构

1. 股东会

（1）组成。除《公司法》有特别规定外，有限责任公司必须设立股东会。股东会由全体股东组成。

（2）职权。股东会是公司权力机关。根据《公司法》第 37 条规定，股东会行使下列职权：①决定公司的经营方针和投资计划；②选举和更换非由职工代表担任的董事、监事，决定有关董事、监事的报酬的事项；③审议批准董事会的报告；④审议批准监事会或监事的报告；⑤审议批准公司的年度财务预算、决算方案；⑥审议批准公司的利润分配方案和弥补亏损方案；⑦对公司增加或减少注册资本作出决议；⑧对发行公司债券作出决议；⑨对公司合并、分立、解散、清算或变更公司形式作出决议；⑩修改公司章程；⑪公司章程规定的其他职权。

（3）会议召开。根据《公司法》第 39 条至第 43 条规定，定期会议召开时间由公司章程确定，一般每年一次；临时会议则需要代表 1/10 以上表决权的股东，或者 1/3 以上的董事或监事会，或者不设监事会的公司的监事提议，方可召开。

（4）决议。根据《公司法》第 105 条规定，有限责任公司股东会会议作出决议，采取"资本多数制"原则，股东按照出资比例行使表决权。法律另有规定则从其规定。根据《公司法》第 43 条规定，下列事项必须经代表 2/3 以上表决权的股东通过：修改公司章程；公司增加或减少注册资本；公司分立、合并、解散或变更公司形式。

2. 董事会

（1）组成。根据《公司法》规定，董事会是常设机关。有限责任公司董事会的成员为 3—13 人，设董事长 1 人，可以设副董事长，董事长和副董事长的产生办法由公司章程决定。规模较小的有限责任公司可以不设立董事会，只设 1 名执行董事。董事的任期由公司章程规定，但每届不得超过 3 年，任期届满连选可以连任。

（2）职权。根据《公司法》第 46 条规定，董事会或执行董事行使下列职权：①召集股东会会议，并向股东会报告工作；②执行股东会的决议，决定公司的经营计划和投资方案；③制订公司的年度财务预算方案、决算方案；制订公司的利润分配方案和弥补亏损方案；④制订公司增加或减少注册资本，以及发行公司债券的方案；⑤制订公司合并、分立、解散或变更公司形式的方案；决定公司内部管理机构的设置；⑥决定聘任或解聘公司经理及其报酬事项，并根据经理的提名决定聘任或解聘公司副经理、财务负责人及其报酬事项；⑦制定公司的基本管理制度；⑧公司章程规定的其他职权。

（3）会议召开。根据《公司法》第 47 条规定，董事会会议由董事长召集和主持；董事长不能履行职务或不履行职务的，由副董事长召集和主持；副董事长不能履行职务或不履行职务的，由半数以上董事共同推举一名董事召集和主持。

（4）决议。董事会决议的表决，实行一人一票制。董事会应当对所议事项的决定形成会议记录，出席会议的董事应当在会议记录上签名。

3. 监事会

（1）组成。根据《公司法》第 50 条至第 52 条规定，监事会是常设机关。监事会的成员不得少于 3 人，应当包括股东代表和不少于 1 人的公司职工代表，具体比例由公司章程规定。监事会设主席 1 人，负责召集和主持监事会会议。规模较小的公司也可以不设监事会，只设 1—2 名监事。监事的任期是法定的，每届 3 年，连选可以连任。公司的董事、高级管理人员不得兼任监事。

（2）职权。根据《公司法》第 53 条规定，监事会或监事行使下列职权：①检查公司财务；②对董事、高级管理人员❶执行公司职务的行为进行监督，对违反法律、行政法规、公司章程或股东会决议的董事、高级管理人员提出罢免的建议；③当董事、高级管理人员的行为损害公司的利益时，要求董事、高级管理人员予以纠正；④提议召开临时股东会会议，在董事会不履行《公司法》规定的召集和主持股东会会议职责时，召集和主持股东会会议；⑤向股东会会议提出提案；⑥公司章程规定的其他职权。

（3）会议召开。监事会每年度至少召开一次会议，可以召开临时监事会会议。

（4）决议。监事会决议应当经半数以上监事通过。

4. 经理

有限责任公司可以设经理。经理是负责公司日常经营管理工作的高级管理人员，

---

❶ 高级管理人员是指公司经理、副经理、财务负责人、上市公司董事会秘书和公司章程规定的其他人员。

由董事会聘任或解聘，对董事会负责。经理可以担任公司的法定代表人。

根据《公司法》规定，经理行使以下职权：①主持公司的生产经营管理工作，组织实施董事会决议；②组织实施公司年度经营计划和投资方案；③拟订公司内部管理机构设置方案；④拟定公司的基本管理制度；⑤制定公司的具体规章；⑥提请聘任或解聘公司副经理、财务负责人；⑦决定聘任或解聘除应由董事会决定聘任或解聘以外的负责管理人员；⑧董事会授予的其他职权。公司章程对经理职权另有规定的，从其规定。

（四）有限责任公司的股权转让

公司章程对股权转让有规定的，从其规定。公司章程没有约定的，按照法律的规定进行。《公司法》的相关规定如下。

（1）股东之间的股权转让。根据《公司法》规定，有限责任公司的股东之间可以相互转让其全部或部分股权。

（2）向股东以外的人转让股权。根据《公司法》规定，股东向股东以外的人转让股权，应当经其他股东过半数同意。股东应就其股权转让事项书面通知其他股东并征求同意，其他股东自接到书面通知之日起满30日未答复的，视为同意转让。其他股东半数以上不同意转让的，不同意的股东应当购买该转让的股权；不购买的，视为同意转让。经股东同意转让的股权，在同等条件下，其他股东有优先购买权。两个以上股东主张行使优先购买权的，协商确定各自的购买比例；协商不成的，按照转让时各自的出资比例行使优先购买权。

股权转让后应当履行的手续。转让股权后，公司应当注销原股东的出资证明书，向新股东签发出资证明书，并相应修改公司章程和股东名册中有关股东及其出资额的记载。对公司章程的该项修改不需再由股东会表决。

三、特殊的有限责任公司

（一）一人有限责任公司概述

1. 概念

一人有限责任公司是指只有一个自然人或一个法人股东的有限责任公司，简称一人公司。

2. 特殊规定

（1）一个自然人只能投资设立一个一人有限责任公司。该一人有限责任公司不能投资设立新的一人有限责任公司。

（2）人格混同时的股东连带责任。一人公司的股东不能证明公司财产独立于股东自己财产的，即发生公司财产与股东个人财产的混同，进而发生公司人格与股东个人人格的混同，此时股东必须对公司债务承担无限责任，公司债权人可以将公司和公司股东作为共同债务人进行追索。

（二）国有独资公司

1. 概念和特征

国有独资公司是指国家单独出资、由国务院或地方人民政府授权本级人民政府国有资产监督管理机构履行出资人职责的有限责任公司。国有独资公司的特征如下：国有独资公司为有限责任公司；国有独资公司只有一个股东；国有独资公司股东的法定性。其唯一的股东只能是国家，并由国有资产监督管理机构代行股东权利。

2. 组织机构

根据《公司法》第 66 条规定，国有独资公司不设股东会。国有资产监督管理机构委托董事会行使股东会的部分职权，决定公司的重大事项。但是，有关公司的合并、分立、解散、增减资本和发行公司债券，必须由国有资产监督管理机构审核后，报本级人民政府批准。

根据《公司法》第 67 条规定，国有独资公司设董事会，董事会行使公司股东的部分权利。董事会成员由国有资产监督管理机构委派；董事会成员中的职工代表，由职工代表大会民主选举产生。董事会每届任期为 3 年。

根据《公司法》第 68 条规定，国有独资公司设经理，由董事会聘任或解聘。经国有资产监督管理机构同意，董事会成员可以兼任经理。

根据《公司法》第 69 条与第 70 条规定，国有独资公司设监事会，其成员不得少于 5 人，其中职工代表的比例不得低于 1/3，具体比例由公司章程规定。监事会成员由国有资产监督管理机构委派；但是，监事会成员中的职工代表由公司职工代表大会选举产生。监事会主席由国有资产监督管理机构从监事会成员中指定。

四、股份有限责任公司

（一）概念

股份有限公司是指其全部资本分为等额股份，股东以其认购的股份为限对公司承担责任，公司以其全部资产对公司债务承担责任的公司。

（二）设立

1. 设立条件

（1）发起人符合法定人数。设立股份有限公司，应当由 2—200 人为发起人（须有半数以上的发起人在中国境内有住所）；

（2）有符合公司章程规定的全体发起人认购的股本总额或者募集的实收股本总额；

（3）股份发行、筹办事项符合法律规定；

（4）发起人制定公司章程；采用募集方式设立股份有限公司的，必须经创立大会通过；

（5）有公司名称，建立符合股份有限公司要求的组织机构；

（6）有公司住所。

2. 设立方式

股份有限公司的设立，可采取发起设立或募集设立。发起设立是指由发起人认购公司应发行的全部股份而设立公司。募集设立是指由发起人认购公司应发行股份的一部分，其余股份向社会公开募集或者向特定对象募集而设立公司。

3. 发起人的设立责任

（1）在公司设立过程中，由于发起人的过失致使公司利益受到损害的，应当对公司承担赔偿责任。

（2）发起人不依照法律规定缴纳出资的，应当按照发起人协议承担违约责任。

（3）公司不能成立时，对设立行为所产生的债务和费用负连带责任；对认股人已缴纳的股款，负返还股款并加算银行同期存款利息的连带责任。

（三）组织机构

1. 股东大会

股份有限公司的股东大会由全体股东组成。有限责任公司股东会职权的规定，适用于股份有限公司股东大会。

（1）召集。根据《公司法》规定，股东大会应当每年召开一次年会。股东大会会议由董事会召集，董事长主持；董事长不能履行职务或不履行职务的，由副董事长主持；副董事长不能履行职务或不履行职务的，由半数以上董事共同推举一名董事主持。❶

（2）决议。股东出席股东大会会议，所持每一股份有一表决权。但是，公司持有的本公司股份没有表决权。股东大会作出决议，必须经出席会议的股东所持表决权过半数通过。但是，股东大会作出修改公司章程、增加或减少注册资本的决议，以及公司合并、分立、解散或变更公司形式的决议，必须经出席会议的股东所持表决权的2/3以上通过。选举董事、监事，可以依照公司章程的规定或者股东大会的决议，实行累积投票制。

2. 董事会

董事会是公司业务执行机构、日常经营决策机构，对外代表公司。其成员为5—19人。董事会成员中可以有公司职工代表。

（1）职权。有限责任公司关于董事任期、董事会职权的规定，适用于股份有限公司。

（2）董事的任免。根据《公司法》规定，董事会设董事长一人，可以设副董事长。董事长和副董事长由董事会以全体董事的过半数选举产生。董事会中的职工代表由公司职工通过职工代表大会、职工大会或其他形式民主选举产生。

（3）会议。根据《公司法》规定，董事会每年度至少召开两次会议，每次会议应当于会议召开10日前通知全体董事和监事。董事会会议应有过半数的董事出席方可举行。董事会作出决议，必须经全体董事的过半数通过。董事会决议的表决，实行一人一票。❷董事会应当对会议所议事项的决定做成会议记录，出席会议的董事应当在会议记录上签名。董事应当对董事会的决议承担责任。❸

3. 监事会

监事会是依法产生、对董事和经理的经营管理行为及公司财务进行监督的常设

---

❶ 董事会不能履行或不履行召集股东大会会议职责的，监事会应当及时召集和主持；监事会不召集和主持的，连续90日以上，单独或合计持有公司10%以上股份的股东可以自行召集和主持。

❷ 董事会会议应由董事本人出席，董事因故不能出席，可以书面委托其他董事代为出席，委托书中应载明授权范围。

❸ 董事会的决议违反法律、行政法规，或者公司章程、股东大会决议，致使公司遭受严重损失的，参与决议的董事对公司负赔偿责任。但经证明在表决时曾表明异议并记载于会议记录的，该董事可以免除责任。

机构。❶ 监事可以提议召开临时监事会会议。监事会设主席一人，可以设副主席。监事会主席和副主席由全体监事过半数选举产生。监事会主席召集和主持监事会会议；监事会主席不能履行职务或不履行职务的，由监事会副主席召集和主持监事会会议；监事会副主席不能履行职务或不履行职务的，由半数以上监事共同推举一名监事召集和主持监事会会议。董事、高级管理人员不得兼任监事。有限责任公司关于监事任期、监事会职权的规定，适用于股份有限公司监事。

4. 经理

股份有限公司设经理，由董事会决定聘任或解聘。有限责任公司关于经理职权的规定，适用于股份有限公司经理。

（四）股份发行与转让

1. 股份的概念与特征

股份是股东对股份有限公司的出资所形成的公司资本经等比例分割后所形成的均等份额。股份是公司资本的基本组成单位，也是划分股东权利与义务的基本构成单位。股份的特征主要有平等性、转让性和不可分性。

2. 股份的表现形式

公司的股份采取股票的形式。股份是股票的实质内容，股票是股份的外在表现形式。股票的性质：股票是有价证券❷、要式证券❸、资本证券❹。

3. 股份的发行

（1）原则。股份的发行，实行公平、公正的原则，同种类的每一股份应当具有同等权利。同次发行的同种类股票，每股的发行条件和价格应当相同；任何单位或个人所认购的股份，每股应当支付相同价额。

（2）价格。股票发行价格可以按票面金额，也可以超过票面金额，但不得低于票面金额。

4. 股份转让

股份转让是指股份有限公司的股份所有人，依法自愿地将自己的股份让渡给其他人，而受让人依法取得该股份所有权的法律行为。

（1）转让方式。根据《公司法》规定，记名股票由股东以背书方式或法律、行政法规规定的其他方式转让；转让后由公司将受让人的姓名或名称及住所记载于股东名册。无记名股票的转让，由股东将该股票交付给受让人后即发生转让的效力。

（2）转让限制。根据《公司法》规定，①对股份转让场所的限制。股东转让其股份，应当在依法设立的证券交易场所进行，或者按照国务院规定的其他方式进行。②对发起人所持股份的转让限制。发起人持有的本公司股份，自公司成立之日起一年

---

❶ 监事会应当包括股东代表和适当比例的公司职工代表，其中职工代表的比例不得低于1/3，具体比例由公司章程规定。监事会中的职工代表由公司职工通过职工代表大会、职工大会或其他形式民主选举产生。

❷ 有价证券是财产价值和财产权利的统一表现形式。持有有价证券，一方面表示拥有一定价值量的财产；另一方面也表明有价证券持有人可以行使该证券所代表的权利。

❸ 股票应记载一定的事项，其内容应全面真实，这些事项往往通过法律形式加以规定。

❹ 股份公司发行股票是一种吸引认购者投资以筹措公司自有资本的手段，对于认购股票的人来说，购买股票就是一种投资行为。

内不得转让。公司公开发行股份前已发行的股份，自公司股票在证券交易所上市交易之日起一年内不得转让。③对公司董事、监事、高级管理人员持有本公司股份的转让限制。公司董事、监事、高级管理人员应当向公司申报所持有的本公司的股份及其变动情况，在任职期间每年转让的股份不得超过其所持有本公司股份总数的25%；所持本公司股份自公司股票上市交易之日起一年内不得转让。上述人员离职后半年内，不得转让其所持有的本公司股份。公司章程可以对公司董事、监事、高级管理人员转让其所持有的本公司股份作出其他限制性规定。④对公司收购本公司股份的限制。公司不得收购本公司股份。但是，有下列情形之一的除外：减少公司注册资本；与持有本公司股份的其他公司合并；将股份用于员工持股计划或者股权激励；股东因对股东大会作出的公司合并、分立决议持异议，要求公司收购其股份的；将股份用于转换上市公司发行的可转换为股票的公司债券；上市公司为维护公司价值及股东权益所必需。

五、有关公司法的其他规定

（一）公司董事、监事、高级管理人员的资格和义务

1. 任职资格

根据《公司法》第146条规定，下列为不得担任董事、监事、高级管理人的情形。

（1）无民事行为能力或限制民事行为能力。

（2）因贪污、贿赂、侵占财产、挪用财产或者破坏社会主义市场经济秩序，被判处刑罚，执行期满未逾5年，或者因犯罪被剥夺政治权利，执行期满未逾5年。

（3）担任破产清算的公司、企业的董事或厂长、经理，对该公司、企业的破产负有个人责任的，自该公司、企业破产清算完结之日起未逾3年。

（4）担任因违法被吊销营业执照、责令关闭的公司、企业的法定代表人，并负有个人责任的，自该公司、企业被吊销营业执照之日起未逾3年。

（5）个人所负数额较大的债务到期未清偿。

2. 义务

（1）应当遵守法律、行政法规和公司章程，对公司负有忠实义务和勤勉义务。

（2）不得利用职权收受贿赂或其他非法收入，不得侵占公司的财产。

（3）不得实施《公司法》明文禁止的行为。❶

（二）公司财务会计制度

公司应该依法建立公司的财务、会计制度。公司财务制度是指关于公司资金管理、成本费用的计算、营业收入的分配、货币的管理、公司的财务报告、公司纳税等方面的规程。公司会计制度是指会计记账、会计核算等方面的规程。它是公司生

---

❶ 董事与高级管理人员不得实施的行为：（1）挪用公司资金；（2）将公司资金以其个人名义或以其他个人名义开立账户存储；（3）违反公司章程的规定，未经股东会、股东大会或董事会同意，将公司资金借贷给他人或以公司财产为他人提供担保；（4）违反公司章程的规定，或者未经股东会、股东大会同意，与本公司订立合同或进行交易；（5）未经股东会或股东大会同意，利用职务便利为自己或他人牟取属于公司的商业机会，自营或为他人经营与所任职公司同类的业务；（6）接受他人与公司交易的佣金归为己有；（7）擅自披露公司秘密；（8）违反对公司忠实义务的其他行为。

产经营过程中各种财务制度的具体反映。公司的财务制度正是通过公司的会计制度来实现的。

公司财务会计报告的内容一般包括会计报表（资产负债表❶、利润表❷、现金流量表❸和相关附表）、会计报表附注❹、财务情况说明书❺。公司财务会计报告的审计实行强制审计制度，也就是公司应当在每一会计年度终了时编制财务会计报告，并依法经会计师事务所审计。

（三）公司利润的分配

1. 弥补亏损

公司分配当年税后利润时，公司的法定公积金不足以弥补以前年度亏损的，应当先用当年利润弥补亏损。

2. 提取法定和任意公积金❻

根据《公司法》第166条规定，当弥补亏损后，应当提取利润的10%列入公司法定公积金。公司法定公积金累计额为公司注册资本的50%以上的，可以不再提取。公司从税后利润中提取法定公积金后，经股东会或股东大会决议，还可以从税后利润中提取任意公积金。

3. 分配红利

根据《公司法》规定，有限责任公司股东按照实缴的出资比例分取红利；但是，全体股东约定不按照出资比例分取红利的除外。股份有限公司按照股东持有的股份比例分配，但股份有限公司章程规定不按持股比例分配的除外。

（四）公司的合并与分立

1. 公司合并

根据《公司法》第172条规定，公司合并包括吸收合并和新设合并两种形式。一个公司吸收其他公司为吸收合并，被吸收的公司解散。两个以上公司合并设立一个新的公司为新设合并，合并各方解散。

根据《公司法》第173条规定，公司合并，应当由合并各方签订合并协议，并编制资产负债表及财产清单。公司应当自作出合并决议之日起10日内通知债权人，并于30日内在报纸上公告。债权人自接到通知书之日起30日内，未接到通知书的自公告之日起45日内，可以要求公司清偿债务或者提供相应的担保。公司合并时，合并各方的债权、债务，应当由合并后存续的公司或者新设的公司承继。

---

❶ 反映公司在某一特定日期财务状况的报表。资产＝负债＋所有者权益。

❷ 反映企业在一定会计期间经营成果的报表，是损益表的附属明细表。

❸ 反映企业一定会计期间现金和现金等价物流入与流出的报表。

❹ 会计报表附注是为便于会计报表使用者理解会计报表的内容而对会计报表的编制基础、编制依据、编制原则和方法及主要项目等所进行的解释。

❺ 财务情况说明书是对财务会计报表所反映的公司财务状况，做进一步说明和补充的文书。

❻ 公积金制度是指依照法律、公司章程或股东大会决议而从公司营业利润或其他收入中提取的一种储备金。其性质与资本性质相同。公积金在资产负债表中被列入所有者权益下，导致公司将利润作为盈余而分派给股东的金额减少，其结果是公司的财产反而因此增加。以是否依法律规定强制提取为标准，可把公积金分为法定公积金和任意公积金。法定公积金是指依据法律规定而必须强制提取的公积金，故又称为强制公积金。任意公积金是指公司根据公司章程或股东大会决议而于法定公积金外自由设置或提取的公积金，但任意公积金的提取不得影响或挤占法定公积金的提留。

2. 公司分立

公司的分立，是指一个公司分开设立为两个以上的公司。公司分立主要有两种方式：一是公司将其部分财产或业务分离出去另设一个或数个新的公司，原公司继续存在；二是公司将其全部财产分别归入两个或两个以上的新设公司中，同时原公司解散。

根据《公司法》第175条与第176条规定，公司分立，其财产作相应的分割，应当编制资产负债表及财产清单。公司应当自作出分立决议之日起10日内通知债权人，并于30日内在报纸上公告。公司分立前的债务由分立后的公司承担连带责任。但是，公司在分立前与债权人就债务清偿达成的书面协议另有约定的除外。

公司合并或者分立，登记事项发生变更的，应当依法向公司登记机关办理变更登记；公司解散的，应当依法办理公司注销登记；设立新公司的，应当依法办理公司设立登记。

（五）公司的解散和清算

1. 公司解散的相关规定

（1）概念。公司解散是指公司因发生章程规定或法律规定的解散事由而停止业务活动，并进行清算的状态和过程。公司解散的原因如下：

①公司章程规定的营业期限届满或公司章程规定的其他解散事由出现；②股东会或股东大会决议解散；③因公司合并或分立需要解散；④依法被吊销营业执照、责令关闭或被撤销；⑤公司经营管理发生严重困难，继续存续会使股东利益受到重大损失，通过其他途径不能解决的，持有公司全部股东表决权10%以上的股东，可以请求人民法院解散公司。

（2）法律后果。解散登记。解散登记是指公司解散时，除了因破产和合并而解散外，应在法定期间内向公司所在地登记机关办理解散登记，经核准登记后，登记机关把公司解散的信息进行公告的程序。

解散效力。公司法人资格并不因公司解散而消灭，只有公司清算完毕，由注册登记机关办理注销登记后，公司法人资格才消灭。解散效力直接导致公司清算；公司权利能力受到限制，除了清算的必要，公司不得进行任何经营活动；公司机关的能力受到限制，清算组将主持全面工作。

2. 公司清算的相关规定

（1）概念。公司清算是指公司解散或被宣告破产后，依照一定程序了结公司事务，收回债权，清偿并分配财产，最终使公司法人资格终止消灭的程序。公司清算是公司消灭的必经程序。公司清算制度的意义在于确保清算工作有序进行；确保债权人的利益；确保其他利害相关者的合法利益。

（2）清算组。清算组是指公司出现清算的原因后依法成立的处理公司债权、债务的组织，是执行清算事务及代表公司的法定机关。根据《公司法》第183条规定，公司自愿解散并能依法在15日内组成清算组的，有限责任公司的清算组由股东组成，股份有限公司的清算组由董事会或股东大会确定其人选。公司自愿解散但不能依法在15日内组成清算组的，债权人可申请人民法院指定有关人员组成清算组，进行清算。因违法被依法责令关闭而导致强制解散的，由主管机关组织股东、有关机关及有关专业人员成立清算组，进行清算。

（3）公司清算的程序。①在法定时限内成立清算组；②通知、公告债权人申报债权；③清理公司财产、编制资产负债表和财产清单，制订清算方案，并报股东会议或有关主管机关确认；④特殊情况下，向人民法院申请宣告破产；⑤制订清算方案，并经相关部门、组织确定；⑥依法定顺序清偿公司债务，清算费用、职工工资福利，缴纳所欠税款，清偿公司债务后向股东分派剩余财产，有限责任公司按股东出资比例分配，股份有限公司按所持股票比例分配；⑦制作清算报告；⑧有关主管机关确认；⑨注销登记和公告。

本节主要内容归纳总结图

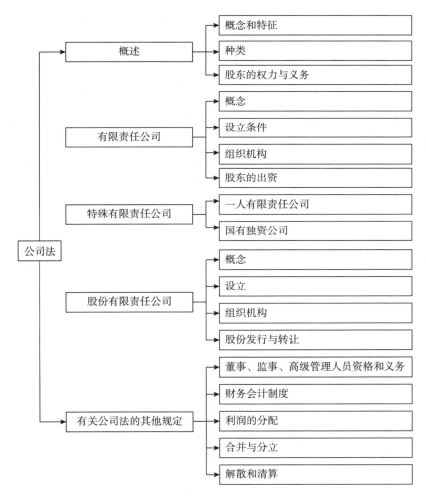

复习思考题

1. 简述我国《合伙企业法》规定的入伙条件和法律效力。

2. 简述合伙企业与个人独资企业的区别。

3. 简述合伙人对合伙企业财产的义务。

4. 有限责任公司的设立条件是什么？

5. 简述有限责任公司的设立程序。

6. 简述一人有限责任公司的概念和特征。

7. 简述股份有限公司的设立条件。

8. 简述个人独资企业的事务管理和第三人的关系。

 推荐阅读

1. 指导案例 96 号：宋文军诉西安市大华餐饮有限公司股东资格确认纠纷案

   中华人民共和国最高人民法院审判委员会讨论通过/2018. 06. 20

2. 庞宝祥与北京房建建筑股份有限公司股东出资纠纷案

   北京市第二中级人民法院/（2020）京 02 民终 4348 号/2020. 05. 27

3. 林某曾与陈某河等合伙协议纠纷再审案—合伙合同的效力认定及解除的法律后果

   中华人民共和国最高人民法院/（2017）最高法民再 228 号/2018. 02. 10

4. 张侃、刘桂方合伙企业财产份额转让纠纷案

   贵州省贵阳市中级人民法院/（2019）黔 01 民终 8464 号/2019. 11. 29

5. 邱小军诉广州番禺区镒力塑料制品厂（个人独资企业）等买卖合同纠纷案

   广东省广州市中级人民法院/（2018）粤 01 民终 2562 号/2018. 04. 24

第四章　流通主体破产法律制度

【本章提示】

本章介绍了流通主体破产解散的法律制度，学生需要掌握破产界限和破产受理后的法律后果，债权人会议和管理人的职责，重整与和解的程序，以及破产财产的清算。

【重点内容】

1. 破产法的概念与特征。
2. 破产与民事执行制度的区别。
3. 破产条件与破产法的适用范围。
4. 破产和解与破产整顿的程序。
5. 破产财产与破产财产的清偿顺序。

第一节　破产法概述

一、破产的概念与特征

破产是债务人不能清偿到期债务时，依债权人或者债务人申请，由人民法院依法定程序宣告其破产并强制执行其全部财产，公平清偿给全体债权人，或者在人民法院的监督下，由债权人会议达成和解协议或重整计划以使企业复苏，避免企业倒闭清算的法律制度。破产具有如下法律特征：破产必须以债务人不能清偿到期债务为前提；破产以公平清偿债权为宗旨；按诉讼程序处理。

二、企业破产法的概念与适用范围

（一）企业破产法的概念

企业破产法是指调整破产债权人和债务人、法院、管理人以及其他破产参加人相互之间在破产过程中所发生的社会关系的法律规范的总称。主要包括破产程序规范和破产实体规范。我国的企业破产法是中华人民共和国第十届全国人民代表大会常务委员会第二十三次会议于 2006 年 8 月 27 日通过，自 2007 年 6 月 1 日起施行的《企业破产法》。

（二）破产法的适用范围

根据《企业破产法》第 2 条、第 134 条、第 135 条的规定，企业破产法适用范围为：①企业法人，即适用于所有具有法人资格的企业；②法律规定的企业法人以外的组织的清算，若属于破产清算的，可参照适用《企业破产法》规定的程序。例如，个人独资企业不能清偿到期债务，并且资产不足以清偿全部债务或者明显缺乏清偿能力的情况下，可以参照适用企业破产法规定的破产清算程序进行清算。人民法院参照适用破产清算程序裁定终结个人独资企业的清算程序后，个人独资企业的债权人仍然可以就其未获清偿的部分向投资人主张权利。

第二节　破产程序

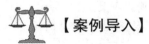

【案例导入】

2017年7月30日，人民法院受理了甲公司的破产申请，并同时指定了管理人。管理人接管甲公司后，在清理其债权债务过程中，有如下事项：

（1）2016年4月，甲公司向乙公司采购原材料而欠乙公司80万元货款未付。2017年3月，甲乙双方签订一份还款协议，该协议约定：甲公司于2017年9月10日前偿还所欠乙公司货款及利息共计87万元，并以甲公司所属一间厂房作抵押。还款协议签订后，双方办理了抵押登记。乙公司在债权申报期内就上述债权做了申报。

（2）2016年6月，丙公司向A银行借款120万元，借款期限为1年。甲公司以所属部分设备为丙公司提供抵押担保，并办理了抵押登记。借款到期后，丙公司未能偿还A银行贷款本息。经甲公司、丙公司和A银行协商，甲公司用于抵押的设备被依法变现，所得价款全部用于偿还A银行，但尚有20万元借款本息未能得到清偿。

（3）2016年7月，甲公司与丁公司签订了一份广告代理合同，该合同约定：丁公司代理发布甲公司产品广告，期限2年；一方违约，应当向另一方承担违约金20万元。至甲公司破产申请被受理时，双方均各自履行了部分合同义务。

（4）2016年8月，甲公司向李某购买一项专利，尚欠李某19万元专利转让费未付。李某之子小李创办的戊公司曾于2016年11月向甲公司采购一批电子产品，尚欠甲公司货款21万元未付。

人民法院受理甲公司破产申请后，李某与戊公司协商一致，戊公司在向李某支付19万元后，取得李某对甲公司的19万元债权。戊公司向管理人主张以19万元债权抵销其所欠甲公司相应债务。

根据上述内容，分别回答下列问题：

（1）管理人是否有权请求人民法院对甲公司将厂房抵押给乙公司的行为予以撤销？并说明理由。

（2）A银行能否将尚未得到清偿的20万元欠款向管理人申报普通债权，由甲公司继续偿还？并说明理由。

（3）如果管理人决定解除甲公司与丁公司之间的广告代理合同，并由此给丁公司造成实际损失5万元，则丁公司可以向管理人申报的债权额应为多少？并说明理由。

（4）戊公司向管理人提出以19万元债权抵销其所欠甲公司相应债务的主张是否

成立? 并说明理由。

（5）甲公司所欠本公司职工工资和应当划入职工个人账户的基本养老保险、基本医疗保险费用共计 37.9 万元，应当如何受偿？

一、破产申请与受理

（一）破产界限

破产界限，也称破产原因，是指适用破产程序所依据的特定的法律条件或法律事实，也就是受理破产案件的实质条件。我国《企业破产法》第 2 条规定了企业法人的破产界限的三种情形：不能清偿到期债务，并且资产不足以清偿全部债务；不能清偿到期债务，明显缺乏清偿能力的；有明显丧失清偿能力可能的(该项仅适用于提起重整申请)。

（1）债务人不能清偿到期债务的认定：债权债务关系依法成立、债务履行期限已经届满、债务人未完全清偿债务。若这几种情形同时存在的，应当认定为不能清偿到期债务。

（2）债务人资产不足以清偿全部债务的认定：债务人的资产负债表，或者审计报告、资产评估报告等显示其全部资产不足以偿付全部负债的，应当认定债务人资产不足以清偿全部债务，但有相反证据足以证明债务人资产能够偿付全部负债的除外。

（3）明显缺乏清偿能力的认定：债务人账面资产虽大于负债，但存在下列情形之一的，可认定为明显缺乏清偿能力：①因资金严重不足或者财产不能变现等原因，无法清偿债务；②法定代表人下落不明且无其他人员负责管理财产，无法清偿债务；③经人民法院强制执行，无法清偿债务；④长期亏损且经营扭亏困难，无法清偿债务；⑤导致债务人丧失清偿能力的其他情形。

（二）破产申请的提出

破产申请是指破产申请人向法院请求受理破产案件，适用破产程序，宣告破产的意思表示。我国现行破产法采用了申请主义，即债务人在符合破产界限时，可以向人民法院提出重整、和解或者破产清算申请；或者当债务人不能清偿到期债务，债权人可以向人民法院提出对债务人进行重整或者破产清算的申请；或者当企业法人已解散但未清算或者未清算完毕，资产不足以清偿债务的，依法负有清算责任的人应当向人民法院申请破产清算。向人民法院提出破产申请，应当提交破产申请书和有关证据。破产申请应当向债务人住所地人民法院提出。

（三）破产申请的受理

破产案件的受理，是指人民法院在收到破产申请后，若该申请符合法定条件则予以接受，由此开始破产程序的司法行为。债权人提出破产申请的，人民法院应当自收到申请之日起 5 日内通知债务人，债务人对申请有异议的，应当自收到人民法院的通知之日起 7 日内向人民法院提出，人民法院应当自异议期满之日起 10 日内裁定是否受理。除此之外，人民法院应当自收到破产申请之日起 15 日内裁定是否受理。有特殊情况需要延长裁定受理期限的，经上一级人民法院批准，可以延长 15 日。人民法院受理破产申请的，应当自裁定作出之日起 5 日内送达申请人。人民法院裁定不受理破产申请的，应当自裁定作出之日起 5 日内送达申请人并说明理由。人民法院受理破产申请后至破产宣告前，经审查发现债务人不符合破产界限的，可以裁定驳回申请。申请人对裁定不服的，可以自裁定送达之日起 10 日内向上一级人民法院提起上诉。

（四）受理破产申请的后果

根据《企业破产法》规定，人民法院受理破产申请后，将会发生下列法律效力：

（1）债务人对个别债权人的债务清偿无效。

（2）债务人的债务人或者财产持有人应当向管理人清偿债务或者交付财产。

（3）管理人对破产申请受理前成立而债务人和对方当事人均未履行完毕的合同有权决定解除或者继续履行，并通知对方当事人。

（4）有关债务人财产的保全措施应当解除，执行程序应当中止。

（5）已经开始而尚未终结的有关债务人的民事诉讼或者仲裁应当中止，在管理人接管债务人的财产后，该诉讼或者仲裁继续进行。

（6）有关债务人的民事诉讼，只能向受理破产申请的人民法院提起。

（7）自人民法院受理破产申请的裁定送达债务人之日起至破产程序终结之日，债务人的有关人员❶承担下列义务：妥善保管其占有和管理的财产、印章和账簿、文书等资料；根据人民法院、管理人的要求进行工作，并如实回答询问；列席债权人会议并如实回答债权人的询问；未经人民法院许可，不得离开住所地；不得新任其他企业的董事、监事、高级管理人员。

二、管理人

（一）管理人的概念和组成

（1）概念。管理人是指在破产程序进行过程中负责债务人或破产人财产的管理、处分、业务经营以及破产方案拟定和执行的专门机构。人民法院裁定受理破产申请的，应当同时指定管理人。

（2）组成。管理人由人民法院指定。管理人可以由社会中介或者专业人员担任。社会中介组织包括由有关部门、机构的人员组成的清算组或者依法设立的律师事务所、会计事务所、破产清算事务所等机构。❷

（二）管理人的职责

管理人的职责主要有：①接管债务人的财产、印章和账簿、文书等资料；②调查债务人财产状况，制作财产状况报告；③决定债务人的内部管理事务；④决定债务人的日常开支和其他必要开支；⑤在第一次债权人会议召开之前，决定继续或者停止债

---

❶ 这里的"有关人员"，是指企业的法定代表人；经人民法院决定，可以包括企业的财务管理人员和其他经营管理人员。
❷ 债权人会议认为管理人不能依法、公正执行职务或者有其他不能胜任职务情形的，可以申请人民法院予以更换。《企业破产法》规定，可以担任管理人的有：①由有关部门、机构的人员组成的清算组；②依法设立的律师事务所、会计师事务所、破产清算事务所等社会中介机构；③人民法院根据债务人的实际情况，可以在征得有关社会中介机构的意见后，指定该机构具备相关专业知识并取得执业资格的人员担任管理人。同时，《企业破产法》还规定了不得担任管理人的情形：①因故意犯罪受过刑事处罚；②曾被吊销相关专业执业证书；③与本案有利害关系；④人民法院认为不宜担任管理人的其他情形。个人担任管理人的，应当参加执业责任保险。

务人的营业；⑥管理和处分债务人的财产；⑦代表债务人参加诉讼、仲裁或者其他法律程序；⑧提议召开债权人会议；⑨管理人经人民法院许可，可以聘用必要的工作人员；⑩人民法院认为管理人应当履行的其他职责。

（三）管理人的义务

管理人应当履行下列义务：①管理人依照《企业破产法》规定执行职务，向人民法院报告工作，并接受债权人会议和债权人委员会的监督；②管理人应当列席债权人会议，向债权人会议报告职务执行情况，并回答询问；③在第一次债权人会议召开之前，管理人决定继续或者停止债务人的营业或者有《企业破产法》第69条规定的行为之一的，应当经人民法院许可；④管理人应当勤勉尽责，忠实执行职务；⑤管理人没有正当理由不得辞去职务。管理人辞去职务应当经人民法院许可。

（四）管理人实施的需要及时向债权人委员会或法院报告的行为

涉及土地、房屋等不动产权益的转让；探矿权、采矿权、知识产权等财产权的转让；全部库存或者营业的转让；借款；设定财产担保；债权和有价证券的转让；履行债务人和对方当事人均未履行完毕的合同；放弃权利；担保物的取回；对债权人利益有重大影响的其他财产处分行为。

三、债务人财产

债务人的财产主要由以下三部分组成。

（一）债务人财产含义

破产申请受理时属于债务人的全部财产，以及破产申请受理后至破产程序终结前债务人取得的财产，为债务人财产。具体而言，除债务人所有的货币、实物外，债务人依法享有的可以用货币估价并可以依法转让的债权、股权、知识产权、用益物权等财产和财产权益，均应认定为债务人财产。

（二）管理人有权追回的财产

包括管理人有权直接追回的和需要向法院请求予以撤销才能追回的财产。

（1）管理人有权直接追回的财产：①人民法院受理破产申请后，债务人的出资人尚未完全履行出资义务的，管理人应当要求该出资人缴纳所认缴的出资，而不受出资期限的限制；②债务人的董事、监事和高级管理人员利用职权从企业获取的非正常收入和侵占的企业财产，管理人应当追回。

（2）管理人行使撤销权追回的财产：①人民法院受理破产申请前1年内，涉及债务人财产无偿转让财产的；以明显不合理的价格进行交易的；对没有财产担保的债务提供财产担保的；对未到期的债务提前清偿的；放弃债权的各种行为，管理人有权请求人民法院予以撤销。②人民法院受理破产申请前6个月内，债务人出现不能清偿到期债务，并且资产不足以清偿全部债务或者明显缺乏清偿能力情形，但仍对个别债权人进行清偿的，管理人有权请求人民法院予以撤销。但是，个别清偿使债务人财产受益的除外。

（三）行为被认定为无效后而追回的财产

债务人有为逃避债务而隐匿、转移财产的；虚构债务或者承认不真实的债务情形的，其行为应无效，追回的财产属于债务人的财产。

下列不应认定为债务人的财产：①债务人基于仓储、保管、承揽、代销、借用、寄存、租赁等合同或者其他法律关系占有、使用的他人财产；②债务人在所有权保留买卖中尚未取得所有权的财产；所有权专属于国家且不得转让的财产；③其他依照法律、行政法规不属于债务人的财产。

四、债权申报

债权申报是指人民法院审理破产案件时对债务人享有债权的债权人，应当在人民法院确定的债权申报期限内向管理人申报债权。

（一）申报期限

债权申报期限自人民法院发布受理破产申请公告之日起计算，最短不得少于 30 日，最长不得超过 3 个月。

（二）债权申报的范围

1. 一般规定

（1）申报的债权须为以债务人财产给付为内容的债权；且须为法院受理破产申请前成立的，对债务人享有的债权。未到期的债权，在破产案件受理时视为已到期；附利息的债权自破产申请受理时起停止计息。

（2）债权人申报债权时，应当书面说明债权的数额和有无财产担保，并提交有关证据。申报的债权是连带债权的，应当说明。

2. 特别规定

根据《企业破产法》规定，主要包括：

（1）债务人所欠职工的工资和医疗、伤残补助、抚恤费用，所欠的应当划入职工个人账户的基本养老保险、基本医疗保险费用，以及法律、行政法规规定应当支付给职工的补偿金，不必申报，由管理人调查后列出清单并予以公示。

（2）连带债权人可以由其中一人代表全体连带债权人申报债权，也可以共同申报债权。债务人的保证人或者其他连带债务人已经代替债务人清偿债务的，以其对债务人的求偿权申报债权；债务人的保证人或者其他连带债务人尚未代替债务人清偿债务的，以其对债务人的将来求偿权申报债权。但是，债权人已经向管理人申报全部债权的除外。

（3）管理人或者债务人依照本法规定解除合同的，对方当事人以因合同解除所产生的损害赔偿请求权申报债权。

（4）债务人是票据的出票人，被裁定适用本法规定的程序，该票据的付款人继续付款或者承兑的，付款人以由此产生的请求权申报债权。

（三）逾期申报和未申报

逾期申报可以在破产财产最后分配前补充申报；但此前已进行的分配，不再对其补充分配，为审查和确认补充申报债权的费用，由补充申报人承担。未申报则不得行使破产法规定的权利。

五、债权人会议

（一）债权人会议的概念和组成

债权人会议是由依法申报债权的债权人组成，以维护债权人共同利益为目的，在法院监督下对有关破产事宜表达债权人意思的临时性机构。

依法申报债权的债权人有权参加债权人会议，享有表决权。但对债务人的特定财产享有担保权的债权人，未放弃优先受偿权利的，对于和解协议和破产财产的分配方案不享有表决权。债权尚未确定的债权人，除人民法院能够为其行使表决权而临时确定债权额的外，不得行使表决权。债权人会议设主席一人，由人民法院从有表决权的债权人中指定。债权人会议主席主持债权人会议。债权人会议应当有债务人的职工和工会的代表参加，对有关事项发表意见。

（二）债权人会议的职权

债权人会议行使下列职权：①核查债权；②申请人民法院更换管理人，审查管理人的费用和报酬；③监督管理人；④选任和更换债权人委员会成员；⑤决定继续或者停止债务人的营业；⑥通过重整计划；⑦通过和解协议；⑧通过债务人财产的管理方案；⑨通过破产财产的变价方案；⑩通过破产财产的分配方案；⑪人民法院认为应当由债权人会议行使的其他职权。

（三）债权人会议的召集与决议

1. 召集

根据《企业破产法》规定，第一次债权人会议由人民法院召集，自债权申报期限届满之日起15日内召开。以后的债权人会议，在人民法院认为必要时，或者管理人、债权人委员会、占债权总额1/4以上的债权人向债权人会议主席提议时召开。召开债权人会议，管理人应当提前15日通知已知的债权人。

2. 决议

根据《企业破产法》规定，债权人会议的决议，由出席会议的有表决权的债权人过半数通过，并且其所代表的债权额占无财产担保债权总额的1/2以上。但是，《企业破产法》另有规定的除外。债权人认为债权人会议的决议违反法律规定，损害其利益的，可以自债权人会议作出决议之日起15日内，请求人民法院裁定撤销该决议，责令债权人会议依法重新作出决议。债权人会议的决议，对于全体债权人均有约束力。

就债务人财产的管理方案和破产财产的变价方案，经债权人会议表决未通过的，由人民法院裁定，债权人对此裁定不服的，可以自裁定宣布之日或者收到通知之日起15日内向该人民法院申请复议，复议期间不停止裁定的执行。

就破产财产的分配方案，经债权人会议二次表决仍未通过的，由人民法院裁定。债权额占无财产担保债权总额1/2以上的债权人对此裁定不服的，可以自裁定宣布之日或者收到通知之日起15日内向该人民法院申请复议，复议期间不停止裁定的执行。

（四）债权人委员会

债权人会议可以决定设立债权人委员会。债权人委员会由债权人会议选任的债权人代表和一名债务人的职工代表或者工会代表组成。债权人委员会成员不得超过9人。债权人委员会成员应当经人民法院书面决定认可。债权人委员会可以监督债务人财产的管理和处分、监督破产财产分配、有权提议召开债权人会议、债权人会议委托的其他职权。

六、重整与和解

（一）重整

1. 概念

重整是指已具破产界限或有破产界限之虞而又有再生希望的债务人实施的旨在挽救其生存的法律程序。其目的不在于公平分配债务人财产，因而有别于破产程序。其手段为调整债权人、股东及其他利益关系人与重整企业的利益关系，并限制担保物权的行使，又有别于和解程序。

2. 申请

债务人或者债权人可以依照《企业破产法》的规定，直接向人民法院申请对债务人进行重整。债权人申请对债务人进行破产清算的，在人民法院受理破产申请后、宣告债务人破产前，债务人或者出资额占债务人注册资本1/10以上的出资人，可以向人民法院申请重整。

3. 重整期间

重整期间是自人民法院裁定债务人重整之日起至重整程序终止，为重整期间。

在重整期间：①经债务人申请，人民法院批准，债务人可以在管理人的监督下自行管理财产和营业事务，已接管债务人财产和营业事务的管理人应当向债务人移交财产和营业事务，管理人的职权由债务人行使。②对特定财产享有的担保权暂停行使。但是，担保物有损坏或者价值明显减少的可能，足以危害担保权人权利的，担保权人可以向人民法院请求恢复行使担保权。③债务人或者管理人为继续营业而借款的，可以为该借款设定担保。④债务人的出资人不得请求投资收益分配。债务人的董事、监事、高级管理人员不得向第三人转让其持有的债务人的股权。但是，经人民法院同意的除外。

在重整期间，有下列情形之一的，经管理人或者利害关系人请求，人民法院应当裁定终止重整程序，并宣告债务人破产：①债务人的经营状况和财产状况继续恶化，缺乏挽救的可能性；②债务人有欺诈、恶意减少债务人财产或者其他显著不利于债权人的行为；③由于债务人的行为致使管理人无法执行职务；④债务人或者管理人未按期提出重整计划草案的，或提出的重整计划草案未获得债权人会议的通过且未依法获得法院批准，或者已通过的重整计划未获得法院批准的，人民法院应当裁定终止重整程序，并宣告债务人破产。

4. 重整计划

（1）重整计划的通过。债务人或者管理人应当自人民法院裁定债务人重整之日起6个月内，同时向人民法院和债权人会议提交重整计划草案。人民法院应当自收到重整计划草案之日起30日内召开债权人会议，对重整计划草案进行表决。各类债权的债权人分组对重整计划草案进行表决。

出席会议的同一表决组的债权人过半数同意重整计划草案，并且其所代表的债权额占该组债权总额的 2/3 以上的，即为该组通过重整计划草案。各表决组均通过重整计划草案时，重整计划即为通过。

部分表决组未通过重整计划草案的，债务人或者管理人可以同未通过重整计划草案的表决组协商。该表决组可再表决一次。未通过重整计划草案的表决组拒绝再次表决或者再次表决仍未通过重整计划草案，但重整计划草案符合法定条件的，债务人或者管理人可以申请人民法院批准重整计划草案。

（2）重整计划的执行。法院接到批准重整计划的申请后经审查认为符合法律规定的，应当自收到申请之日起 30 日内裁定批准，终止重整程序，并予以公告。重整计划获得通过及批准后由债务人负责执行。在重整计划规定的监督期内，由管理人监督重整计划的执行。经人民法院裁定批准的重整计划，对债务人和全体债权人均有约束力，按照重整计划减免的债务，自重整计划执行完毕时起，债务人不再承担清偿责任。债务人不能执行或者不执行重整计划的，人民法院经管理人或利害关系人请求，应当裁定终止重整计划的执行，并宣告债务人破产，同时，债权人在重整计划中作出的债权调整的承诺失去效力。债权人因执行重整计划所受的清偿仍然有效，债权未受清偿的部分作为破产债权。

（二）和解

1. 概念

和解是指人民法院在受理破产案件后，债务人与债权人之间在延期、分期清偿债务或者免除或部分免除债务人的债务达成协议，以中止破产程序，防止债务人破产的制度。和解协议一经法院认可，即对全体债权人具有约束力。

2. 申请

债务人可以依照《企业破产法》的规定，直接向人民法院申请和解，也可以在人民法院受理破产申请后、宣告债务人破产前，向人民法院申请和解。债务人申请和解，应当提出和解协议草案。人民法院经审查认为和解申请符合法律规定的，应当裁定和解，予以公告，并召集债权人会议讨论和解协议草案。对债务人的特定财产享有担保权的权利人，自人民法院裁定和解之日起可以行使权利。

3. 和解协议的通过

债权人会议通过和解协议的决议，须由出席会议的有表决权的债权人过半数同意，并且其所代表的债权额占无财产担保债权总额的 2/3 以上。

债权人会议通过和解协议的，由人民法院裁定认可，终止和解程序，并予以公告。管理人应当向债务人移交财产和营业事务，并向人民法院提交执行职务的报告。和解协议草案经债权人会议表决未获得通过，或者已经债权人会议通过的和解协议未获得人民法院认可的，人民法院应当裁定终止和解程序，并宣告债务人破产。

4. 和解协议的执行

债务人应当按照和解协议规定的条件清偿债务，债务人不能执行或者不执行和解协议的，人民法院经和解债权人请求，应当裁定终止和解协议的执行，并宣告债务人破产。人民法院裁定终止和解协议执行的，和解债权人在和解协议中作出的债权调整的承诺失去效力。和解债权人因执行和解协议所受的清偿仍然有效，和解债权未受清偿的部分作为破产债权。

人民法院受理破产申请后，债务人与全体债权人就债权债务的处理自行达成协议的，可以请求人民法院裁定认可，并终结破产程序。

按照和解协议减免的债务，自和解协议执行完毕时起，债务人不再承担清偿责任。

七、破产清算

（一）破产宣告

破产宣告是指受理破产案件的法院依法定程序对已具备破产要件的债务人所作出的宣告其为破产人的司法审判行为。破产宣告前，有下列情形之一的，人民法院应当裁定终结破产程序，并予以公告：①第三人为债务人提供足额担保或者为债务人清偿全部到期债务的；②债务人已清偿全部到期债务的。

债务人被宣告破产后，债务人称为破产人，债务人财产称为破产财产，人民法院受理破产申请时对债务人享有的债权称为破产债权。

（二）破产财产的分配和清偿顺序

1. 分配

管理人依法拟定破产财产分配方案，提交债权人会议讨论。债权人会议通过破产财产方案后，由管理人将该方案提请人民法院裁定认可，人民法院裁定认可后由管理人执行。

2. 清偿顺序

对破产人的特定财产享有担保权的权利人，对该特定财产享有优先受偿的权利。优先清偿有担保权的债权后，破产财产在优先清偿破产费用❶和共益债务❷后，依照下列顺序清偿：

（1）破产人所欠职工的工资和医疗、伤残补助、抚恤费用，所欠的应当划入职工个人账户的基本养老保险、基本医疗保险费用，以及法律、行政法规规定应当支付给职工的补偿金；

（2）破产人欠缴的除前项规定以外的社会保险费用和破产人所欠税款；

（3）普通破产债权。

破产财产不足以清偿同一顺序的清偿要求的，按照比例分配。同时，对于破产企业的董事、监事和高级管理人员的工资按照该企业职工的平均工资计算。破产财产的分配应当以货币分配方式进行。但是，债权人会议另有决议的除外。

---

❶ 破产费用是指法院受理破产申请后发生的费用，《企业破产法》第41条规定破产费用包括：诉讼费用，管理、处理和分配债务人财产的费用，管理人的费用、报酬和聘用工作人员的费用等。

❷ 共益债务是指人民法院受理破产申请后，为了全体债权人的共同利益以及破产程序顺利进行而发生的债务。人民法院受理破产申请后发生的下列债务为共益债务：（一）因管理人或者债务人请求对方当事人履行双方均未履行完毕的合同所产生的债务；（二）债务人财产受无因管理所产生的债务；（三）因债务人不当得利所产生的债务；（四）为债务人继续营业而应支付的劳动报酬和社会保险费用以及由此产生的其他债务；（五）管理人或者相关人员执行职务致人损害所产生的债务；（六）债务人财产致人损害所产生的债务。

（三）破产程序的终结

（1）情形。破产程序的终结情形主要有：①破产人无财产可供分配的，管理人应当请求人民法院裁定终结破产程序；②管理人在最后分配完结后，应当及时向人民法院提交破产财产分配报告，并提请人民法院裁定终结破产程序。

（2）程序。人民法院应当自收到管理人终结破产程序的请求之日起 15 日内作出是否终结破产程序的裁定。裁定终结的，应当予以公告。

管理人应当自破产程序终结之日起 10 日内，持人民法院终结破产程序的裁定，向破产人的原登记机关办理注销登记。

自破产程序终结之日起 2 年内，发现有应当追回或其他可供分配的财产，债权人可以请求人民法院按照破产财产分配方案进行追加分配，但财产数量不足以支付分配费用的，不再进行追加分配，由人民法院将其上交国库。

破产人的保证人和其他连带债务人，在破产程序终结后，对债权人依照破产清算程序未受清偿的债权，依法继续承担清偿责任。

债权人申请企业破产程序流程图

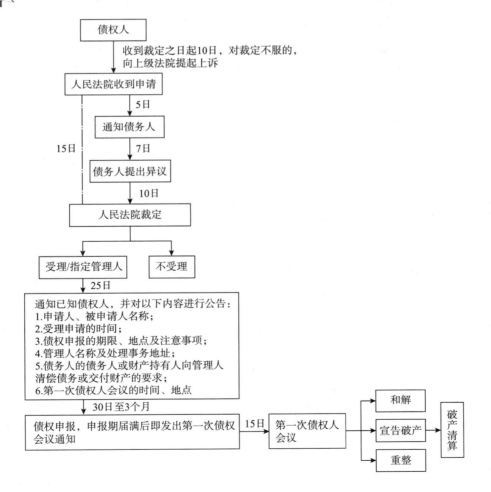

复习思考题

1. 简述合伙企业的自行解散的法律规定。
2. 简述个人独资企业的自行解散的法律规定。
3. 我国《公司法》中有关公司自行解散的规定有哪些？
4. 《企业破产法》中对受理破产申请的效力有哪些规定？
5. 论述在破产程序中，人民法院、管理人、债权人会议在破产清算中的地位。

推荐阅读

1. 广东省韶关市广韶钢铁有限公司破产案
   广东省韶关市中级人民法院/（2013）韶中法执复字第 3 号/2013.03.01
2. 深圳市中兴供应链有限公司等诉江苏嘉捷特种车辆制造有限公司破产债权确认纠纷案
   江苏省南京市中级人民法院/（2014）宁商终字第 274 号/2014.04.08
3. 湖南娄底市剑成置业有限公司、李小玲破产债权确认纠纷案
   湖南省高级人民法院/（2019）湘民终第 870 号/2020.01.08
4. 刘某辉、龚某英诉江西亚细亚气门芯制造有限公司等申请破产清算再审案
   中华人民共和国最高人民法院/（2017）最高法民再 284 号/2017.12.23

第三编

商品交易法律制度

第五章　商品交易的基础性法律制度

【本章提示】

商品交易需要一个规范而活跃的市场环境，而要构建一个良好的市场，那就离不开基础性的法律制度来进行法制化调整。在诸多法律制度中，合同法和票据法是其中非常重要的内容。本章将结合商品交易的实际需要，来阐述合同法和票据法的具体内容。在合同法部分，主要包括：合同法概述，合同的形式，合同的订立，合同的效力，合同的履行，合同的变更、转让和终止，违约责任。在票据法部分，主要包括：票据法概述、票据权利和票据行为、票据抗辩及补救。

【重点内容】

1. 合同的订立。
2. 合同的效力。
3. 合同的履行与违约责任。
4. 票据权利和票据行为。
5. 票据抗辩及补救。

第一节　合同法律制度

【案例导入】

某山区农民赵某家中有一花瓶，系赵某的祖父留下。李某通过他人得知赵某家有一清朝花瓶，遂上门索购。赵某不知该花瓶真实价值，李某用1.5万元买下。随后，李某将该花瓶送至某拍卖行进行拍卖，卖得价款11万元。赵某在一个月后得知此事，认为李某欺骗了自己，通过许多渠道找到李某，要求李某退回花瓶。李某以买卖花瓶是双方自愿的，不存在欺骗，拒绝赵某的请求。经人指点，赵某到李某所在地人民法院提起诉讼，请求撤销合同，并请求李某返还该花瓶。

问题：1. 赵某的诉讼请求有无法律依据？为什么？

2. 法院应如何处理？

一、合同概述

（一）合同

1. 合同的概念和特征

合同是民事主体的自然人、法人、其他组织之间设立、变更和终止民事法律关系的协议。在商品社会和市场经济条件下，合同是商品交换的法律形式，商品的流转大多是基于合同关系得以实现的。合同具有如下法律特征：

（1）合同是一种民事法律行为。民事法律行为是以发生一定民事法律后果为目的的行为。作为民事法律行为的合同，其当事人的目的是为了设立、变更或终止一定的民事法律关系。

（2）合同是双方或多方意思表示达成一致的民事法律行为。这就意味着合同的成立，要有两个或两个以上的当事人达成一致意见。

（3）合同当事人的法律地位平等。在合同关系中，当事人无论是法人、其他组织或自然人，他们作为合同当事人所处的法律地位是平等的，不允许任何一方将自己的意志强加于对方。这是合同关系与行政法律关系的根本区别。

2. 合同的分类

按各种标准对合同形态进行分类有助于正确处理合同纠纷。一般来讲，合同可以做以下分类。

（1）按当事人双方是否互负义务为标准，可分为双务合同和单务合同。❶

（2）按当事人之间有无对价的给付为标准，可分为有偿合同和无偿合同。❷

（3）以合同类型是否在法律上有规定，并赋予一定名称为标准，可分为有名合同和无名合同。

（4）依合同的成立，于意思表示外是否以交付标的物为标准，可分为诺成合同和实践合同。❸

（5）依合同是否应以一定的形式为要件为标准，可分为要式合同和不要式合同。❹

（6）依合同相互间的主从关系为标准，可分为主合同和从合同。❺

（二）合同编的概念及调整范围

1. 合同编的概念

本教材所称的合同编是指 2021 年 1 月 1 日生效的《民法典》第三编"合同"的

---

❶ 所谓双务合同是指双方互负对待给付义务的合同，如买卖、互易、租赁合同均为双务合同；所谓单务合同，是指合同当事人仅有一方负担给付义务的合同，如赠与合同等。

❷ 有偿合同是指一方通过履行合同义务而给对方某种利益，对方取得该利益必须支付相应代价的合同；无偿合同是指一方给付对方某种利益，对方取得该利益时并不支付任何代价的合同，如赠与合同等。

❸ 所谓诺成合同，是指当事人一诺即成的合同，即当事人意思表示一致合同就可以成立；所谓实践合同是指除了当事人意思表示一致以外尚须交付标的物才能成立的合同。大多数合同都是诺成合同，如买卖、租赁等，而实践合同须有法律的特别规定，如保管合同。

❹ 要式合同是指必须依法律规定的特定形式和手续（如审批、登记）等为要件的合同；不要式合同是指不以特定形式和手续为要件的合同。根据合同自由原则，合同除了法律有特别规定以外，均为不要式合同。

❺ 主合同是指不需要其他合同的存在即可以独立存在的合同；从合同是指以其他合同为存在前提的合同。如对于保证合同来说，设立主债务的合同就是主合同，保证合同相对于主债务合同而言就是从合同。

法律规定(以下简称"合同编")。它主要规范合同的订立，合同的效力，合同的履行、变更、转让、解除，违反合同的责任及各类有名合同的相关问题。

2. 合同编的调整范围

（1）在主体范围上，适用于平等主体的自然人、法人和其他组织。

（2）合同编调整民事主体因合同产生的民事关系，但婚姻、收养、监护等有关身份关系的协议，适用有关该身份关系的法律规定；没有规定的，可以根据其性质参照适用合同编规定。

（三）合同的约束力

依法成立的合同，受法律保护。依法成立的合同，仅对当事人具有法律约束力，但是法律另有规定的除外。

（四）对合同条款的解释

当事人对合同条款的理解有争议时，应当按照所使用的词句，结合相关条款、行为的性质和目的、习惯以及诚信原则，确定意思表示的含义。

合同文本采用两种以上文字订立并约定具有同等效力的，对各文本使用的词句推定具有相同含义。各文本使用的词句不一致的，应当根据合同的相关条款、性质、目的以及诚信原则等予以解释。

二、合同的订立

合同的成立必须基于当事人的合意，即意思表示一致。合同订立的过程就是合同当事人使其意思表示趋于一致的过程。当事人订立合同，可以采取要约、承诺方式或者其他方式。

（一）订立合同的方式

1. 以要约和承诺的方式订立合同

（1）要约。

1）要约的概念及其构成要件。要约是希望与他人订立合同的意思表示。前者称为要约人，后者称为受要约人。一般来说，要约要取得法律效力，应当符合如下条件：内容具体确定；表明经受要约人承诺，要约人即受该意思表示约束。

实践中，应该注意要约与要约邀请的区别。要约邀请，是希望他人向自己发出要约的意思表示。要约邀请的最终目的也是为了订立合同，但它本身不是要约而是邀请他人向自己提出要约，是当事人订立合同的一种预备行为，对行为人不具有约束力。实践中，拍卖公告、招标公告、招股说明书、债券募集办法、基金招募说明书、商业广告和宣传、寄送的价目表等都是要约邀请。但是，如果商业广告和宣传的内容符合要约规定的，构成要约。

2）要约的效力。以对话方式作出的要约，相对人知道其内容时生效。以非对话方式作出的要约，到达相对人时生效。以非对话方式作出的采用数据电文形式的要约，相对人指定特定系统接收数据电文的，该数据电文进入该特定系统时生效；未指定特定系统的，相对人知道或者应当知道该数据电文进入其系统时生效。当事人对采用数据电文形式的要约的生效时间另有约定的，按照其约定。

要约的效力主要表现在对要约人的约束力上，即一旦对方表示同意要约的内容和条件，要约人即受该要约的约束。通常要约对受要约人不产生约束力，即受要约人在收到要约时可以承诺，也可以拒绝或修改，也可以置之不理。

3）要约的撤回或撤销。要约的撤回是指要约在送达受要约人之前，要约人撤回要约，使其失去效力。要约可以撤回，但撤回要约的通知应当先于要约到达受要约人或同时到达受要约人。

要约的撤销，是指要约在送达受要约人之后，受要约人做出承诺之前，要约人撤销要约，使其失去效力。要约可以撤销，但撤销要约的意思表示以对话方式作出的，该意思表示的内容应当在受要约人作出承诺之前为受要约人所知道；撤销要约的意思表示以非对话方式作出的，应当在受要约人作出承诺之前到达受要约人。但有下列情形之一的，要约不得撤销：要约人以确定承诺期限或者以其他形式明示要约不可撤销的；或受要约人有理由认为要约是不可撤销的，并且已经为履行合同作了准备工作。

4）要约的失效。具有下列情形之一，要约失效：要约被拒绝；或要约被依法撤销；或承诺期限届满，受要约人未作出承诺；或受要约人对要约的内容作出实质性变更的。

（2）承诺。

1）承诺的概念及其构成要件。承诺是指受要约人同意要约的意思表示。换言之，承诺是受要约人同意接受要约的条件以缔结合同的意思表示。受要约人对要约的内容作出实质性变更的，为新要约而非承诺。承诺对要约的内容作出非实质性变更的，除要约人及时表示反对或者要约表明承诺不得对要约的内容作出任何变更外，该承诺有效，合同的内容以承诺的内容为准。承诺应当以通知的方式作出；但是，根据交易习惯或者要约表明可以通过行为作出承诺的除外。承诺的法律效力在于承诺一经送达要约人，合同便告成立。

在法律上，承诺必须具备以下要件，才能产生法律效力：①承诺必须由受要约人向要约人做出。②承诺应当在要约确定的期限内到达要约人，要约没有确定承诺期限的，承诺应当依照下列规定到达：要约以对话方式作出的，应当即时作出承诺；要约以非对话方式作出的，承诺应当在合理期限内到达。③承诺的内容必须与要约的内容一致。④承诺的方式必须符合要约的要求。

2）承诺的效力。承诺生效时合同成立，但是法律另有规定或者当事人另有约定的除外。以通知方式作出的承诺，生效的时间和要约生效的时间的法律规定相同；承诺不需要通知的，根据交易习惯或者要约的要求作出承诺的行为时生效。

3）承诺的撤回。承诺可以撤回，但是撤回承诺的通知应当先于承诺通知送达要约人或者与承诺通知同时到达要约人。

4）超过承诺期限发出或到达的承诺的效力。受要约人超过承诺期限发出承诺，或者在承诺期限内发出承诺，按照通常情形不能及时到达要约人的，为新要约；但是，要约人及时通知受要约人该承诺有效的除外。

受要约人在承诺期限内发出承诺，按照通常情形能够及时到达要约人，但是因其他原因致使承诺到达要约人时超过承诺期限的，除要约人及时通知受要约人因承诺超过期限不接受该承诺外，该承诺有效。

2. 以格式条款的方式订立合同

格式条款是当事人为了重复使用而预先拟定，并在订立合同时未与对方协商的条款。

采用格式条款订立合同的，提供格式条款的一方应当遵循公平原则确定当事人之间的权利和义务，并采取合理的方式提示对方注意免除或者减轻其责任等与对方有重大利害关系的条款，按照对方的要求，对该条款予以说明。提供格式条款的一方未履行提示或者说明义务，致使对方没有注意或者理解与其有重大利害关系的条款的，对方可以主张该条款不成为合同的内容。

有下列情形之一的，该格式条款无效：①具有《民法典》第 1 编第 6 章第 3 节❶和合同编第 506 条❷规定的无效情形；②提供格式条款一方不合理地免除或者减轻其责任、加重对方责任、限制对方主要权利；③提供格式条款一方排除对方主要权利。

对格式条款的理解发生争议的，应当按照通常理解予以解释。对格式条款有两种以上解释的，应当作出不利于提供格式条款一方的解释。格式条款和非格式条款不一致的，应当采用非格式条款。

（二）合同的成立

1. 概念

合同成立是指缔约当事人就合同的主要条款达成合意。合同成立必须具备如下的条件：一是存在着双方或多方当事人；二是订约当事人对主要条款达成合意。

2. 时间

合同成立的时间是由承诺生效的时间所决定的，即承诺生效时合同成立。当事人采用合同书形式订立合同的，自当事人均签名、盖章或者按指印时合同成立；在签名、盖章或者按指印之前，当事人一方已经履行主要义务，对方接受时，该合同成立。法律、行政法规规定或者当事人约定合同应当采用书面形式订立，当事人未采用书面形式但是一方已经履行主要义务，对方接受时，该合同成立。当事人采用信件、数据电文等形式订立合同的，可以在合同成立之前要求签订确认书，签订确认书时合同成立。当事人一方通过互联网等信息网络发布的商品或者服务信息符合要约条件的，对方选择该商品或者服务并提交订单成功时合同成立，但是当事人另有约定的除外。

3. 地点

合同成立的地点为承诺生效的地点。采用数据电文形式订立合同的，收件人的主营业地为合同成立的地点；没有主营业地的，其住所地为合同成立的地点。当事人另有约定的，按照其约定。当事人采用合同书形式订立合同的，最后签名、盖章或者按指印的地点为合同成立的地点，但是当事人另有约定的除外。

---

❶ 即民事法律行为的效力的相关规定。
❷ 合同中的下列免责条款无效：（一）造成对方人身损害的；（二）因故意或者重大过失造成对方财产损失的。

（三）抢险救灾、疫情防控等特定合同的订立

国家根据抢险救灾、疫情防控或者其他需要下达国家订货任务、指令性任务的，有关民事主体之间应当依照有关法律、行政法规规定的权利和义务订立合同。依照法律、行政法规的规定负有发出要约义务的当事人，应当及时发出合理的要约。依照法律、行政法规的规定负有作出承诺义务的当事人，不得拒绝对方合理的订立合同要求。

（四）缔约过失责任

1. 概念

缔约过失责任，是指在合同订立过程中，一方因违背诚实信用原则，未尽所应尽的义务，而致另一方的信赖利益的损失，该方所应承担的民事责任。

2. 构成要件

①发生在合同订立阶段；②一方当事人违反了依据诚实信用原则所产生的诚实、忠实、保密等义务；③造成了另一方信赖利益的损失。所谓信赖利益的损失是指一方实施了某种行为后，另一方对此产生了信赖，并因此而支付了一定的费用，但因对方违反诚实信用原则致使该费用不能得到补偿。

3. 主要类型

①假借订立合同，进行恶意磋商；②故意隐瞒与订立合同有关的重要事实或者提供虚假情况；③泄露或不正当地使用在订立合同过程中知悉的商业秘密或者其他应当保密的信息；④其他违背诚实信用原则的行为。

扩充阅读

某果品公司因市场上西瓜脱销，向新疆某农场发出一份传真："因我市市场西瓜脱销，不知贵方能否供应。如有充足货源，我公司欲购十个冷冻火车皮。望能及时回电与我公司联系协商相关事宜。"农场因西瓜丰收，正愁没有销路，接到传真后，喜出望外，立即组织十个车皮货物给果品公司发去，并随即回电："十个车皮的货已发出，请注意查收。"在果品公司发出传真后，农场回电前，外地西瓜大量涌入，价格骤然下跌。接到农场回电后，果品公司立即复电："因市场发生变化，贵方发来的货，我公司不能接收，望能通知承运方立即停发。"但因货物已经起运，农场不能改卖他人。为此，果品公司拒收，农场指责果品公司违约，并向法院起诉。

问题：如果你是法官，将如何进行裁判？

三、合同的形式和主要条款

（一）合同的形式

合同的形式，是合同当事人内在意思的外在表现形式，是合同内容的载体。按合同编的规定，当事人订立合同，可自由选择法律效力相同的书面形式、口头形式和其他形式。

（二）合同的主要条款

合同的主要条款，是合同的主要内容，是确定当事人权利义务的基本依据，合同

的内容由当事人约定，一般应包括以下条款：①当事人的姓名、名称和住所；②标的；③数量和质量；④价款或酬金；⑤履行期限、地点和方式；⑥违约责任；⑦解决争议的办法。

四、合同的效力

依法成立的合同，自成立时生效，但是法律另有规定或者当事人另有约定的除外。依照法律、行政法规的规定，合同应当办理批准等手续的，依照其规定。未办理批准等手续影响合同生效的，不影响合同中履行报批等义务条款以及相关条款的效力。应当办理申请批准等手续的当事人未履行义务的，对方可以请求其承担违反该义务的责任。

（一）合同的生效要件

合同生效，是指已经成立的合同在当事人之间产生了一定的法律约束力。一般来说，合同生效应具备以下要件。

（1）行为人具有相应的民事行为能力。

（2）意思表示真实。

（3）不违反法律、行政法规的强制性规定，不违背公序良俗。

当合同不完全具备全部生效要件时，其可归为可撤销合同或效力待定合同或无效合同。

（二）可撤销的合同

1. 概念和特征

可撤销合同是指当事人在订立合同时，由于意思表示不真实，法律允许撤销权人通过行使撤销权而使已经生效的合同归于无效或者加以变更。其法律特征表现在：

（1）主要是意思表示不真实的合同；

（2）必须由撤销权人主动行使撤销权，请求撤销合同；

（3）在未被撤销以前仍然是有效的。

2. 种类

（1）因重大误解而订立的合同。当事人对合同的性质、合同相对人、标的以及在交易上认为重要的事项发生认识错误，使行为的后果和自己的意思相违背，并造成较大损失的，误解方可以请求撤销合同。

（2）因一方或者第三人以胁迫手段，使对方在违背真实意思的情况下订立的合同，受胁迫方有权请求予以撤销。

（3）因一方欺诈而订立的合同；以及因第三人实施欺诈行为，使一方在违背真实意思的情况下所订立的合同，对方知道或者应当知道该欺诈行为的，受欺诈方有权请求予以撤销。

（4）一方利用对方处于危困状态、缺乏判断能力等情形，致使合同成立时显失公平的，受损害方有权请求予以撤销。

3. 撤销权的归属及其行使的方式和期限

撤销权通常由因意思表示不真实而受损害的一方当事人享有，如重大误解的误解人、因被欺诈或被胁迫而遭受重大不利的一方。

撤销权人必须是在规定的期限内行使，当事人自知道或者应当知道撤销事由之日起一年内、重大误解的当事人自知道或者应当知道撤销事由之日起 90 日内行使撤销权；当事人受胁迫，自胁迫行为终止之日起一年内行使撤销权；没有行使该权利的，则该权利消灭；具有撤销权的当事人知道可撤销事由后明确表示或者以自己的行为放弃该权利的，则该权利消灭。

当事人自撤销事由发生之日起五年内没有行使撤销权的，撤销权消灭。

（三）效力待定的合同

效力待定合同是指合同虽然已经成立，但因其不完全符合有关生效要件，其效力能否发生，尚未确定，一般须经有权人表示承认才能有效。效力待定合同主要包括以下几种：

1. 限制民事能力人依法不能独立订立的合同

限制民事能力人依法不能独立订立的合同，经法定代理人同意或追认后，该合同有效。但纯获利益的合同或者与其年龄、智力、精神健康状况相适应而订立的合同，不必经法定代理人追认。

相对人可以催告法定代理人自收到通知之日起 30 日内予以追认。法定代理人未作表示的，视为拒绝追认。在法定代理人追认前，善意相对人有撤销的权利。撤销应当以通知的方式作出。

2. 因无权代理而订立的合同

行为人没有代理权、超越代理权或者代理权终止后以被代理人名义订立的合同，未经被代理人追认，对被代理人不发生效力，由行为人承担责任。相对人可以催告被代理人在一个月内予以追认，被代理人未作表示的，则视为拒绝追认。在被追认以前，善意相对人有撤销的权利。无权代理人以被代理人的名义订立合同，被代理人已经开始履行合同义务或者接受相对人履行的，视为对合同的追认。

（四）无效合同

1. 无效合同的概念和特征

无效合同，是指合同虽然已经成立，但因其内容和形式上违反了法律、行政法规的强制性规定或违反了公序良俗，因此应确认为无效的合同。无效合同具有以下几个特征：

（1）当然性。合同的无效为当然无效，且不管当事人是否主张，法院应依职权认定其无效。

（2）自始性。无效的合同于成立时即自始无效，自始不发生当事人所欲发生的效力。

（3）确定性。无效的合同确定无效，不因时间的经过而补正。

2. 无效合同的种类

根据《民法典》中总则编第六章以及合同编的规定，无效合同的范围主要包括以下几种：

（1）无民事行为能力人订立的合同；

（2）行为人与相对人以虚假的意思表示订立的合同；

（3）行为人与相对人恶意串通，损害他人合法权益订立的合同；

（4）违背公序良俗订立的合同；

（5）违反法律、行政法规的强制性规定订立的合同，但该强制性规定不导致民事法律行为无效的除外。

任何合同中的下列免责条款无效：造成对方人身损害的；或因故意或者重大过失造成对方财产损失的。

合同部分无效，不影响其他部分效力的，其他部分仍然有效。

 扩充阅读

甲公司与乙公司签订一份秘密从境外买卖免税香烟并运至国内销售的合同。甲公司依双方约定，按期将香烟运至境内，但乙公司提走货物后，以目前账上无钱为由，要求暂缓支付货款，甲公司同意。3个月后，乙公司仍未支付货款，甲公司多次索要无果，遂向当地人民法院起诉要求乙公司支付货款并支付违约金。

问题：1. 该合同是否具有法律效力？为什么？

2. 本案该如何处理？

（五）合同被确认无效或被撤销的后果

无效的合同或者被撤销的合同自始没有法律约束力。合同不生效、无效、被撤销或者终止的，不影响合同中有关解决争议方法的条款的效力。合同被确认无效或被撤销以后，虽不能产生当事人所预期的法律效果，但并不是不产生任何法律后果，当事人之间也应承担返还财产或者赔偿损失的民事责任。

1. 返还财产

合同无效或者被撤销后，因该合同取得的财产，应当予以返还；不能返还或者没有必要返还的，应当折价补偿。

2. 赔偿损失

合同被确认无效或者被撤销以后，有过错的一方应当赔偿对方因此所受到的损失，双方都有过错的，应当各自承担相应的责任。

五、合同的履行

（一）合同履行的原则

合同履行的原则，是指当事人在履行合同债务时应当遵循的基本准则。合同当事人在履行合同过程中主要应遵守以下几个基本原则：

（1）全面履行的原则。又称适当履行原则，是指当事人按照合同约定的主体、标的、数量、质量、价款或者报酬、履行期限和履行地点，以适当的方式，全面完成合同义务的履行原则。

（2）遵循诚信原则。遵循诚信原则，根据合同的性质、目的和交易习惯履行通知、协助、保密等义务。

（3）绿色履行原则。履行合同过程中，应当避免浪费资源、污染环境和破坏生态。

（二）合同的履行规则

1. 合同条款存在缺陷时的履行规则

合同编第510条规定："合同生效后，当事人就质量、价款或者报酬、履行地点等内容没有约定或者约定不明确的，可以协议补充；不能达成补充协议的，按照合同的相关条款或者交易习惯确定。"当事人就有关合同的内容约定不明确，并且依照第510条的规定仍不能确定的，依照以下规则履行：

（1）质量约定不明确的，按照强制性国家标准履行；没有强制性国家标准的，按照推荐性国家标准履行；没有推荐性国家标准的，按照行业标准履行；没有国家标准、行业标准的，按照通常标准或者符合合同目的的特定标准履行。

（2）价款或者报酬不明确的，按照订立合同时履行地的市场价格履行；依法应当执行政府定价或者政府指导价的，按照规定执行。

（3）履行地点不明确，给付货币的，在接受货币一方所在地履行；交付不动产的，在不动产所在地履行；其他标的，在履行义务一方所在地履行。

（4）履行期限不明确的，债务人可以随时履行，债权人也可以随时请求履行，但是应当给对方必要的准备时间。

（5）履行方式不明确，按照有利于实现合同目的的方式履行。

（6）履行费用的负担不明确的，由履行义务一方负担；因债权人原因增加的履行费用，由债权人负担。

2. 对网络交易合同交付时间的规则

通过互联网等信息网络订立的电子合同的标的为交付商品并采用快递物流方式交付的，收货人的签收时间为交付时间。电子合同的标的为提供服务的，生成的电子凭证或者实物凭证中载明的时间为提供服务时间；前述凭证没有载明时间或者载明时间与实际提供服务时间不一致的，以实际提供服务的时间为准。

电子合同的标的物为采用在线传输方式交付的，合同标的物进入对方当事人指定的特定系统且能够检索识别的时间为交付时间。

电子合同当事人对交付商品或者提供服务的方式、时间另有约定的，按照其约定。

3. 合同履行过程中价格发生变动时的履行规则

我国当前还有极少数商品和服务是实行政府指导价和政府定价，当价格发生变化时，依照合同法规定，执行政府定价或政府指导价的，在合同约定的交付期限内政府价格调整时，按照交付时的价格计价。逾期交付标的物的，遇价格上涨时，按照原价格执行；遇价格下降时，按照新价格执行。逾期提取标的物或者逾期付款的，遇价格上涨时，按照新价格执行；价格下降时，按照原价格执行。

4. 金钱债务履行方式的规则

以支付金钱为内容的债，除法律另有规定或者当事人另有约定外，债权人可以请求债务人以实际履行地的法定货币履行。

5. 选择之债的选择权的规则

标的有多项而债务人只需履行其中一项的，债务人享有选择权；但是，法律另有规定、当事人另有约定或者另有交易习惯的除外。享有选择权的当事人在约定期限内或者履行期限届满未作选择，经催告后在合理期限内仍未选择的，选择权转移至对方。

当事人行使选择权应当及时通知对方，通知到达对方时，标的确定。标的确定后不得变更，但是经对方同意的除外。

可选择的标的发生不能履行情形的，享有选择权的当事人不得选择不能履行的标的，但是该不能履行的情形是由对方造成的除外。

6. 可分之债的规则

债权人为二人以上，标的可分，按照份额各自享有债权的，为按份债权；债务人为二人以上，标的可分，按照份额各自负担债务的，为按份债务。

按份债权人或者按份债务人的份额难以确定的，视为份额相同。

7. 连带债权和连带债务的规则

连带债权是指债权人为二人以上，部分或者全部债权人均可以请求债务人履行债务的债权；连带债务是指债务人为二人以上，债权人可以请求部分或者全部债务人履行全部债务的债务。连带债权或者连带债务，只能由法律规定或者当事人约定。

连带债务人之间的份额难以确定的，视为份额相同。实际承担债务超过自己份额的连带债务人，有权就超出部分在其他连带债务人未履行的份额范围内向其追偿，并相应地享有债权人的权利，但是不得损害债权人的利益。其他连带债务人对债权人的抗辩，可以向该债务人主张。被追偿的连带债务人不能履行其应分担份额的，其他连带债务人应当在相应范围内按比例分担。

部分连带债务人履行、抵销债务或者提存标的物的，其他债务人对债权人的债务在相应范围内消灭；该债务人可以依法向其他债务人追偿。部分连带债务人的债务被债权人免除的，在该连带债务人应当承担的份额范围内，其他债务人对债权人的债务消灭。部分连带债务人的债务与债权人的债权同归于一人的，在扣除该债务人应当承担的份额后，债权人对其他债务人的债权继续存在。债权人对部分连带债务人的给付受领迟延的，对其他连带债务人发生效力。

连带债权人之间的份额难以确定的，视为份额相同。实际受领债权的连带债权人，应当按比例向其他连带债权人返还。连带债权参照适用连带债务的有关规定。

8. 债务人向第三人履行债务时的规则

当事人可以约定由债务人向第三人履行合同债务。但如果债务人未向第三人履行债务或者履行债务不符合约定，债务人仍应当向债权人承担违约责任。法律规定或者当事人约定第三人可以直接请求债务人向其履行债务，第三人未在合理期限内明确拒绝，债务人未向第三人履行债务或者履行债务不符合约定的，第三人可以请求债务人承担违约责任；债务人对债权人的抗辩，可以向第三人主张。

9. 第三人向债权人履行债务时的规则

如果当事人约定由第三人向债权人履行债务，而第三人不履行债务或者履行债务不符合约定，则债务人仍应当向债权人承担违约责任。

10. 第三人代为履行债务的规则

债务人不履行债务，第三人对履行该债务具有合法利益的，第三人有权向债权人代为履行；但是，根据债务性质、按照当事人约定或者依照法律规定只能由债务人履行的除外。债权人接受第三人履行后，其对债务人的债权转让给第三人，但是债务人和第三人另有约定的除外。

11. 债权人发生变化时的履行规则

债权人分立、合并或者变更住所没有通知债务人，致使债务人履行债务发生困难的，债务人可以中止合同履行或者将标的物提存。中止履行并非从实体上解除了债务人的履行义务，而仅仅赋予了债务人暂停履行合同的权利。当暂停的因素消灭后，债务人仍应继续履行合同义务。

12. 债务人提前履行债务的履行规则

提前履行合同，就违反了合同全面履行的原则，可能会增加费用支出，甚至损害对方当事人的利益。因此，债权人可以拒绝对方提前履行债务，但如果该项提前履行不损害债权人利益的除外。如果债务人提前履行债务给债权人增加费用的，该费用应由债务人负担。

13. 债务人部分履行的履行规则

债务人部分履行债务，可能会使债权人利益受损。因此，债权人可以拒绝债务人部分履行，然而若部分履行不损害债权人利益的除外。债务人部分履行给债权人增加的费用，应由债务人负担。

除上述履行规则外，合同生效后，当事人不得因姓名、名称的变更或者法定代表人、负责人、承办人的变动而不履行合同义务。

14. 情事变更的规则

合同成立后，合同的基础条件发生了当事人在订立合同时无法预见的、不属于商业风险的重大变化，继续履行合同对于当事人一方明显不公平的，受不利影响的当事人可以与对方重新协商；在合理期限内协商不成的，当事人可以请求人民法院或者仲裁机构变更或者解除合同。

人民法院或者仲裁机构应当结合案件的实际情况，根据公平原则变更或者解除合同。

（三）双务合同履行中的抗辩权

双务合同履行中的抗辩权，是指一方当事人依法具有的对抗对方当事人的履行请求，暂时拒绝履行其合同债务的权利。依据《合同编》的规定，双务合同的当事人依法享有以下抗辩权。

1. 同时履行抗辩权

同时履行抗辩权，是指双务合同的当事人一方在对方未为对待给付（未履行或未依约履行）之前，可以拒绝对方相应的履行要求的权利。

同时履行抗辩权的成立，必须具备的条件是：①必须存在基于同一双务合同所产生的同时履行义务；②必须存在产生对抗请求权的原因，即对方有未履行或未依约定履行的事实。抗辩方以对方的履行或提出履行作为自己同时履行的条件，对方一旦开始履行或提出履行，同时履行抗辩权就消灭。

2. 先履行抗辩权

先履行抗辩权，是指在双务合同中的先履行一方未为履行之前或未依约定履行，后履行一方有拒绝对方相应的履行请求的权利。

先履行抗辩权的成立，必须具备的条件是：①必须存在基于同一双务合同所产生的先履行义务；②必须存在产生对抗请求权原因，即先履行一方有未依约定履行债务的事实。

3. 不安抗辩权

不安抗辩权，是指双务合同中应当先履行债务的当事人，在有确切证据证明后履行债务的当事人在缔约后出现足以影响其对待给付的情形下，可以中止履行合同债务的权利。

不安抗辩权制度是为了保护先履行合同一方当事人在对方有丧失或者可能丧失履行债务能力的情况下的合同利益，是一种特殊的预防性补救措施。其适用条件是：其一，后履行合同义务的一方当事人在合同订立以后有丧失或者可能丧失履行债务能力的情况，即存在以下情形：①当事人经营状况严重恶化；②当事人转移财产、抽逃资金以逃避债务；③当事人丧失商业信誉；④当事人有丧失或者可能丧失履行债务能力的其他情形。其二，先履行合同一方当事人有确切的证据证明后履行一方当事人丧失了履行基础，对此先履行一方要负举证责任，以证明对方确有该情形。在不安抗辩权的行使程序上，除了负举证责任之外，还应当及时通知对方当事人，不安抗辩权人必须及时将中止合同履行的情况通知对方，并有权要求对方提供适当担保。

行使不安抗辩权在法律上产生如下的效力：①先履行义务方在后履行义务方未提供担保之前，可中止履行债务；②后履行义务方在提供了适当担保后，先履行义务方应当恢复合同履行；③若后履行义务方在合理期限内，未恢复履行能力且未提供适当担保的，视为以自己的行为表明不履行主要债务，先履行义务方可以解除合同并可以请求对方承担违约责任。

六、合同的保全

（一）债权人的代位权

是指债权人依法享有的为保全其债权，以自己的名义行使属于债务人对相对人权利的实体权利。主要是因债务人怠于行使其债权或者与该债权有关的从权利，影响债权人的到期债权实现的，债权人可以向人民法院请求以自己的名义代位行使债务人对相对人的权利，但是该权利专属于债务人自身的除外。代位权的行使范围以债权人的到期债权为限。债权人行使代位权的必要费用，由债务人负担。相对人对债务人的抗辩，可以向债权人主张。

债权人的债权到期前，债务人的债权或者与该债权有关的从权利存在诉讼时效期间即将届满或者未及时申报破产债权等情形，影响债权人的债权实现的，债权人可以代位向债务人的相对人请求其向债务人履行、向破产管理人申报或者作出其他必要的行为。

人民法院认定代位权成立的，由债务人的相对人向债权人履行义务，债权人接受履行后，债权人与债务人、债务人与相对人之间相应的权利义务终止。债务人对相对人的债权或者与该债权有关的从权利被采取保全、执行措施，或者债务人破产的，依照相关法律的规定处理。

（二）债权人的撤销权

当债务人有下列不当行为，影响到债权人的债权实现的，债权人可以请求人民法院撤销债务人的行为：

（1）债务人以放弃其债权、放弃债权担保、无偿转让财产等方式无偿处分财产权益，或者恶意延长其到期债权的履行期限；

（2）债务人以明显不合理的低价转让财产、以明显不合理的高价受让他人财产或者为他人的债务提供担保，影响债权人的债权实现，债务人的相对人知道或者应当知道该情形的。

撤销权的行使范围以债权人的债权为限。债权人行使撤销权的必要费用，由债务人负担。

撤销权自债权人知道或者应当知道撤销事由之日起一年内行使。自债务人的行为发生之日起五年内没有行使撤销权的，该撤销权消灭。

七、合同的变更、转让和终止

（一）合同的变更

合同变更是指合同成立后，履行完毕之前，当事人依法对合同所作的修改。

合同变更禁止推定，当事人对合同变更的内容约定不明确的，推定为未变更，即当事人变更合同的意思表示须以明示方式为之。

（二）合同的转让

合同的转让，是指合同当事人依法将合同的全部或者部分债权或债务转让给他人的法律行为。合同转让所导致的是合同主体的变化，即第三人代替原合同当事人而成为合同当事人，或合同中增加当事人。合同转让并不导致合同内容的改变。合同的转让分为合同债权的转让、合同债务的转让和合同债权债务一并全部转让三种。

1. 合同债权的转让

合同债权转让，是指合同债权人将其债权全部或部分转让给第三人的行为。即在不改变债的客体和内容的情况下，将债的关系中的债权人进行变更，但有下列情形之一者不得转让合同债权：

（1）根据债权性质不得转让；

（2）按照当事人约定不得转让；

（3）依照法律规定不得转让。

但需要注意的是，当事人约定非金钱债权不得转让的，不得对抗善意第三人。当事人约定金钱债权不得转让的，不得对抗第三人。

债权人转让权利的，应当通知债务人。未经通知，该转让对债务人不发生效力。债权人转让权利的通知不得撤销，但经受让人同意的除外。债权人转让债权的，受让人取得与债权有关的从权利，但是该从权利专属于债权人自身的除外。受让人取得从权利不因该从权利未办理转移登记手续或者未转移占有而受到影响。

债权转让后，债务人对让与人的抗辩，可以向受让人主张。

在满足以下情形之一时，债务人可以向受让人主张抵销：①债务人接到债权转让通知时，债务人对让与人享有债权，且债务人的债权先于转让的债权到期或者同时到期；②债务人的债权与转让的债权是基于同一合同产生。

2. 合同债务的转让

合同债务的转让，是指合同中的债务人将自己应当履行的义务转让给第三人的行为。根据合同编规定，债务人将其合同的债务全部或部分转移给第三人，应当经债权人同意，债务人或者第三人可以催告债权人在合理期限内予以同意，债权人未作表示的，视为不同意。

第三人与债务人约定加入债务并通知债权人，或者第三人向债权人表示愿意加入债务，债权人未在合理期限内明确拒绝的，债权人可以请求第三人在其愿意承担的债务范围内和债务人承担连带债务。

新债务人受让原债务人的债务之后，还应当承担与主债务有关的从债务，除非该债务专属于原债务人自身。法律、行政法规规定转让权利或者转移义务应当办理批准、登记等手续的，当事人应当依照规定办理有关手续。

债务人转移债务的，新债务人可以主张原债务人对债权人的抗辩；原债务人对债权人享有债权的，新债务人不得向债权人主张抵销。

3. 合同权利义务全部转让

依照合同编有关规定，当事人若将自己在合同中的权利义务一并转让给第三人的，但是，必须经对方当事人同意，并适用债权转让、债务转移的有关规定。

（三）合同权利义务的终止

合同权利义务的终止，是指当事人之间的权利义务的消灭，即合同关系的消灭。根据合同法编的规定，合同权利义务可以因以下法定的原因而终止：

（1）债务已经履行。合同当事人各自依约履行了自己的合同债务，双方订立的合同的目的已经实现，合同也就自然消灭。

（2）债务相互抵销。当事人互负债务并且债务的标的物种类、品质相同的，任何一方可以将自己的债务与对方的到期债务抵销；除非法律规定、根据债务性质、按照当事人约定不得抵销的，当事人主张抵销的，应当通知对方。通知自到达对方时生效。抵销不得附条件或者附期限。当事人互负债务，标的物的种类、品质不相同，经当事人协商一致，也可以抵销。债务抵销后，合同权利义务终止。

（3）债务人依法将标的物提存。提存是指由于合同债权人的原因而无法向其交付标的时，债务人将该标的物提交给提存机关而消灭债务的制度。有下列情形之一，难以履行债务的，债务人可以将标的物提存：一是债权人无正当理由拒绝受领；二是债权人下落不明；三是债权人死亡未确定继承人、遗产管理人，或丧失民事行为能力未确定监护人；四是法律规定的其他情形。

标的物不适于提存或提存费用过高的，债务人可以依法拍卖或者变卖标的物，提存所得价款。债务人将标的物或者将标的物依法拍卖、变卖所得价款交付提存部门时，提存成立。提存成立的，视为债务人在其提存范围内已经交付标的物。标的物提存后，除债权人下落不明的以外，债务人应当及时通知债权人或者债权人的继承人、遗产管理人、监护人、财产代管人；标的物提存后其毁损、灭失的风险由债权人承担。提存期间，标的物的孳息归债权人所有，提存费用由债权人负担。

债权人可以随时领取提存物，但债权人对债务人负有到期债务的，在债权人未履行债务或未提供担保之前，提存部门根据债务人的要求应当拒绝其领取提存物。债权人领取标的物的权利，自提存之日起五年内不行使而消灭，提存物在扣除提存费用后归国家所有。但是，债权人未履行对债务人的到期债务，或者债权人向提存部门书面表示放弃领取提存物权利的，债务人负担提存费用后有权取回提存物。

（4）债务免除。债权人免除债务人部分或者全部债务的，合同的债权债务部分或全部终止，但是债务人在合理期限内拒绝的除外。

（5）债务混同。债务混同，即债权和债务同归于一人的情形。债权和债务同归于一人的，合同权利义务终止，但涉及第三人利益的除外。即涉及第三人的义务并不因混同而终止，仍应履行。

（6）合同解除。即在合同订立后，尚未履行完毕之前，因当事人一方的意思表示或者双方协议提前终止合同，从而使合同所产生债权债务消灭。

（7）法律规定或当事人约定终止的其他情形。

债权债务终止后，当事人应当遵循诚信等原则，根据交易习惯履行通知、协助、保密、旧物回收等义务。

债权债务终止时，债权的从权利同时消灭，但是法律另有规定或者当事人另有约定的除外。

（四）履行债务的顺序

债务人对同一债权人负担的数项债务种类相同，债务人的给付不足以清偿全部债务的，先按约定履行相应的债务；没有约定的，由债务人在清偿时指定其履行的债务；债务人未作指定的，再按照以下规定：①应当优先履行已经到期的债务；②数项债务均到期的，优先履行对债权人缺乏担保或者担保最少的债务；③均无担保或者担保相等的，优先履行债务人负担较重的债务；④负担相同的，按照债务到期的先后顺序履行；⑤到期时间相同的，按照债务比例履行。

债务人在履行主债务外还应当支付利息和实现债权的有关费用，其给付不足以清偿全部债务的，除当事人另有约定外，应当按照下列顺序履行：①实现债权的有关费用；②利息；③主债务。

（五）合同的解除

1. 合同解除的概念和形式

合同解除，是指合同有效成立后，因当事人一方或双方的意思表示，使基于合同而产生的权利义务关系终止的行为。

合同解除有两种形式，一是协议解除，二是法定解除。

（1）协议解除。协议解除是指当事人在合同生效后、尚未履行完毕之前，当事人双方通过协商达成协议，而使合同效力消灭的双方民事法律行为；当事人也可以约定一方解除合同的事由，当该事由发生时，解除权人可以解除合同。

（2）法定解除。法定解除，是指合同成立后，当事人一方行使法定解除权而使合同关系终止。

法定解除是单方法律行为，只有当法律规定的解除条件出现时，一方当事人才能行使解除权，从而使合同的权利义务终止。可以依法解除合同的五种情形：①因不可抗力而致使不能实现合同目的；②在履行期届满之前，当事人一方明确表示或者以自己的行为表明不履行主要债务；③当事人一方迟延履行主要债务，经催告后在合理期限内仍未履行；④当事人一方迟延履行债务或者有其他违约行为致使不能实现合同目的；⑤法律规定的其他情形。

以持续履行的债务为内容的不定期合同，当事人可以随时解除合同，但是应当在合理期限之前通知对方。

2. 合同解除的期限与程序

（1）解除权行使期限。法律规定或当事人约定解除权行使期限的，当事人若在期限届满时仍不行使，则该解除权消灭。法律没有规定或者当事人没有约定解除权行使期限的，自解除权人知道或者应当知道解除事由之日起一年内不行使，或者若经对方当事人催告后在合理期限内仍不行使的，该解除权也消灭。

（2）解除权的生效时间。当事人一方依法主张解除合同的，应当通知对方当事人。合同自解除合同的通知到达对方时解除。通知载明债务人在一定期限内不履行债务则合同自动解除，债务人在该期限内未履行债务的，合同自通知载明的期限届满时解除。如果对方对解除合同有异议，可以请求人民法院或仲裁机构确认解除行为的效力。

当事人一方未通知对方，直接以提起诉讼或者申请仲裁方式依法主张解除合同，人民法院或者仲裁机构确认该主张的，合同自起诉状副本或者仲裁申请书副本送达对方时解除。

3. 合同解除的法律后果

合同解除的法律效力，对当事人来说就是合同关系从此消灭。尚未履行的，终止履行；已经履行的，根据履行情况和合同性质，当事人可以要求恢复原状或者采取其他补救措施，并有权请求获得相应的赔偿。合同因违约解除的，解除权人可以请求违约方承担违约责任，但是当事人另有约定的除外。

主合同解除后，担保人对债务人应当承担的民事责任仍应当承担担保责任，但是担保合同另有约定的除外。

（六）合同终止的后果

合同的权利义务终止后，当事人的合同关系已经结束，双方在合同上的权利义务关系消灭，但某些合同的特点决定当事人的义务具有延续性，或者具有不可替代性，因此，合同终止后，当事人仍应当履行某些义务，如当事人仍应当遵循诚实信用原则，并根据交易习惯履行相应的义务如通知、协助和保密等义务。

合同权利义务的终止，并不影响合同中结算和清理条款的效力，当事人仍应当按照合同中的结算和清理条款履行相应义务。

八、违约责任

（一）违约责任的概念和特征

违约责任，也称违反合同的民事责任，是指合同当事人违反合同义务所应向对方当事人承担的责任。违约责任具有补偿性，主要是一种财产责任，可以由当事人约定。

（二）违约责任的主要类型

根据不同的标准，可以对违约责任作不同的分类，违约责任主要有以下类型：

（1）过错责任与无过错责任。❶

（2）单独责任与共同责任。❷

（3）单方责任与混合责任。❸

（三）违约责任的构成要件

违约责任的构成要件，是指违约当事人应具备何种条件才应承担违约责任，各种不同的责任形式构成要件是各不相同的，主要包括以下几种。

1. 违约行为

违约行为，是指合同当事人违反合同义务的行为，即当事人一方不履行合同义务或者履行合同义务不符合约定。

2. 不存在法定或约定的免责事由

在违约行为发生后，如果其具有法定的或者约定的免责事由，则虽然实施了违约行为，也不一定承担违约责任。

免责事由，是指合同不履行的免责事由，仅适用于合同责任，合同的免责事由既包括法定的免责事由，即不可抗力，也包括当事人约定的免责条款，即免责条款。只有在法定的免责事由和约定的免责事由导致合同不能履行时，才能使债务人被免责。法定免责事由主要有不可抗力。所谓不可抗力是指不能预见、不能避免并不能克服的客观现象。它包括以下几种情况：第一，自然灾害，如地震、洪水等，自然灾害属于典型的不可抗力。第二，政府行为。第三，社会异常现象。主要是指一些偶发的阻碍合同履行的事件，如罢工、骚乱等。因不可抗力不能履行合同的，根据不可抗力的影响，部分或全部免除责任，但法律另有规定的除外。在不可抗力发生以后，当事人一

---

❶ 过错责任是指由于行为人的故意或者过失致使违反合同义务而需承担的责任；无过错责任又称严格责任，是指无论行为人主观上是否有故意或者过失只要有违约行为，就必须承担违约责任。

❷ 单独责任是指违约方仅为一人时所承担的违约责任；共同责任是指违约方为两人以上时所承担的违约责任，共同责任又有按份责任和连带责任之分。

❸ 单方责任是指违约一方向守约一方所承担的责任；混合责任是指当事人双方均有违反合同义务的行为，各自依其违约的情形承担相应的违约责任。

方因不可抗力的原因不能履行合同，应及时向对方通报并取得有关证明，同时应尽最大努力减少损失。

（四）违约责任的形式

承担违约责任的方式有：继续履行、采取补救措施、赔偿损失、支付违约金或定金等。

1. 继续履行

继续履行是指当事人一方不履行合同义务或者履行合同义务不符合约定时，另一方当事人可以要求违约方在合同履行期限届满后，继续按照原合同约定的主要条件完成合同义务的行为。一方不履行金钱债务违约的，对方可以请求其支付。

一方不履行非金钱债务或者履行非金钱债务不符合约定的，对方可以请求履行。但有下列情形之一的，守约方不能要求继续履行：①法律上或者事实上不能履行；②债务的标的不适于强制履行或者履行费用过高；③债权人在合理期限内未请求履行。

当前款规定的某一情形致使不能实现合同目的的，人民法院或者仲裁机构可以根据当事人的请求终止合同权利义务关系，但是不影响违约责任的承担。

2. 采取补救措施

采取补救措施，是指违约方所采取的旨在消除违约后果的除了继续履行、支付赔偿金、违约金以及定金以外的其他措施。

当一方履行债务不符合约定的，应当按照当事人的约定承担违约责任。对违约责任没有约定或者约定不明确，当事人可协商确定；不能达成补充协议的，按照合同相关条款或者交易习惯确定，仍不能确定的，受损害方根据标的的性质以及损失的大小，可以合理选择要求对方承担修理、重作、更换、退货、减少价款或者报酬等的违约责任。

3. 赔偿损失

（1）赔偿损失的概念及其构成要件。赔偿损失是指当事人一方不履行合同义务或者履行合同义务不符合约定的，在履行义务或者采取补救措施后，对方还有其他损失的，应当赔偿损失。

（2）赔偿损失的范围。违约者赔偿的损失应当包括直接损失和间接损失。直接损失是指现有的财产直接的减少；间接损失是指失去的可以预期获得的利益，又称可得利益，主要是指交易利润。当事人为了防止损失扩大而支出的合理费用也应当由违约方承担，但是若一方违约后对方应当采取而未采取适当措施致使损失扩大的，扩大的损失就不能要求违约方赔偿。

（3）赔偿损失的计算。计算赔偿损失应当依照以下原则：一是完全赔偿规则。支付赔偿金的目的在于补偿受害人因对方违约所遭受的损失，使受害人恢复到合同如期履行的状态，因此按照完全赔偿的原则，违约方应当赔偿因违约所造成的一切损失，包括间接利益。二是赔偿限制规则。完全赔偿原则能够使受害人的损失获得充分的补偿。赔偿限制规则是为了公平地保护合同当事人各方的权益，以可预见性为界限对完全赔偿原则作一些限制。依此原则，赔偿损失不得超过违反合同一方在订立合同时预见到或应当预见到的因违约所造成的损失。损失赔偿额应当相当于因违约所造成的损失，包括合同履行后可以获得的利益；但是，不得超过违约一方订立合同时预见到或者应当预见到的因违约可能造成的损失。当事人一方违约造成对方损失，对方对损失的发生有过错的，可以减少相应的损失赔偿额。

4. 违约金

违约金，是指当事人在合同中约定或者由法律规定，一方在违约时应当向对方支付一定数量的货币。

当事人可以约定一方违约时应当根据违约情况向对方支付一定数额的违约金，也可以约定因违约产生的损失赔偿额的计算方法。约定的违约金低于造成的损失的，人民法院和仲裁机构可以根据当事人的请求予以增加；约定的违约金过分高于造成的损失的，人民法院或仲裁机构可以根据当事人的请求予以适当减少。当事人就迟延履行约定违约金的，违约方在支付违约金后，还应当履行债务。依据上述规定，违约金在我国是属于违约责任的承担方式，其主要功能在于补偿而不在于惩罚。因此，法律规定当约定的违约金与违约所致的损失相差太大时，当事人可以请求人民法院或仲裁机构适当增加或减少。由于违约金的补偿性，《民法典》合同编第 588 条规定，如果当事人既约定违约金，又约定定金的，在一方违约时，对方只能选择适用违约金或者定金条款之一，不能两者同时适用。

5. 定金

当事人可以约定一方向对方给付定金作为债权的担保。定金合同自实际交付定金时成立。

定金的数额由当事人约定；但是，不得超过主合同标的额的 20%，超过部分不产生定金的效力。实际交付的定金数额多于或者少于约定数额的，视为变更约定的定金数额。

债务人履行债务的，定金应当抵作价款或者收回。给付定金的一方不履行债务或者履行债务不符合约定，致使不能实现合同目的的，无权请求返还定金；收受定金的一方不履行债务或者履行债务不符合约定，致使不能实现合同目的的，应当双倍返还定金。

当事人既约定违约金，又约定定金的，一方违约时，对方可以选择适用违约金或者定金条款。

定金不足以弥补一方违约造成的损失的，对方可以请求赔偿超过定金数额的损失。

第二节　票据法律制度

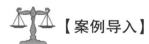【案例导入】

2016 年 3 月，原告某科技股份有限公司因业务往来从案外公司处背书取得金额为22 万余元的银行承兑汇票一张，票据到期日 2016 年 6 月 29 日，承兑人为被告某银行。该票据背书过程中存在多处涂改。原告在到期日前持票提示付款时，某银行以"情况说明表述与要素均有误"为由拒绝付款。后某科技股份有限公司历经 2 年寻找票据各背书人出具证明，并再次持票提示付款。某银行于 2018 年 7 月 26 日以"超到期日两

年，已丧失票据权利"为由再次拒绝付款。原告遂起诉来院。原告起诉时主张被告支付票据款，被告则辩称原告票据权利已经丧失，被告拒绝承兑符合票据法。问题：原告的票据权利主张是否能成立？

一、票据和票据法概述

（一）票据的含义与种类

1. 票据的含义

票据是指出票人签发的，由自己或者委托他人无条件向收款人或持票人支付一定金额的有价证券。

2. 票据的特征

（1）票据是设权证券。设权证券，是指票据权利的发生必须首先作成证券。票据作成前，票据权利不存在，票据权利是依票据的作成同时发生的。票据的作用在于创设一定的权利，因此，票据为设权证券。

（2）票据是债权证券。票据所表示的权利，是一种以一定金额的给付为标准的债权，因而票据是债权证券。进一步讲，票据所创设的权利是金钱债权，票据持有人，可以对票据记载的一定数量的金钱向票据的特定债务人行使请求付款权，所以票据是债权证券中的金钱债权证券。

（3）票据是文义证券。票据所创设的权利义务内容，完全依票据上所载文义而定，而不能任意解释或者根据票据以外的任何其他文件确定。即使票据上记载的文义有错，也要以该文义为准。例如，当票据上记载的出票日与实际出票日不一致时，以票据上所记载日期为准。因此，票据为文义证券。

（4）票据是要式证券。票据的作成格式和记载事项都由法律严格规定，不按法律规定作成票据或不按法律规定记载事项，会影响票据的效力甚至会造成票据无效，此外，票据的签发、转让、承兑、付款、追索等行为，也必须严格按照票据法规定的程序和方式进行方为有效，所以票据是要式证券。

（5）票据是无因证券。票据权利仅以票据法的规定而发生，而不需考虑票据设立的原因或基础。只要权利人持有票据，就可以行使票据上的权利。票据上的法律关系只是单纯的金钱支付关系，权利人享有票据权利只以持有票据为必要，至于这种支付关系的原因或者说权利人取得票据的原因均可不问，即使这种原因关系无效，对票据关系也不发生影响。因而票据是无因证券。

（6）票据是流通证券。流通性是票据的基本功能之一，票据权利可以通过背书或者交付而转让，并可在市场上自由流通。

（7）票据是完全有价证券。有价证券可分为完全有价证券和不完全有价证券。证券与权利在一定情况下可以分离时，为不完全有价证券；证券与权利不可分离时，为完全有价证券。

3. 票据的种类

（1）根据票据的基本当事人及付款人的不同，可以将票据分为汇票、本票与支票。

汇票是指由出票人签发的，委托付款人在见票时或者指定日期无条件支付确定金额给收款人或持票人的票据。

本票是由出票人签发的，承诺自己在见票时无条件支付确定的金额给收款人或持票人的票据。根据我国票据法的规定，该法所指的本票是指银行本票，不包括商业本票，更不包括个人本票。

支票是指是由出票人签发，委托办理支票存款业务的银行或者其他金融机构在见票时无条件支付确定的金额给收款人或持票人的票据。

（2）根据票据是否记载收款人姓名或者名称，分为记名票据与无记名票据。

记名票据是指在票据上注明受款人姓名可由受款人以背书方式转让，付款人只能向受款人或其指定的人付款的票据。

无记名票据是指出票人在签发票据时，在票据上没有记载收款人的姓名或名称的票据。无记名票据的记载方式是"将票面金额无条件支付给持票人"或"将票面金额无条件支付给来人"，或者在票据上的收款人栏中不作任何记载。在我国，只有支票才可以签发无记名票据。

（3）根据票据付款日期不同，分为即期票据与远期票据。

即期票据又称为见票即付的票据，是指从出票日开始起即可请求付款人付款的票据。

远期票据是指在票据上记载特定的日期为到期日（或称付款日期），在出票人出票后，持票人不能当时请求付款人付款，而是在到期日到来之时才可以请求付款的票据。

4. 票据的功能

（1）汇兑功能，是指票据在异地之间使用从而代替货币兑换支取的功能。

（2）支付功能，是指代替现金支付的功能，该功能主要体现在支票上。

（3）信用功能，是指票据当事人可以凭借自己的信誉，将未来才能获得的金钱作为现在的金钱来使用。

（4）融资功能，是指融通资金或调度资金的功能。票据的融资功能是通过票据的贴现、转贴现和再贴现实现的。

（二）票据法的概念与特征

1. 票据法的概念

票据法是指国家制定的调整票据关系和与票据关系有关的非票据关系的法律规范的总称。

目前，我国专门调整票据关系以及相关非票据关系的法律是 1995 年通过、2004 年修订的《票据法》。此外，还有中国人民银行于 1997 年发布的《票据管理实施办法》以及《支付结算办法》等。

2. 票据法的特征

我国票据法的基本特征主要有：

（1）强行性。票据是金钱债权证券，有支付功能、信用功能，而且为流通之物，为安全、便捷起见，票据法在票据行为方面则采用强制规范之规则，构成强制性规范体系。票据法的各项规定都不允许当事人违反或者变通。在票据活动中，凡是不适法之举措或疏忽之过失，就不能发生预期的票据法律效果，其结果，或是票据无效，或是行为人承担不利之后果，断无协商解决之可能。如我国《票据法》第 8 条规定，"票据金额以中文大写和数码同时记载，二者必须一致，二者不一致的，票据无效。"

（2）技术性。票据法的主要内容，是规定如何实施票据行为，怎样行使、保全、保护票据权利，从立法意图上讲，侧重于规定票据使用、流通和保全票据权利的方法，相对而言，属技术性规范。

（3）严格性。票据法注重票据和票据行为的形式，只要票据和票据行为的形式符合票据法，就受票据法的保护，相反，如果形式不符合票据法的规定，即使作成票据的原因是合法有效的，票据和票据行为也属无效。

二、票据权利

（一）票据权利的含义

票据权利，是指持票人向票据债务人请求支付一定票据金额的权利，包括付款请求权和追索权。所谓付款请求权是指持票人请求票据主债务人或其他付款义务人支付票据金额的权利；而追索权是指如果持票人的付款请求权得不到实现，或有其他法定原因时，得以向付款人以外的票据债务人要求支付票据金额和其他有关损失及费用的权利。

（二）票据权利具有以下特征

（1）票据权利是一种证券权利，此种权利只能依票据上的记载事项而确定，不能体现在票据记载事项之外。

（2）票据权利是一种一方当事人只单独享有而不需承担票据义务的权利，票据权利原则上只能由持票人享有，而出票人以及其他票据债务人包括背书人、保证人、承兑人等则单方承担票据义务。

（3）票据权利是一种金钱债权，其权利标的只能是一定数额的货币，而不得以其他任何标的来替代履行。

（4）票据权利是一种单一性权利，就同一票据而言，不能同时存在两个以上票据权利。

（5）票据权利是具有双重请求权的权利，包括付款请求权与追索权。这两个权利在行使上具有先后顺序，其中付款请求权是第一顺序权利，也就是首先要行使的权利，追索权是第二顺序的权利，是持票人行使付款请求权被拒绝或者出现法定事由使付款请求权的行使面临障碍时才可以行使追索权。

（三）票据权利的取得

1. 原始取得

票据权利的原始取得，是指持票人最初取得的票据权利不是从其他前手权利人处受让取得。一般认为原始取得包括两种情形：一是持票人直接从出票人处通过出票行为取得票据权利，为出票取得；二是持票人依法从无票据权利处分权人手中善意取得票据权利，为善意取得。

2. 继受取得

票据权利的继受取得，是指持票人从有权处分票据权利的前手那里，依背书交付或单纯交付方式，受让票据权利，包括票据法上的继受取得和非票据法上的继受取得两种方式。前者是以背书交付或单纯交付方式取得，由于票据是流通证券，票据权利通常都是通过这种方式取得；后者也称民法上的继受取得，如因继承、赠与或公司合并等取得，一般通过民法或其他相关法调整。

（四）票据权利的消灭及利益偿还请求权

1. 票据权利的消灭

票据权利的消灭是指因发生一定的法律事实而使票据权利不复存在。票据权利是一种债权，可因履行、免除、抵销、时效届满等事由而消灭。

2. 利益偿还请求权

利益偿还请求权是指持票人因超过票据权利时效或者因票据记载事项欠缺而丧失票据权利的，可以请求出票人或者承兑人返还其与未支付的票据金额相当的利益的权利。

三、票据行为

（一）票据行为的概念

票据行为是以票据权利义务的设立及变更为目的的法律行为。广义的票据行为是指票据权利义务的创设、转让和解除等行为，包括票据的签发、背书、承兑、保证、参加承兑付款、参加付款、追索等行为在内。狭义的票据行为专指以设立票据债务为目的的行为，只包括票据签发、背书、承兑、保证、参加承兑等，不包括解除票据债务的付款、参加付款、追索等。我国现行《票据法》未对参加承兑和保付作规定，因而在我国，票据行为仅有出票、背书、承兑和保证四种。

根据票据行为的性质，狭义的票据行为还可以分为基本的票据行为和附属的票据行为。基本的票据行为是创设票据的行为，即出票行为。出票行为有效成立后，票据才可以有效存在。票据上的权利义务关系都是由出票行为引起的。附属的票据行为是指出票行为以外的其他行为，是以出票为前提，在已成立的票据上所做的行为。

（二）票据行为的法律特征

票据行为除了具备一般法律行为的特征之外，还具有以下特征：

（1）票据行为的要式性，即票据行为必须遵循法律规定的形式要件，不允许当事人自主决定或变更，否则不能产生票据法上的效力。

（2）票据行为的无因性，即票据行为的效力与基础关系的效力原则上相互分离，彼此独立。

（3）票据行为的独立性。在同一票据上的各个票据行为，互不依赖，都各自依其在票据上所载文义独立发生效力，某一票据行为无效或有瑕疵，不影响其他行为的效力。

（4）票据行为的文义性。票据行为的内容完全以票据上记载的文义而定，即使该项记载与行为人的真实意思或实际情形不符，也不允许当事人以票据之外的证据予以变更或补充。

（三）票据行为的有效要件

票据行为必须具备法定要件才能成立和生效。学理界将票据行为的要件分为实质要件和形式要件两种。

1. 实质要件

实质要件是指票据行为应具备的一般民事法律行为的有效要件，主要包括票据行为能力要件、意思表示真实要件、内容合法要件。

（1）票据人具有票据行为能力。票据行为能力是指行为人通过独立的票据行为取得票据法上的权利、承担票据法上的义务的资格或能力。只有具备完全民事行为能力的自然人才具有票据行为能力，其签章才具有票据法上的效力。

（2）票据行为人意思表示。票据行为要求票据行为人的意思表示必须真实、合法和无瑕疵，票据法不保护虚假、欺诈的意思表示。

（3）票据行为内容具有合法性。票据权利得到法律保护，就要求票据行为追求的目的具有合法性，法律不保护违法的权利。

2. 形式要件

（1）签发票据凭证格式应使用统一规定的凭证格式。出票、背书等各种票据行为均需以统一规定的书面格式为之，即将行为人的意思记载于一定的票据用纸上，且票据法一般对票据用纸也有严格要求。

（2）符合法定要求的记载事项。按记载事项的效力的不同，可将其细分为三类：第一类，绝对必要记载事项，是指必须在票据上记载的事项，若欠缺，则票据无效。主要包括：表明票据种类的文字、无条件支付的承诺、确定的金额、收款人和付款人的姓名或名称、出票人签章、出票日期。第二类，相对必要记载事项，是指某些事项虽然票据法规定应予记载，但若未记载，法律另有补充规定，票据并不因此无效。第三类，任意记载事项，是指是否记载可由票据当事人选择，但一经记载，即发生票据法上的效力。

（3）交付。票据法上的交付是指票据行为人基于其意志将票据交付给相对人占有，从而完成票据行为，相对人据以取得票据权利。

四、票据抗辩及其限制

（一）票据抗辩概述

票据抗辩是指被请求承担票据责任的人对于持票人提出的主张权利的请求，基于某种法定事由而予以拒绝，不承担票据责任的行为。根据不同的抗辩原因，一般将票据抗辩分为物的抗辩和人的抗辩两大类。

1. 物的抗辩

物的抗辩，也称绝对抗辩、客观抗辩，是指基于票据本身的事由发生的抗辩。票据债务人可以据此对抗一切票据债权人，并不因持票人的变化而受到影响。根据行使抗辩权的债务人的不同，物的抗辩可分为两种：第一，一切票据债务人可以对一切票据债权人行使的抗辩。主要包括：①因记载事项的欠缺而导致票据无效的抗辩；②因票据上记载的到期日未到或者提示付款地与记载的付款地不符而进行的抗辩；③票据关系已经消灭的抗辩；④票据被法院作出除权判决而失效的抗辩；⑤背书不连续的抗辩。第二，特定票据债务人可以对一切债权人行使的抗辩，主要包括：①无行为能力人及限制行为能力人的抗辩；②被伪造人的抗辩；③无权代理或越权代理的抗辩；④时效超过的抗辩；⑤保全手续欠缺的抗辩。

2. 人的抗辩

人的抗辩，又称相对抗辩、主观抗辩，是基于票据债务人和特定的票据债权人之间的关系而发生的抗辩。根据行使抗辩权的债务人的不同，人的抗辩可分为两种：第一，一切票据债务人可以对特定债权人行使的抗辩，主要包括：①票据权利人在实质上失去或欠缺受领资格的抗辩；②特定持票人不具备取得票据权利要件的抗辩；③出票人记载"不得转让"的抗辩。第二，特定票据债务人可以对特定债权人行使的抗辩，主要包括：原因关系的抗辩；背书人记载不得转让时的抗辩；特约抗辩。

（二）票据抗辩的限制

票据抗辩的限制也称票据抗辩切断制度，是指随着票据权利的转移，票据债务人对原持票人所存在的抗辩事由原则上并不及于票据权利的受让人。票据债务人不得以自己与出票人或者与持票人的前手之间的抗辩事由对抗持票人。但是，持票人明知存在抗辩事由而取得票据的除外。

五、票据丧失与补救

（一）票据丧失

票据的丧失是指持票人基于自己意志以外的原因而丧失对票据占有的事实状态。票据丧失需要具备以下几个要件：一是失票人失去对票据的占有；二是失票人是因意志以外的原因丧失对票据的占有；三是无法恢复票据占有。一般认为，票据丧失的情况包括两种：一是绝对丧失，如票据因焚烧、毁损而在物质形态上毁灭；二是相对丧失，如票据遗失或被盗等。

（二）票据丧失的补救

1. 挂失止付

挂失止付是指失票人在票据丧失以后，告知付款人或代理付款人票据丧失的情形并请求付款人在法律规定的止付期间内暂时停止支付的补救方法。我国《票据法》第15条规定："票据丧失，失票人可以及时通知票据的付款人挂失止付，但是，未记载付款人或者无法确定付款人及其代理付款人的票据除外。收到挂失止付通知的付款人，应当暂停支付。失票人应当在通知挂失止付后三日内，也可以在票据丧失后，依法向人民法院申请公示催告，或者向人民法院提起诉讼。"采取挂失止付补救措施，必须符合以下条件：第一，必须有丧失票据的事实；第二，失票人必须是真正的票据权利人；

第三，丧失的票据必须是未获付款的有效票据。

2. 公示催告

所谓公示催告是指票据等有价证券丧失后，依据申请人的申请，人民法院以公告的形式，告知利害关系人在一定期限内申报权利，否则将由人民法院依申请人申请作出除权判决，确认票据失去效力，使得票据与权利分离，使丧失票据权利的人行使票据权利的补救方法。公示催告是一种独立的救济方法，并不以挂失止付为前提条件。

本章主要内容归纳总结图

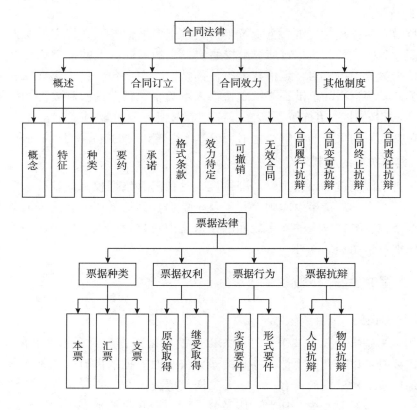

复习思考题

1. 合同订立中的要约与承诺。
2. 合同的效力。
3. 违约责任。
4. 票据的种类和特征。
5. 票据权利的取得方式。
6. 票据行为的有效要件。

推荐阅读

1. 指导案例 72 号：汤龙、刘新龙、马忠太、王洪刚诉新疆鄂尔多斯彦海房地产
   开发有限公司商品房买卖合同纠纷案
   最高人民法院审判委员会讨论通过 2016. 12. 28

2. 兰州天宝电力有限公司等与宇星科技发展（深圳）有限公司承揽合同纠纷上
   诉案
   广东省深圳市中级人民法院（2016）粤 03 民终 23359 号/2017. 09. 14

3. 江苏省第一建筑安装集团股份有限公司与唐山市昌隆房地产开发有限公司建设
   工程施工合同纠纷案
   中华人民共和国最高人民法院（2017）最高法民终 175 号/2017. 12. 27

4. 河北融投担保集团有限公司诉周东方等保证合同纠纷案
   中华人民共和国最高人民法院（2016）最高法民终 511 号/2016. 12. 08

5. 中国银行股份有限公司长治市分行与长治煤炭运销公路经销有限公司票据纠
   纷案
   中华人民共和国最高人民法院（2013）民提字第 89 号/2013. 11. 17

第六章　商品交易的特殊性法律制度

【本章提示】

商品交易是通过合同来完成的。商品交易法律制度除了基础的合同法律制度外，还存在一些特殊的法律制度：政府采购法律制度，属于交易主体特殊——一方是政府；直销法律制度，属于交易环节特殊——从生产者直接到消费者；电子商务法律制度，属于交易手段特殊——电子手段；特许经营法律制度，属于交易标的特殊——经营资源。

【重点内容】

1. 政府采购的含义。
2. 政府招标采购中的废标。
3. 直销与传销的区别。
4. 电子合同的适用范围。
5. 电子商务主体的设立。
6. 特许经营的条件。

第一节　政府采购法律制度

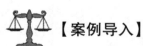【案例导入】

2004年12月30日，经过招标投标，平潭县某剧团（以下简称"剧团"）与平潭县某建筑工程公司（以下简称"建筑公司"）签订了《建设工程施工合同》。合同约定：剧团把经立项批准建设的"闽剧团综合楼"工程发包给建筑公司施工，工期120日历天。工程质量标准合格，工程价款688773元；该建设工程的工程款均由平潭县人民政府财政拨付。

2005年2月5日，剧团支付工程预付款5万元。2005年4月10日工程破土动工。2005年6月初，工程施工到主体框架二层楼面。由于县政府未能及时拨付剧团旧址拍卖的地价款，导致剧团无法按合同约定支付工程预付款和进度款，建筑公司于2005年6月5日停工。2005年9月6日，建筑公司与剧团签订了《闽剧团综合楼工程暂缓施工协议》。2005年9月26日、12月16日，2006年1月27日，剧团又分别支付建筑公司工程款6万元、20万元、36992元。2006年4月12日，经充分协商，双方又签订了

《闽剧团综合楼工程恢复施工协议书》，约定建筑公司于 2006 年 5 月 1 日前恢复施工，恢复施工后工程按月进度，剧团付 50% 工程进度款，对剧团延期支付的违约责任，剧团同意赔偿，赔偿幅度由双方共同认可。但该协议签订后，建筑公司未恢复施工，而且于 2006 年 4 月 28 日向剧团发出《解除合同通知书》，解除双方签订的《建设工程施工合同》《闽剧团综合楼工程恢复施工协议书》。剧团起诉后，建筑公司对剧团提起反诉，并在庭审过程中提出请求解除合同。❶

问题：诉讼过程中，剧团与建筑公司双方都主张解除合同，在此条件下，可否协商解除合同？

一、政府采购及政府采购法概述

（一）政府采购概念

根据《政府采购法》的相关规定，政府采购是指各级国家机关、事业单位和团体组织，使用财政性资金采购依法制定的集中采购目录以内的或者采购限额标准以上的货物、工程和服务的行为。①财政性资金是指纳入预算管理的资金。若既使用财政性资金又使用非财政性资金的，应分割采购分别适用法律，无法分割采购的，统一适用政府采购法。②以上所称采购，是指以合同方式有偿取得货物、工程和服务的行为，包括购买、租赁、委托、雇用等。③所称货物，是指各种形态和种类的物品，包括原材料、燃料、设备、产品等。所称工程，是指建设工程，包括建筑物和构筑物的新建、改建、扩建、装修、拆除、修缮等。④所称服务，是指除货物和工程以外的其他政府采购对象，包括政府自身需要的服务和政府向社会公众提供的公共服务。

（二）政府采购法及其适用范围

《政府采购法》于 2002 年 6 月 29 日第九届全国人民代表大会常务委员会第二十八次会议通过，自 2003 年 1 月 1 日起施行，2014 年 8 月 31 日通过了修订版。

在我国境内进行的政府采购适用该法，但《政府采购法》同时规定以下这四种情形可不适用该法：一是使用国际组织和外国政府贷款进行的政府采购，贷款方、资金提供方与中方达成的协议对采购中另有规定的，可以适用其规定，但不得损害国家利益和社会公共利益；二是军事采购；三是对因严重自然灾害和其他不可抗力事件所实施的紧急采购和涉及国家安全和秘密的采购；四是我国的香港、澳门两个特别行政区的政府采购。

（三）政府采购原则

政府采购应遵守如下几个原则。

1. 公开透明原则

政府采购的资金来源于纳税人缴纳的各种税金，采购过程必须公开透明，接受社会监督。公开透明原则要求，政府采购的信息和行为应当在政府采购监督部门指定的媒体上及时向社会公开发布，但涉及商业秘密的除外。同时，政府采购目录和限额标

---

❶ http：//www.pkulaw.cn/cluster_call_form.aspx？menu_item＝case&EncodingName＝&key_word＝；根据北大法宝网整理。

准也应当向社会公布。

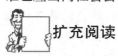

扩充阅读

　　根据《政府采购法》的相关规定，对于政府采购目录和限额标准，属于中央预算的政府采购项目，其集中采购目录由国务院确定并公布；属于地方预算的政府采购项目，其集中采购目录由省、自治区、直辖市人民政府或者其授权的机构确定并公布。纳入集中采购目录的政府采购项目，应当实行集中采购。

　　2. 公平竞争原则

　　为提高财政资金的使用收益，政府采购应当遵循公平竞争原则。该原则包括以下内容：第一，市场封锁之禁止。任何单位和个人不得采用任何方式，阻挠和限制供应商自由进入本地区和本行业的政府采购市场。第二，供应商不得采取行贿或者其他不正当手段谋取中标或者成交。第三，采购代理机构不得以向采购人行贿或者采取其他不正当手段谋取非法利益。

　　3. 公正原则

　　公正原则要求政府采购要按照事先约定的条件和程序进行，不得有徇私、偏袒等行为。

　　4. 诚实信用原则

　　诚实信用原则要求政府采购当事人在政府采购活动中，本着诚实、守信的态度恪守采购合同的权利和义务，讲究信誉，兑现承诺；严格按照批准的预算执行，保护当事人的信赖利益。

二、政府采购当事人

　　政府采购当事人是指在政府采购活动中享有权利和承担义务的各类主体，包括采购人、采购代理机构和供应商等。

（一）采购人与采购代理机构

　　采购人是指依法进行政府采购的国家机关、事业单位、团体组织。采购代理机构是，办理采购事宜的机构，采购代理机构有集中采购机构和其他采购代理机构两种类型。

　　集中采购机构是设区的市、自治州以上人民政府根据本级政府采购项目，为组织集中采购而设立的非营利事业法人。集中采购机构，不实行政府采购代理机构资格认定制度。

　　其他采购代理机构是指依法取得财政部或者省级人民政府财政部门认定的政府采购代理机构资格的社会中介机构。这些机构接受采购人委托，可代理政府采购事宜，并按照国家有关规定收取中介服务费。

（二）供应商与供应商联合体

　　供应商是指向采购人提供货物、工程或者服务的法人、其他组织或者自然人。

　　根据《政府采购法》的规定，供应商参加政府采购活动应当具备下列条件：①具有独立承担民事责任的能力；②具有良好的商业信誉和健全的财务会计制度；③具有履行合同所必需的设备和专业技术能力；④有依法缴纳税收和社会保障资金的良好记录；⑤参加政府采购活动前三年内，在经营活动中没有重大违法记录；⑥法律、行政法规规定的其他条件。

供应商联合体是指两个以上的自然人、法人或者其他组织组成的一个联合体，以一个供应商的身份共同参加政府采购。以联合体形式进行政府采购的，参加联合体的供应商应当具备规定的条件，同时应签订联合协议，共同与采购人签订采购合同。联合协议应当载明联合体各方承担的工作和义务，联合体各方应当就采购合同约定的事项对采购人承担连带责任。

三、政府采购方式

政府采购可以采取公开招标、邀请招标、竞争性谈判、单一来源采购、询价等方式；也可采取国务院政府采购监督管理部门认定的其他采购方式。

（一）公开招标

公开招标，是指招标人以招标公告的方式邀请不特定的法人或者其他组织投标。公开招标应作为政府采购的主要采购方式。法律法规规定了必须招标采购的货物和服务。对应当以公开招标方式采购的货物或者服务，不得化整为零或者以其他任何方式规避公开招标采购；在一个财政年度内，采购人将一个预算项目下的同一品目或者类别的货物、服务采用公开招标以外的方式多次采购，累计资金数额超过公开招标数额标准的，属于以化整为零方式规避公开招标；但项目预算调整或者经批准采用公开招标以外方式采购的除外。

（二）邀请招标

邀请招标，是指招标人以投标邀请书的方式邀请特定的法人或者其他组织投标。根据《政府采购法》，可以采用邀请招标方式采购货物或者服务的情形有：①具有特殊性，只能从有限范围的供应商处采购的；②采用公开招标方式的费用占政府采购项目总价值的比例过大的。采取邀请招标方式采购的，采购人应当从符合相应资格条件的供应商中，通过随机方式选择三家以上的供应商，并向其发出投标邀请书。自招标文件开始发出之日起至投标人提交投标文件截止之日止，不得少于20日。

（三）竞争性谈判

根据《政府采购法》，可以采用竞争性谈判方式采购货物或者服务的情形：①招标后没有供应商投标或者没有合格标的或者重新招标未能成立的；②技术复杂或者性质特殊，不能确定详细规格或者具体要求的；③采用招标所需时间不能满足用户紧急需要的（这里所说的时间不能满足应当是采购人不可预见的或者非因采购人拖延导致的）；④不能事先计算出价格总额的，主要是指因采购艺术品或者因专利、专有技术或者因服务的时间、数量事先不能确定等导致不能事先计算出价格总额。

（四）单一来源采购

根据《政府采购法》，可以采用单一来源方式采购的情形：①只能从唯一供应商处采购的，这里仅指因货物或者服务使用不可替代的专利、专有技术，或者公共服务项目具有特殊要求，导致只能从某一特定供应商处采购；②发生了不可预见的紧急情况不能从其他供应商处采购的；③必须保证原有采购项目一致性或者服务配套的要求，需要继续从原供应商处添购，且添购资金总额不超过原合同采购金额10%的。

（五）询价

询价是指采购人向有关供应商发出询价单让其报价，在报价基础上进行比较并确定最优供应商的一种采购方式。采购的货物规格、标准统一，现货货源充足且价格变化幅度小的政府采购项目，可以采用询价方式采购。

四、招标采购中的废标

1. 概念

废标，是指因违反《政府采购法》的规定，被宣布作废的招标采购活动。

2. 情形

根据我国《招标投标法》，在招标采购中，出现下列情形之一的，应予废标：①符合专业条件的供应商或者对招标文件作实质响应的供应商不足三家的；②出现影响采购公正的违法、违规行为的；③投标人的报价均超过了采购预算，采购人不能支付的；④因重大变故，采购任务取消的。

3. 废标的后果

废标后，采购人应当将废标理由通知所有投标人。已确定中标人的，中标无效。废标后，除采购任务取消情形外，采购人通常仍然需要有关的货物、工程和服务，还要继续完成其采购活动。采购人仍要优先采用招标方式，重新组织招标。只有在符合政府采购法规定的不适合采用招标方式的特殊情况下，才可以采取其他方式采购，但应当在采购活动开始前获得设区的市、自治州以上人民政府采购监督管理部门或者政府有关部门批准。

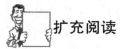

扩充阅读

在政府采购制度试行及正式推行的8年中，由于某些政府采购当事人的行为不规范，致使"阳光下的交易"出现了"日全食""月全食"现象，损害了政府机关的公信形象，扰乱了市场经济的竞争秩序，必须及时封堵这些大大小小的"黑洞"。以下就是十类典型案例。❶

［案例1］度身招标

案情：某省级单位建设一个局域网，采购预算450万元。该项目招标文件注明的合格投标人资质必须满足：注册资金在2000万元以上，有过3个以上省级成功案例的国内供应商，同时载明：有过本系统一个以上省级成功案例的优先。招标结果，一个报价只有398万元且技术服务条款最优的外省供应商落标，而中标的是报价为448万

---

❶ http://www.chinabidding.com/zxzx－detail－348628.html，中国国际招标网。

元的本地供应商(该供应商确实做过 3 个成功案例，其中在某省成功开发了本系统的局域网)。

[案例 2] 暗中陪标

案情：某高校机房工程改造进行招标。招标公告发布后，某建筑公司与该校基建处负责人进行私下交易，最后决定将此工程给这家建筑公司。为了减少竞争，由建筑公司出面邀请了 5 家私交甚好的施工企业前来投标，并事先将中标意向透露给这 5 家参与投标的企业，暗示这 5 家施工企业投标文件制作得马虎一些。正式开标时，被邀请的 5 家施工企业与某建筑公司一起投标，但由于邀请的 5 家施工企业不是报价过高，就是服务太差，评标结果，某建筑公司为第一中标候选人。

[案例 3] 违规招标

案情：某年 12 月 13 日，某省级单位从中央争取到一笔专项资金，准备通过邀请招标对下配发一批公务车辆，上级明确要求该笔资金必须在年底出账。考虑到资金使用的时效性，经领导研究确定采购桑塔纳 2000 型轿车，并于 12 月 18 日发出了邀请招标文件。12 月 31 日，该单位邀请了 3 家同一品牌代理商参与竞标，经评标委员会评审选定由 A 代理商中标。随后双方签订了政府采购合同，全部采购资金于当天一次拨清。

[案例 4] 低价竞标

案情：某市级医院招标采购一批进口设备。由于该医院过去在未实行政府采购前与一家医疗设备公司有长期的业务往来，故此次招标仍希望这家医疗设备公司中标。于是双方达成默契，等开标时，该医院要求该公司尽量压低投标报价，以确保中标，在签订合同时再将货款提高。果然在开标时，该公司的报价为最低价，经评委审议推荐该公司为中标候选人。在签订合同前，该医院允许将原来的投标报价提高 10%，作为追加售后服务内容与医疗设备公司签订了采购合同。结果提高后的合同价远远高于其他所有投标人的报价。

[案例 5] 虚假应标

案情：某省级公务用车维修点项目招标。招标文件中对"合格投标人"作了如下规定：在本市区(不含郊区) 有 1200 平方米的固定场所、有省交管部门批准的汽车维修资质、上年维修营业额在 200 万元以上的独立法人企业。招标结果，某二类汽车维修企业以高分被推荐为第一中标候选人。根据招标文件规定，采购中心专门组织了采购人和有关专家代表赴实地进行考察。考察小组的考察报告是这样写的：经实地丈量，该企业拥有固定修理厂房 800 平方米，与投标文件所称拥有的修理厂房 1752 平方米相差 952 平方米，与招标文件规定的 1200 平方米标准相比少了 400 平方米；经对上年度财务报表的审核，该企业的年度维修营业额为 78 万元，与投标文件所称的 350 万元相差 272 万元，与招标文件规定的 200 万元标准相比少了 122 万元以上。鉴于以上事实，建议项目招标领导小组取消其中标资格。

[案例 6] 倾向评标

案情：某 1200 万元的系统集成项目招标。采购人在法定媒体上发布了公告，有 7 家实力相当的本地、外地企业前往投标。考虑到本项目的特殊性，采购人希望本地企业中标，以确保硬件售后服务及软件升级维护随叫随到。于是，成立了一个5人评标委员会，其中3人是采购人代表，其余两人分别为技术、经济专家。通过正常的开标、评标程序，最终确定了本地一家企业作为中标候选人。

[案例7] 故意流标

案情：某单位建造20层办公大楼需购置5部电梯，领导要求必须在10月1日前调试运行完毕。8月12日至9月3日，基建办某负责人为"慎重起见"，用拖延时间战术先后5次赴外省进行"市场考察"，并与某进口品牌代理商接触商谈，几次暗示要其与相关代理商沟通。9月10日，由于只有两家供应商投标，本次公开招标以流标处理。按规定，这5部电梯的采购预算已经达到了公开招标限额标准，但由于时间关系，最终只能采取非招标方式采购。9月17日，通过竞争性谈判，该品牌代理商以性价比最优一举成交，9月29日，电梯安装调试成功。

[案例8] 考察定标

案情：某2500万元的环境自动监测系统项目招标。据了解，国内具有潜在资质的供应商至少有5家（其中领导意向最好是本地的一家企业中标）。鉴于该项目采购金额大、覆盖地域广、技术参数复杂、服务要求特殊等，采购人在招标文件中对定标条款作了特别说明：本次招标授权评标委员会推荐3名中标候选人（排名不分先后），由采购人代表对中标候选人进行现场考察后，最终确定一名中标者。招标结果，那家本地企业按得分高低排名第三。经现场考察，采购人选定了那家本地企业作为唯一的中标人。

[案例9] 异地中标

案情：某省级垂直管理部门建设一个能覆盖本系统省、市、县的视频会议系统项目。该项目实行软硬件捆扎邀请招标，其中，软件采购金额占45%，硬件采购金额占55%。该部门负责人的同学系本地一家小型软件开发公司的总经理。于是，采购人在招标文件中发出了如下要约：投标人必须以联合体方式参与竞标，软件服务必须在4小时内响应。邀请招标结果，如采购人所愿。

[案例10] 拖延授标

案情：某单位采购电脑100台，按规定，双方应于1月31日签署合同，甲方（供应商）必须在签署合同日之后7个工作日内交付货物，乙方（采购人）必须在5个工作日内办理货物验收手续，货款必须在验收完毕之日起10个工作日内一次付清。甲方于2月10日前分3次将100台电脑交付乙方，甲方指定专人分批验收投入使用。截至4月30日，甲方向乙方催收货款若干次未果。5月8日，甲方向采购中心提交书面申请，要求协调落实资金支付事宜。经查证，双方未按规定时间签署合同，未按规定办理货物验收单；乙方以资金紧张为由迟迟不予付款。

五、政府采购合同

（一）政府采购合同的法律适用

政府采购合同适用合同编的相关规定。采购人和供应商之间的权利和义务，应当按照平等、自愿的原则以合同方式约定。采购人可以自己也可以委托采购代理机构与供应商签订政府采购合同，采购人的授权委托书是合同附件的一部分。

根据《政府采购法》的规定，政府采购合同应当采用书面形式。政府采购合同应当根据中标通知书和成交通知书确定的事项予以订立。采购人与中标、成交供应商应当在中标、成交通知书发出之日起 30 日内，按照采购文件确定的事项签订政府采购合同。中标、成交通知书对采购人和中标、成交供应商均具有法律效力。采购人、中标商和成交商不得改变、放弃中标、成交结果，否则应当依法承担法律责任。采购人应当自政府采购合同签订之日起 2 个工作日内，将政府采购合同在省级以上人民政府财政部门指定的媒体上公告，但政府采购合同中涉及国家秘密、商业秘密的内容除外。自政府采购合同签订之日起 7 个工作日内，采购人将合同副本报同级政府采购监督管理部门和有关部门备案。

（二）政府采购合同的履行

经采购人同意，中标、成交供应商可以将采购项目予以分包，中标、成交供应商就采购项目和分包项目向采购人负责，分包供应商就分包项目承担责任。

采购人应当按照政府采购合同规定，及时向中标或者成交供应商支付采购资金。政府采购项目资金支付程序，按照国家有关财政资金支付管理的规定执行。

政府采购合同履行中，采购人需追加与合同标的相同的货物、工程或者服务的，在不改变合同其他条款的前提下，可以与供应商协商签订补充合同，但所有补充合同的采购金额不得超过原合同采购金额的 10%。

政府采购合同的双方当事人应当根据合同法的要求，全面履行合同。不得擅自变更、中止或者终止合同。但是继续履行将损害国家利益和社会公共利益的，双方当事人应当变更、中止或者终止合同。有过错的一方应当承担赔偿责任，双方都有过错的，各自承担相应的责任。

采购人或者其委托的采购代理机构应当组织对供应商履约的验收。大型或者复杂的政府采购项目，应当邀请国家认可的质量检测机构参加验收工作。验收方成员应当在验收书上签字，并承担相应的法律责任。

（三）采购文件的保存

采购人、采购代理机构对政府采购项目每项采购活动的采购文件应当妥善保存，保存期限为从采购结束之日起至少保存 15 年。采购文件包括采购活动记录、采购预算、招标文件、投标文件、评标标准、评估报告、定标文件、合同文本、验收证明、质疑答复、投诉处理决定及其他有关文件、资料。

六、质疑与投诉

根据《政府采购法》的规定，供应商对政府采购活动事项有疑问的，可以向采购人提出询问，采购人应当及时作出答复，但答复的内容不得涉及商业秘密。质疑供应商对采购人、采购代理机构的答复不满意或者采购人、采购代理机构未在规定的时间内作出答复的，可以在答复期满后 15 个工作日内向同级政府采购监督管理部门投诉。

政府采购监督管理部门应当在收到投诉后 30 个工作日内，对投诉事项作出处理决定，并以书面形式通知投诉人和与投诉事项有关的当事人。政府采购监督管理部门在处理投诉事项期间，可以视具体情况书面通知采购人暂停采购活动，但暂停时间最长不得超过 30 日。投诉人对政府采购监督管理部门的投诉处理决定不服或者政府采购监督管理部门逾期未作处理的，可以依法申请行政复议或者向人民法院提起行政诉讼。

第二节　直销法律制度

一、直销概述

（一）直销

直销是指直销企业招募直销员，由直销员在固定营业场所之外直接向最终消费者推销产品的经营方式。有两大特点，一是没有固定零售点，一是面对面的人员销售。

在我国，直销仅指单层次直销。从理论上讲，按照直销员组织的不同，直销分为单层次直销和多层次直销。单层次直销（single – level marking）是指直销人员直接从生产企业拿货卖给消费者。单层次直销减少了许多中间利润的转嫁，所以单层次直销的商品一般比商场里的商品便宜。多层次直销，也称为传销，是一种奖金制度，多层次直销人员有两种获得奖金的基本方法：第一，直销人员可以经由销售产品及服务给消费者而获得零售奖金；第二，直销人员可以从直属下线的销售额或购买额中赚取奖金，也可从直属下线之再—下线组织的总销售额中赚取奖金。我国禁止多层次直销。

（二）直销管理条例

2005 年 8 月 10 日，《直销管理条例》在国务院第 101 次常务会议获得通过，并于同年 12 月 1 日开始实施，2017 年 3 月 1 日进行了修订。

二、直销企业的设立

直销企业，是指依照《直销管理条例》规定经批准采取直销方式销售产品的企业。以直销方式销售的产品只能是本企业生产的产品以及其母公司、控股公司生产且必须是国家允许直销的产品。依照 2016 年 3 月 17 日由商务部和工商总局（现为国家市场监督管理总局）发布的《关于直销产品范围的公告》（公告 2016 年第 7 号）的规定，目前我国允许直销的产品范围包括化妆品、保健食品、保洁用品（个人卫生用品及生活用清洁用品）、保健器材、小型厨具和家用电器六个大类。

（一）设立条件

根据《直销管理条例》的规定，直销企业的成立应具备下列条件：①投资者具有良好的商业信誉，在提出申请前连续 5 年没有重大违法经营记录；外国投资者还应当有 3 年以上在中国境外从事直销活动的经验。②实缴注册资本不低于人民币 8000 万元。③在指定银行足额缴纳了保证金。④建立了信息报备和披露制度。

（二）申请与审批

申请人应当通过所在地省、自治区、直辖市商务主管部门向国务院商务主管部门提出申请并填写申请表，同时提供法律法规规定的申请文件。国务院商务主管部门应在 90 日内给予批准或不批准的答复。获得批准后，企业持直销经营许可证依法向市场监督管理部门申请登记。

直销企业从事直销活动，必须在拟从事直销活动的省级行政区域内设立负责该行政区域内直销业务的分支机构。直销企业在其从事直销活动的地区应当建立便于并满足消费者、直销员了解产品价格和退换货及企业依法提供其他服务的服务网点。服务网点的设立应当符合当地县级以上人民政府的要求。

扩充阅读

查询直销企业名单：http://zxgl. mofcom. gov. cn.

三、直销的相关制度

（一）换货和退货制度

直销企业应当建立并实行完善的换货和退货制度，从而保护消费者合法权益。

根据《直销管理条例》第 25 条规定：消费者自购买直销产品之日起 30 日内，产品未开封的，可以凭直销企业开具的发票或售货凭证向直销企业及其分支机构、所在地的服务网点或者推销产品的直销员办理换货和退货；直销企业及其分支机构、所在地的服务网点和直销员应当自消费者提出换货或退货要求之日起 7 日内，按照发票或者售货凭证标明的价款办理换货和退货。另外，直销员向直销企业要求退货或换货也按照同样的规定执行。

若产品已开封，消费者、直销员要求换货和退货的，直销企业及其分支机构、所在地的服务网点和直销员应当依照有关法律法规的规定或者合同的约定，办理换货和退货。

直销企业与直销员、直销企业及其直销员与消费者因换货或者退货发生纠纷的，由前者承担举证责任。

（二）信息报备和披露制度

为加强对直销企业的监管，《直销管理条例》要求企业建立透明的信息报备和披露制度，即企业按规定将经营过程中的有关信息（直销员人数、服务网点数、产品及其质量情况等）如实地、定期地形成数据，按时向主管部门报告并公示。

（三）保证金制度

保证金是为了保证直销活动的顺利进行，避免发生意外事件时损害消费者合法权益。《直销管理条例》要求直销企业应当将一定资金存入国务院商务主管部门和国务院工商行政管理部门共同指定的银行，以备一旦发生意外事件而使用该笔资金以解决处理意外事件的费用。

根据《直销企业保证金存缴、使用管理办法》的相关规定，保证金的数额在直销企业设立时为人民币 2000 万元；直销企业运营后，保证金应当按月进行调整，其数额应当保持在直销企业上一个月直销产品销售收入 15% 的水平，但最高不超过人民币 1 亿元，最低不少于人民币 2000 万元。保证金的利息属于直销企业。

根据《直销企业保证金存缴、使用管理办法》第 5 条的规定，出现下列情形之一，国务院商务主管部门和国务院工商行政管理部门共同决定，可以使用保证金：①无正当理由，直销企业不向直销员支付报酬，或者不向直销员、消费者支付退货款的；②直销企业发生停业、合并、解散、转让、破产等情况，无力向直销员支付报酬或者无力向直销员和消费者支付退货款的；③因直销产品问题给消费者造成损失，依法应当进行赔偿，直销企业无正当理由拒绝赔偿或者无力赔偿的。

四、直销员与直销经营

《直销管理条例》所称直销员，是指在固定营业场所之外将产品直接推销给最终消费者的人员。

（一）直销员的招募

直销员的招募权利属于直销企业及其分支机构，直销企业及其分支机构以外的任何单位和个人不得招募直销员。同时，直销企业不得发布宣传直销员销售报酬的广告，不得以缴纳费用或者购买商品作为成为直销员的条件。

为了保障直销员的合法收入与切身利益，《直销管理条例》规定，直销企业及其分支机构应当与直销员签订推销合同，并保证直销员只在其一个分支机构所在的省、自治区、直辖市行政区域内已设立服务网点的地区开展直销活动。同时，直销员自签订推销合同之日起 60 日内可以随时解除推销合同；60 日后，直销员解除推销合同应当提前 15 日通知直销企业。

这里我们需要注意的是，直销企业及其分支机构与直销员签订的是推销合同而不是劳动关系合同。

《直销管理条例》规定直销企业及其分支机构不得招募下列人员为直销员：未满 18 周岁的人员；无民事行为能力或者限制民事行为能力的人员；全日制在校学生；教师、医务人员、公务员和现役军人；直销企业的正式员工；境外人员；法律、行政法规规定不得从事兼职的人员。

（二）直销员的培训

培训是直销企业和直销员正常开展直销活动的保证。直销企业应对直销员进行免费的业务培训和考试；直销培训员应符合一定的条件❶，并取得直销培训员证。直销员应经培训考核合格后由直销企业颁发直销员证，持证上岗。国务院商务主管部门将

---

❶ 《直销管理条例》对进行业务培训的授课人员提出了以下要求：（1）应是直销企业的正式员工，且在本企业工作 1 年以上；（2）具有高等教育本科以上学历和相关的法律、市场营销专业知识；（3）无因故意犯罪受刑事处罚的记录；（4）无重大违法经营记录；（5）直销企业应当向以上符合规定的人员颁发直销培训员证，授课人员必须持证上岗；（6）境外人员不得从事直销员业务培训。

对取得直销培训员证的人员进行备案，并在政府网站上公布其名单。

（三）直销员的直销经营

根据《直销管理条例》第 22 条与第 23 条的规定，为保护合法的直销经营活动，直销员向消费者推销产品，应当遵守下列规定：

（1）出示直销员证和推销合同；

（2）未经消费者同意，不得进入消费者住所强行推销产品，消费者要求其停止推销活动的，应当立即停止，并离开消费者住所；

（3）成交前，向消费者详细介绍本企业的退货制度；

（4）成交后，向消费者提供发票和由直销企业出具的含有退货制度、直销企业当地服务网点地址和电话号码等内容的售货凭证；

（5）直销企业应当在直销产品上标明产品价格，该价格与服务网点展示的价格应当一致。直销员必须按照表明的价格向消费者推销产品。

同时，直销企业对其直销员的直销行为承担连带责任，能够证明直销员的直销行为与直销企业无关的除外。

未与直销企业或者其分支机构签订推销合同的人员，或者未取得直销员证的人员不得以任何方式从事直销活动。

（四）直销员的报酬

直销企业至少应当按月支付直销员报酬。直销企业支付给直销员的报酬只能按照直销员本人直接向消费者销售产品的收入计算，报酬总额(包括佣金、奖金、各种形式的奖励以及其他经济利益等) 不得超过直销员本人直接向消费者销售产品收入的 30%。

第三节　电子商务法律制度

【案例导入】

李某斐、北京京东叁佰陆拾度电子商务有限公司买卖合同纠纷案❶

原告李某斐于 2016 年 9 月 14 日在京东商城购买了订单号为 23183026549 的商品即：HEINZ 亨氏黑胡椒汁 1.9 千克、HEINZ 亨氏三明治酱（原味）270 克（英国进口）、kraft 卡夫低卡路里白汁蛋黄酱 443 毫升（美国进口）和百味来意大利肉酱意粉酱 400 克，单价分别为 58 元、68 元、68 元、68 元，商品总额共计 262 元，运费 28 元，商品优惠 15 元，实际付款 275 元。上述商品的销售方为被告北京某商贸公司，被告京东电子商务公司为京东商城网络运营方。原告认可黑胡椒汁有中文标识，但认为距离保质期限仅剩余不到两个月。原告所购买的其他三种商品为进口商品，未附有中文标识，在快递送到时其随即打开进行了品尝。

---

❶ 河南省开封市中级人民法院/（2018）豫 02 民终 180 号/2018 – 03 – 14http://openlaw.cn.

另查明，被告北京某商贸公司 2016 年 6 月 7 日工商登记经营范围中无食品项，其于 2014 年 6 月 20 日取得的食品流通许可证显示许可范围为零售预包装食品，在食品流通许可证上方注明"无店铺食品经营者：电视、电话"，有效期为三年。

一审法院认为：原告通过京东商城购买被告北京某商贸公司商品的事实清楚、证据充分，原告和被告北京某商贸公司之间形成了买卖合同关系，对其双方之间的买卖合同关系依法予以确认，被告北京某商贸公司应向原告提供符合食品安全标准的食品，但除原告购买的黑胡椒汁有中文标识，原告所购买的其他三种商品均未附有中文标识，违反食品安全法的规定。

被告北京某商贸公司应明知其销售的本案所涉的进口商品无中文标识仍进行销售，被告北京某商贸公司应承担相应的法律责任，故被告北京某商贸公司应赔偿原告所购买商品十倍价款。但因黑胡椒汁附有中文标识，计算赔偿价款时应以其他三种商品为限，因商品优惠 15 元，按商品总额 262 元与商品优惠 15 元的比例折算，黑胡椒汁优惠为 3.32 元，故黑胡椒汁的实际付款金额为 54.68 元，其他三种商品的实际付款金额为 192.32 元(275 元 - 28 元 - 54.68 元)，10 倍损失为 1923.2 元。

一审法院判决：（1）被告北京某商贸有限公司于本判决生效后十日内支付原告李某斐 1923.2 元；（2）被告北京京东叁佰陆拾度电子商务有限公司对上述第一项承担连带支付责任；（3）驳回原告李某斐对被告北京京东世纪贸易有限公司的诉讼请求；（4）驳回原告李某斐的其他诉讼请求。

原被告均不服一审判决，提起上诉。

二审法院认为，北京某商贸有限公司违反了《中华人民共和国食品安全法》第 97 条"进口的预包装食品、食品添加剂应当有中文标签；依法应当有说明书的，还应当有中文说明书……预包装食品没有中文标签、中文说明书或者标签、说明书不符合本条规定的，不得进口"的规定。

根据《中华人民共和国食品安全法》第 148 条 "生产不符合食品安全标准的食品或经营明知是不符合食品安全标准的食品，消费者除要求赔偿损失外，还可以向生产者或者经营者要求支付价款 10 倍或者损失 3 倍的赔偿金"之规定，李某斐要求北京某商贸有限公司赔偿所购买商品 10 倍价款的诉请，符合法律规定，二审法院予以支持。

一审计算三种商品实际支付金额为 192.32 元，十倍损失为 1923.2 元，于法有据，二审法院予以确认。

《食品经营许可管理办法》中明确规定，食品经营者通过网络经营的，应当在主体业态后以括号标注；食品经营许可证载明的许可事项发生变化的，食品经营者应向相应的食品药品监督管理部门申请变更经营许可证；食品经营者在该办法施行前已经取得的许可证在有效期内继续有效。

北京某商贸有限公司 2014 年 6 月 20 日取得的食品流通许可证显示经营业态类别为"无店铺食品经营：电视、电话"，并未包括互联网。

根据《食品安全法》第 62 条"网络食品交易第三方平台提供者应当对入网食品经营者进行实名登记，明确其食品安全管理责任；依法应当取得许可证的，还应当审查其许可证"；第 131 条"违反本法规定，网络食品交易第三方平台提供者未对入网食品经营者进行实名登记、审查许可证，……使消费者的合法权益受到损害的，应当与食品经营者承担连带责任。"作为网络运营方的京东电子商务有限公司，应当审核北京某商贸有限公司是否取得互联网经营许可，因现有证据证明北京某商贸有限公司的食品流通许可证经营业态类别仍为"无电铺食品经营者：电视、电话"，并未包括互联网，故北京京东叁佰陆拾度电子商务有限公司未尽到许可证的审查义务，应与北京某商贸有限公司一并向原告承担连带责任。

二审判决：驳回被告上诉，维持原判。

一、电子商务概述

（一）电子商务

电子商务，是指通过互联网等信息网络销售商品或者提供服务的经营活动。简单来说就是通过网络进行的经营活动，人们不再需要面对面进行交易活动，而是通过网上商城、物流配送、网上银行资金结算等过程完成的交易。

（二）电子商务法

广义的电子商务法，是指调整通过互联网等信息网络销售商品或者提供服务的经营活动所产生的社会关系的法律规范的总和。

狭义的电子商务法是指 2018 年 8 月 31 日通过并于 2019 年 1 月 1 日施行的《电子商务法》。本教材所提的电子商务法为狭义的概念。《电子商务法》是为了保障电子商务各方主体的合法权益，规范电子商务行为，维护市场秩序，促进电子商务持续健康发展而制定的。因此，凡是通过互联网等信息网络销售商品或提供服务的经营活动都应遵循《电子商务法》的规定，但金融类产品和服务，利用信息网络提供新闻信息、音视频节目、出版以及文化产品等内容方面的服务，不适用该法。

二、电子商务经营者

电子商务经营者，是指通过互联网等信息网络从事销售商品或者提供服务的经营活动的自然人、法人和非法人组织，包括电子商务平台经营者、平台内经营者以及通过自建网站、其他网络服务销售商品或者提供服务的电子商务经营者。

电子商务平台经营者，是指在电子商务中为交易双方或者多方提供网络经营场所、交易撮合、信息发布等服务，供交易双方或者多方独立开展交易活动的法人或者非法人组织。

平台内经营者，是指通过电子商务平台销售商品或者提供服务的电子商务经营者。

（一）电子商务经营者的义务

电子商务经营者从事经营活动，应当遵循或履行以下主要义务：

（1）遵循自愿、平等、公平、诚信的原则，遵守法律和商业道德，公平参与市场竞争，履行消费者权益保护、环境保护、知识产权保护、网络安全与个人信息保护等方面的义务，承担产品和服务质量责任，接受政府和社会的监督。

（2）依法办理市场主体登记。但是，个人销售自产农副产品、家庭手工业产品，个人利用自己的技能从事依法无须取得许可的便民劳务活动和零星小额交易活动，以及依照法律、行政法规不需要进行登记的除外。

（3）依法履行纳税义务。

（4）依法需要取得相关行政许可的，应当依法取得行政许可。

（5）销售的商品或者提供的服务应当符合保障人身、财产安全的要求和环境保护要求，不得销售或者提供法律、行政法规禁止交易的商品或者服务。

（6）应当依法出具纸质发票或者电子发票等购货凭证或者服务单据。

（7）在其首页显著位置，持续公示营业执照信息、与其经营业务有关的行政许可信息、属于依法不需要办理市场主体登记情形等信息，或者上述信息的链接标识。

（8）自行终止从事电子商务的，应当提前30日在首页显著位置持续公示有关信息。

（9）全面、真实、准确、及时地披露商品或者服务信息，保障消费者的知情权和选择权。电子商务经营者不得以虚构交易、编造用户评价等方式进行虚假或者引人误解的商业宣传，欺骗、误导消费者。

（10）搭售商品或者服务，应当以显著方式提请消费者注意，不得将搭售商品或者服务作为默认同意的选项。

（11）按照承诺或者与消费者约定的方式、时限向消费者交付商品或者服务，并承担商品运输中的风险和责任。但是，消费者另行选择快递物流服务提供者的除外。

（12）按照约定向消费者收取押金的，应当明示押金退还的方式、程序，不得对押金退还设置不合理条件。消费者申请退还押金，符合押金退还条件的，电子商务经营者应当及时退还。

（二）电子商务平台经营者的义务

电子商务平台经营者除了遵循或履行前述义务外，还应遵循或履行以下义务：

（1）要求申请进入平台销售商品或者提供服务的经营者提交其身份、地址、联系方式、行政许可等真实信息，进行核验、登记，建立登记档案，并定期核验更新。

（2）按照规定向市场监督管理部门报送平台内经营者的身份信息，提示未办理市场主体登记的经营者依法办理登记。

（3）依照税收征收管理法律、行政法规的规定，向税务部门报送平台内经营者的身份信息和与纳税有关的信息，并应当提示依法不需要办理市场主体登记的电子商务经营者办理税务登记。

（4）发现平台内的商品或者服务信息存在应取得而未取得相关行政许可，或销售的商品或者提供的服务不符合保障人身、财产安全的要求和环境保护要求，或销售或者提供商品或者服务为法律、行政法规禁止交易的，应当依法采取必要的处置措施，并向有关主管部门报告。

（5）采取技术措施和其他必要措施保证其网络安全、稳定运行，防范网络违法犯罪活动，有效应对网络安全事件，保障电子商务交易安全。

制定网络安全事件应急预案，发生网络安全事件时，应当立即启动应急预案，采取相应的补救措施，并向有关主管部门报告。

（6）记录、保存平台上发布的商品和服务信息、交易信息，并确保信息的完整性、保密性、可用性。商品和服务信息、交易信息保存时间自交易完成之日起不少于3年；法律、行政法规另有规定的，依照其规定。

（7）遵循公开、公平、公正的原则，制定平台服务协议和交易规则，明确进入和退出平台、商品和服务质量保障、消费者权益保护、个人信息保护等方面的权利和义务。在其首页显著位置持续公示平台服务协议和交易规则信息或者上述信息的链接标识，并保证经营者和消费者能够便利、完整地阅览和下载。当需要修改平台服务协议和交易规则时，应当在其首页显著位置公开征求意见，采取合理措施确保有关各方能够及时充分表达意见。修改内容应当至少在实施前7日予以公示。

（8）不得利用服务协议、交易规则以及技术等手段，对平台内经营者在平台内的交易、交易价格以及与其他经营者的交易等进行不合理限制或者附加不合理条件，或者向平台内经营者收取不合理费用。

（9）依据平台服务协议和交易规则对平台内经营者违反法律、法规的行为实施警示、暂停或者终止服务等措施的，应当及时公示。

（10）在其平台上开展自营业务的，应当以显著方式区分标记自营业务和平台内经营者开展的业务，不得误导消费者。

（11）知道或者应当知道平台内经营者销售的商品或者提供的服务不符合保障人身、财产安全的要求，或者有其他侵害消费者合法权益行为，未采取必要措施的，依法与该平台内经营者承担连带责任。

对关系消费者生命健康的商品或者服务，电子商务平台经营者对平台内经营者的资质资格未尽到审核义务，或者对消费者未尽到安全保障义务，造成消费者损害的，依法承担相应的责任。

（12）建立健全信用评价制度，公示信用评价规则，为消费者提供对平台内销售的商品或者提供的服务进行评价的途径。

电子商务平台经营者不得删除消费者对其平台内销售的商品或者提供的服务的评价。

（13）建立知识产权保护规则，接到知识产权人提示其平台内销售的商品或者提供的服务存在侵权的通知后，应当及时采取必要措施，并将该通知转送平台内经营者；未及时采取必要措施的，对损害的扩大部分与平台内经营者承担连带责任。

电子商务平台经营者接到平台内经营者提交的不存在侵权行为的声明后，应当将该声明转送发出通知的知识产权权利人，并告知其可以向有关主管部门投诉或者向人民法院起诉。电子商务平台经营者在转送声明到达知识产权权利人后15日内，未收到权利人已经投诉或者起诉通知的，应当及时终止所采取的措施。

（14）知道或者应当知道平台内经营者侵犯知识产权的，应当采取删除、屏蔽、断开链接、终止交易和服务等必要措施；未采取必要措施的，与侵权人承担连带责任。

（15）为经营者之间的电子商务提供仓储、物流、支付结算、交收等服务，应当遵守法律、行政法规和国家有关规定，不得采取集中竞价、做市商等集中交易方式进行交易，不得进行标准化合约交易。

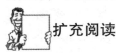扩充阅读

1. 经营性网站必须办理两项手续：一是获得增值电信业务经营许可证；二是办理企业登记。如果经营性网站是作为企业或公司来进行登记的，取得经营许可证后，还应当持经营许可证向企业登记机关办理登记手续。在我国，经营性网站的设立应当具备以下实质条件：经营者为依法设立的公司；有与从事的业务和规模相适应的硬件设施；有与开展经营活动相适应的资金和专业人员；有为用户提供长期服务的信誉或者能力；有业务发展计划及相关技术方案；有健全的网络与信息安全保障措施，包括网站安全保障措施、信息安全保密管理制度、用户信息安全管理制度；服务项目属于《互联网信息服务管理办法》第5条规定范围的已取得有关主管部门的同意的文件；法律法规规定的其他条件。在我国，自然人和其他组织不可以设立经营性网站。

2. 网上商店，根据设立人的不同，可以分为自然人设立的、法人和其他组织设立的。网上商店的设立要经过第三方交易平台经营者的实名注册与验证。通过第三方交易平台从事商品交易及有关服务行为的自然人，向第三方交易平台提交其姓名、地址、有效身份证明、有效联系方式等真实身份信息。具备登记注册条件的，依法办理工商登记。网上店铺具备登记注册条件的，依法办理工商登记注册。通过第三方交易平台从事商品交易及有关服务行为的法人和其他组织，需要向平台经营者提出申请，提交营业执照或其他获准经营的证明文件、经营地址及联系方式等必要信息。第三方电子商务交易平台应当核验站内经营者的营业执照、税务登记证和各类经营许可证。

三、电子商务合同的订立与履行

（一）电子商务合同概述

1. 电子商务合同概念

电子商务合同，又称电子合同，是平等主体的自然人、法人、其他组织之间以数据电文为载体，并利用电子通信手段设立、变更、终止民事权利义务关系的协议。

数据电文，是指以电子、光学、磁或者类似手段生成、发送、接收或者储存的信息。

2. 电子合同特征

电子合同作为一种新的合同形式，仍具有合同的一般特征。此外，电子合同还有一定的特殊性。

（1）形式的特殊性。电子合同以数据电文的形式存在。根据民法典的规定，数据电文属于书面形式。但是数据电文具有易改动性，只有满足原件形式要求、保存要求、真实性，才具有与书面合同同等的法律效力。

（2）订立过程的特殊性。电子合同是通过电信网络，以"非面对面"的方式订立，传统合同多以"面对面"的方式订立。

（3）成立与生效的特殊性。书面合同必须经签字或者盖章才成立，电子商务合同通过电子合同订立系统在线订立合同，无法按照传统的方式签字或盖章，必须使用电子签名。

（二）电子合同的成立

电子合同的成立，适用合同编的相关规范。同时，电子合同是以数据电文的方式订立的，因此要约和承诺的生效时间、地点、撤回和撤销，都有一定的特殊性。

1. 要约、承诺的发送、接收时间

以数据电文为形式的要约、承诺进入发件人控制之外的某个信息系统的时间，视为该要约、承诺的发送时间。

收件人指定特定系统接收数据电文的，数据电文进入该特定系统的时间，视为该数据电文的接收时间；未指定特定系统的，数据电文进入收件人的任何系统的首次时间，视为该数据电文的接收时间。当事人对数据电文的发送时间、接收时间另有约定的，从其约定。

2. 要约、承诺的发送、接收地点

发件人的主营业地为数据电文的发送地点，收件人的主营业地为数据电文的接收地点。没有主营业地的，其经常居住地为发送或者接收地点。当事人对数据电文的发送地点、接收地点另有约定的，从其约定。

3. 要约、承诺的撤回与撤销

数据电文在信息系统之间的传递几乎没有迟延，要约、承诺的撤回非常困难，但在网络拥挤或服务器故障的情况下，数据电文都可能延迟到达，使得撤回要约、承诺的通知可能更早到达受要约人。电子合同中，要约也可以撤销，撤销要约的通知应当在受要约人发出承诺通知之前到达受要约人。在线交易中，如果要约以电子邮件方式发出，那么在受要约人回复之前是可以撤销的；如果当事人通过即时通信工具在网上协商，要约人在受要约人作出承诺前可以撤销；如果当事人采用电子自动交易系统从事电子商务，承诺有系统自动回复，要约人很难有机会撤销要约。

承诺到达受要约人，合同成立。因此承诺不可以撤销。

电子商务经营者发布的商品或者服务信息符合要约条件的，用户选择该商品或者服务并提交订单成功，合同成立。当事人另有约定除外。

电子商务经营者应当清晰、全面、明确地告知用户订立合同的步骤、注意事项、下载方法等事项，并保证用户能够便利、完整地阅览和下载。应当保证用户在提交订单前可以更正输入错误。不得以格式条款等方式约定消费者支付价款后合同不成立；格式条款等含有该内容的，其内容无效。

4. 确认收讫

确认收讫是指在接收人收到发送的信息时，由其本人或指定的代理人或通过自动交易系统向发送人发出声明其已收到的通知。

在要约和承诺采用到达主义的情况下，接收人法律风险较小，而发送人却无法确切知道接收人收到与否，是否处在受约束的状态。因此电子商务立法中通常确立确认收讫规则。《电子签名法》规定，法律、行政法规规定或者当事人约定数据电文需要确认收讫的，应当确认收讫。发件人收到收件人的收讫确认时，数据电文视为已经收到。

电子商务当事人使用自动信息系统订立或者履行合同的行为对使用该系统的当事人具有法律效力。

（三）电子合同的生效

电子合同的生效同样需要符合合同编规定的生效要件。需要注意的是，在电子商务中推定当事人具有相应的民事行为能力。但是，有相反证据足以推翻的除外。

 扩充阅读

由于电子合同订立过程中使用了现代的通信手段，产生了一些新的问题，其法律效果需要专门说明和澄清。

1. 电子错误

电子错误，是指在电子合同订立过程中，双方当事人因使用信息系统而产生的错误或变异。"错误"是指电子合同当事人一方由于自己的疏忽而提交了不正确的信息。如当事人的本意是订购 1 台电脑，却错误输入 10 台，没有注意到这一错误而将信息发出。"变异"是指由于信息系统的错误而将一方当事人的意思自动地加以变化的情形。如消费者在网上订购 1 台电脑，但信息系统错误地将其识别为 10 台并作出承诺。

对电子错误，我国法律基本上没有规范调整规则。商务部发布的《第三方电子商务交易平台服务规范》简单地规定：平台经营者应当调查核实个人用户小额交易中出现操作错误投诉，并帮助用户取消交易，但因具体情况无法撤销的除外。

国际电子商务立法建立了一系列的规则，归纳如下：在当事人双方有约定的情形下，若当事人各方约定使用某种安全程序检测变动或错误，一方当事人遵此执行，而另一方当事人未遵守约定。在未遵守方如遵守约定就可以检测到错误的情形下，遵守方可以撤销变动或错误的电子信息所产生的效力，不论合同是否已订立或履行。

在当事人双方没有约定的情形下，若一方采用某种程序检测到自己所发出信息有变动或错误，应及时通知接收方，接收方应在合理的时间内予以确认，如果确认，发出方可以撤销变动或错误产生的效力；如果接收方未在合理时间内确认的，发出方也可以撤销变动或错误所产生的效力。如果接收方在合理时间内否定了有错误存在，应由发出方证明他发出的信息确有变动或错误。如果发出方不能证明的，不能撤销所发出信息的效力。若一方采用某种程序检测到对方所发出信息有变动或错误，应及时通知发出方，发出方在合理时间内予以确认的，双方均可撤销该变动或错误的效力；发出方未在合理时间内予以确认的，接收方可以撤销该变动或错误的效力。

2. 点击合同

点击合同，是指由商品或服务的提供人通过计算机程序预先设定合同条款的全部或一部分，以规定其与相对人之间的法律关系，相对人必须点击"同意"才能订立的合同。点击合同是网络环境下的格式合同。

点击合同应满足的条件在 B2C(Business – to – Customer 商家对顾客) 和 B2B(Business To Business 商家对商家）情形下有不同。

在 B2C 下，（1）合理提醒消费者注意。这可以从文件的表现形式、提醒注意的方法、提醒注意的时间和程度四方面来考察。（2）保证消费者有审查机会。消费者是否具有这样的机会应从以下几点判断：第一，合同条款能引起相对人的注意并允许其审查；第二，合同的提供人应保证相对人有审查的合理时间；第三，相对人审查合同的时间。

在 B2B 下，（1）由双方当事人在多次交易中使用。这一要件要求交易双方必须在一个较长的时间里持续使用，每一次的使用，都以相对人知悉该格式合同的存在为前提，并且语义相同。（2）符合行业惯例或商业习惯。由于商业习惯为交易人所了解并长期使用，可以得到法律的认可。（3）对于初次使用的格式条款，应给予相对人了解的机会。在此，并不要求相对人了解其内容，只需知晓其存在即可。

我国目前相关规定较为笼统，在《网络商品交易及有关服务行为管理暂行办法》中，规定了合理、显著方式的提醒义务、说明义务：提供电子格式合同条款的，应当符合法律、法规、规章的规定，按照公平原则确定交易双方的权利与义务，并采用合理和显著的方式提请消费者注意与消费者权益有重大关系的条款，并按照消费者的要求对该条款予以说明。网络商品经营者和网络服务经营者不得以电子格式合同条款等方式作出对消费者不公平、不合理的规定，或者减轻、免除经营者义务、责任或者排除、限制消费者主要权利的规定。

（四）电子合同的履行

电子合同主要有三种履行方式：在线付款，在线交货；在线付款，离线交货；离线付款，离线交货。但不管是哪种方式，都涉及合同标的的交付和价款的支付两项内容。

1. 合同标的的交付

电子商务当事人可以约定采用快递物流方式交付商品。收货人签收时间为交付时间。合同标的为提供服务的，生成的电子凭证或者实物凭证中载明的时间为交付时间；前述凭证没有载明时间或者载明时间与实际提供服务时间不一致的，实际提供服务的时间为交付时间。

合同标的为采用在线传输方式交付的，合同标的进入对方当事人指定的特定系统并且能够检索识别的时间为交付时间。

合同当事人对交付方式、交付时间另有约定的，从其约定。

2. 合同价款或报酬的支付方式

电子商务当事人可以约定采用电子支付方式支付价款。电子支付服务提供者应当确保电子支付指令的完整性、一致性、可跟踪稽核和不可篡改性。当其提供的电子支付服务不符合国家有关支付安全管理要求，造成用户损失的，应当承担赔偿责任。

用户在发出支付指令前，应当核对支付指令所包含的金额、收款人等完整信息。支付指令发生错误的，电子支付服务提供者应当及时查找原因，并采取相关措施予以纠正。造成用户损失的，电子支付服务提供者应当承担赔偿责任，但能够证明支付错误非自身原因造成的除外。电子支付服务提供者完成电子支付后，应当及时准确地向用户提供符合约定方式的确认支付的信息。

用户应当妥善保管交易密码、电子签名数据等安全工具。用户发现安全工具遗失、被盗用或者未经授权的支付的，应当及时通知电子支付服务提供者。未经授权的支付造成的损失，由电子支付服务提供者承担；电子支付服务提供者能够证明未经授权的支付是因用户的过错造成的，不承担责任。电子支付服务提供者发现支付指令未经授权，或者收到用户支付指令未经授权的通知时，应当立即采取措施防止损失扩大。电子支付服务提供者未及时采取措施导致损失扩大的，对损失扩大部分承担责任。

扩充阅读

在线交货时，由于数据信息传输的特殊性，合同履行也具有特殊性。但我国对信息产品的在线履行没有明确规定规则。依据国际立法经验和理论研究，简要归纳规则如下。

1. 履行的地点

以电子方式履行的地点首先应由双方约定，可以是许可方（卖方）的营业地或住所地，也可约定在被许可方（买方）的住所地或营业地。约定不明确或没有约定的，可以是许可方使用的信息处理系统所在地，如许可方的计算机主机设备所在地。

2. 信息产品的检验

当交易以电子方式履行时，由于产品本身不具有包装，自然接收人也无须对此检验，他所能检验的仅仅是该许可产品的说明，确定有关规格、版本等事项，但是，只有在他下载信息产品或进行安装时才会知道产品是否与说明相符。如果这种下载以接收人付款为前提，那么在他付款前没有检验的机会。为此，检验期应是在接收人接受信息后的一段合理期间。接收人发现产品有问题的，可在该期间内请求退货、解除合同、返还货款并可追究其违约责任。

3. 许可方的电子控制权

信息产品的提供者可以依照合同条款对交付后的信息保留一定的电子控制权，例如，用户认证程序、软件使用次数限制、信息访问时间限制等。信息产品的特性使得许可方往往很难控制信息产品不被滥用，因此，许可方保留一定的信息控制权是必要的。电子控制权的行使，必须满足以下条件。

（1）合同中有被许可方对信息许可方使用该权利的明确的同意。

（2）电子控制权行使的目的是阻止被许可方与合同约定不一致的使用。

（3）许可方在行使电子控制权之前必须向被许可人发出通知。

4. 风险转移的时间

许可方采用电子邮件方式向被许可方发送信息产品的，自被许可方收到该信息时，风险责任发生转移。如果信息产品许可方采用许可下载的方式来交付，则应在被许可方完全下载完毕后，风险责任转移给被许可方。

四、电子签名

1. 电子签名概述

（1）电子签名概念。电子签名，是指数据电文中以电子形式所含、所附用于识别签名人身份并表明签名人认可其中内容的数据。

（2）电子签名的分类。根据电子签名技术实现方式的不同，可以分为电子化签名、生理特征签名、数字签名。

电子化签名是指对手写签名进行模式识别的签名方法。由于每次手写签名的差异性，对模式识别技术及比对技术要求很高，现有的模式识别技术还有待进一步提高。

生理特征签名是一种基于用户指纹、视网膜结构、手掌掌纹、声音纹等独一无二的生理特征，通过生物识别技术进行身份识别的签名方法。

数字签名指的是基于公钥基础设施运用非对称加密系统和哈希函数变换的电子记录组成的电子签名。数字签名是目前国内外电子商务、电子政务中应用最普遍、技术最成熟、可操作性最强的一种电子签名方法。

2. 电子签名的适用范围

2005 年 4 月 1 日起施行《中华人民共和国电子签名法》民事活动中以下领域不得适用电子签名：①涉及婚姻、收养、继承等人身关系的；②涉及土地、房屋等不动产权益转让的；③涉及停止供水、供热、供气、供电等公用事业服务的；④法律、行政法规规定的不适用电子文书的其他情形。

国务院或者国务院规定的部门可以依据本法制定政务活动和其他社会活动中使用电子签名、数据电文的具体办法。

3. 电子签名的法律效力

除了当事人选择使用符合其约定的可靠条件的电子签名外，具备以下条件的电子签名可视为可靠的电子签名，可靠的电子签名与手写签名或盖章具有同等的法律效力：①电子签名制作数据用于电子签名时，属于电子签名人专有；②签署时电子签名制作数据仅由电子签名人控制；③签署后对电子签名的任何改动能够被发现；④签署后对数据电文内容和形式的任何改动能够被发现。

4. 电子签名人的义务

（1）保管义务。电子签名人应当妥善保管电子签名制作数据。

（2）通知义务。电子签名人知悉电子签名制作数据已经失密或者可能已经失密时，应当及时告知有关各方，并终止使用该电子签名制作数据。

五、电子商务争议解决

电子商务经营者应当建立便捷、有效的投诉、举报机制，公开投诉、举报方式等信息，及时受理并处理投诉、举报。

电子商务争议可以通过协商和解，请求消费者组织、行业协会或者其他依法成立的调解组织调解，向有关部门投诉，提请仲裁，或者提起诉讼等方式解决。

消费者在电子商务平台购买商品或者接受服务，与平台内经营者发生争议时，电子商务平台经营者应当积极协助消费者维护合法权益。

在电子商务争议处理中，电子商务经营者应当提供原始合同和交易记录。因电子商务经营者丢失、伪造、篡改、销毁、隐匿或者拒绝提供前述资料，致使人民法院、仲裁机构或者有关机关无法查明事实的，电子商务经营者应当承担相应的法律责任。

电子商务平台经营者可以建立争议在线解决机制，制定并公示争议解决规则，根据自愿原则，公平、公正地解决当事人的争议。

第四节　特许经营法律制度

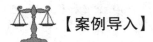 **【案例导入】**

2007 年 5 月 12 日，被告王某勤与案外人成都市新都区田婆婆洗灸堂签订《田婆婆洗灸堂经营代理合同》，合同约定王某勤一次性付 10 万元后，即取得指定区域内的经营权，在指定区域内增设分店、连锁店、加盟店等可以不经过成都市新都区田婆婆洗灸堂许可，也不另行收取任何其他费用，增开店铺在经营中出现的各种纠纷和责任全部由王某勤承担，合同有效期为 2007 年 5 月 12 日至 2017 年 5 月 11 日。

2010 年 11 月 13 日，王某勤以"田婆婆洗灸堂重庆市区代理总堂"名义与原告冉某琴签订《田婆婆洗灸堂加盟经营合同》，合同具体约定了特许经营、地点及区域、促销与广告、培训与指导、商标、专利及相关权利、竞争限制、保密、责任、违约责任等十章内容，有效期为 2010 年 11 月 13 日至 2017 年 5 月 10 日。同日，王某勤还向冉某琴发放了商标授权书，授权原告在渝中区大坪街道大坪正街区域内独家使用"田婆婆洗灸堂"的商标，有效期从 2010 年 11 月 13 日至 2017 年 5 月 10 日止。合同签订后，冉某琴向王某勤支付加盟费 3 万元。2011 年 3 月 15 日，中央电视台"3·15 晚会"曝光"田婆婆洗灸堂"涉嫌使用假药后，2011 年 3 月 16 日，重庆市工商行政管理局渝中区分局向冉某琴发出实施行政强制措施通知书，对洗浴 1—5 号实施扣留行政强制措施。

冉某琴以王某勤违反合同约定，采取虚假宣传、提供不符合相关法律规定的洗浴用品，导致原告的加盟店无法继续经营并蒙受了巨大损失为由，诉至法院，请求判令：解除原、被告双方签订的《田婆婆洗灸堂加盟经营合同》，王见勤退还加盟费 3 万元，承担违约金 1.5 万元，并赔偿经济损失 11 万元。❶

问题：个人为特许人的特许经营合同效力如何认定？

一、特许经营概述

（一）特许经营概念

根据《商业特许经营管理条例》，特许经营，是指拥有注册商标、企业标志、专利、专有技术等经营资源的企业（特许人），以合同形式将其拥有的经营资源许可其他经营者（被特许人）使用，被特许人按照合同约定在统一的经营模式下开展经营，并向特许人支付特许经营费用的经营活动。

---

❶ http://www.pkulaw.cn/cluster_call_form.aspx? menu_item = case&EncodingName = &key_word = 根据北大法宝案例进行整理。

（二）特许经营种类

1. 按特许权的形式、授权内容与方式，总部战略控制手段划分

商业特许经营按其特许权的形式，授权内容与方式，总部战略控制手段的不同，可以分为生产特许、产品－商标特许、经营模式特许三种类型。

（1）生产特许。被特许人投资建厂，或通过OEM❶的方式，使用特许人的商标或标志、专利、技术、设计和生产标准来加工或制造取得特许权的产品，然后经过经销商或零售商出售，被特许人不与最终用户（消费者）直接交易。典型的案例包括可口可乐的灌装厂、奥运会标志产品的生产。

（2）产品－商标特许。被特许人使用特许人的商标和零售方法来批发和零售特许人的产品。作为被特许人仍保持其原有企业的商号，单一地或在销售其他商品的同时销售特许人生产并取得商标所有权的产品。

（3）经营模式特许。被特许人有权使用特许人的商标、商号、企业标志以及广告宣传，完全按照特许人设计的单店经营模式来经营；被特许人在公众中完全以特许人企业的形象出现；特许人对被特许人的内部运营管理、市场营销等方面实行统一管理，具有很强的控制。

2. 按交易形式划分

可分为四种：①制造商对批发商的特许经营，如可口可乐授权有关瓶装商（批发商）购买浓缩液，然后充碳酸气装瓶再分销给零售商；②制造商对零售商的特许，如石油公司对加油站之间的特许；③批发商对零售商的特许，如医药公司特许医药零售店；④零售商之间的特许，如连锁集团利用这一形式招募特许店，扩大经营规模。

（三）特许经营法

为规范商业特许经营活动，促进商业特许经营健康、有序发展，维护市场秩序，2007年1月31日国务院第167次常务会议通过《商业特许经营管理条例》，自2007年5月1日起施行。

二、特许经营的条件

根据《商业特许经营管理条例》的规定，特许经营的条件如下：

（1）特许人必须是企业。其他单位和个人不得作为特许人从事特许经营活动；

（2）特许人应当拥有成熟的经营模式，并具备为被特许人持续提供经营指导、技术支持和业务培训等服务的能力；

（3）特许人从事特许经营活动应当拥有至少2个直营店，并且经营时间超过1年，简称"两店一年"。《商业特许经营管理条例》施行前已经从事特许经营活动的特许人，不受此限。

---

❶ OEM 即一种委托他人生产的合作方式也称为定点生产，俗称代工（生产），基本含义为品牌生产者不直接生产产品，而是利用自己掌握的关键的核心技术负责设计和开发新产品，控制销售渠道，具体的加工任务通过合同订购的方式委托同类产品的其他厂家生产，之后将所订产品低价买断，并直接贴上自己的品牌商标。

三、特许经营合同

（一）特许经营合同的内容

根据《商业特许经营管理条例》第 11 条的规定，特许经营合同除了具备一般合同所应具有的内容外，还应当包括下列主要内容：

特许经营的内容、期限；特许经营费用的种类、金额及其支付方式；经营指导、技术支持以及业务培训等服务的具体内容和提供方式；产品或者服务的质量、标准要求和保证措施；产品或者服务的促销与广告宣传；特许经营中的消费者权益保护和赔偿责任的承担等。

（二）对特许经营合同的规范

根据《商业特许经营管理条例》第 12 条与第 13 条的规定，特许经营合同应当遵循以下规范：

（1）特许人和被特许人应当采用书面形式订立特许经营合同；

（2）特许人和被特许人应当在特许经营合同中约定，被特许人在合同订立后一定期限内，可以单方解除合同；

（3）除被特许人同意的情况外，特许经营合同约定的特许经营期限应当不少于 3 年。特许人和被特许人续签特许经营合同的，不受此限。

四、特许人、被特许人的义务

（一）特许人的义务

根据《商业特许经营管理条例》的规定，特许人负有以下义务：

（1）特许人应当向被特许人提供特许经营操作手册，并按照约定的内容和方式为被特许人持续提供经营指导、技术支持、业务培训等服务。

（2）特许经营的产品或者服务的质量、标准应当符合法律、行政法规和国家有关规定的要求。

（3）特许人要求被特许人在订立特许经营合同前支付费用的，应当以书面形式向被特许人说明该部分费用的用途以及退还的条件、方式。

（4）特许人向被特许人收取的推广、宣传费用，应当按照合同约定的用途使用。推广、宣传费用的使用情况应当及时向被特许人披露。

（5）特许人在推广、宣传活动中，不得有欺骗、误导的行为，其发布的广告中不得含有宣传被特许人从事特许经营活动收益的内容。

（6）特许人应当在每年第一季度将其上一年度订立特许经营合同的情况向商务主管部门报告。

（二）被特许人的义务

根据《商业特许经营管理条例》的规定，被特许人负有以下义务：

（1）未经特许人同意，被特许人不得向他人转让特许经营权。

（2）被特许人不得向他人泄露或者允许他人使用其所掌握的特许人的商业秘密。

五、特许经营备案制度和信息披露制度

（一）特许经营备案制度

备案制度是指为了便于商务主管部门对特许经营活动进行规范、监督，也有助于潜在的投资者了解特许人的基本情况，特许人应当自首次订立特许经营合同之日起15日内，依照《商业特许经营管理条例》的规定向相关商务主管部门备案。当特许人的工商登记信息、经营资源信息、境内全部被特许人的店铺分布情况等备案信息有变化的，应当自变化之日起30日内向备案机关申请变更。

扩充阅读

截至2020年7月14日，在商业特许经营信息管理系统完成备案并公告的企业总数量为5869家。按照经营区域范围统计，省内企业2320家，跨省企业3545家；按照经营资源类型统计，拥有注册商标的5392家，拥有专利的245家；按行业统计，零售业1724家，餐饮业2348家，居民服务业459家，教育培训业322家，住宿114家，中介服务业176家，其他商业服务业721家；按照所属区域统计，港澳台及境外187家，境内5682家，前10名分别是北京市（1018家）、上海市（619家）、广东省（476家）、浙江省（460家）、山东省（429家）、江苏省（346家）、重庆市（282家）、湖南省（272家）、福建省（247家）、四川省（235家）。❶

（二）特许经营信息披露制度

信息披露制度是指为保证被特许人及时、全面、准确地了解、掌握有关情况，在充分占有信息的基础上作出适当的投资决策，防止上当受骗，特许人应当按照主管部门的规定，向被特许人披露相关信息。

根据《商业特许经营管理条例》的规定，特许人应当在订立特许经营合同之日前至少30日，以书面形式向被特许人提供以下信息，并提供特许经营合同文本。

（1）特许人的名称、住所、法定代表人、注册资本额、经营范围以及从事特许经营活动的基本情况；

（2）特许人的注册商标、企业标志、专利、专有技术和经营模式的基本情况；

（3）特许经营费用的种类、金额和支付方式（包括是否收取保证金以及保证金的返还条件和返还方式）；

（4）向被特许人提供产品、服务、设备的价格和条件；

（5）为被特许人持续提供经营指导、技术支持、业务培训等服务的具体内容、提供方式和实施计划；

（6）对被特许人的经营活动进行指导、监督的具体办法；

---

❶ 参见：商业特许经营备案情况通报（7月1日至7月14日），商务部业务系统统一平台商业特许经营信息管理，http://txjy. syggs. mofcom. gov. cn/manager/news. do? method = view&id = 9740956.

（7）特许经营网点投资预算；

（8）在中国境内现有的被特许人的数量、分布地域以及经营状况评估；

（9）最近2年的经会计师事务所审计的财务会计报告摘要和审计报告摘要；

（10）最近5年内与特许经营相关的诉讼和仲裁情况；

（11）特许人及其法定代表人是否有重大违法经营记录；

（12）国务院商务主管部门规定的其他信息。

特许人向被特许人提供的信息应当真实、准确、完整，不得隐瞒有关信息，或者提供虚假信息。特许人向被特许人提供的信息发生重大变更的，应当及时通知被特许人。特许人隐瞒有关信息或者披露虚假信息的，被特许人可以解除特许经营合同。

特许人向被特许人披露信息前，有权要求被特许人签署保密协议。被特许人在订立合同过程中知悉的商业秘密，无论特许经营合同是否成立，不得泄露或者不正当使用。特许经营合同终止后，被特许人因合同关系知悉特许人商业秘密的，即使未订立合同终止后的保密协议，也应当承担保密义务。被特许人违反此规定，泄露或者不正当使用商业秘密给特许人或者其他人造成损失的，应当承担相应的损害赔偿责任。特许人在向被特许人进行信息披露后，被特许人应当就所获悉的信息内容向特许人出具回执说明（一式两份），由被特许人签字，一份由被特许人留存，另一份由特许人留存。

 扩充阅读

商业特许经营特许人进行信息披露应当包括以下内容：

（一）特许人及特许经营活动的基本情况。

1. 特许人名称、通讯地址、联系方式、法定代表人、总经理、注册资本额、经营范围以及现有直营店的数量、地址和联系电话。

2. 特许人从事商业特许经营活动的概况。

3. 特许人备案的基本情况。

4. 由特许人的关联方向被特许人提供产品和服务的，应当披露该关联方的基本情况。

5. 特许人或其关联方过去2年内破产或申请破产的情况。

（二）特许人拥有经营资源的基本情况。

1. 注册商标、企业标志、专利、专有技术、经营模式及其他经营资源的文字说明。

2. 经营资源的所有者是特许人关联方的，应当披露该关联方的基本信息、授权内容，同时应当说明在与该关联方的授权合同中止或提前终止的情况下，如何处理该特许体系。

3. 特许人（或其关联方）的注册商标、企业标志、专利、专有技术等与特许经营相关的经营资源涉及诉讼或仲裁的情况。

（三）特许经营费用的基本情况。

1. 特许人及代第三方收取费用的种类、金额、标准和支付方式，不能披露的，应当说明原因，收费标准不统一的，应当披露最高和最低标准，并说明原因。

2. 保证金的收取、返还条件、返还时间和返还方式。

3. 要求被特许人在订立特许经营合同前支付费用的，说明该部分费用的用途以及退还的条件、方式。

（四）向被特许人提供产品、服务、设备的价格、条件等情况。

1. 被特许人是否必须从特许人（或其关联方）处购买产品、服务或设备及相关的价格、条件等。

2. 被特许人是否必须从特许人指定（或批准）的供货商处购买产品、服务或设备。

3. 被特许人是否可以选择其他供货商以及供货商应具备的条件。

（五）为被特许人持续提供服务的情况。

1. 业务培训的具体内容、提供方式和实施计划，包括培训地点、方式和期限等。

2. 技术支持的具体内容、提供方式和实施计划，包括经营资源的名称、类别及产品、设施设备的种类等。

（六）对被特许人的经营活动进行指导、监督的方式和内容。

1. 经营指导的具体内容、提供方式和实施计划，包括选址、装修装潢、店面管理、广告促销、产品配置等。

2. 监督的方式和内容，被特许人应履行的义务和不履行义务的责任。

3. 特许人和被特许人对消费者投诉和赔偿的责任划分。

（七）特许经营网点投资预算情况。

1. 投资预算可以包括下列费用：加盟费；培训费；房地产和装修费用；设备、办公用品、家具等购置费；初始库存；水、电、气费；为取得执照和其他政府批准所需的费用；启动周转资金。

2. 上述费用的资料来源和估算依据。

（八）中国境内被特许人的有关情况。

1. 现有和预计被特许人的数量、分布地域、授权范围、有无独家授权区域（如有，应说明预计的具体范围）的情况。

2. 现有被特许人的经营状况，包括被特许人实际的投资额、平均销售量、成本、毛利、纯利等信息，同时应当说明上述信息的来源。

（九）最近2年的经会计师事务所或审计事务所审计的特许人财务会计报告摘要和审计报告摘要。

（十）特许人最近5年内与特许经营相关的诉讼和仲裁情况，包括案由、诉讼（仲裁）请求、管辖及结果。

（十一）特许人及其法定代表人重大违法经营记录情况。

1. 被有关行政执法部门处以30万元以上罚款的。

2. 被追究刑事责任的。

（十二）特许经营合同文本。

1. 特许经营合同样本。

2. 如果特许人要求被特许人与特许人（或其关联方）签订其他有关特许经营的合同，应当同时提供此类合同样本。

本章主要内容归纳总结图

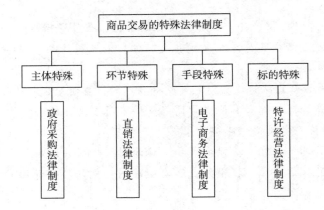

商品交易的特殊法律制度
- 主体特殊 → 政府采购法律制度
- 环节特殊 → 直销法律制度
- 手段特殊 → 电子商务法律制度
- 标的特殊 → 特许经营法律制度

复习思考题

1. 政府采购的范围。
2. 政府采购的原则。
3. 直销企业的设立条件。
4. 电子合同的成立有哪些特殊之处。
5. 网上商店的种类及设立条件。
6. 特许经营的条件。

 推荐阅读

1. 合肥宝盈物资有限公司与金寨县政府采购中心买卖合同纠纷上诉案
   安徽省高级人民法院/（2012）皖民二终字第 00181 号/2012. 12. 03

2. 浙江奥维数据技术有限公司与鹤岗市公共资源交易中心（鹤岗市政府采购中心）等买卖合同纠纷上诉案
   浙江省宁波市中级人民法院/（2018）浙 02 民终 1280 号/2018. 04. 03

3. 广西南宁叶之风商贸有限公司不服政府采购行政处理决定案
   广西壮族自治区梧州市中级人民法院/（2014）梧行终字第 32 号行政判决书/2014. 12. 11

4. 郭文龙与多点新鲜（北京）电子商务有限公司买卖合同纠纷上诉案
   北京市第一中级人民法院/（2020）京 01 民终 1649 号/2020. 03. 30

5. 郑安慧等与北京鹏椋大地国际商贸有限公司特许经营合同纠纷上诉案
   重庆市高级人民法院/（2013）渝高法民终字第 00021 号/2013. 06. 14

6. 黄韬澄与成都廖记企业管理有限公司、成都良丰投资管理有限公司、成都廖记投资咨询有限公司特许经营合同纠纷案
   四川省高级人民法院/（2017）川民终字第 322 号/2017. 08. 07

第四编

物流法律制度

第七章　物流法律制度

【本章提示】

　　物流是现代经济运行不可缺少的基础。现代物流业对提高国民经济运行质量、优化经济流程、调整经济结构、扩大内需、增进社会福利等都具有全局性的积极影响。现代物流作为社会经济生产中的一种增值性活动，具有时间效益、空间效益、增值服务效益和整合效益四大方面。本章主要介绍物流法律制度。首先，概括介绍了物流与物流法律制度，包括物流的概念、分类，物流法的概念、特征，以及我国物流法的体系；其次，介绍了物流环节中的包装法律制度，包括包装法的概念、特点、基本原则，包装的一般法律规定，特殊商品的包装规定，以及货物运输包装法律制度；再次，介绍了物流环节的运输法律制度，包括公路运输、水路运输、铁路运输、航空运输、多式联运法律制度；最后，介绍了物流环节的仓储法律制度，包括仓储法律概述、仓储运输合同、仓单、仓储合同中的当事人的权利与义务。

【重点内容】

1. 物流法的概念。
2. 运输包装法律制度。
3. 公路运输法律制度。
4. 多式联运法律制度。
5. 仓单。

第一节　物流法律制度概述

【案例导入】

　　2016 年 10 月，北京某商品采购中心向上海某水泥公司采购了 10 吨水泥，并将其交给物流公司运输至天津的配送中心。由于暴雨导致交通阻断，该物流公司迟延 2 天送达，在商品入库时，采购中心依据采购协议进行检验，发现货物没有达到合同规定的质量标准，提出退货和赔偿要求。同时，该批货物由于违反国家规定的强制环保标准，被当地执法部门依法查封。

　　请问，本案例中物流法调整的社会关系有哪些？哪些是横向物流法律关系？哪些是纵向物流法律关系？

一、物流概述

（一）物流的概念

在人类社会商品交易过程中，随着商品所有权的转移，商品实体转移的物流活动必然会发生。物流即经济活动中涉及实体流动的物质资料"从供应地向接收地的实体流动过程。根据实际需要，将运输、储存、装卸、搬运、包装、流通加工、配送、回收信息处理等基本功能实施有机结合。"❶ 由此，物流是一切物质资料的实体流动过程，在流通过程中创造价值，以满足顾客及社会性需求。物流的本质是服务。

（二）物流的分类

物流活动可以从不同角度进行分类。

1. 依据物流活动的组织者不同进行的划分

这是依据物流活动的组织者不同可划分为自主物流、第三方物流、第四方物流。自主物流是指生产企业或货主企业为满足自身的需要，自己提供人工、机械设备和场所，安排全部物流计划，亲自从事整个货物流程的物流活动。第三方物流是指物流服务提供者在一定时期内按照一定的价格向物流需求者提供的，建立在现代电子信息技术基础上的一系列个性化的物流服务。第四方物流是指建立在第三方物流基础上的，对不同的第三方物流企业的管理、技术等物流资源作进一步整合，为用户提供全面意义上的供应链解决方案的一种更高级的物流模式。

2. 依据物流活动的业物范围进行划分

依据物流活动的业务范围不同进行划分，可分为单一物流和综合物流。单一物流是指仅包括储存、运输、包装、装卸等一项或几项服务的物流。综合物流是指对原材料、半成品从生产地到消费地之间所进行的运输、储存、装卸、包装、流通加工、配送、信息处理等全部服务的物流。

3. 依据物流活动的空间范围划分

依据物流活动的空间范围进行划分，可分为区域物流、国内物流、国际物流。

此外，还可以根据物流活动在企业中的作用分为供应物流、生产物流、销售物流、回收物流、废弃物物流等。

二、物流法律概述

（一）物流法律概念和特征

1. 物流法概念

物流法是调整物流活动所涉及的社会关系的法律规范的总称。物流法律制度的调整对象主要分为两类：一类是在物流企业之间以及物流企业与其服务对象之间因各种物流行为或服务而引起的各种经济关系，属于横向物流关系；一类是国家在规划、管

---

❶ 《中华人民共和国国家标准物流术语》（以下简称《物流术语》）（GB/T 18354-2006）。

理以及调控物流产业或物流经济过程中发生的各种经济关系，属于纵向物流关系。

2. 物流法的特征

（1）广泛性。物流系统的运行过程和物流活动内容的多样性、综合性决定了物流法律制度的广泛性。物流法律制度要对所有物流环节的社会关系进行调整，其内容具有广泛性的特征。

（2）复杂性。物流活动的广泛性决定了物流法具有复杂性特征。物流法包括横向的民事法律规范和纵向的行政法律规范，以及各种技术法律规范，表现出物流法律规范本身的多样性。

（3）技术性。在现代物流中，整个物流活动涉及运输、包装、仓储和装卸等技术性较强的环节，且上述环节均需要运用现代信息技术和电子商务等高技术，因此，物流活动具有较强的技术性而物流法也相应地具有较强的技术性特点。

（4）国际性。现代物流是经济全球化、一体化发展的产物。国际物流的出现和发展，使得物流超越了一国和某个区域的界限而走向国际化。与此相适应，物流法律制度也呈现出国际化的趋势。如一些领域内出现了全世界通用的国际标准。

（二）我国的物流法律制度

我国在物流行业的立法没有形成统一的体系，目前还没有制定统一的物流法典。现行调整物流的法律法规涉及了运输、仓储、包装、配送、搬运、流通加工和信息等的各个方面，分布于各种法律、行政法规、部门规章、地方性法规、地方政府规章、技术标准中。主要包括以下几个方面。

1. 物流主体的法律制度

物流主体法律制度主要集中于物流经营主体方面，即有关物流主体资格取得、变更、消灭的规范。主要有《公司法》《合伙企业法》《个人独资企业法》《破产法》《公路法》《铁路法》《民用航空法》等法律，以及《国际货物运输代理业管理规定》《道路运输条例》等行政法规。

2. 物流行为法律制度

物流行为法律制度是调整各种物流经营主体之间因各种物流行为的设立、变更、终止而发生的各种关系的法律规范的总称。物流行为法可以分为两个方面：一方面是物流行为的基本法，包括《民法典》《保险法》《电子签名法》等；另一方面是物流各环节行为立法，主要是围绕调整物流活动中的运输、储存等基本环节而制定的相关法律规范，如《中国民用航空货物国内运输规则》《铁路装卸作业安全技术管理规则》等。此外，还存在一些技术规范或者标准，如《集装箱名词术语》《包装术语基础》《集装箱运输术语》《物流术语》等。

3. 物流业宏观调控和市场监管的法律制度

这部分法律制度体现国家对物流产业的宏观调控与物流主体市场行为的监管。大多数国民经济宏观调控法规如税收法等对物流的宏观调控同样适用。而一般性的市场监管法律如反垄断法、反不正当竞争法等也可以对物流市场发挥市场监管的作用。除此之外，各类物流行业立法如港口法、邮政法等也可以发挥对物流业宏观调控和市场监管的作用。

第二节 包装法律制度

【案例导入】

中国某化工进出口公司与美国加利福尼亚化学制品公司按照 FOB 上海条件签订了一笔化工原料的买卖合同。中国某化工进出口公司在规定的装运期届满前三天将货物装上美国加利福尼亚化学制品公司指派的某香港船公司的海轮上，且装船前检验时，货物的品质良好，符合合同的规定。货到目的港旧金山，美国加利福尼亚化学制品公司提货后经目的港商检机构检验发现部分货物结块，品质发生变化。经调查确认原因是货物包装不良，在运输途中吸收空气中的水分导致原颗粒状的原料结成硬块。

美国加利福尼亚化学制品公司委托中国律师向我国某化工进出口公司提起索赔。

请问：我国某化工进出口公司应否承担赔偿责任？

一、包装与包装法律制度概述

（一）包装

1. 包装的概念

包装是在商品流通过程中为保护商品、方便储运、促进销售而采用容器、材料及辅助物资按照一定技术和方法对商品加以处理的操作过程。在物流活动中，除散装货物和裸装货物外，大多数商品在运输、装卸、储存、使用的过程中都需要一定的包装。它是满足商品运输、仓储、销售等活动的必然要求，也是实现商品价值和使用价值的必要手段。它是生产的终点，却是物流过程的起点。

2. 包装的分类

以包装在流通过程中的作用为标准，包装可以分为销售包装、运输包装和储藏包装。以产品经营方式为标准，可以分为内销产品包装、出口产品包装和特殊产品包装。以流通中的环节为标准，可以分为小包装、中包装、外包装。按照产品种类为标准，可以分为食品包装、药品包装、机电产品包装、危险品包装等。以产品的危险程度为标准，可以分为普通货物包装、危险货物包装和鲜活易腐货物包装等。此外，还可以从包装品材料、包装使用次数等不同角度对包装予以分类。

（二）包装法律制度

1. 概念

包装法是指一切与包装有关的法律的总称。目前，我国没有制定专门的包装法，而是散见于各类法律、法规中，如《民法典》《专利法》《商标法》《计量法》《环境保护法》《清洁生产促进法》《食品安全法》《药品管理法》《固体废物污染环境防治法》等。此外，包装还适用一系列国家或者行业标准。如《一般货物运输包装通用技术条件》《运输包装件尺寸界限》《包装储运图标标志》等。

2. 特点

我国的包装法律具有以下特点：①强制性。指在包装的过程中必须按照相应法律规范的要求进行，不得随意变更。②标准性。指包装法律多体现为国家标准或者行业标准。③技术性。指包装法律中包含大量的以自然科学为基础而建立的技术性规范。④分散性。我国与包装相关的法律规范以分散的形态分布于各个相关法律规范中。

3. 基本原则

包装法律制度应遵循以下原则：①安全原则。产品包装既要保障产品的安全，更应保障对相关人员的安全。②环保原则。也称"绿色"原则，指货物或物品的包装符合环境保护的要求。③经济原则。产品包装应该以最小的投入得到最大的收益。

二、关于包装的一般法律规定

我国虽然没有关于包装的专门性法律，但在相关法律中都存在着关于包装的一般性规定。主要包括以下几类

（一）《产品质量法》关于包装的规定

《产品质量法》规定，产品质量应当符合在产品或者其包装上注明采用的产品标准，符合产品说明、实物样品等方式表明的质量状况，详细内容见本教材第十一章。

（二）《清洁生产促进法》关于包装的规定

《清洁生产促进法》规定，产品和包装物的设计，应当考虑其在生命周期中对人类健康和环境的影响，优先选择无毒、无害、易于降解或者便于回收利用的方案。生产、销售被列入强制回收目录的产品和包装物的企业，必须在产品报废和包装物使用后对该产品和包装物进行回收。

（三）《固体废物污染环境防治法》关于包装的规定

《固体废物污染环境防治法》规定，生产、销售、进口依法被列入强制回收目录的产品和包装物的企业，必须按照国家有关规定对该产品和包装物进行回收。收集、贮存、运输、处置危险废物的场所、设施、设备和容器、包装物及其他物品转作他用时，必须经过消除污染的处理，方可使用。

（四）《进出口商品检验法》关于包装的规定

《进出口商品检验法》规定，为出口危险货物生产包装容器的企业，必须申请商检机构进行包装容器的性能鉴定；生产出口危险货物的企业，必须申请商检机构进行包装容器的使用鉴定。对装运出口易腐烂变质食品的船舱和集装箱，承运人或者装箱单位必须在装货前申请检验。

（五）《进出境动植物检疫法》关于包装的规定

《进出境动植物检疫法》规定，进出境的动植物产品和其他检疫物的装载容器、包装物，依法实施检疫。改换包装或者原未拼装后来拼装的，货主或者其代理人应当重新报检。对过境植物、动植物产品和其他检疫物，口岸动植物检疫机关检查运输工具或者包装，经检疫合格的，准予过境。

（六）《民法典》关于包装的规定

《民法典》第619条规定：出卖人应当按照约定的包装方式交付标的物。对包装方式没有约定或者约定不明确，依据本法第510条的规定仍不能确定的，应当按照通用的方式包装；没有通用方式的，应当采取足以保护标的物且有利于节约资源、保护生态环境的包装方式。

 扩充阅读

上海出口公司A与香港公司B成交自行车1000台，由A缮制合同一式两份，其中包装条款规定为"Packed in wooden case"（木箱装）。将此合同寄至B方，然后由B签回。B公司按合同开证、A公司凭信用证规定制单结汇完毕。货到目的港。A公司开庆祝会的时候却收到B公司拒收货物和退还货款的通知。B签回的合同上于原包装条款后加"C.K.D"（全拆卸）字样，但未引起A公司注意。B发现系整台自行车箱装，由于自行车整台进口需多交纳20%进口税。因此，拒收货物并要求退还货款。请问：B公司的主张是否能成立？

（七）《反不正当竞争法》关于包装的规定

《反不正当竞争法》规定，经营者不得擅自使用与他人有一定影响的商品名称、包装、装潢等相同或者近似的标识。

 扩充阅读

石家庄市三亚饮品有限公司擅自使用知名商品特有名称、包装、装潢纠纷案❶

河北养元智汇饮品股份有限公司（以下简称养元公司）于1997年9月24日成立，注册资本49500万元，经营范围为生产饮料（蛋白饮料）、生产罐头、核桃仁及机械设备的进出口、核桃仁预处理。养元公司于2010年12月被中国诚信××行活动委员会授予"诚信示范单位"荣誉证书。养元公司使用在无酒精饮料、植物饮料商品上的"六个核桃"商标于2012年12月被河北省工商行政管理局认定为河北省著名商标，于2015年6月5日被国家工商行政管理总局认定为驰名商标。

2017年3月8日，养元公司委托卢强在浙江省台州市东海公证处公证人员的监督下，来到位于浙江省武义县桐琴镇长安街41号隔壁的一家店铺，该店铺门面标有"芳芳烟酒超市"字样，卢强以普通购买者的身份向该店铺人员购得"核桃花生露"一箱。浙江省台州市东海公证处于同年3月12日出具了(2017)浙台东证字第858号公证书并对商品进行了封存。经一审当庭拆封，(2017)浙台东证字第858号公证书项下产品由里及外使用易拉罐、包装盒、手提袋，箱内有24罐"核桃花生露"复合植物蛋白饮料，生产日期：2017年1月1日。易拉罐、包装盒上均标注有"望花潭"商标，制造商：石家庄三亚饮品有限公司，地址：河北省晋州市中兴路西段，联系电话：

---

❶ 浙江省高级人民法院/2018－12－07/(2018)浙民终 1030 号 http://openlaw.cn/judgement/7ff5dff93ed64defaf3d4a95e75ec6a1？keyword＝%E5%8C%85%E8%A3%85.

0311 - 8433×××传真：0311 - 8432×××等信息。手提袋上标注有"望花潭"标识。

1. 就养元公司"六个核桃"的产品包装、装潢是否具有特有性，法院认为：商品的包装、装潢，是指为识别与美化商品而在商品或者其包装上附加的文字、图案、色彩及其排列组合。商品特有的包装、装潢，是指商品装潢非为相关商品所通用，并具有显著的区别性特征。在其能够区别商品来源时，即属于反不正当竞争法保护的特有包装、装潢。

养元公司生产的"六个核桃"核桃乳产品的手提袋整体以蓝红作为主色调，包装盒的装潢以蓝白为主色调，饮料罐整体也以蓝白为主色调，罐体前后中部各有一个底色蓝色的竖轴图形，图形中间为白色字体，整体色调鲜明，视觉特征突出。通过大量的使用和宣传，上述包装和装潢已经在相关消费者心中与养元公司建立起紧密联系，足以与其他同类产品区别开来，形成了显著的整体形象。故可认定养元公司的"六个核桃"核桃乳产品使用的上述包装、装潢为知名产品特有包装、装潢，这些包装、装潢形成了识别养元公司产品的重要标志，具有识别其商品来源的作用，应依法予以保护。

2. 就三亚公司生产、销售被诉侵权产品的行为是否构成不正当竞争，法院认为，养元公司的产品为核桃乳，公证购买的产品名称为"核桃花生露"，均属于同类商品；以相关公众的一般注意力为标准，将两者进行隔离比对，在相同的位置使用的包装、装潢都为：第一，两者的手提袋的装潢都以蓝红作为主色调，以大红作为底色，前后左右四面中间均有一个底色为蓝色的竖轴图形，图形中间内嵌白色文字；前后右下方为一半身女性肖像；第二，两者的包装盒的装潢以蓝白为主色调；正上方有一个罐体、核桃乳花、蓝色飘带组合而成的蓝罐乳花飘带图，罐体向左倾斜，罐体外围有一蓝色飘带飘过，延伸至正面上方，在飘带与罐体之间有溅起的乳花；前后方中间有一横放的蓝色图形，中间镶嵌白色文字，包装盒的右下方有一半身女性肖像；第三，两者的饮料罐罐体前后两面中间为蓝色竖轴图形，图形内为白色、竖版文字，竖轴左侧为竖版的宣传语，两个竖轴之间有产品配料、制造商、营养成分表等产品信息。

因此，两者的包装、装潢在外部形状、设计风格、颜色搭配、文字内容和图形的排列方式、所占比例等方面均构成近似，虽在细节上存在一些差异，但视觉上基本无差别，在养元公司产品已具有良好的商品声誉的前提下，相关公众施以一般注意力，就容易对三亚公司"核桃花生露"的来源产生误认并导致混淆。

综上，三亚公司属同业竞争者，且该公司已经于2015年因为擅自使用知名商品特有包装、装潢被养元公司提起过诉讼，其对养元公司的涉案商品知名情况应当知悉，却仍在同类商品上使用与养元公司"六个核桃"核桃乳产品包装、装潢近似的包装、装潢，明显存在攀附和利用养元公司商誉的主观故意，其行为违背了经营者应当遵循的诚实信用原则和商业道德，扰乱了正常的市场秩序，已构成不正当竞争。

（八）《商标法》《专利法》《著作权法》关于包装的规定

我国《商标法》规定商标使用包括将商标用于商品、商品的包装或者容器、商品交易书上。该法禁止在商品包装上侵犯他人注册商标，也禁止将未注册商标标注为注册商标。生产者、经营者不得将"驰名商标"字样用于商品、商品包装或者容器上。

我国《专利法》规定，未经许可使用他人专利方法、专利产品的行为属于专利侵权行为，在其制造或者销售的产品、产品的包装上标注他人专利号的属于假冒他人专利的行为，上述行为都应承担相应的法律责任。

我国《著作权法》规定，未经许可使用他人作品属于侵犯著作权的行为，应承担相应法律责任。该规定同样适用于商品包装领域。

三、特殊商品的包装法律制度

（一）食品包装法律制度

我国《食品安全法》规定了食品包装的基本制度。包括以下内容。食品安全标准应当包括对与食品安全、营养有关的标签、标识、说明书的要求；贮存、运输和装卸食品的容器、工具和设备应当安全、无害，保持清洁，防止食品污染，并符合保证食品安全所需的温度等特殊要求；直接入口的食品应当有小包装或者使用无毒、清洁的包装材料、餐具。禁止生产经营无标签的预包装食品。食品经营者销售散装食品，应当在散装食品的容器、外包装上标明食品的名称、生产日期、保质期、生产经营者名称及联系方式等内容。进口的预包装食品应当有中文标签、中文说明书。标签、说明书应当符合《食品安全法》以及我国其他有关法律、行政法规的规定和食品安全国家标准的要求，载明食品的原产地以及境内代理商的名称、地址、联系方式。预包装食品没有中文标签、中文说明书或者标签、说明书不符合规定的，不得进口。

扩充阅读

2011 年 2 月 25 日，北京凯发环保技术咨询中心工作人员及公证人员在北京四道口水产交易市场银海调料大厅×号摊位购买了型号为："YC-088"的一次性发泡餐盒和"FJ-108"餐盒和"F-038"餐盒。随后将其送至北京市理化分析测试中心，按照国家标准《塑料一次性餐饮具通用技术要求》（GB 18006.1—2009）进行检测。公证样品检测结果显示，最高超标达 116 倍。凯发环保中心于 2011 年 3 月 11 日，将北京市银海综合批发市场有限公司和经销商李某敏诉至北京市海淀区人民法院。法院最终判决北京市银海综合批发市场有限公司和×号摊位经销商李某敏支付北京凯发环保技术咨询中心 10 倍餐盒价款赔偿金，各项费用共计人民币 34896 元。

《进出口食品包装容器、包装材料实施检验监管工作管理规定》对于进出口食品的包装检验做出相应的规定。

（二）药品包装法律制度

我国《药品管理法》规定了药品包装的基本制度。包括：规定有效期的药品必须在包装上注明药品的品名、规格、生产企业、批准文号、产品批号、主要成分、适应症、用法、用量、禁用、不良反应和注意事项；直接接触药品的包装材料和容器必须符合药用要求，符合保障人体健康、安全的标准，并由药品监督管理部门在审批药品时一并审批；发运中药材必须有包装。在每件包装上，必须注明品名、产地、日期、调出单位，并附有质量合格的标志；麻醉药品、精神药品、医疗用毒性药品、放射性药品、外用药品和非处方药的标签，必须印有规定的标志。

四、运输包装法律制度

（一）运输包装的含义

运输包装是以强化运输、保护产品为主要目的的包装。根据包装内货物的性质不同，分为普通货物运输包装和危险货物运输包装。

货物运输当事人要在符合国家法律、法规、标准的前提下具体约定运输包装条款。目前，我国制订了一些有关货物运输包装的国家标准以规范运输中的包装行为。包括《一般货物运输包装通用技术条件》（GB/T 9174—2008）、《运输包装件尺寸界限》《运输包装件试验》《包装储运图标标志》《运输包装收发货标志》《危险品货物运输包装通用技术条件》等。如果运输包装不符合相关法律规定的各项技术要求，运输过程中造成货损或对其他关系方的人身、财产造成损害，包装责任人要承担相应法律责任。

（二）普通货物运输包装规定

普通货物也即一般货物。是指除危险货物、鲜活易腐货物以外的一切货物。一般货物包装运输必须符合国家标准《一般货物运输包装通用技术条件》（GB/T 9174—2008）。该标准对适用于铁路、公路、航空承运的一般货物运输包装的总要求、类型、技术要求和鉴定检查的性能试验等做了规定。主要内容包括总体要求和具体要求两方面。

1. 运输包装的总体要求

由于货物运输包装是以运输、储存为主要目的的包装，因此必须具有保障货物安全、便于装卸储运、加速交接点验等功能，同时应能确保在正常的流通过程中，抗御环境条件的影响而不发生破损、损坏等现象，保证能够安全、完整、迅速地将货物运至目的地。此外，货物运输包装还应符合科学、牢固、经济、美观的要求。

2. 运输包装的具体要求

（1）货物运输包装材料、辅助材料和容器均应符合国家标准的规定。无标准的材料和容器必须经过试验，验证其性能可以满足流通环境条件的要求。

（2）包装内货物应均布装载、压缩体积、排放整齐、衬垫适宜、内货固定，重心位置尽量居中靠下，使货物运输完整成型。

（3）根据货物的特性及搬运、装卸、运输、仓储等流通环境条件，选用带有防护装置的包装。如，防震、防雨、防潮等防护包装。

（4）货物运输包装的封口必须严密牢固，对体轻、件小、易丢失的货物应选用胶带封口钉合或全黏合加胶带封口加固。根据货物的品名、体积、特性、重量、长度和对运输方式的要求，选用钢带、塑料捆扎带或麻绳等，进行二道、三道、十字、双十字、井字、双井字等形式的捆扎加固。

（5）各类直方体运输包装的底面尺寸应符合《硬质直方体运输包装尺寸系列》（GB/T 4892）的规定。各类圆柱体运输包装的尺寸应符合《圆柱体运输包装尺寸系列》（GB/T13201）的规定，各种袋类运输包装尺寸应符合《袋类运输包装尺寸系列》（GB/T 13757）的规定，运输包装尺寸界限和重量限界应符合《运输包装件尺寸与质量界限》（GB/T 16471）的规定。

（6）货物运输包装必须具有标志。标志应符合内装货物性质和货物出运的特殊要求，按照《包装储运图示标志》（GB/T191）的图形文字在明显的部位标打。标志应正确、清晰、齐全、牢固。内货与标志一致。

（三）危险货物包装的法律规定

危险货物是指具有爆炸、易燃、毒害、腐蚀、放射性等物质，且在物流运输、装卸和仓储过程中容易造成人身和财产安全损害的货物。

由于危险货物自身的危险性，我国对危险货物的包装采用特殊要求。《民法典》第 828 条规定：托运人托运易燃、易爆、有毒、有腐蚀性、有放射性等危险物品的，应当按照国家有关危险物品运输的规定对危险物品妥善包装，做出危险物品标志和标签，并将有关危险物品的名称、性质和防范措施的书面材料提交承运人。托运人违反前款规定的，承运人可以拒绝运输，也可以采取相应措施以避免损失的发生，因此产生的费用由托运人负担。

除相关法律、法规做出一般性规定外，一些专门性的规章如《水路危险货物运输规则》《放射性物质安全运输规定》《国际海运危险货物规则》《汽车运输出境危险货物包装容器检验管理办法》《海运出口危险货物包装检验管理办法（试行）》等也有相应规定。国家还专门制定了针对危险货物运输包装的国家标准《危险货物运输包装通用技术条件》（GB12463—2009）、《危险货物包装标志》（GB 190），这两项标准具有法律的强制性。

《危险货物运输包装通用技术条件》对危险货物包装做了较为详细的规定。它规定了危险货物运输包装的分类、基本要求、性能试验和检验方法等，也规定了包装容器的类型和标记代号。该标准适用于盛装危险货物的运输包装，是运输、生产和检验部门对危险货物运输包装质量进行性能试验和检验的依据。其主要内容包括以下两点。

1. 对危险货物运输包装的基本要求

（1）运输包装应结构合理，并具有足够强度，防护性能好。

（2）运输包装应质量良好，其构造和封闭形式应能承受正常运输条件下的各种作业风险，不应因温度、湿度或压力的变化而发生任何渗（撒）漏，表面应清洁，不允许粘附有害的危险物质。

（3）运输包装与内装物直接接触部分，必要时应有内涂层或进行防护处理，运输包装材质不应与内装物发生化学反应而形成危险产物或导致削弱包装强度。

（4）内容器应予固定。如内容器易碎且盛装易撒漏货物，应使用与内装物性质相适应的衬垫材料或吸附材料衬垫妥实。

（5）盛装液体的容器，应能经受在正常运输条件下产生的内部压力。灌装时应留有足够的膨胀余量（预留容积），除另有规定外，并应保证在温度55℃时，内装液体不致完全充满容器。

（6）运输包装封口应根据内装物性质采用严密封口、液密封口或气密封口。

（7）盛装需浸湿或加有稳定剂的物质时，其容器封闭形式应能有效地保证内装液体（水、溶剂和稳定剂）的百分比，在贮运期间保持在规定的范围以内。

（8）有降压装置的包装，其排气孔设计和安装应能防止内装物泄漏和外界杂质进入，排出的气体量不应造成危险和污染环境。

（9）复合包装的内容器和外包装应紧密贴合，外包装不应有擦伤内容器的凸出物。

（10）包装容器的基本结构应符合 GB/T 9174 的规定。

（11）盛装爆炸品包装应满足特定的附加要求。

2. 危险货物运输包装的包装分级、包装容器、防护要求、包装标志

（1）危险货物包装按内装货物的危险程度，分为三个等级：Ⅰ级包装：适用内装危险性较大的货物。Ⅱ级包装：适用内装危险性中等的货物。Ⅲ级包装：适用于内装危险性较小的货物。

（2）包装所采用的防护材料及防护方式，应与内装物性能相容，符合运输包装件整体性能的需要，能经受运输途中的冲击与振动，保护内装物与外包装，当容器破坏、内装物流出时也能保证外包装安全无损。

（3）各类包装容器的制作应符合相应的标准。

（4）根据危险货物的特性，选用《危险货物包装标志》及《包装储运图示标志》规定的标志及其尺寸、颜色和使用方法。

第三节　货物运输法律制度

【案例导入】

某甲贸易公司与某乙物流公司签订货物运输合同，约定由某乙物流公司为某甲贸易公司托运 20 箱干货，收货人为丙公司。物流运单背书条款约定为不保价运输：如货物发生毁损、灭失的，承运人按本次托运货物毁损或灭失部分的运费的 2—5 倍赔偿。随后，某甲贸易公司将价值 100000 元的货物交给某乙物流公司。在运输过程中，由于小偷盗窃，丢失了 4 箱价值 20000 元的货物。某甲贸易公司向某乙物流公司提出索赔，并最终诉至法院。

请问，货物运输中承运方应尽何种责任，本案中某乙物流公司是否应当承担赔偿责任，如果承担，应赔偿多少？

一、货物运输法律概述

物流中的运输就是利用专用运输设备将物品从一地点向另一地点运送。货物运输是物流业最基本的业务和最重要的环节。常见的几种货物运输方式包括公路运输、铁路运输、水路运输、航空运输、管道运输、多式联运等。

关于货物运输，我国已颁布了不少法律法规。我国《民法典》《铁路法》《民用航空法》《海商法》等基本法律都对运输合同、各种运输方式下的权利义务、法律责任、赔偿制度等做出了规定。同时，也颁布了不少单行法规或行政规章对各类运输方式进行具体的规范。

二、货物运输合同法律制度

（一）货物运输合同概述

1. 概念

货物运输合同是承运人将托运人交付运送的货物运送到约定地点，由托运人或者收货人支付运费的合同。

2. 类型

按照运输货物的特性差异，分为普通货物运输合同、特种货物运输合同和危险货物运输合同。按照运输经营方式的不同，分为单一货物运输合同和多式联运合同。按照货物是否跨越国境，可以分为国内货物运输合同和国际货物运输合同。按照运输工具和方式的不同，分为海上货物运输合同、水路货物运输合同、铁路货物运输合同、公路货物运输合同、航空货物运输合同、管道货物运输合同等。

3. 货物运输合同的法律特点

货物运输合同具有以下法律特点：①是双务有偿合同；②一般为诺成性合同；③一般为格式合同；④货物运输合同的客体是运送货物的行为。

4. 货物运输合同中的主要条款

货物运输合同一般包括：①当事人条款，包括承运人、托运人、收货人的名称或姓名以及详细地址或住址；②货物名称、规格、性质、数量、重量等描述；③包装要求，当事人应对货物的包装标准或要求作出约定；④货物起运点、到达点；⑤货物运输期间；⑥运输质量及安全要求；⑦货物装卸责任和方法；⑧收货人领取货物及验收；⑨运输费用及结算方式；⑩双方的权利与义务；⑪违约责任以及合同争议的解决方法；⑫双方约定的其他条款。

（二）货物运输合同中当事人的权利与义务

根据《民法典》的规定，货物运输合同当事人的权利义务如下。

1. 托运人的权利与义务

（1）托运人权利。托运人要求承运人按照合同规定的时间、地点，把货物运输到目的地；在承运人将货物交付收货人之前，托运人可以要求承运人中止运输、返还货物、变更到达地或者将货物交给其他收货人，但是应当赔偿承运人因此受到的损失。托运人有权派人押运货物。

（2）托运人的义务。义务主要有支付运费或合同约定的其他费用；如实告知货物基本情况；办理相关审批手续；对危险货物妥善包装、做相应标识、将有关危险物品的名称、性质和防范措施的书面材料提交承运人等。

2. 承运人的权利与义务

（1）承运人的权利。承运人的权利主要有：收取运杂费用；在收货方不交或者不按时交纳规定的各种运杂费用，享有对其货物的留置权；对于超过规定期限不领取货物的，承运人有权按照有关规定提存货物。

（2）承运人的义务。承运人的主要义务是按照合同的约定配备运输工具，安全、及时地完成运送行为，以及货物到后的通知和交货的义务；承运人对运输过程中货物的毁损、灭失承担赔偿责任，但是，承运人证明货物的毁损、灭失是因不可抗力、货物本身的自然性质或者合理损耗以及托运人、收货人的过错造成的，不承担赔偿责任；两个以上承运人以同一运输方式联运的，与托运人订立合同的承运人应当对全程运输承担责任；损失发生在某一运输区段的，与托运人订立合同的承运人和该区段的承运人承担连带责任。

3. 收货人的权利与义务

收货人有时候不直接参与货物运输合同的签订，但在货运法律关系中也应承担一定的义务。①及时提货的义务。收货人逾期提货的，应当向承运人支付保管费等费用。②检验货物的义务。承运人交货后，收货人应当及时或在约定的期限检验货物。③支付运费或者其他费用的义务。

三、铁路货物运输法律制度

【案例分析】

山西省大同市某公司与内蒙古自治区某公司通过函件订立了一个买卖合同。因货物采取铁路运输的方式，而内蒙古公司作为卖方将到达栏内的"大同县站"写成"大同站"。因此导致货物运错了车站，造成了双方的合同纠纷。

铁路货物运输是最常见的现代化的主要运输方式之一，也是物流企业在组织货物运输时常用的方式。在我国，铁路货物运输要受《铁路法》《民法典》《铁路货物运输合同实施细则》等相关法律、法规的调整。

（一）铁路货物运输合同概述

铁路货物运输合同是指铁路承运人根据托运人的要求，按期将托运人的货物运至目的地，交与收货人的合同。可以分为整车货物运输合同和零担货物运输合同。

对于大宗货物的运输，物流企业可以与铁路承运人签订年度、半年度、季度运输合同。其他整车货物运输，应按月签订运输合同。零担货物的运输，则用铁路的货物运单代替运输合同。

（二）铁路货物运输责任的划分

1. 托运人的责任

（1）由于下列原因之一，托运人未按货物运输合同要求交付、装卸货物或者单方面变更合同内容，给承运人造成损失的，应当承担相应的法律责任：①未按规定期限提出旬间日历装车计划，致使承运人未拨货车（当月补足者除外），或未按旬间日历装车计划的安排，提出日要车计划；②收货人组织卸车的，由于收货人的责任卸车迟延，线路被占用，影响向装车地点配送空车或对指定使用本单位自卸的空车装货，而未完成装车计划；③承运前取消运输；④临时计划外运输致使承运人违约造成其他运输合同落空者。

（2）由于下列原因之一招致运输工具、设备或第三者的货物损坏，按实际损失赔偿：①匿报或错报货物品名或货物重量的；②货物包装有缺陷，无法从外部发现，或未按国家规定在货物包装上标明包装储运图示标志的；③托运人组织装车的，加固材料不符合规定条件或违反装载规定，在交接时无法发现的；④由于押运人过错的。

2. 承运人的责任

（1）由于下列原因之一，未按货物运输合同履行，按车向托运人偿付违约金责任：①未按旬间日历装车计划及商定的车种、车型配够车辆，但当月补足或改变车种、车型经托运人同意装运者除外；②对托运人自装的货车，未按约定的时间送到装车地点，致使不能在当月装完；③拨调车辆的完整和清扫状态，不适合所运货物的要求；④由于承运人的责任停止装车或使托运人无法按计划将货物搬入车站装车地点。

（2）从承运货物时起，至货物交付收货人或依照有关规定处理完毕时止，货物发生灭失、短少、变质、污染、损坏，按下列规定赔偿：①已投保货物运输险的货物，由承运人和保险公司按规定赔偿；②保价运输的货物，由承运人按声明价格赔偿，但货物实际损失低于声明价格的按实际损失赔偿。③除上述①、②两项外，均由承运人按货物的实际损失赔偿。

（3）由于下列原因之一造成的货物灭失、短少、变质、污染、损坏，承运人不负赔偿责任：①不可抗力；②货物本身性质引起的碎裂、生锈、减量、变质或自燃等；③国家主管部门规定的货物的合理损耗；④托运人、收货人或所派押运人的过错。

（4）由于承运人的过错将货物误运到站或误交收货人，应免费运至合同规定的到站，并交给收货人。

（5）未按规定的运到期限，将货物运至到站，向收货人偿付违约金。

（6）如果托运人或收货人证明损失的发生确属承运人的故意行为，则承运人除按规定赔偿实际损失外，由合同管理机关处其罚款。

3. 收货人的责任

由于收货人原因招致运输工具、设备或第三者的货物损坏，由收货人按实际损失赔偿。

4. 免责规定

收货人的责任货物运输合同遇有下列情况，承运人或托运人免除责任：①因不可抗力或铁路发生重大事故影响排空送车，企业发生重大事故以及停电影响装车，超过24 小时时；②根据国家和省、自治区、直辖市的主管行政机关的书面要求停止装车时；③由于组织轻重配装或已完成货物吨数而未完成车数时；④由于海运港口、国境口岸站车辆积压堵塞，不能按计划接车而少装时。

四、水路货物运输法律制度

 扩充阅读

2015 年 8 月 10 日，汕头某粮油公司在全椒县茂明粮油厂购买了总共价值14 万余元的两集装箱杂交大米。为运输该批大米，全椒县茂明粮油厂便委托南京某运输有限公司（以下简称"运输公司"）承担运输，双方因以前经常合作，故此次未签订书面货物运输合同。茂明粮油厂向运输公司支付了运费等费用；运输公司向茂明粮油厂出具了收据等。运输公司运输大米由南京至汕头途中，大米湿水发生了霉变、串味。经收货的汕头某粮油公司清点，发生霉变及串味的大米共计 900 余包，损失共计 3 万余元，故此汕头的公司随即便从应付全椒茂明粮油厂的货款中扣除了此损失。因运输公司在运输该批大米前曾在保险公司投了保，故而在事发后，运输公司获赔 16954.55 元。

全椒县茂明粮油厂多次向运输公司索要赔偿无果后，向安徽省全椒县人民法院提起了诉讼。请问：全椒县茂明粮油厂的诉讼主张应否得到支持？

水路货物运输是利用船舶运载工具在水路上运输货物的行为。在我国法律、法规中，与水路运输有关的包括《民法典》《海商法》《水路货物运输合同实施细则》。其中，国内水路货物运输（包括沿海运输）适用《民法典》第 19 章"运输合同"和《水路货物运输合同实施细则》的规定；国际海上货物运输要适用《海商法》第 4 章"海上货物运输合同"的规定；租用船舶运输的情况，要适用《海商法》第 6 章"船舶租用合同"的规定。以下主要介绍《水路货物运输合同实施细则》的规定。

（一）水路货物运输合同概述

水路运输是指中华人民共和国沿海、江河、湖泊以及其他通航水域中一切营业性的货物运输。水路货物运输合同，除短途驳运、摆渡零星货物，双方当事人可以即时清结者外，应当采用书面的形式。大宗物资运输，可按月签订货物运输合同。对其他按规定必须提送月度托运计划的货物，经托运人和承运人协商同意，可以按月签订货物运输合同或以货物运单作为运输合同。零星货物运输和计划外的整批货物运输，以货物运单作为运输合同。

（二）水路货物运输中的运输单证

水路货物的运输单证称为"运单"。它是水路货物运输合同的证明，是承运人已经接收货物的证据。承运人接收货物应当签发运单，运单由载货船舶的船长签发的，视为代表承运人签发。运单签发后承运人、承运人的代理人、托运人、到达港港口经营人、收货人各留一份。承运人可以视情况需要增加或者减少运单数量。

扩充阅读

货物运单应具备下列内容：货物名称；重量、件数，按体积计费的货物应载明体积；包装；运输标志；起运港和到达港，海江河联运货物应载明换装港；托运人、收货人名称及其详细地址；运费、港口费和有关的其他费用及其结算方式；承运日期；运到期限（规定期限或商定期限）；货物价值；双方商定的其他事项。

（三）水路货物运输合同的履行

1. 托运人的义务

托运人应承担以下主要义务：①托运的货物必须与货物运单记载的品名相符。②在货物运单上准确地填写货物的重量或体积。③需要包装的货物，必须按照国家或国家主管部门规定的标准包装；没有统一规定包装标准的，应在保证运输安全和货物质量的原则下进行包装；需要随附备用包装的，应提供备用包装。④正确制作货物的运输标志和必要的指示标志。⑤在托运货物的当时，按照合同规定的结算方式付清运输费用。⑥实行保价运输的个人生活用品，应提出货物清单，逐项声明价格，并按声明价格支付规定的保价费。⑦国家规定必须保险的货物，托运人应在托运时投保货物运输险。⑧按规定必须凭证运输的货物，应当提供有关证件。⑨按照货物属性或双方商定需要押运的货物，应派人随船押运。⑩托运危险货物必须按危险货物运输的规定办理，不得匿报品名、隐瞒性质或在普通货物中夹带危险货物。

2. 承运人的义务

承运人的主要义务有：①应按商定的时间和地点调派适航、适载条件的船舶装运，并备妥相应的护货垫隔物料；但按规定应由托运人自行解决的特殊加固、苫垫材料及所需人工除外。②对承运货物的配积载、运输、装卸、驳运、保管及交接工作，应谨慎处理，按章作业，保证货运质量。③对经由其他运输工具集中到港的散装运输、不计件数的货物，如具备计量手段的，应对托运人确定的重量进行抽查或复查；如不具备计量手段的，应在保证质量的前提下，负责原来、原转、原交。对按体积计收运输费用的货物，应对托运人确定的体积进行抽查或复查，准确计费。④对扫集的地脚货物，应做到物归原主；对不能分清货主的地脚货物，应按无法交付货物的规定处理。⑤组织好安全及时运输，保证运到期限。⑥按照船舶甲板货物运输的规定，谨慎配装甲板货物。⑦按照规定的航线运输货物，到达后，应由到达港发出到货通知，并负责将货物交付给指定的收货人。

3. 收货人的义务

收货人应当承担下列义务：①接到达港到货通知后，应在规定时间内同到达港办妥货物交接验收手续，将货物提离港区。②按规定应由收货人支付的运输费用、托运人少缴的费用以及运输途中发生的垫款，应在提取货物时一次付清。③由收货人自理卸船的货物，应在商定的时间内完成卸船作业，将船舱、甲板清扫干净；对装运污秽货物、有毒害性货物的，应负责洗刷、消毒，使船舱恢复正常清洁状态。

（四）水路运输合同中的责任免除与承担

1. 承运人的责任免除

由于下列原因造成货物灭失、短少、变质、污染、损坏的，承运人不承担赔偿责任：①不可抗力；②货物的自然属性和潜在缺陷；③货物的自然减量和合理损耗，以及托运人自行确定的重量不正确；④包装内在缺陷或包装完整、内容不符；⑤标记错制、漏制、不清；⑥有生动植物的疾病、死亡、枯萎、减重；⑦非责任性海损事故的货物损失；⑧免责范围内的甲板货物损失；⑨其他经承运人举证或经合同管理机关或审判机关查证非承运人责任造成的损失。

2. 托运人的责任承担

由于托运人责任发生下列事故，以致船舶、港口设备或波及其他货物的损坏、污染、腐蚀，或造成人身伤亡的，应由托运人负责赔偿：①在普通货物中夹带危险货物，匿报危险货物品名，隐瞒危险货物性质，或其他违反危险货物运输规定的行为，引起燃烧、爆炸、中毒、污染、腐蚀等事故；②在普通货物中夹带流质、易腐货物，引起污染事故；③错报笨重货物重量，引起船体损伤、吊机倾翻、货件摔损、人员伤亡等事故；④货物包装材质不良、强度不足或内部支衬不当等缺陷，以及外包装上必须制作的指示标志错制、漏制，引起摔损事故。

五、航空货物运输法律制度

扩充阅读

湖南高纯化学试剂厂（以下简称"高纯厂"）于 2005 年 8 月 10 日 16 时 19 分与湖南长沙黄花国际机场航空运输服务有限公司(以下简称"黄花机场") 签订了航空货运合同，将净重 120 公斤的银粉从黄花机场空运到深圳机场。后黄花机场将该笔业务以 132 元的价格交给深圳航空实际承运。货物运到目的地深圳宝安机场后，深圳航空将货物交给深圳机场代为交货。高纯厂前往深圳提取货物时，得知货物已被他人冒充提货人凭航班号和运单号提走。后高纯厂向黄花机场发函要求该公司全额赔偿未果，于是诉至法院。

法院经过审理认定，深圳机场在未进行相应核对的情况下即向他人发货，以致损失发生，深圳机场应当明知自己的行为可能造成损失而轻率地作为，该轻率发货的行为是损失发生的主要原因。黄花机场在他人冒充高纯厂工作人员套取运输信息时没有认真核实对方身份，从而随意泄露了货物运输的航班号、提货单号和提货人姓名，该轻率泄露运输信息的行为是货物被骗受损的次要原因。本案中，黄花机场轻率泄露信息的行为与深圳机场轻率发货的行为均与对方应该履行的义务相关联。因此，黄花机场与深圳机场应该互负连带赔偿责任赔偿高纯厂的货物损失。由于黄花机场与深圳机场在运输过程中有明显的过错，因此，虽然高纯厂在托运时没有声明货物的实际利益及其危险性，没有交纳附加费，但本案仍然不适用限额赔偿。

航空货物运输是以航空器为载体运输货物的行为。按照运输的范围，可以分为国内航空运输和国际航空运输。如果根据当事人的航空运输合同，运输的出发地点、约定的经停地点和目的地点均在国内的则为国内航空货物运输。根据当事人订立的航空运输合同，无论运输有无间断或者有无转运，运输的出发地点、目的地点或者约定的经停地点之一不在国内的则为国际航空运输。目前，调整航空运输的法律法规有：《民法典》《民用航空法》《中国民用航空货物国内运输规则》《中国民用航空货物国际运输规则》《国内航空运输承运人赔偿责任限额规定》，此外，涉及国际航空的有《统一国际航空运输某些规则的公约》等。

（一）航空货物运输合同概述

航空货物运输合同指的是航空承运人与托运人签订的，由航空承运人通过空运的方式将货物运至托运人指定的航空港，交付给托运人指定的收货人，由托运人支付运费的合同。

按照运输业务种类的不同，可以将航空货物运输合同分为普通航空货物运输合同、包机货物运输合同、包仓货物运输合同。航空货物运输合同可以航空货运单、具体的航空货物运输协议、包机运输协议等形式出现。

（二）航空货物运输合同当事人的责任

1. 托运人的责任

（1）因在托运货物内夹带、匿报危险物品，错报笨重货物重量，或违反包装标准和规定，而造成承运人或第三人的损失，须承担赔偿责任。

（2）因没有提供必需的资料、文件，或者提供的资料、文件不充足或者不符合规定而造成的损失，除由于承运人或者其受雇人、代理人的过错造成的外，应当对承运人承担责任。

（3）未及时缴纳运输费用的，应承担违约责任。

2. 承运人的责任

（1）承运人的赔偿责任。因发生在航空运输期间的事件，造成货物的毁灭、遗失或者损坏的，承运人应当承担责任。

扩充阅读

　　航空运输期间，是指在机场内、民用航空器上或者机场外降落的任何地点，托运行李、货物处于承运人掌管之下的全部期间，其中不包括机场外的任何陆路、海上、内河运输过程，除非上述运输是为了履行航空运输合同而进行装载、交付或者转运，在没有相反证据的情况下，所发生的损失视为在航空运输期间发生的损失。

　　在货物运输中，经承运人证明，损失是由索赔人或者代行权利人的过错造成或者促成的，应当根据造成或者促成损失的过错程度，相应免除或者减轻承运人的责任。

　　货物在航空运输中因延误造成的损失，承运人应当承担责任；但是，承运人证明本人或者其受雇人、代理人为了避免损失的发生，已经采取一切必要措施或者不可能采取任何措施的，不承担责任。

（2）承运人的免责事项。承运人证明货物的毁灭、遗失或者损坏是由于下列原因之一造成的，不承担赔偿责任：①货物本身的自然属性、质量或者缺陷；②承运人或者其受雇人、代理人以外的人包装货物的，货物包装不良；③战争或者武装冲突；④政府有关部门实施的与货物入境、出境或者过境有关的行为。

（3）承运人的责任限额。国内航空运输承运人的赔偿责任限额由国务院民用航空主管部门制定，报国务院批准后公布执行。《中国民用航空货物国内运输规则》规定：①"物资没有办理声明价值的，承运人按照实际损失的价值进行赔偿，但赔偿最高限额为毛重每公斤人民币20元。②已向承运人办理物资声明价值的物资，按声明的价值赔偿；如承运人证明托运人的声明价值高于物资的实际价值时，按实际损失赔偿。"任何旨在免除承运人责任或者降低承运人赔偿责任限额的条款，均属无效。但是，此种条款的无效，不影响整个航空运输合同的效力。

六、多式联运法律制度

扩充阅读

　　一票航空运输的货物，从新加坡经北京中转到天津，运输的是机器设备，3件货物重178千克，计费重量共206千克，从新加坡运往北京采用的是飞机运输，再从北京转运天津时，使用卡车航班，但在高速公路上，不幸发生车祸，设备全部损坏。

请问：航空公司是否应赔偿？理由何在？如果赔偿，应赔偿多少？

多式联运是指联运经营人以一张联运单据，通过两种以上的运输方式将货物从起运地运至目的地的运输。这种运输是在集装箱运输的基础上产生发展起来的新型运输方式，它以集装箱为媒介，将海上运输、铁路运输、公路运输、航空运输和内河运输等传统的运输方式结合在一起，形成了一体化的"门到门"运输。我国《海商法》《民法典》对多式联运的相关事项作了规定。

（一）多式联运合同概述

多式联运合同是指多式联运经营人与托运人签订的，由多式联运经营人以两种或者两种以上不同的运输方式将货物由接管地运至交付地，并收取全程运费的合同。与托运人直接订立合同的是多式联运经营人，其他区段承运人不直接参与合同的订立。

多式联运合同通常采用的运输单证是多式联运单据，当多式联运的运输方式之一是海运时，多式联运单据多表现为多式联运提单。按照托运人的要求，多式联运提单可以是可转让提单，也可以是不可转让提单。

（二）多式联运经营人的责任

1. 责任期间

多式联运经营人的责任期间是指多式联运经营人对所运输保管的货物负责的期间。托运人可以要求多式联运经营人对在其责任期间发生的货物灭失、损坏和迟延交付负赔偿责任。

扩充阅读

我国《海商法》第 103 条规定："多式联运经营人对多式联运货物的责任期间，自接收货物时起至交付货物时止。"

我国《民法典》第 839 条规定："多式联运经营人可以与参加多式联运的各区段承运人就多式联运合同的各区段运输约定相互之间的责任，但是，该约定不影响多式联运经营人对全程运输承担的义务。"

2. 多式联运的责任类型

多式联运经营人的责任形式决定了托运人可以要求多式联运经营人对哪些损失负责。多式联运责任制类型有以下四种：

（1）责任分担制。在此种责任制下，多式联运经营人和各区段承运人在合同中事先划分运输区段。多式联运经营人和各区段承运人都仅对自己完成的运输区段负责，并按各区段所应适用的法律来确定各区段承运人的责任。

（2）统一责任制。在此种责任制下，多式联运经营人对全程运输负责，各区段承运人对且仅对自己完成的运输区段负责。不论损害发生在哪一区段，均按照同一责任进行赔偿，多式联运经营人和各区段承运人均承担相同的赔偿责任。

（3）修正后的统一责任制。这是由《联合国国际货物多式联运公约》所确立的以统一责任制为基础、以责任限额为例外的一种责任制度。根据这一制度，不管是否能够确定货运事故发生的实际运输区段，都适用公约的规定。但是，若货运事故发生的区段所适用的国际公约或强制性国家法律规定的赔偿责任限额高于公约规定的赔偿责任限额，则应该按照该国际公约或国内法的规定限额进行赔偿。

（4）网状责任制。在此种责任制下，多式联运经营人就全程运输向货主负责，各区段承运人对且仅对自己完成的运输区段负责。无论货物损害发生在哪个运输区段，托运人或收货人既可以向多式联运经营人索赔，也可以向各该区段的区段承运人索赔。多式联运经营人赔偿后有权就各区段承运人的过失所造成的损失向各区段承运人进行追偿。

3. 我国所采取的责任形式

我国的法律法规在多式联运经营人的责任形式方面一致采用了网状责任制。《海商法》《民法典》规定，多式联运经营人负责履行或者组织履行多式联运合同，并对全程运输负责。多式联运经营人与参加多式联运的各区段承运人，可以就多式联运合同的各区段运输，另以合同约定相互之间的责任。但是，此项合同不得影响多式联运经营人对全程运输所承担的责任。货物的灭失或者损坏发生于多式联运的某一运输区段的，多式联运经营人的赔偿责任和责任限额，适用调整该区段运输方式的有关法律规定。货物的灭失或者损坏发生的运输区段不能确定的，多式联运经营人应当依照《海商法》关于承运人赔偿责任和责任限额的规定负赔偿责任。

第四节　商品仓储法律制度

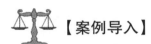【案例导入】

2017 年 6 月 3 日，某市金达粮油进出口有限公司（以下简称金达公司）与该市南方储运公司签订一份仓储保管合同。约定：由南方储运公司为金达公司储存保管小麦100 万千克，保管期限自 2017 年 7 月 10 日至 11 月 10 日，储存费用为 75000 元，任何一方违约，均按储存费用的 20% 支付违约金。合同签订后，南方储运公司开始清理其仓库，并拒绝其他有关单位在该仓库存货的要求。2017 年 7 月 8 日，金达公司书面通知南方储运公司：因收购的小麦尚不足 15 万千克，故不需要存放贵公司仓库，原 6 月3 日签订的仓储合同终止履行，请谅解。南方储运公司接此通知后电告金达公司：同意终止履行仓储合同，但贵公司应当按合同约定支付违约金 15000 元。请问：南方储运公司要求金达公司支付违约金的主张是否成立？

一、仓储与仓储法律制度概述

1. 仓储

仓储即货物的储存。储存是保护、管理、储藏物品的一种活动。仓储在现代物流中具有堆存、拼装、流通加工、配送等一系列功能。

2. 仓储法律制度

仓储法律制度是指国家规范在物流过程中的仓储保管经营行为的法律规范的总称。目前，我国没有仓储单行法规，而是散见于其他法律法规和技术操作规范中，如《民法典》《安全生产法》等。

二、仓储合同的概念和法律特征

1. 仓储合同的概念

仓储合同，又称仓储保管合同，是保管人储存存货人交付的仓储物，存货人支付仓储费的合同。

2. 仓储合同的法律特征

（1）仓储物为动产且是特定物或特定化的货物。

（2）仓储合同是以仓储保管为标的的合同，属于提供劳务的合同。

（3）仓储合同是双务、有偿、诺成性、不要式合同。

三、仓单

仓单是仓储活动中规定双方当事人权利义务的主要单据。

1. 仓单的概念和性质

（1）仓单的概念。仓单是指保管人在收到仓储物时向存货人签发的表示收到一定数量的仓储物的有价证券。

扩充阅读

仓单是仓储合同的一种证明文件，仓单的签发要以存货人交付仓储物为条件。在实际的仓储合同订立过程中，当事人既可以采用书面形式，也可以采用口头形式。仓单具有可分割性。仓单的分割是指仓单持有人将仓单下的货物转让给不同的受让人，或者将部分仓单价值用于质押时，要求保管人将原来的仓单转化成几份仓单的行为。

（2）仓单的性质。仓单是提取仓储物的凭证，提取仓储物的权利依法可以转让，因此，仓单是一种有价证券。仓单具有以下性质：

① 仓单是要式证券。要式证券是指具备法定格式才有效的证券。《民法典》要求保管人应当在仓单上签字或者盖章，仓单应该记载规定的事项，否则，仓单不能产生法律效力。

② 仓单是交付指示证券。交付指示证券的性质即存货人对保管人予以指示，向仓单持有人支付仓储物的全部或者一部分的指示证券；基于仓单的这一性质，仓单可以通过背书方式进行转让。也即存货人或者仓单持有人在仓单上背书并经保管人签字或者盖章的，可以转让仓单。

③ 仓单是物权证券。物权证券是指以物权为证券权利内容的证券。仓单是提取仓储物的凭证，存货人取得仓单后，即意味着取得了享有仓储物所有权的凭证。仓单转让时，仓储物的所有权也发生转移。因此，仓单是物权凭证。

④ 仓单是文义证券。文义证券是指证券上的权利和义务仅依照证券上记载的文义而确定的证券。仓单所创设的权利义务是依据仓单记载的文义予以确定的，不能以仓单记载以外的其他因素加以认定或变更，因此，仓单是文义证券。

⑤ 仓单是记名证券。记名证券是指证券上记载权利人姓名或名称的证券。我国《民法典》要求仓单记载存货人的名称或者姓名和住所，因此是记名证券。

⑥ 仓单是换取证券。保管人按照仓单持有人的要求交付了仓储物以后，可要求仓单持有人缴还仓单，因此，又称缴还仓单。如果仓单持有人拒绝缴还仓单，保管人可以拒绝交付仓储物。

（3）仓单的内容。保管人应当在仓单上签字或者盖章。仓单一般包括下列事项：存货人的名称或者姓名和住所；仓储物的品种、数量、质量、包装、件数和标记；仓储物的损耗标准；储存场所；储存期间；仓储费；仓储物已经办理保险的，其保险金额、期间、保险人的名称；填发人、填发地和填发日期。

四、仓储合同当事人的权利和义务

仓储合同以当事人的权利和义务为内容，一方的义务即为另一方的权利。只有义务人履行义务，权利人才能实现权利。

（一）仓储保管方的义务

1. 提供合适的仓储条件

仓储保管方经营仓储保管的先决条件就是具有合适的仓储保管条件，有从事保管货物的保管设施和设备。同时，还应配备一定的保管人员、商品养护人员以及建立相关的管理制度和操作规程等。仓储保管方如果不具有仓储保管条件，则构成根本违约。

2. 签发、给付仓单的义务

仓储保管方签发仓单，既是其接收客户所交付仓储货物的必要手段，也是其履行仓储合同义务的一项主要内容。

3. 及时接收货物并验收入库的义务

仓储保管人应当按照约定对入库仓储物进行验收。仓储保管人验收时发现入库仓储物与约定不符合的，应当及时通知存货人。仓储保管人验收后，发生仓储物的品种、数量、质量不符合约定的，仓储保管人应当承担损害赔偿责任。

4. 妥善保管仓储物的义务

保证被储存物的质量，是完成仓储功能的根本要求。仓储保管方要按照约定或法定的储存条件和要求保管货物，尽到善良管理人的注意义务。保管方因保管不当造成仓储物灭失、短少、变质、污染的，应当承担赔偿责任。但由于不可抗力或货物本身性质发生的毁损，保管方可以免责。

5. 接受货物的检查和取样的义务

根据《民法典》第911条规定，保管人根据存货人或者仓单持有人的要求，应当同意其检查仓储物或者提取样品。

6. 通知与催告的义务

保管人对入库货物发现有变质或其他损坏的，应及时通知货主。如果保管人没有及时告知，造成了货物不必要的损失，应对此承担相应责任。

入库货物发生变质或其他损坏，危及其他货物的安全和正常保管的，保管人应催告货主做出必要处置。

7. 返还保管的货物

保管期限届满，保管方应按约定的时间、数量将货物交给存货方或仓单持有人；保管期限未到，但存货方要求返还保管货物的，保管方应及时办理交货手续，不得拒绝返还，但可以就其因此所受到的损失请求存货人赔偿。

（二）存货人的义务

（1）说明义务。储存易燃、有毒等危险物品或者易变质物品，存货人应当说明该物品的性质，提供有关资料。

（2）按照合同约定交付仓储物的义务。

（3）支付仓储费的义务。存货人应按合同约定支付仓储费，逾期提货的，应加付仓储费，提前提取的，不减收仓储费。

（4）提取仓储物的义务。储存期间届满时，存货人应提取仓储物；逾期不提取的，保管人可提存仓储物。

本章主要内容归纳总结图

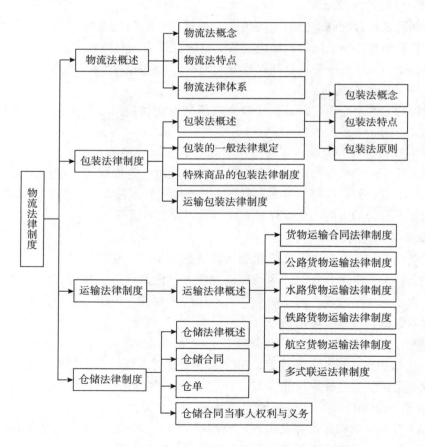

 **复习思考题**

1. 物流法的特点。
2. 包装法律的基本原则。
3. 公路货物运输中的货运事故赔偿数额的计算。
4. 铁路货物运输中承运人的责任。
5. 水路货物运输中承运人的免责事由。
6. 航空货物运输中托运人的责任。
7. 多式联运经营人的责任。
8. 仓单的性质。

 推荐阅读

1. 周仰峰与北京沃尔玛百货有限公司知春路分店产品销售者责任纠纷上诉案
   北京市第一中级人民法院（2020）京 01 民终 1381 号/2020. 02. 26
2. 苗某与陈某公路运输合同纠纷上诉案
   新疆维吾尔自治区乌鲁木齐市中级人民法院（2013）乌中民一终字第 532
   号/2013. 06. 15
3. 靖江华海物流有限公司、祝振书水路货物运输合同纠纷上诉案
   湖北省高级人民法院（2019）鄂民终 397 号/2019. 06. 10
4. 重庆市沙坪坝区川安胆巴厂与青藏铁路公司铁路运输合同纠纷案
   兰州铁路运输中级人民法院（2013）兰铁中民终字第 24 号/2013. 12. 02
5. 中外运空运发展股份有限公司佛山分公司、广东新中源陶瓷进出口有限公司航
   空货物运输合同纠纷上诉案
   广东省佛山市中级人民法院（2017）粤 06 民终 8964 号/2019. 04. 24
6. 哈池曼海运公司与上海申福化工有限公司、日本德宝海运株式会社海上货物运
   输合同货损纠纷案
   最高人民法院（2013）民提字第 6 号/2013. 12. 06
7. 安军等诉广州市信德货运有限公司多式联运合同纠纷案
   广东省高级人民法院（2017）粤民终 2090 号/2017. 12. 08
8. 上海汇涛物流有限公司与中汇环球（北京）进出口有限公司仓储合同纠纷上
   诉案
   上海市第二中级人民法院（2020）沪 02 民终 515 号/2020. 01. 20

第八章 物流保险法律制度

【本章提示】

物流环节存在着多样的、复杂的、比率不易确定的风险，物流环节的保险法律制度有其自身的特点，极为重要。在学习物流环节的保险法律制度之前，应当先掌握保险法律一般原理，包括保险的概念，保险合同的成立、履行、变更、解除，保险公司，保险业的监督等。物流环节的保险法律制度包括货物运输保险法律制度和物流责任保险法律制度。货物运输保险法律制度包括海上货物运输保险法律制度、陆上货物运输保险法律制度、航空货物运输保险法律制度、邮包货物运输保险法律制度。因货物运输法律制度无法分散和转移物流企业的风险，物流责任保险有其必要性。

【重点内容】

1. 保险合同的分类。
2. 保险利益原则。
3. 保险合同的解除。
4. 物流风险的特征与类型。
5. 货物运输保险的特点。
6. 物流责任保险的必要性。

第一节 保险法律制度

【案例导入】

原告无锡永发电镀有限公司（以下简称"永发公司"）诉称：2011 年 1 月 31 日，永发公司作为投保人为该公司所有的一辆型号为奔驰 S65AMG 型轿车在中国人民财产保险股份有限公司无锡市锡山支公司（以下简称人保锡山支公司）投保了保险金额为 3298000 元的机动车损失保险及相应的不计免赔险，保险期间自 2011 年 1 月 31 日 12 时起至 2012 年 1 月 31 日 12 时止。2011 年 8 月 26 日 15 时前后，永发公司法定代表人耿荣法驾驶上述苏 BQ8688 号奔驰 S65 型轿车行驶至无锡市阳山镇阳山大道锡宜高速高架隧道内时，因隧道内有积水导致车辆被淹熄火，发动机进水受损。嗣后，永发公司因维修受损车辆而产生维修费用 130 万元，因人保锡山支公司对上述费用拒不履行赔偿义务，故请求法院判令人保锡山支公司立即支付保险金 130 万元。

被告人保锡山支公司辩称：（1）导致本案涉保车辆发生车损事故的直接原因是永发公司法定代表人耿荣法的驾车涉水行驶行为，该事故不属于保险人承保的保险事故范围；（2）导致涉保车辆发动机受损的原因可能是发动机进水，但因发动机进水导致的发动机损害属于保险人的免责事项，保险人无须理赔；（3）本案中的涉诉车辆并未投保针对发动机进水后损害的发动机特别损失险，故涉诉车辆因发动机进水后产生的车辆损失不能向保险人主张赔付。综上，请求法院驳回永发公司的诉讼请求。❶

问题：

1. 本案中涉保车辆发动机进水受损是否因暴雨造成；

2. 本案中涉保车辆因发动机进水损坏所产生的损失，人保锡山支公司是否应承担保险赔偿责任。

一、保险概述

（一）保险

根据《保险法》的规定，保险是指投保人根据合同约定，向保险人支付保险费，保险人对于合同约定的可能发生的事故因其发生所造成的财产损失承担赔偿保险金责任，或者当被保险人死亡、伤残、疾病或者达到合同约定的年龄、期限等条件时承担给付保险金责任的商业保险行为。这里要注意的是：①保险法中的保险是指商业保险，不包括基本养老保险、基本医疗保险、工伤保险、失业保险、生育保险等社会保险；②保险包括财产保险和人身保险；③保险是一种商事行为，不能等同于一般的民事赔偿责任。

（二）保险法

保险法是以保险关系为调整对象的一切法律规范的总称。广义的保险法包括商业保险法和社会保险法；而狭义的保险法是指以民商保险关系为调整对象的一切法律规范，仅指商业保险法。本书在狭义上理解保险法。

保险法一般包括保险业法、保险合同法、保险特别法。保险业法，又称保险组织法、保险业监督法，是对保险业进行监督和管理的法律。其内容主要是有关保险组织的设立、经营、监督管理、破产、解散和清算等的规定。保险合同法，是关于保险关系双方当事人之间权利义务的法律。我国现行的《保险法》采取的是保险合同法和保险业法合一的立法体例，全面系统地规定了保险合同的总则、财产保险合同、人身保险合同、对保险业的监督管理等。保险特别法，是相对于保险合同法而言的，是保险合同法之外的，具有商法性质、规范某一险种保险关系的法律法规。我国1992年11月通过的《海商法》中关于海上保险合同的内容，即属此类。

（三）保险法律关系

1. 主体

投保人是指与保险人订立保险合同，并按照合同约定负有支付保险费义务的人。

❶ 江苏省无锡市锡山区人民法院（2012）锡法商初字第0595号（2013年1月6日）http://bjlx. pkulaw. com/pfnl/a25051 f3312b07f3b20788af7a97fa45011f1371728c0f50bdfb. html？keyword=%E4%BF%9D%E9%99%A9%E6%B3%95%20.

保险人是指与投保人订立保险合同，并按照合同约定承担赔偿或者给付保险金责任的保险公司。

被保险人是指其财产或者人身受保险合同保障，享有保险金请求权的人。投保人与被保险人可为同一人。

受益人是指在人身保险法律关系中由被保险人或者投保人指定的享有保险金请求权的人。

2. 客体

客体又称为标的。保险标的是指保险合同所要保障的对象。财产保险以财产及其相关利益为保险标的，人身保险以人的寿命或身体为保险标的。

3. 内容

保险人的义务主要包括保险责任和承担施救费用。

投保人、被保险人的义务主要是支付保险费、维护保险标的的安全、通知、施救等义务。主要权利是指定受益人的权利、保险金请求权。

受益人的权利是要求保险人按保险合同约定给付人寿保险金。

（四）保险法基本原则

1. 最大诚信原则

狭义的最大诚信原则，主要适用于保险合同当事人的告知和如实陈述义务领域，强调当事人之间应当坦诚，应将自己所知晓的对于影响当事人决定是否投保或承保，以及影响保险费率的重要事实，如实地、无保留地告知给对方当事人。而广义的最大诚信原则，则是覆盖整个保险法领域，强调保险合同当事人在签订合同、行使权利和履行义务时，应给予最大诚信的要求，尽到提示、说明、告知、通知、协助、诚实、遵守诺言、言行一致、不反悔和关照对方当事人利益等义务。

2. 保险利益原则

保险利益原则，是指在签订、履行保险合同的过程中，投保人或被保险人对保险标的必须具有的法律上承认的利益，否则，保险合同无效。人身保险的投保人在保险合同订立时，对被保险人应当具有保险利益；财产保险的被保险人在保险事故发生时，对保险标的应当具有保险利益。

保险利益，是指投保人或者被保险人对保险标的具有的法律上承认的利益。

3. 损失补偿原则

损失补偿原则，是指当被保险人因保险事故而遭受损失时，其从保险人处所能获得的赔偿只能以其实际损失为限。此原则强调保险赔付只能填补被保险人的损失，而不能成为被保险人获利的工具。损失补偿原则在实务中存在一些例外或限制，主要有以下几种情形。

（1）人身保险。人身保险的保险标的是人的寿命或身体，而人的寿命或身体都是无价的，不能用金钱来衡量或计算，也无法用金钱来补偿，因此人身保险合同多为给付性合同，不适用损失补偿原则。

（2）定值保险。所谓定值保险，是指双方当事人在签订保险合同时，约定保险标的的保险价值，并以该保险价值作为保险金额。在定值保险中，当保险标的发生全部损失时，不论保险标的的实际价值如何，保险人均应按照约定的保险金额进行赔付。

（3）重置成本保险。重置成本保险是指按照重置成本确定保险金额的保险。在保险事故发生时，不论保险标的的实际损失如何，保险人均按照重置保险标的的成本进行赔付。

（4）比例保险。比例保险，是指保险当事人约定一定比例的危险由被保险人自己承担，其实质是由保险人和被保险人共同承担保险标的的风险，若发生保险事故，无论是全部损失还是部分损失，保险人均应按照约定的比例赔付。

4. 因果关系原则

因果关系原则在英美法系国家成为近因原则。是指当保险事故的发生和损失结果之间存在直接的、最接近的原因关系时，保险人才对损失负有赔偿责任。近因是指直接导致结果发生的原因。

二、保险合同

（一）概念

保险合同是指投保人与保险人约定保险权利义务的协议。其特征有：

（1）射幸合同。射幸合同即为碰运气的机会性合同。在保险合同中，投保人缴纳保险费的义务是确定的，保险合同约定的保险事故的发生是不确定的，因此保险人是否承担保险责任是不确定的、机会性的、偶然性的。

（2）诺成合同。由投保人提出保险要求，经保险人同意承保，并就合同的条款达成协议，保险合同就成立。

（3）格式合同。在保险合同订立时投保人通常处于被动的附和地位，保险人开办有哪些险以及保险合同的条款有哪些，都是由保险人事先拟定的，投保人通常只能是接受或者拒绝保险人所提出的条件。当然，根据被保险人的特殊保险保障需求，投保人和保险人也可以协商增加条款或修改格式合同条款，但是，这种增加和修改的内容必须使用附加特约的方式，另行签署附加条款，而不是对格式条款进行直接改动。

（二）分类

1. 财产保险合同与人身保险合同

根据保险标的的不同，可以分为财产保险合同和人身保险合同。

财产保险合同是以财产和有关利益为保险标的，人身保险合同则是以人的寿命和身体作为保险标的。财产保险合同是补偿性合同，目的在于补偿被保险人因发生保险事故造成的保险标的的损失，被保险人只能从财产保险合同中获取保险利益，不能谋取额外利益。人身保险合同是给付性合同，给付性合同不以补偿损失为目的，因为人的寿命和身体不能用货币价值衡量，不存在保险价值与保险标的之间的关系，保险人履行保险责任的根据是合同中约定的保险金额，不考虑被保险人是否有经济损失及损失大小。

扩充阅读

　　根据保险价值与保险金额的关系，财产保险合同又分为足额保险、不足额保险、超额保险。足额保险是指，保险金额相等于保险价值。足额保险在保险责任范围内的事故发生时，损失多少，保险人应当赔偿多少。不足额保险是指保险金额小于保险价值，这种保险叫作不足额保险。不足额保险在保险责任范围内的事故发生时，保险人按照保险金额占保险价值的比例承担损失赔偿责任。超额保险是指保险金额大于保险价值。超额保险中超过保险价值的部分无效，在保险责任范围内的事故发生时，保险人依然应按照实际损失承担赔偿责任。

　　根据保险价值是否事先预定为标准，财产保险合同可以分为定值保险合同和不定值保险合同。定值保险合同是指投保人与保险人订立保险合同时约定保险标的的保险价值，并载明于合同中。定值保险合同在事故发生后，保险人要看是否为足额保险，来决定责任的承担。

　　投保人与保险人在订立合同时，不约定保险标的的保险价值，而只由投保人确定一个保险金额，保险标的的保险价值按照保险事故发生时保险标的的实际价值确定，这样的合同就叫不定值保险合同。不定值保险合同在保险事故发生后，被保险人所遭受的损失能否得到补偿，关键看出险时确定的标的物的价值是否等于或小于保险金额，若等于或小于保险金额，则按照实际损失赔偿，被保险人的损失得到了全额补偿；若出险时确定的保险标的的价值大于保险金额，则保险金额是赔偿的最高限额，被保险人的损失会有一部分得不到补偿。

　　2. 原保险合同与再保险合同

　　以危险转移的方式为标准，保险合同分为原保险合同与再保险合同。原保险合同是由非经营保险业务的社会成员作为投保人与保险人之间的保险合同。再保险合同是指原保险合同的保险人，为避免或减轻其在原保险合同中承担的保险责任，将其承保危险的全部或一部分再转移给其他保险人所订立的保险合同。

　　3. 单保险合同与复保险合同

　　以对同一保险标的、同一保险事故、在同一保险期限内承保的保险人人数为标准，保险合同分为单保险合同和复保险合同。单保险合同是指同一投保人对同一保险标的、同一保险事故、基于同一保险利益，与同一个保险人订立的保险合同。复保险合同是指同一个投保人对同一保险标的、同一保险事故、基于同一保险利益，在同一保险期限内，与数个保险人分别订立数个保险合同。我国《保险法》称其为重复保险。对财产保险，出于投保人的善意而发生复保险的，各个保险人以保险价值为限分摊。投保人出于恶意的，保险人可以拒赔。对人身保险，无论投保人重复几次投保，保险合同均有效。

　　除此以外，以保险合同的订立是否出于当事人自愿为标准，保险合同分为自愿保险合同与强制保险合同；以保险人承保危险的范围为标准，保险合同分为特定危险保险合同与危险保险合同。

（三）保险合同的订立

与其他合同一样，保险合同的订立也需要经过要约与承诺两个步骤，保险法称其为投保和承保。

1. 保险合同的订立程序

（1）投保。投保是投保人向保险人提出保险要求，填写保险单的行为。由于保险合同条款是统一的和公开的，故投保人填写投保单就意味着其已确认保险人事先制作的保险合同条款。当然，投保人也可就其特殊的投保需要，提出新的内容。

保险人制作格式保险条款的行为并非订立保险合同的要约，而是要约邀请。投保人填写保险单的投保行为构成要约，保险人是受要约人。

（2）承保。承保是指保险人审核投保人填写的投保单，认为符合投保要求的，向投保人表示接受投保，同意在保险事故发生后承担保险责任的意思表示。此为承诺。

2. 保险合同的成立时间

保险合同是诺成合同，投保人提出保险要求，保险人同意承保之时，保险合同成立。在保险合同成立后，保险人应当及时向投保人签发保险单或者其他保险凭证，并在保险单或其他保险凭证中载明双方约定的合同内容。当事人也可以约定采用其他书面形式载明合同内容。

3. 订立过程中的缔约义务

缔约义务是法律规定缔约人在订立保险合同的过程中应承担的法定义务。

（1）保险人对保险条款说明的义务。保险人对保险条款说明的义务包括两项：一项是保险人对保险合同格式条款的一般性说明义务；另一项是保险人对免责条款的提示和说明义务。对免责条款，应当在保险凭证上作出"足以引起投保人注意"的提示，并对该条款的内容向投保人作书面或口头说明。

（2）投保人的如实告知义务。订立保险合同，保险人就保险标的或者被保险人的有关情况提出询问的，投保人应当如实告知。

（3）缔约过错责任。保险人违反对免责条款的提示和说明义务的，免责条款无效。保险人违反对保险格式条款的一般性说明义务的，保险法未做明确规定。

投保人故意或者因重大过失未履行如实告知义务，足以影响保险人决定是否同意承保或者提高保险费率的，保险人有权依法解除合同。该保险人所享有的合同解除权，自保险人知道有解除事由之日起，超过30日不行使而消灭。自合同成立之日起超过2年的，保险人不得解除合同；发生保险事故的，保险人应当承担赔偿或者给付保险金的责任。

投保人故意不履行如实告知义务的，保险人对于合同解除前发生的保险事故，不承担赔偿或者给付保险金的责任，并不退还保险费。

投保人因重大过失未履行如实告知义务，对保险事故的发生有严重影响的，保险人对于合同解除前发生的保险事故，不承担赔偿或者给付保险金的责任，但应当退还保险费。

保险人在合同订立时已经知道投保人未如实告知的情况的，保险人不得解除合同；发生保险事故的，保险人应当承担赔偿或者给付保险金的责任。

（四）保险合同的条款

根据我国《保险法》的规定，保险合同应当包括以下事项：

（1）保险人的名称和住所。

（2）投保人、被保险人的姓名或者名称、住所，以及人身保险的受益人的姓名或者名称、住所；受益人是指人身保险合同中由被保险人或者投保人指定的享有保险金请求权的人。投保人、被保险人可以为受益人。

（3）保险标的。

（4）保险责任和责任免除，责任免除即除外责任，是保险人不承担保险责任的范围。

（5）保险期间和保险责任开始时间。保险期间是保险人为被保险人提供保险保障的期间，在该期间内发生保险事故并致使保险标的损害的，保险人承担保险责任。

（6）保险金额。保险金额是指保险人承担赔偿或者给付保险金责任的最高限额。

（7）保险费以及支付办法。保险费是指投保人为了获取保险保障而依约应定向保险人缴付的货币数额。它是被保险人或者受益人取得保险赔偿金或者人身保险金的对价条件。

（8）保险金赔偿或者给付办法等事项。

（五）保险合同的形式

1. 保险单

保险单，简称保单，是投保人和保险人订立保险合同后，由保险人向投保人签发的保险合同的正式书面凭证。投保人以其持有的保险单来证明其与保险人之间存在保险合同关系。保险单中一般附有保险条款，当保险标的遭受损失时，保险单就成为被保险人向保险人索赔的主要依据。

2. 暂保单

暂保单，又称临时保单，是指保险人在向投保人签发正式保险单或者保险凭证之前出具的一种临时性保险凭证。暂保单记载的内容比正式保险单简单，一般写明被保险人姓名、保险标的、保险责任范围、保险金额、保险责任起讫时间等基本内容。至于当事人的权利义务，则以此后签发的正式保险单为准。暂保单在保险人正式签发保险单之前与保险单具有同等法律效力，可以向被保险人提供同样的保障。但是，暂保单的有效期限较短，从15—30天不等，由保险人具体规定。一旦保险人出具了正式保险单，或暂保单的有效期届满，其法律效力自动终止。

3. 保险凭证

保险凭证，俗称小保单。保险凭证上不印制保险合同的条款，但是它与保险单具有同等法律效力。凡保险凭证上未列明的保险合同内容，均以相应的保险单记载的内容为准，如果两者的内容抵触或保险凭证另有特约条款的，则以保险凭证的内容为准。

4. 投保单

投保单本身不是保险合同，但投保单被保险人完全接受，并在投保单上加盖承保印章时，就成为保险合同的组成部分，补充保险单的不清或遗漏。投保人在其填写的投保单中如有告知不实，又不声明修正的，投保单就会成为保险人解除保险合同或许拒绝承担保险责任的依据。

5. 其他书面形式

当事人还可以约定采用上述四种形式之外的书面形式。

（六）保险合同的履行

依法成立的保险合同，自成立时生效（投保人和保险人可以对合同的效力约定附条件或者附期限除外）。保险合同生效后，合同各方当事人应按约定履行各自义务。

1. 投保人、被保险人的义务

（1）给付保险费的义务。投保人向保险人给付保险费，是投保人承担保险责任的对价。投保人应当按照保险合同约定的数额、期限、方式等支付保险费。财产保险和短期的健康保险、意外伤害保险通常是一次全部付清，人寿保险通常是分期支付。保险费的支付通常有宽限期，只要在宽限期内缴纳了保险费，便不构成违约或迟延支付，视为按期交付。在宽限期内发生保险事故，投保人还未缴纳保险费的，保险人仍需赔付，但有权扣除应缴纳的保险费。

投保人欠交保险费时，对人寿保险合同，不得用诉讼方式要求投保人支付；对财产保险合同，理论上可以用诉讼的方式追讨，但在实践中，由于财产保险的保险期间较短，保险人在订立保险合同时通常会要求投保人一次付清保险费并将其作为签发保险单的条件，因此，保险人以诉讼方式向投保人追讨保险费的比较少。

（2）维护保险标的安全的义务。投保人、被保险人、受益人应当遵守国家有关消防、安全、生产操作、劳动保护等方面的规定，维护保险标的的安全。

（3）危险增加时的通知义务。根据《保险法》的规定，在合同有效期内，保险标的的危险程度显著增加的，被保险人应当按照合同约定及时通知保险人，保险人可以按照合同约定增加保险费或者解除合同。保险人解除合同的，应当将已收取的保险费，按照合同约定扣除自保险责任开始之日起至合同解除之日止应收的部分后，退还投保人。

被保险人未履行通知义务的，因保险标的的危险程度显著增加而发生的保险事故，保险人不承担赔偿保险金的责任。

（4）出险后及时通知的义务。根据《保险法》的规定，投保人、被保险人或者受益人知道保险事故发生后，应当及时通知保险人。故意或者因重大过失未及时通知，致使保险事故的性质、原因、损失程度等难以确定的，保险人对无法确定的部分，不承担赔偿或者给付保险金的责任，但保险人通过其他途径已经及时知道或者应当及时知道保险事故发生的除外。

（5）提供损失证明义务。根据《保险法》的规定，保险事故发生后，按照保险合同请求保险人赔偿或者给付保险金时，投保人、被保险人或者受益人应当向保险人提供其所能提供的与确认保险事故的性质、原因、损失程度等有关的证明和资料。投保人、被保险人、受益人在提供损失证明材料时，应当如实提供，不得提供虚假的证明材料，否则保险人有权解除合同，并不退还保险费，或者部分不承担赔偿或给付保险金的责任。

（6）减损义务。保险事故发生时，被保险人负有减损义务，应当尽力采取必要的措施，防止或者减少损失。为此所支付的必要的、合理的费用，由保险人承担；保险人所承担的费用数额在保险标的损失赔偿金额以外另行计算，最高不超过保险金额的数额。

2. 保险人的义务

（1）给付保险赔偿金或保险金的义务。保险人应当按照保险合同约定的时间开始承担保险责任，并在保险事故发生后或保险合同约定的事件到来时对损失给予赔偿或向受益人支付保险金。

（2）支付其他合理、必要费用的义务。合理、必要费用包括：被保险人为防止或者减少保险标的的损失所支付的必要的、合理的费用；被保险人为查明和确定保险事故的性质、原因和保险标的的损失程度所支付的必要的、合理的费用；责任保险的被保险人因给第三者造成损害的保险事故而被提起仲裁或者诉讼的，所支付的仲裁或者诉讼费用以及其他必要的、合理的费用。

3. 索赔

索赔，是指被保险人或受益人在保险标的因发生保险事故遭受损失，或者在保险合同期限届满之时，依据保险人签发的保险单及有关规定向保险人要求赔偿损失或者给付保险金的行为。

根据《保险法》的规定，人身保险合同中的人寿保险之被保险人或受益人向保险人请求给付保险金的诉讼时效期间为5年，自其知道或者应当知道保险事故发生之日起计算。人寿保险以外的其他保险的被保险人或受益人，向保险人请求赔偿或者给付保险金的诉讼时效期间为2年，自其知道或者应当知道保险事故发生之日起计算。

4. 理赔

理赔是保险人接受索赔权利人的索赔要求后进行的检验损失、调查原因、搜集证据、确定责任范围直至赔偿、给付的全部工作和过程。

（七）保险合同的解除

保险合同的解除，分为双方解除和单方解除。双方解除是双方就合同效力提前消灭达成一致意见。单方解除是合同一方当事人根据法律规定或者合同约定而做出的解除合同的意思表示。就法定的单方解除，其条件和法律后果如下。

1. 投保人的任意解除权

保险合同成立后，投保人可以解除合同，但法律另有规定或者保险合同另有约定的除外。根据《保险法》第50条的规定，货物运输保险合同和运输工具航程保险合同，在保险责任开始后，投保人不得解除合同。此外，对强制责任保险（根据国家颁布的有关法律和法规，凡是在规定范围内的单位或个人，不管愿意与否都必须参加的保险），投保人不享有任意解除权。

2. 保险人的法定解除权

基于我国《保险法》的规定，保险人可行使解除权的法定事由包括以下各项。

（1）投保人未履行如实告知义务。投保人故意或者因重大过失未履行如实告知义务，足以影响保险人决定是否同意承保或者提高保险费率的，保险人有权解除合同。

在人身保险合同中，投保人申报的被保险人年龄不真实，并且其真实年龄不符合合同约定的年龄限制的，保险人可以解除合同。

保险人的解除权有一定的限制。一是时间的限制，保险人知道有解除事由之日起，超过 30 日不行使而消灭；自合同成立之日起超过 2 年的，保险人不得解除合同。二是过错的限制。保险人在合同订立时已经知道投保人未如实告知的情况的，保险人不得解除合同。

（2）投保人、被保险人未履行维护保险标的安全的义务。投保人、被保险人未按照约定履行对保险标的安全应尽责任的，保险人有权要求增加保险费或者解除合同。

（3）保险标的的危险程度显著增加。在合同有效期内，保险标的的危险程度显著增加的，保险人有权解除合同。这也包含保险标的转让导致危险程度显著增加的。

（4）保险欺诈。在以下两种保险欺诈情形下，保险人有权解除合同：一是未发生保险事故，被保险人或者受益人谎称发生了保险事故，向保险人提出赔偿或者给付保险金请求；二是投保人、被保险人故意制造保险事故。

（5）投保人欠交保险费达到一定期限。在人身保险中，合同约定分期支付保险费，投保人支付首期保险费后，除合同另有约定外，投保人自保险人催告之日起超过 30 日未支付当期保险费，或者超过约定的期限 60 日未支付当期保险费的，合同效力中止。自合同效力中止之日起满 2 年双方未就合同复效达成协议的，保险人有权解除合同。

（6）保险标的发生部分损失。在财产保险中，当保险标的发生部分损失时，除合同另有约定外，保险人可以解除合同，但应当提前 15 日通知投保人。

3. 保险合同解除的法律后果

保险合同作为持续性合同，当发生合同解除时，原则上不具有溯及既往的效力，而是合同效力面向未来地消灭。这意味着对合同解除前发生的保险事故，保险人须承担赔偿或给付保险金的责任，但保险人有权收取自保险责任开始至保险合同解除日期间的保险费。但在一些特定的情形下，保险合同的解除会产生特殊的法律后果，如投保人故意或因重大过失不履行如实告知义务的，或投保人、被保险人或受益人有保险欺诈行为的，保险人对于合同解除前发生的保险事故，不承担赔偿或者给付保险金的责任。

三、保险业法律制度

（一）保险公司

1. 保险公司的组织形式

保险公司可以采用股份有限公司和有限责任公司的形式。

2. 保险公司的设立

根据《保险法》的规定，保险公司的设立采用审批制度，应当经国务院保险监督管理机构批准。设立保险公司应当具备下列条件：

（1）主要股东具有持续盈利能力，信誉良好，最近 3 年内无重大违法违规记录，净资产不低于人民币 2 亿元。

（2）有符合《保险法》和《公司法》规定的章程。

（3）注册资本的最低限额为人民币 2 亿元。国务院保险监督管理机构根据保险公司的业务范围、经营规模，可以调整其注册资本的最低限额，但不得低于本条第一款规定的限额。保险公司的注册资本必须为实缴货币资本。

（4）有具备任职专业知识和业务工作经验的董事、监事和高级管理人员。

（5）有健全的组织机构和管理制度。

（6）有符合要求的营业场所和与经营业务有关的其他设施。

（7）法律、行政法规和国务院保险监督管理机构规定的其他条件。

（二）保险经营规则

1. 分业经营规则

同一保险人不得同时兼营财产保险业务和人身保险业务；也就是说，一家保险公司若经营人身保险业务就不得经营财产保险业务，相反亦然。但是，经营财产保险业务的保险公司经保险监督管理机构核定，可以经营短期健康保险业务和意外伤害保险业务。

保险业务由保险公司专营，其他单位和个人不得经营保险业务，保险公司不得兼营非保险业务，保险公司不得兼营《保险法》及其他法律、行政法规规定以外的业务。

2. 强制再保险

根据《保险法》的规定，巨额的保险，保险公司所承担的责任不得超过其实有资本金加公积金总和的 10%，超过的部分应当办理再保险。巨额保险以外的保险，保险公司应当按照保险监督管理机构的有关规定办理再保险。

3. 资金运用限制

保险公司作为金融机构，其收益的来源为保险基金的运用。但保险公司在运用资金时必须稳妥。《保险法》规定保险公司在收取保险费后加以运用时，仅限于在银行存款、买卖政府债券、金融债券和国务院规定的其他资金运用形式。保险公司的资金不得用于设立证券经营机构，不得用于设立保险业以外的企业。保险公司运用的资金和具体项目的资金占其资金总额的具体比例，由保险监督管理机构规定。

（三）保险代理人与保险经纪人

1. 保险代理人

保险代理人是根据保险人的委托，向保险人收取佣金，在保险人的授权范围内代为办理保险业务的单位和个人。个人保险代理人在代为办理人寿保险业务时，不得同时接受两个以上保险人的委托。

2. 保险经纪人

保险经纪人，是指基于投保人的利益为投保人与保险人订立合同提供中介服务，依法向保险人收取佣金的机构。保险经纪人只能是单位，个人不能做保险经纪人。

保险代理人与保险经纪人要执业须取得许可证，向工商行政管理部门办理登记，领取营业执照，并缴存保证金或者投保职业责任保险。

（四）保险监管法律制度

国务院保险监督管理机构依法对保险业实施监督管理，其主要监管职责有：

（1）依照法律、行政法规发布相关保险业监督管理的规章。

（2）审批关系到社会公众利益的保险险种、依法实行强制保险的险种和新开发的人寿保险险种等的保险条款和保险费率。

（3）依法监管保险公司的偿付能力。

（4）对保险公司的整顿监管。

（5）对保险公司的接管监管。

（6）对保险公司的股东监管。

第二节　物流保险法律制度

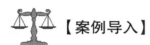 【案例导入】

2016年10月22日，深圳的飞达物流公司在保险公司投保物流责任险，保险期间为2016年10月23日至2017年10月22日。该种责任险保的就是物流企业在履行物流义务过程中对第三方（货物所有人）所应承担的赔偿责任。飞达物流公司由于当时业务繁忙，就把该业务委托给深圳仁力运输公司，双方签了委托协议书。2017年5月24日，深圳仁力运输公司的司机老王拉了一批电脑零配件从深圳出发，目的地是河北省邢台市。25日中午，老王的车开进了湖北省境内已是中午时分，跟平常一样，老王将车停在路边后便走进一家餐馆就餐。

吃完饭，老王发现自己车的篷布开了个大口子，车上拉的电脑零配件大部分被盗走。当飞达物流公司向保险公司索赔时，保险公司认为，被保险人的委托行为使"保险标的"的危险程度增加，因此，就证明接受被保险人委托的仁力运输公司在履行物流义务时，被保险人承担赔偿责任的概率比飞达物流公司亲自履行物流义务时被保险人承担赔偿责任的概率要高。因此保险公司拒赔。飞达物流公司认为，不管是委托仁力运输公司履行物流义务，还是自己亲自履行物流义务，保险标的都存在一定的风险，因此，赔偿责任的概率是一样的。

问题：保险公司是否应当理赔？

一、物流风险

（一）物流风险的特点

（1）多样性。因为物流服务包括运输业、仓储业、装卸、搬运、包装、流通加工、配送、信息处理等方方面面，这些环节中均存在一定的风险性，且风险特质各不相同。因此，物流风险首先表现为多样性。

（2）复杂性。现代物流业不仅涉及运输与仓储，还包括对存货管理、加贴商标、订单实现、属地交货和包装等提供服务，是个集多种业务于一身的综合性的大型服务业。也正因此，使得物流企业的经营风险表现出复杂性。

（二）物流风险的表现形式

（1）从风险产生的期间来看，主要有：①运输过程产生的风险；②搬运过程产生的风险；③仓储过程产生的风险；④配送过程产生的风险。

（2）从风险的形式来看，主要有：①货物灭损的风险；②延时配送和错发错运的责任风险；③交通运输中的交通责任风险；④环境污染和危险品泄露的风险。

二、物流保险

目前我国保险公司为物流业提供的保险险种主要有仓储保险和货物运输保险。仓储保险是承保仓储材料等固定资产的自然灾害和意外事故的风险；而货物运输保险是以运输过程中的货物作为保险标的，保险人承担因自然灾害或意外事故造成损失的一种保险。

第三节　货物运输保险法律制度

一、货物运输保险概述

（一）概念与特征

货物运输保险是以运输途中的货物作为保险标的，保险人对由自然灾害或意外事故造成的货物损失负责赔偿责任的保险，属于财产保险的一种。其特征有：

（1）被保险人的多变性。货物运输保险中，在保险期限内，货物可能会经过多次转卖，被保险人也会多次变更，因此最终的被保险人不是保险单注明的被保险人，而是保险单持有人。

（2）承保价值的定值性。货物运输保险属于定值保险合同，其保险金额是按照当事人约定的价值予以确定的，它一经确定便不受市场价格变动的影响。

（3）保险标的的流动性。保险标的是处于运输过程中的各种货物，其特点在于流动性和与被保险人的分离性（在运输过程中，货物处于承运人的直接控制）。

（4）承保风险的广泛性。货物运输保险承保的风险，包括海上、陆上和空中风险，自然灾害和意外事故风险，动态和静态风险等。

（5）保险合同的可转让性。货物运输保险中，随着保险标的的转让，保险合同也发生转让，而且，与其他财产保险不同的是，货物运输保险合同的转让，无须征得保险人同意，也无须通知保险人。保险单可以通过背书或其他习惯方式加以转让。

（6）保险利益的特殊性。货物运输的特殊性决定在货运险通常采用"不论灭失与否条款"，即投保人事先不知情，也没有任何隐瞒，即使在保险合同订立之前或订立之时，保险标的已经灭失，事后发现承保风险造成保险标的灭失，保险人也同样给予赔偿。

（7）合同解除的严格性。货物运输保险从保险责任开始后，任何一方合同当事人不得解除合同。

（8）投保方的多样性。货物运输保险的投保方，可以是货主、发货人、托运人、承运人等。

（二）分类

按照运输工具和运输方式不同，可分为水上货物运输险、陆上货物运输险、航空货物运输险、邮包险、联运险。

二、水上货物运输保险

水上货物运输保险，可以分为国际海上货物运输保险和国内水路货物运输保险。

（一）国际海上货物运输保险

1. 主要险别

国际海上货物运输保险包括基本险别和附加险别。

（1）基本险别。基本险别是指可以独立承保，不必附加在其他险别项下的险别，主要包括平安险、水渍险和一切险三种。

（2）附加险别。附加险别包括一般附加险、特别附加险、特殊附加险。

 扩充阅读

（一）基本险别

1. 平安险的责任范围。

（1）被保险货物在运输途中由于恶劣气候、雷电、海啸、地震、洪水自然灾害造成整批货物的全部损失或推定全损。当被保险人要求赔付推定全损时，须将受损货物及其权利委付给保险公司。被保险货物用驳船运往或运离海轮的，每一驳船所装的货物可视作一个整批。推定全损是指被保险货物的实际全损已经不可避免，或者恢复、修复受损货物以及运送货物到原定目的地的费用超过该目的地的货物价值。

（2）由于运输工具遭受搁浅、触礁、沉没、互撞、与流冰或其他物体碰撞以及失火、爆炸意外事故造成货物的全部或部分损失。

（3）在运输工具已经发生搁浅、触礁、沉没、焚毁意外事故的情况下，货物在此前后又在海上遭受恶劣气候、雷电、海啸等自然灾害所造成的部分损失。

（4）在装卸或转运时由于一件或数件整件货物落海造成的全部或部分损失。

（5）被保险人对遭受承保责任内危险的货物采取抢救、防止或减少货损的措施而支付的合理费用，但以不超过该批被救货物的保险金额为限。

（6）运输工具遭遇海难后，在避难港由于卸货所引起的损失以及在中途港、避难港由于卸货、存仓以及运送货物所产生的特别费用。

（7）共同海损的牺牲、分摊和救助费用。

（8）运输契约订有"船舶互撞责任"条款，根据该条款规定应由货方偿还船方的损失。

2. 水渍险的责任范围，除平安险的各项责任外，还包括被保险货物由于自然灾害造成的部分损失。

3. 一切险的责任范围，除平安险和水渍险的各项责任外，还负责被保险货物在运输途中由于一般外来原因所造成的全部或部分损失。

（二）附加险别

1. 一般附加险。一般附加险均已包括在一切险的责任范围内，凡已投保海运保险一切险的就无须加保任何一般附加险，但应当说明海运保险一切险并非一切风险造成的损失均予负责。一般附加险不能独立承保，它必须附加于基本险项下加保。一般附加险包括：偷窃和提货不着险、淡水雨淋险、渗漏险、短量险、钩损险、破碎碰损险、锈损险、混杂沾污险、串味险、受潮受热险、包装破裂险11种。

2. 特别附加险。特别附加险主要包括交货不到险、舱面险、进口关税险、拒收险、黄曲霉素险、货物出口到港澳地区的存仓火险。

3. 特殊附加险。特殊附加险主要有战争险、罢工险。

2. 除外责任

（1）被保险人的故意行为或过失所造成的损失。

（2）属于发货人责任所引起的损失。

（3）在保险责任开始前，被保险货物已存在的品质不良或数量短差所造成的损失。

（4）被保险货物的自然损耗、本质缺陷、特性以及市价跌落、运输延迟所引起的损失或费用。

（5）海上运输货物战争险条款和货物运输罢工险条款规定的责任范围和除外责任。

3. 责任起讫与索赔时效

责任起讫为"仓至仓"，自被保险货物运离保险单所载明的起运地仓库或储存处所开始运输时生效，包括正常运输过程中的海上、陆上、内河和驳船运输在内，直至该项货物到达保险单所载明目的地收货人的最后仓库或储存处所或被保险人用作分配、分派或非正常运输的其他储存处所为止。如未抵达上述仓库或储存处所，则以被保险货物在最后卸载港全部卸离海轮后满60天为止。如在上述60天内被保险货物需转运到非保险单所载明的目的地时，则以该项货物开始转运时终止。

由于被保险人无法控制的运输延迟、绕道、被迫卸货、重新装载、转载或承运人运用运输契约赋予的权限所作的任何航海上的变更或终止运输契约，致使被保险货物运到非保险单位所载明的目的地时，在被保险人及时将获知的情况通知保险人，并在必要时加缴保险费的情况下，本保险仍继续有效，保险责任按下列规定终止。

（1）被保险货物如在非保险单所载明的目的地出售，保险责任至交货时为止，但不论任何情况，均以被保险货物在卸载港全部卸离海轮后满60天为止。

（2）被保险货物如在上述 60 天期限内继续运往保险单所载原目的地或其他目的地时，保险责任仍按上述（1）的规定终止。

保险索赔时效，从被保险货物在最后卸载港全部卸离海轮后起算，最多不超过两年。

（二）国内水路货物运输保险

1. 主要险别

国内水路货物运输保险的险别包括基本险和综合险。

 扩充阅读

（一）基本险有以下内容：

（1）因火灾、爆炸、雷电、冰雹、暴风、暴雨、洪水、地震、海啸、地陷、崖崩、滑坡、泥石流所造成的损失；

（2）由于运输工具发生碰撞、搁浅、触礁、倾覆、沉没、出轨或隧道、码头坍塌所造成的损失；

（3）在装货、卸货或转载时因遭受不属于包装质量不善或装卸人员违反操作规程所造成的损失；

（4）按国家规定或一般惯例应分摊的共同海损的费用；

（5）在发生上述灾害、事故时，因纷乱而造成货物的散失及因施救或保护货物所支付的直接合理的费用。

（二）综合险，除包括基本险责任外，保险人还负责赔偿：

（1）因受震动、碰撞、挤压而造成货物破碎、弯曲、凹瘪、折断、开裂或包装破裂致使货物散失的损失；

（2）液体货物因受震动、碰撞或挤压致使所用容器（包括封口）损坏而渗漏的损失，或用液体保藏的货物因液体渗漏而造成保藏货物腐烂变质的损失；

（3）遭受盗窃或整件提货不着的损失；

（4）符合安全运输规定而遭受雨淋所致的损失。

2. 除外责任

除外责任包括：①战争或军事行动；②核事件或核爆炸；③保险货物本身的缺陷或自然损耗，以及由于包装不善；④被保险人的故意行为或过失；⑤全程是公路货物运输的，盗窃和整件提货不着的损失；⑥其他不属于保险责任范围内的损失。

3. 责任起讫和索赔时效

保险责任的起讫期，是自签发保险凭证和保险货物离起运地发货人的最后一个仓库或储运处所时起，至该保险凭证上注明的目的地的收货人在当地的第一个仓库或储存处所时终止，即"仓到仓"。但保险货物运抵目的地后，如果收货人未及时提货，则保险责任的终止期最多延长至以收货人接到《到货通知单》后的 15 天为限（以邮戳日期为准）。

被保险人从获悉遭受损失的次日起，经过 180 天不向中国人民财产保险股份有限公司申请赔偿，不提供必要单证，或不领取应得的赔偿，则视为自愿放弃权益。

三、陆上货物运输保险

陆上货物运输保险分为国际陆上货物运输保险和国内陆路货物运输保险。

（一）国际陆上货物运输保险

1. 主要险别

根据《中国人民保险公司国际保险条款》中《陆上运输货物保险条款》，陆上运输货物保险的险别分为陆运险和陆运一切险两种。

扩充阅读

陆运险的承保责任范围与海洋运输货物保险条款中的"水渍险"相似，被保险货物在运输途中遭受暴风、雷电、洪水、地震自然灾害或由于陆上运输工具遭受碰撞、倾覆或出轨或在驳运过程中因驳运工具搁浅、触礁、沉没、碰撞；或由于遭受隧道坍塌、崖崩或失火、爆炸意外事故所造成的全部或部分损失。另外，被保险人对遭受承保责任内危险的货物采取抢救，防止或减少货损而支付的合理费用，保险公司也负责赔偿。

陆运一切险的责任范围除了上述陆运险的责任外，还包括被保险货物在运输途中由于一般外来原因造成的全部或部分损失。

2. 除外责任

（1）被保险人的故意行为或过失所造成的损失。

（2）属于发货人责任所引起的损失。

（3）在保险责任开始前，被保险货物已存在的品质不良或数量短差所造成的损失。

（4）被保险货物的自然损耗、本质缺陷、特性以及市价跌落、运输延迟所引起的损失或费用。

（5）陆上运输货物战争险条款和货物运输罢工险条款规定的责任范围和除外责任。

3. 责任起讫与索赔时效

责任起讫为"仓至仓"责任，自被保险货物运离保险单所载明的起运地仓库或储存处所开始运输时生效，包括正常运输过程中的陆上和与其有关的水上驳运在内，直至该项货物运达保险单所载目的地收货人的最后仓库或储存处所或被保险人用作分配、分派的其他储存处所为止，如未运抵上述仓库或储存处所，则以被保险货物运抵最后卸载的车站满 60 天为止。

索赔时效从被保险货物在最后目的地车站全部卸离车辆后计算，最多不超过 2 年。

（二）国内陆路货物运输保险

在我国，国内水路、陆路货物运输保险的规定是一致的。

四、航空货物运输保险

（一）险别与责任范围

1. 航空运输险

（1）被保险货物在运输途中遭受雷电、火灾、爆炸或由于飞机遭受恶劣气候或其他危难事故而被抛弃，或由于飞机遭受碰撞、倾覆、坠落或失踪意外事故所造成的全部或部分损失。

（2）被保险人对遭受承保责任内危险的货物采取抢救、防止或减少货损的措施而支付的合理费用，但以不超过该批被救货物的保险金额为限。

2. 航空运输一切险

航空运输一切险的险别除了航空运输险的险别外，还包括货物由于外来原因所致的全部或部分损失。

（二）除外责任

（1）被保险人的故意行为或过失所造成的损失。

（2）属于发货责任所引起的损失。

（3）保险责任开始前，被保险货物已存在的品质不良或数量短差所造成的损失。

（4）被保险货物的自然损耗、本质缺陷、特性以及市价跌落、运输延迟所引起的损失或费用。

（5）航空运输货物战争险条款和货物运输罢工险条款规定的责任范围和除外责任。

（三）责任起讫与索赔时效

责任起讫为"仓至仓"责任，即保险责任从"仓"开始，至"仓"结束。第一个"仓"是指保险单所载明的起运地仓库或储存处所，第二个"仓"是指保险单所载明目的地收货人的最后仓库或储存处所或被保险人用作分配、分派或非正常运输的其他储存处所，如果未运抵收货人的仓库或储存处所，则以被保险货物在最后卸载地卸离飞机后满30天为止。如在上述30天内被保险的货物需转送到非保险单所载明的目的地时，则以该项货物开始转运时终止。

由于被保险人无法控制的运输延迟、绕道、被迫卸货、重新装载、转载或承运人运用运输契约赋予的权限所作的任何航行上的变更或终止运输契约，致使被保险货物运到非保险单所载目的地时，在被保险人及时将获知的情况通知保险人，并在必要时加缴保险费的情况下，本保险仍继续有效。保险责任按下述规定终止：

（1）被保险货物如在非保险单所载目的地出售，保险责任至交货时为止，但不论任何情况均以被保险的货物在卸载地离飞机后满30天为止。

（2）被保险货物在上述30天期限内继续运往保险单所载原目的地或其他目的地时，保险责任仍按上述第（1）款的规定终止。

保险索赔时效，从被保险货物在最后卸载地卸离飞机后起计算，最多不超过二年。

五、邮包运输保险

（一）险别与责任范围

邮包运输保险分为邮包险和邮包一切险两种。

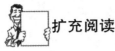

扩充阅读

1. 邮包险

（1）被保险邮包在运输途中由于恶劣气候、雷电、海啸、地震、洪水自然灾害或由于运输工具遭受搁浅、触礁、沉没、碰撞、倾覆、出轨、坠落、失踪，由于失火、爆炸意外事故所造成的全部或部分损失。

（2）被保险人对遭受承保责任内危险的货物采取抢救、防止或减少货损的措施而支付的合理费用，但以不超过该批被保货物的保险金额为限。

2. 邮包一切险

除包括上述邮包险的各项责任外，保险还负责被保险邮包在运输途中由于外来原因所致的全部或部分损失。

（二）除外责任

（1）被保险人的故意行为或过失所造成的损失。

（2）属于发货人责任所引起的损失。

（3）在保险责任开始前，被保险邮包已存在的品质不良或数量短差所造成的损失。

（4）被保险邮包的自然损耗、本质缺陷、特性以及市价跌落、运输延迟所引起的损失或费用。

（5）邮包战争险条款和货物运输罢工险条款规定的责任范围和除外责任。

（三）责任起讫

邮包运输保险责任自被保险邮包离开保险单所载起运地点寄件人的处所运往邮局时开始生效，直至该项邮包运达本保险单所载目的地邮局，自邮局签发到货通知书当日午夜起算满 15 天终止。但在此期限内邮包一经递交至收件人的处所时，保险责任即行终止。

邮包运输保险索赔时效，从被保险邮包递交收件人时起算，最多不超过 2 年。

第四节　物流责任保险法律制度

一、物流责任保险的必要性

在物流过程中，货物运输保险以及仓储保险等的投保人（被保险人）就是货物的拥有者，从法律意义上讲，物流企业、承运人不是货物拥有者，仅仅是一个中介，不能直接购买货物运输保险和仓储保险。但在现实经营中，即使货主购买了货物运输保险、仓储保险，获得了保险公司的赔偿，但物流企业仍然面临保险公司代位追偿的风险。即物流企业、承运人面临的风险只能自己承担，无法分散和转移。物流责任保险应运而生。

物流责任保险是指将第三方物流经营人承担的运输中承运人的责任以及仓储、流通加工过程保管人的责任等融合在一起，由保险人承包物流业务经营过程中的综合责任的保险。

二、物流责任保险条款

目前，我国尚无统一格式的保险公司物流责任保险单。下面以中国人寿财产保险股份有限公司《物流责任保险条款》为例，介绍我国物流责任保险。

（一）保险责任

被保险人在经营物流业务过程中，由于火灾、爆炸、运输工具发生碰撞、出轨、倾覆、坠落、搁浅、触礁、沉没，或隧道、桥梁、码头坍塌等原因造成物流货物的损失，依法应由被保险人承担赔偿责任的，保险人根据该保险合同的约定负责赔偿，并根据保险合同的约定负责赔偿法律费用。

（二）责任免除

责任免除分两类：一类是原因除外责任，即在合同中约定因何种原因造成保险标的的损失时，保险人不承担保险责任；另一类是损失除外责任，即在合同中约定保险人对何种损失不承担赔偿责任。

扩充阅读

根据中国人寿财产保险股份有限公司《物流责任保险条款》，原因除外责任和损失除外责任主要有以下内容。

一、下列原因造成的损失、费用和责任，保险人不负责赔偿：

（1）自然灾害。本保险合同所称自然灾害是指雷击、暴风、暴雨、洪水、暴雪、冰雹、沙尘暴、冰凌、泥石流、崖崩、突发性滑坡、火山爆发、地面突然塌陷、地震、海啸及其他人力不可抗拒的破坏力强大的自然现象；

（2）投保人、被保险人的故意或重大过失行为；

（3）战争、外敌入侵、敌对行动（不论是否宣战）、内战、反叛、革命、起义、罢工、骚乱、暴动、恐怖活动；

（4）核辐射、核爆炸、核污染及其他放射性污染；

（5）执法行为或司法行为；

（6）公共供电、供水、供气及其他的公共能源中断；

（7）大气污染、土地污染、水污染及其他各种污染。

二、下列原因造成的损失和费用，保险人不负责赔偿：

（1）被保险人自有的运输或装卸工具不适合运输或装载物流货物，或被保险人自有的仓库不具备存储物流货物的条件；

（2）物流货物设计错误、工艺不善、本质缺陷或特性、自然渗漏、自然损耗、自然磨损、自燃或由于自身原因造成腐烂、变质、伤病、死亡等自身变化；

（3）物流货物包装不当，或物流货物包装完好而内容损坏或不符，或物流货物标记错制、漏制、不清；

（4）发货人或收货人确定的物流货物数量、规格或内容不准确；

（5）物流货物遭受盗窃或不明原因地失踪。

三、下列物流货物的损失，依法应由被保险人承担赔偿责任的，保险人不负责赔偿。但由被保险人向保险人事先提出申请并经保险人书面同意的不在此限：

（1）金银、珠宝、钻石、玉器、贵重金属；

（2）古玩、古币、古书、古画；

（3）艺术作品、邮票；

（4）枪支弹药、爆炸物品；

（5）现钞、有价证券、票据、文件、档案、账册、图纸。

四、下列损失、费用和责任，保险人不负责赔偿：

（1）被保险人及其雇员的人身伤亡或所有的财产损失；

（2）储存在露天的物流货物的损失或费用；

（3）盘点时发现的损失，或其他不明原因的短量；

（4）在水路运输过程中存放在舱面上的物流货物的损失和费用，但集装箱货物不在此限；

（5）精神损害赔偿；

（6）被保险人的各种间接损失；

（7）罚款、罚金或惩罚性赔偿；

（8）发生在中华人民共和国境外的财产或费用的损失；

（9）本保险合同中载明的免赔额或免赔率。

其他不属于保险责任范围内的损失、费用和责任，保险人不负责赔偿。

（三）责任限额

物流责任保险承保的是被保险人的赔偿责任，无固定价值标的，赔偿责任由损害责任的大小决定，因此物流责任保险不像其他财产保险具有相对确定的保险金额。

保险合同的责任限额由投保人与保险人协商确定，并在保险合同中载明。每次事故免赔额（率）由投保人与保险人在签订保险合同时协商确定，并在保险合同中载明。

（四）保险费

保险人以该保险期间内被保险人预计发生的物流业务营业收入为基础计收预付保险费。

保险合同期满后，保险人根据被保险人申报的实际发生的物流业务营业收入作为计算实际保险费的依据。实际保险费高于预付保险费的，被保险人应补交其差额部分；

实际保险费低于预付保险费的，保险人退还其差额部分，但实际保险费不得低于保险单明细表中列明的最低保险费。

本章主要内容归纳总结图

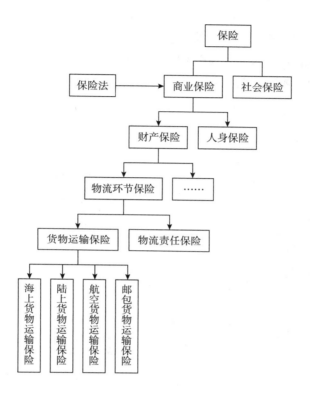

复习思考题

1. 保险合同的分类。

2. 保险合同中保险人的法定解除权有哪些？

3. 保险合同的形式有哪些？

4. 货物运输合同有哪些特征？

推荐阅读

1. 湖北天海益达物流有限公司与中国人民财产保险股份有限公司阳新支公司海
   上、通海水域保险合同纠纷
   武汉海事法院/（2018）鄂 72 民初 1629 号
   https：//wenshu. court. gov. cn/website/wenshu/181107ANFZ0BXSK4/index.　html?
   docId = abe2c934c9894e9ca7b4aa47012cff96

2. 湖北天海益达物流有限公司、中国人民财产保险股份有限公司阳新支公司海

上、通海水域保险合同纠纷

湖北省高级人民法院/（2019）鄂民终 539 号

https：//wenshu. court. gov. cn/website/wenshu/181107ANFZ0BXSK4/index.　html？
docId＝9a99d2ac10894630a899ab3400b125f9

3. 指导案例 52 号：海南丰海粮油工业有限公司诉中国人民财产保险股份有限公司海南省分公司海上货物运输保险合同纠纷案

最高人民法院/发布时间：2015. 04. 23 16：18：51

http：//www. court. gov. cn/fabu － xiangqing － 14250. html

第五编

流通秩序法律制度

第九章　竞争秩序法律制度

【本章提示】

　　由于存在着社会分工以及经营者追求自身利益的最大化，市场经济环境中存在着各种各样的竞争，包括合法的竞争和不合法的竞争。合法竞争有利于资源的合理配置，提高劳动生产率，更好地满足消费者的需求；而不合法竞争不仅会扰乱社会整体的交易秩序，而且也会直接造成用户或消费者的损害，非常不利于市场经济有效配置资源作用的发挥。因此，有必要对竞争的基本概念及其主要法律规制进行学习。本章主要介绍了竞争的概念及其特征和种类，竞争法律的主要渊源，反垄断法的主要内容，反不正当竞争法的主要内容。

【重点内容】

1. 竞争的种类。
2. 反垄断法的基本原则。
3. 反垄断法的主要任务。
4. 不正当竞争行为的主要类型。

第一节　竞争法律基础理论

一、市场竞争的概述

（一）竞争的概念

　　竞争是指为了自己的利益与人争胜。市场竞争是指在市场经济条件下，市场主体之间为实现各自商品或服务的价值和获取各自的经济利益，所进行的相互间产生优胜劣汰结果的行为和机制。一般而言，市场竞争具有自发性和无序性。自发性是指竞争的出现，不是受国家或者政府或者其他第三人影响的结果，而是市场主体不自觉地实施的行为。无序性是指竞争主体之间的竞争是非理性地、盲目地展开的。竞争的自发性导致了竞争的无序性。

（二）竞争的种类和状态

1. 竞争的种类

按照竞争的合法与否，可将竞争分为合法竞争和非法竞争两类。

（1）合法竞争。合法竞争即正当竞争、公平竞争，是指法律所允许和保护的竞争，即符合公平、公正、平等、自愿、诚实信用原则的竞争。

（2）非法竞争。非法竞争即不公平、不正当的竞争。《保护工业产权巴黎公约》在 1900 年布鲁塞尔修订文本首次提出的，并在 1967 年斯德哥尔摩文本最后加以修订的第 10 条之二中规定："凡在工商业事务中违反诚实的习惯做法的竞争行为构成不正当竞争的行为。"

2. 竞争的状态

按照竞争在市场中的激烈程度，可将竞争分为适度竞争和非适度竞争两种。

（1）适度竞争。适度竞争是指不仅市场主体的参与人数比较充分，呈现出多数性，而且各竞争主体在实施其竞争行为时都能很好地遵守法律的要求，实现合法的竞争。

（2）非适度竞争。非适度竞争是指由于同一商品市场的市场主体过少或市场主体在竞争中采取了不正当手段而进行的竞争，又可分为竞争不足和竞争过度两种情形。竞争不足是指同一市场中市场主体过少或者只有一个市场主体的竞争状态，竞争不足也称垄断。竞争过度是指作为竞争者的市场主体为了追求自身利益最大化，在竞争过程中采用不正当手段进行竞争的状态。

二、竞争法的概述

（一）竞争法的概念

竞争法是指以维护公平竞争、增进效率并保护社会公共利益为调整目标，以市场竞争关系和竞争管理关系为主要调整对象的各种竞争法律规范的总称。我国的竞争法主要以《反垄断法》和《反不正当竞争法》为核心内容。《反不正当竞争法》与《反垄断法》同属于竞争法律，共同的目的都是确保市场经济的有效运行。同时，两法的侧重点有所区别：《反垄断法》重在保护竞争自由，反对排除、限制竞争，解决的是市场中有没有竞争的问题；《反不正当竞争法》重在保护竞争公平，反对不正当竞争，解决的是市场中的竞争是否公平有序的问题。

（二）竞争法的调整对象

竞争法的调整对象主要有两方面，一方面是市场主体之间由于竞争而产生的竞争关系；另一方面是因国家对市场主体的竞争行为进行监督管理而产生的竞争管理关系。国家通过相关的法律规范明确了这两方面关系中各方当事人的权利和义务以及相关责任。

（三）竞争法的渊源

竞争法的渊源是指那些调整竞争关系和竞争管理关系的法的外在表现形式。主要分为法律、行政法规、地方性法规、部门规章和地方性规章、相关司法解释和相关国际公约或条约等多种法律渊源。

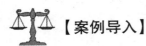

扩充阅读

　　竞争的法律主要有《反不正当竞争法》《反垄断法》；行政法规方面主要有《国务院关于经营者集中申报标准的规定(2018 修订)》等；地方性法规主要有各地方按照法律制定的《反不正当竞争条例》或《实施〈反不正当竞争法〉办法》，如《深圳经济特区实施〈中华人民共和国反不正当竞争法〉规定(2019 修正)》等；部门规章主要有《禁止垄断协议行为的规定》《反价格垄断规定》《查处垄断协议、滥用市场支配地位案件程序规定》《经营者集中申报办法》等；司法解释主要有最高人民法院《关于审理因垄断行为引发的民事纠纷案件应用法律若干问题的规定》《关于审理不正当竞争民事案件应用法律若干问题的解释》；国际公约主要有《中华人民共和国政府和哈萨克斯坦共和国政府关于反不正当竞争与反垄断领域合作协定》。

第二节　反垄断法律制度

【案例导入】

　　2009 年 3 月 18 日，中国商务部决定：根据中国反垄断法，禁止可口可乐收购汇源❶。禁止收购汇源是自反垄断法实施以来首个未获通过的案例。

　　问题：为什么中国商务部禁止可口可乐收购汇源？

一、基本概述

（一）垄断的概念和种类

1. 概念

　　垄断的一般含义是指把持、独占、专有。在实务中，垄断多指生产经营者单独或者与他人结合、合谋或者以其他形式，排斥、支配或者限制其他生产经营者，在一定的生产经营领域限制或者排除竞争的行为。

2. 种类

　　从是否符合法律规定的角度，垄断可以分为合法垄断和非法垄断两类。

　　（1）合法垄断。合法垄断主要是指法律所允许和保护的垄断，主要包括经营者通过合法竞争形成的垄断；或经营者依据有关法律所获得的独占权，如专利权、商标权、版权；或者依法实行专营专卖的行业等。

　　（2）非法垄断。非法垄断是指法律禁止的垄断，主要包括生产经营者单独或者与他人结合、合谋或者以其他形式，非法排斥、支配或者限制其他生产经营者，在一定的生产经营领域限制或者排除竞争的不公平竞争行为。

---

❶　http://china. ec. com. cn/article/cnxiaofei/200903/751445_1. html？COLLCC = 2715390142&.

（二）反垄断法的概念、立法宗旨及适用范围

1. 概念

反垄断法是指预防和制止限制竞争行为的法律规范的总称，即国家调整在市场经济活动中因经营者垄断行为而引起的各种社会关系的实体法和程序法的总称。

2. 立法宗旨

综纵观各国反垄断法，其立法宗旨接近一致，即反对垄断，保护市场公平竞争；其最终目的是提高经济效益和维护消费者的利益。我国也无例外。

3. 适用范围

对于我国境内经济活动中的垄断行为，以及虽发生在境外但对境内市场竞争产生排除、限制影响的垄断行为，我国的反垄断法有管辖权。但经营者依照有关知识产权的法律、行政法规规定行使知识产权的行为，以及按照《反垄断法》第 56 条的规定，农业生产者及农村经济组织在农产品生产、加工、销售、运输、储存等经营活动中实施的联合或者协同行为，不适用反垄断法。

二、反垄断法的基本原则

反垄断法的基本原则是国家在判断某一行为是否构成垄断或者限制竞争时适用的原则。反垄断法有两个基本原则，即本身违法原则和合理原则。

（一）本身违法原则

本身违法原则是指对市场上的某些限制竞争的行为，不管其产生的具体情况，也不管其后果如何，均被视为非法。对这种行为的判定就是适用了本身违法的原则。本身违法原则的适用至少可以对案件有两种影响：第一，原告极有可能胜诉。因为原告只要能够证明对方存在这种本身违法的行为即可。第二，审理案件的法院或反垄断法主管机构对案件不必进行过多的调查和研究，就可以认定其非法，从而可节约判案时间和费用。

（二）合理原则

合理原则是指对市场上某些限制竞争行为不是必然视为违法，其是否违法需依具体情况而定。若某行为虽然有限制竞争的后果或目的，但同时还具有推动竞争的作用，或者能显著改善企业的经济效益，从而更好地满足消费者的需求时，则可被视为合法。

扩充阅读

波音公司与麦道公司合并案

波音公司是美国最大的飞机制造企业，在世界市场上取得了大概 64% 的份额，在全球的大型客机生产市场上取得了市场支配地位。麦道公司是美国和世界上最大的军用飞机制造企业，同时也生产大型民用客机。1996 年年底，波音公司用 166 亿美元兼并了麦道公司。在干线客机市场上，合并后的波音不仅成为全球最大的制造商，而且是美国市场唯一的供应商。虽然明知合并后的公司占有美国市场百分之百的份额，但美国政府不

仅没有阻止波音兼并麦道，而且还利用政府采购等措施促成这一兼并活动。其主要考虑是：首先，民用干线飞机制造业是全球性寡占垄断行业，虽然波音公司在美国国内市场保持垄断，但在全球市场上受到来自欧洲空中客车公司的越来越强劲的挑战。面对空中客车公司的激烈竞争，波音与麦道的合并有利于维护美国的航空工业大国地位。其次，尽管美国只有波音公司一家干线民用飞机制造企业，但由于存在来自势均力敌的欧洲空中客车的竞争，波音公司不可能在开放的美国和世界市场上形成绝对垄断地位。如果波音滥用市场地位提高价格，就相当于把市场拱手让给空中客车。另外，鉴于麦道公司在美国军事工业中的重要地位以及它在国际民用客机市场失去了竞争力的现状，事实上除了波音公司外，其他任何飞机制造公司不可能也不愿意购买麦道公司。

三、反垄断法的任务

反垄断法的立法目的是对市场上可能产生的垄断进行规制，以及对市场上现有的合法垄断进行监督，防止它们滥用市场支配地位。具体而言，反垄断法的目标主要有四个。

（一）禁止垄断协议

1. 垄断协议的概念

根据《反垄断法》第 13 条的规定，垄断协议是指排除、限制竞争的协议、决定或者其他协同行为。垄断协议对市场竞争危害很大，因此反垄断法明确禁止经营者达成垄断协议。

2. 垄断协议的种类

垄断协议分为两类：一类是横向垄断协议，是指具有竞争关系的经营者之间达成的垄断协议；另一类是纵向垄断协议，是指经营者与交易相对人达成的垄断协议。我国反垄断法根据我国的国情，明确除了禁止这两类垄断协议以外，还明确禁止包括企业集团或者行业协会制定的具有排除、限制竞争影响的决定和竞争者之间的协同行为。

扩充阅读

根据《反垄断法》第 13 条的规定，横向垄断协议主要情形有：①固定或者变更商品价格的垄断协议；②限制商品的生产数量或者销售数量的垄断协议；③分割销售市场或者原材料采购市场的垄断协议；④限制购买新技术、新设备或者限制开发新技术、新产品的垄断协议；⑤联合抵制交易的垄断协议；⑥国务院反垄断执法机构认定的其他垄断协议。

根据《反垄断法》第 14 条的规定，纵向垄断协议主要情形有：①固定向第三人转售商品的价格的垄断协议；②限定向第三人转售商品的最低价格的垄断协议；③国务院反垄断执法机构认定的其他垄断协议。

3. 垄断协议的豁免

根据反垄断法的合理原则，我国《反垄断法》第 15 条明确规定了可予以豁免的法定情形，主要包括：①为改进技术、研究开发新产品的；②为提高产品质量、降低成本、增进效率，统一产品规格、标准或者实行专业化分工的；③为提高中小经营者经营效率，增强中小经营者竞争力的；④为实现节约能源、保护环境、救灾救助等社会公共利益的；⑤因经济不景气，为缓解销售量严重下降或者生产明显过剩的。除了符合前述情形外，经营者尚需有证据证明所达成的前述协议不会严重限制相关市场的竞争，并且能够使消费者分享由此产生的利益。此外，反垄断法还明确，若经营者达成的协议是为保障对外贸易和对外经济合作中的正当利益的，也可予以豁免。

（二）禁止滥用市场支配地位

1. 市场支配地位的概念

市场支配地位是指经营者在相关市场内具有能够控制商品价格、数量或者其他交易条件，或者能够阻碍、影响其他经营者进入相关市场能力的市场地位。反垄断法规定了禁止具有市场支配地位的经营者从事滥用市场支配地位的行为。

2. 滥用市场支配地位的行为表现

根据《反垄断法》第17条的规定，滥用市场支配地位的行为表现主要有：①以不公平的高价销售商品或者以不公平的低价购买商品；②没有正当理由，以低于成本的价格销售商品；③没有正当理由，拒绝与交易相对人进行交易；④没有正当理由，限定交易相对人只能与其进行交易或者只能与其指定的经营者进行交易；⑤没有正当理由搭售商品，或者在交易时附加其他不合理的交易条件；⑥没有正当理由，对条件相同的交易相对人在交易价格等交易条件上实行差别待遇；⑦国务院反垄断执法机构认定的其他滥用市场支配地位的行为。

 扩充阅读

1. 市场支配地位的认定

根据《反垄断法》第18条的规定，认定某个经营者是否具有市场支配地位所应考虑的因素有：①该经营者在相关市场的市场份额，以及相关市场的竞争状况；②该经营者控制销售市场或者原材料采购市场的能力；③该经营者的财力和技术条件；④其他经营者对该经营者在交易上的依赖程度；⑤其他经营者进入相关市场的难易程度；⑥与认定该经营者市场支配地位有关的其他因素。

2. 市场支配地位的推定

根据《反垄断法》第19条的规定，反垄断法中明确了三种情形可推定经营者具有市场支配地位：①一个经营者在相关市场的市场份额达到二分之一的；②两个经营者在相关市场的市场份额合计达到三分之二的；③三个经营者在相关市场的市场份额合计达到四分之三的。但在第②、③情形中，若某经营者市场份额不足十分之一的，不应当推定该经营者具有市场支配地位。

被推定具有市场支配地位的经营者，有证据证明不具有市场支配地位的，不应当认定其具有市场支配地位。

（三）控制经营者集中

1. 经营者集中的概念

经营者集中是经济活动中的普遍现象，根据《反垄断法》第20条的规定，主要有三种情形：①经营者合并；②经营者通过取得股权或者资产的方式取得对其他经营者的控制权；③经营者通过合同等方式取得对其他经营者的控制权或者能够对其他经营者施加决定性影响。

2. 经营者集中的申报

根据《国务院关于经营者集中申报标准的规定》第3条的规定，经营者集中达到下列标准之一的，经营者应当事先向国务院商务主管部门申报，未申报的不得实施集中：①参与集中的所有经营者上一会计年度在全球范围内的营业额合计超过100亿元人民币，并且其中至少两个经营者上一会计年度在中国境内的营业额均超过4亿元人民币；②参与集中的所有经营者上一会计年度在中国境内的营业额合计超过20亿元人民币，并且其中至少两个经营者上一会计年度在中国境内的营业额均超过4亿元人民币。

根据《国务院关于经营者集中申报标准的规定》第4条的规定，虽然经营者集中未达到本规定第三条规定的申报标准，但按照规定程序收集的事实和证据表明该经营者集中具有或者可能具有排除、限制竞争效果的，国务院商务主管部门应当依法进行调查。

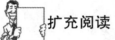 **扩充阅读**

经营者集中申报的豁免。根据《反垄断法》第22条的规定，有下列情形之一的，可以不向国务院反垄断执法机构申报：①参与集中的一个经营者拥有其他每个经营者百分之五十以上有表决权的股份或者资产的；②参与集中的每个经营者百分之五十以上有表决权的股份或者资产被同一个未参与集中的经营者拥有的。

3. 经营者集中申报的审查

根据《反垄断法》第27条的规定，国务院反垄断执法机构在审查经营者集中时应考虑的因素主要有：①参与集中的经营者在相关市场的市场份额及其对市场的控制力；②相关市场的市场集中度；③经营者集中对市场进入、技术进步的影响；④经营者集中对消费者和其他有关经营者的影响；⑤经营者集中对国民经济发展的影响等。

（四）禁止滥用行政权力排除、限制竞争

1. 概念

行政权力排除、限制竞争是指行政机关及依法具有管理公共事务职能的组织滥用行政权力来排除、限制竞争的行为。

2. 表现

滥用行政权力排除、限制竞争的行为主要有：①强制交易行为；②妨碍商品在地区之间的自由流通；③排斥或限制外地经营者参加本地的招标投标活动；④排斥或者限制外地经营者在本地投资或者设立分支机构；⑤强制经营者从事垄断行为；⑥行政机关制定含有排除、限制竞争内容的规定等。

四、对涉嫌垄断行为的调查

1. 调查机构

按照我国《反垄断法》第9条、第10条的规定，国务院设立反垄断委员会，负责组织、协调、指导反垄断工作，国务院规定的承担反垄断执法职责的机构（以下统称"国务院反垄断执法机构"）负责反垄断执法工作。国务院反垄断执法机构根据工作需要，可以授权省、自治区、直辖市人民政府相应的机构，负责有关反垄断执法工作。

2. 调查措施

按照我国《反垄断法》第39条的规定，在向反垄断执法机构主要负责人书面报告，并经批准，且执法人员不少于二人，并出示执法证件后，反垄断执法部门人员可以采取以下调查措施：①进入营业场所进行检查；②询问相关人员；③查阅、复制相关等文件、资料；④查封、扣押相关证据；⑤查询经营者的银行账户。执法人员进行询问和调查，应当制作笔录，并由被询问人或者被调查人签字。

3. 调查结果

按照我国《反垄断法》第44条、第45条的规定，调查的处理结果主要有两种。一是认为构成垄断行为的，应当依法作出处理决定，并可以向社会公布。二是中止调查。被调查的经营者承诺在反垄断执法机构认可的期限内采取具体措施消除该行为后果的，反垄断执法机构可以决定中止调查，但应当对经营者履行承诺的情况进行监督。经营者履行承诺的，反垄断执法机构可以决定终止调查。反之，当经营者未履行承诺的，或作出中止调查决定所依据的事实发生重大变化的，或中止调查的决定是基于经营者提供的不完整或者不真实的信息作出的，反垄断执法机构应当恢复调查。

按照我国《反垄断法》第53条的规定，对反垄断执法机构作出的决定（除了有关是否禁止经营者集中的决定外）不服的，可以依法申请行政复议或者提起行政诉讼。

五、违反《反垄断法》的法律责任

（一）经营者的法律责任

经营者违反反垄断法的，由反垄断执法机构责令停止违法行为，没收违法所得，并处罚款。例如2015年2月10日，国家发改委对美国高通公司滥用市场支配地位实施排除、限制竞争的垄断行为依法作出处理，责令高通公司停止相关违法行为，并处2013年度我国市场销售额8%计60.88亿元的罚款。

按照我国《反垄断法》第46条的规定，若经营者主动向反垄断执法机构报告达成垄断协议的有关情况并提供重要证据的，反垄断执法机构可以酌情减轻或者免除对该经营者的处罚。

若经营者的垄断行为给他人造成损失的，还应依法承担民事责任。

（二）行政机关和依法具有管理公共事务职能的组织的法律责任

按照我国《反垄断法》第51条的规定，行政机关和依法具有管理公共事务职能的组织的违反反垄断法的，由其上级机关责令改正；对直接负责的主管人员和其他直接责任人员依法给予处分。反垄断执法机构可以向有关上级机关提出依法处理的建议。

（三）其他法律责任

按照我国《反垄断法》第52条的规定，对反垄断执法机构依法实施的审查和调查，拒绝提供有关材料、信息，或者提供虚假材料、信息，或者隐匿、销毁、转移证据，或者有其他拒绝、阻碍调查行为的，由反垄断执法机构责令改正，对个人或单位可以进行罚款；构成犯罪的，依法追究刑事责任。

按照我国《反垄断法》第54条的规定，反垄断执法机构工作人员滥用职权、玩忽职守、徇私舞弊或者泄露执法过程中知悉的商业秘密，构成犯罪的，依法追究刑事责任；尚不构成犯罪的，依法给予处分。

扩充阅读

国家发改委近年因市场垄断行为对企业处罚情况：

1. 2015年2月，国家发改委对美国高通公司滥用市场支配地位实施排除、限制竞争的垄断行为依法作出处理，责令高通公司停止相关违法行为，并处2013年度我国市场销售额8%计60.88亿元的罚款。

2. 2014年8月，国家发改委宣布，对日本住友等8家汽车零部件企业价格垄断行为依法处罚8.3196亿元，对日本精工等4家轴承企业价格垄断行为依法处罚4.0344亿元。

3. 2013年8月，国家发改委对合生元等6家奶粉企业开出6.9亿元罚单。

4. 2013年1月，国家发改委对LG等6家境外液晶面板企业操作价格进行处罚，经济制裁总金额为3.53亿元。

5. 2013年2月，国家发改委对茅台和五粮液因实施价格垄断行为将被合计罚款4.49亿元。

第三节　反不正当竞争法律制度

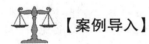【案例导入】

济南松下乐妻电器有限公司、松下电器产业株式会社
商业贿赂不正当竞争纠纷❶

松下电器产业株式会社（以下简称"松下电器"）成立于1935年12月15日，注册资本约2587亿日元，经营范围包括电气、通信、电子以及照明机械器具的制造、销售等。松下电器（中国）有限公司44个分公司分布在沈阳、合肥、昆明、上海、郑州、杭州、广州等地。

松下电器（中国）有限公司对外投资成立了北京松下照明光源有限公司、杭州松下马达有限公司等带有"松下"字样的公司30个，分布在上海、广州、苏州、重庆、北京、杭州等地。

1999年4月，"松下""Panasonic"商标被国家工商总局商标局列入《全国重点商标保护名录》，主要使用商品为家用电器。2004年、2005年松下电器均入选"中国最

---

❶ 山东省高级人民法院/(2019) 鲁民终1661号/2019-12-05。http://openlaw.cn。

具影响二十家跨国企业"。自 2008 年连续多年被评为世界 500 强企业。2006 年 10 月 12 日，"Panasonic"商标被国家工商总局商标局认定为电视接收机商品上的驰名商标。2016 年 7 月，国家工商行政管理总局商标评审委员会商评字〔2016〕第 0000066787 号、第 0000066789 号无效宣告请求裁定书将第 135672 号"Panasonic"、第 277103 号"松下"商标认定为驰名商标。

济南松下乐妻电器有限公司（以下简称"松下乐妻"）成立于 2005 年 6 月 29 日，注册资金 500 万元，类型为有限责任公司（自然人投资或控股），经营范围为生产洗衣机、电冰箱、厨房用具、抽油烟机、空调、家用燃气灶、饮水机、热水器、消毒柜；加工：电动自行车；销售：电子产品、五金交电、电动自行车、家用电器、电子元件、非专控通信器材、工业自动化控制设备、制冷设备；家用电器维修，视听工程安装，制冷设备安装、维修、调试，城市及道路照明工程，监控设备安装、调试等。

松下电器向一审法院起诉请求判令松下乐妻立即停止利用现有企业名称实施的不正当竞争行为，并判令松下乐妻变更企业名称，变更后的企业名称不得含有"松下"字样或与其近似的字号并赔偿松下电器经济损失（含松下电器为制止不正当竞争行为支付的合理开支）人民币 15 万元。

一审法院认为，松下乐妻从事家用电器的研发、销售，与松下电器经营的商品重合，属于相同领域的经营主体。松下乐妻成立之时即应知悉松下电器的公司名称及商标的使用情况，仍以"松下"作为字号的主要部分注册使用，具有攀附松下电器知名度的故意，容易引起相关公众的混淆，误认为二者存在特定联系，损害松下电器的利益，属于不正当竞争行为，依法应停止在其企业名称中使用"松下"文字。松下乐妻使用"松下"文字作为企业字号构成不正当竞争，且具有明显过错，依法应当承担停止侵权行为并赔偿损失的民事责任。判决：（1）济南松下乐妻电器有限公司于本判决生效之日起 30 日内停止在其企业名称中使用"松下"文字的不正当竞争行为；（2）济南松下乐妻电器有限公司于本判决生效之日起 10 日内赔偿松下电器产业株式会社经济损失及合理费用共计 8 万元。

松下乐妻不服一审判决，提起上诉。

二审法院认为，松下电器的"松下"字号在松下乐妻登记注册之前，已经在中国家电行业内具有极高的知名度和影响力，应当被认定为《反不正当竞争法》第六条第二款规定的"具有一定影响的企业名称（包括简称、字号等）"。松下乐妻从事家用电器的研发、销售，与松下电器经营的商品重合，属于相同领域的经营主体，构成同业竞争关系。松下乐妻在后登记并在企业名称中使用"松下"作为企业字号的主要部分，具有攀附松下电器知名度的故意，极容易造成相关公众对松下电器与松下乐妻的产品来源产生混淆，误认为二者存在特定关系，损害了松下电器利益，构成不正当竞争。一审判决认定事实清楚，适用法律正确，应予维持。最终判决驳回上诉，维持原判。

一、基本概念

（一）反不正当竞争行为的概念

按照我国 1993 年 12 月 1 日起实施，并于 2019 年 4 月 23 日修订的《反不正当竞争法》第 2 条的规定，不正当竞争行为是指从事商品生产、经营或者提供服务（以下所称商品包括服务）的自然人、法人和非法人组织在生产经营活动中，违反该法规定，扰乱市场竞争秩序，损害其他经营者或者消费者的合法权益的行为。

（二）反不正当竞争法的概念

反不正当竞争法是确认和调整不正当竞争行为及其所引起的各种社会关系的法律规范的总称。我国反不正当竞争法既调整市场主体的竞争关系，也调整竞争管理关系。其中，竞争关系是指市场平等主体之间在竞争过程中形成的社会经济关系，即平等主体之间的市场关系，《反不正当竞争法》通过对禁止不正当竞争行为的规定，确认和保护合法竞争；竞争管理关系是指国家对市场竞争行为的管理关系，《反不正当竞争法》通过确定市场的监督管理机关、监督管理职权、监督管理的对象与方法等，实现国家对市场中不正当竞争行为的管理，从而形成良好的竞争环境，保证市场经济的健康发展。

二、不正当竞争行为的特征

（一）主体具有恶意性

不正当竞争者主观上具有不遵守法律、市场规则、商业惯例以及商业道德的故意，其以获得高额的违法所得为动机进行违法竞争。

（二）手段具有违法性

不正当竞争者通过规避法律或直接违法的不正当商业行为，打击竞争对手、获取非法利益。

（三）结果具有损害性

不正当竞争行为不仅会严重破坏竞争秩序，使得市场功能得不到正常发挥，给社会财富带来巨大的浪费，而且损害了合法经营的竞争对手和消费者的权益，扰乱社会经济秩序。

三、不正当竞争行为的类型

根据我国《反不正当竞争法》的规定，不正当竞争行为主要有以下类型。

（一）混淆行为

在实践中，有的经营者违背诚实信用的竞争原则，试图通过"搭便车""傍名牌"的方式不劳而获，即通过仿冒他人主体标识、他人商品标识等，引人将自己的商品误认为是他人商品或者与他人存在特定联系，以借用他人、他人商品的影响力、美誉度提高自己或自己商品的市场竞争力。造成购买者的误认、混淆，做出错误判断。

下列行为均为混淆行为：①擅自使用与他人有一定影响的商品名称、包装、装潢等相同或者近似的标识；②擅自使用他人有一定影响的企业名称（包括简称、字号等）、社会组织名称（包括简称等）、姓名（包括笔名、艺名、译名等）；③擅自使用他人有一定影响的域名主体部分、网站名称、网页等；④其他足以引人误认为是他人商品或者与他人存在特定联系的混淆行为。

（二） 商业贿赂行为

商业贿赂是指采用财物或者其他手段贿赂交易相对方或与之相关的单位或者个人，以谋取交易机会或者竞争优势。

经营者采用财物或者其他手段贿赂下列单位或者个人，以谋取交易机会或者竞争优势的行为都属于商业贿赂：①交易相对方的工作人员；②受交易相对方委托办理相关事务的单位或者个人；③利用职权或者影响力影响交易的单位或者个人。

当然，经营者在交易活动中，可以以明示方式向交易相对方支付折扣，或者向中间人支付佣金，但应当如实入账，接受折扣、佣金的经营者也应当如实入账。所谓"折扣"，即商品购销中的让利行为，是指经营者在销售商品时，以明示并如实入账的方式给予对方的价格优惠。折扣既可以是支付价款时对价款总额按一定比例即时予以扣除（例如，对购买满一定金额、数量的，当场给予打折），也可以是支付价款总额后再按一定比例予以退还（例如，对完成年度销售指标的，年末给予返点）。所谓"佣金"，是指中间人在商业活动中，因代买、代卖或者介绍买卖而收取的劳务报酬。

经营者的工作人员进行贿赂的，应当认定为经营者的行为；但是，经营者有证据证明该工作人员的行为与为经营者谋取交易机会或者竞争优势无关的除外。

（三） 虚假宣传行为

虚假宣传是指经营者对其商品的性能、功能、质量、销售状况、用户评价、曾获荣誉等作虚假或者引人误解的商业宣传，欺骗、误导消费者。或者通过组织虚假交易等方式，帮助其他经营者进行虚假或者引人误解的商业宣传。

（四） 侵犯商业秘密行为

商业秘密是指不为公众所知悉、具有商业价值并经权利人采取相应保密措施的技术信息、经营信息等商业信息。侵犯商业秘密行为违背了我国《反不正当竞争法》规定的经营者应遵守公认的商业道德的原则，侵权行为者通过侵害竞争对手的无形资产价值，直接损害竞争对手的经济利益，实现自身利益。

《反不正当竞争法》规定，经营者实施下列行为属于侵犯商业秘密行为：①以盗窃、贿赂、欺诈、胁迫、电子侵入或者其他不正当手段获取权利人的商业秘密；②披露、使用或者允许他人使用以前项手段获取的权利人的商业秘密；③违反保密义务或者违反权利人有关保守商业秘密的要求，披露、使用或者允许他人使用其所掌握的商业秘密；④教唆、引诱、帮助他人违反保密义务或者违反权利人有关保守商业秘密的要求，获取、披露、使用或者允许他人使用权利人的商业秘密。

经营者以外的其他自然人、法人和非法人组织实施前款所列违法行为的，视为侵犯商业秘密。第三人明知或者应知商业秘密权利人的员工、前员工或者其他单位、个人实施了侵犯商业秘密的违法行为，仍获取、披露、使用或者允许他人使用该商业秘密的，视为侵犯商业秘密。

（五） 不正当有奖销售行为

正当的有奖销售行为是法律允许的一种竞争方法，但禁止违背了公认的商业道德原则和公平竞争原则的不正当有奖销售行为，根据《反不正当竞争法》第 10 条的规定，不正当有奖销售行为包括：①所设奖的种类、兑奖条件、奖金金额或者奖品等有奖销售信息不明确，影响兑奖；②采用谎称有奖或者故意让内定人员中奖的欺骗方式进行有奖销售；③抽奖式的有奖销售，最高奖的金额超过 5 万元。

（六）商业诋毁行为

商业诋毁行为是指经营者捏造、散布虚伪事实，损害竞争对手的商业信誉、商品声誉的行为。违法经营者通过诋毁行为旨在削弱竞争对手的市场竞争力，为自己谋取不正当利益。

（七）网络领域不正当竞争行为

在网络领域中，不正当竞争行为主要为经营者利用技术手段，通过影响用户选择或者其他方式，实施妨碍、破坏其他经营者合法提供的网络产品或者服务正常运行的行为。例如：①未经其他经营者同意，在其合法提供的网络产品或者服务中，插入链接、强制进行目标跳转；②误导、欺骗、强迫用户修改、关闭、卸载其他经营者合法提供的网络产品或者服务；③恶意对其他经营者合法提供的网络产品或者服务实施不兼容；④其他妨碍、破坏其他经营者合法提供的网络产品或者服务正常运行的行为。

四、对不正当竞争行为的监督

我国县级以上工商行政管理局是市场监督管理的主管部门，通过监督检查及时纠正不正当竞争行为，对违法行为给予行政处罚或者提交司法部门处理，以确保《反不正当竞争法》的有效实施。我国法律赋予工商行政管理机关在查处市场中的不正当竞争行为时，享有以下主要职权：①调查询问权；②查询、复制权；③查封、扣押权；④处罚权。

在检查不正当竞争行为时，监督检查部门工作人员应当出示检查证件，被检查的经营者、利害关系人和证明人应当如实提供有关资料和情况。

国家鼓励、支持和保护一切组织和个人对不正当竞争行为进行社会监督。

五、法律责任

法律责任是指违法者实施违法行为所必须承担的责任，主要为经营者的法律责任。

1. 民事责任

根据我国《反不正当竞争法》第 17 条的规定，经营者违反该法的规定，给他人造成损害的，应当依法承担民事责任。因不正当竞争行为受到损害的经营者的赔偿数额，按照其因被侵权所受到的实际损失确定；实际损失难以计算的，按照侵权人因侵权所获得的利益确定。经营者恶意实施侵犯商业秘密行为，情节严重的，可以在按照上述方法确定数额的 1 倍以上 5 倍以下确定赔偿数额。赔偿数额还应当包括经营者为制止侵权行为所支付的合理开支。

经营者违反《反不正当竞争法》第 6 条（混淆行为）、第 9 条（侵犯商业秘密）规定，权利人因被侵权所受到的实际损失、侵权人因侵权所获得的利益难以确定的，由人民法院根据侵权行为的情节判决给予权利人 500 万元以下的赔偿。

2. 行政责任

根据我国《反不正当竞争法》第 4 章的规定，经营者违反该法规定进行不正当竞争的，应承担相应的行政责任。包括没收违法商品或违法所得、处以罚款，对于违法行为情节严重者可依法吊销其营业执照。

3. 刑事责任

不正当竞争行为的经营者违法程度严重，触犯刑法的，应依法追究刑事责任。

本章主要内容归纳总结图

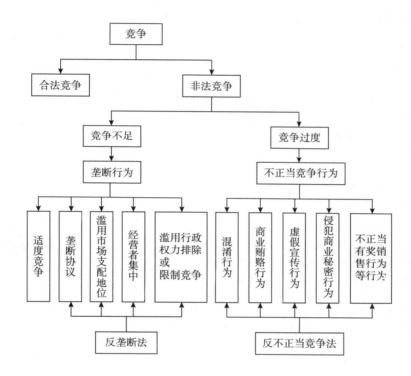

复习思考题

1. 反垄断法的基本原则。
2. 垄断行为的具体表现形式。
3. 不正当竞争行为的表现形式。

推荐阅读

1. 腾讯公司诉奇虎 360 公司不正当竞争纠纷案

北京市第二中级人民法院/（2011）二中民初字第 12237 号/2011. 09. 14

2. 明河社出版有限公司、完美世界（北京）软件有限公司与北京火谷网络科技股

份有限公司、昆仑乐享网络技术有限公司、昆仑万维科技股份有限公司侵害改编权及不正当竞争纠纷案

北京市高级人民法院（2018）京民终226号民事判决书

3. 杭州莫丽斯科技有限公司、奥普家居股份有限公司与浙江风尚建材股份有限公司、浙江现代新能源有限公司、云南晋美环保科技有限公司、盛林君侵害商标权及不正当竞争纠纷案

浙江省高级人民法院（2019）浙民终22号民事判决书

4. 和睦家医疗管理咨询（北京）有限公司与福州和睦佳妇产医院、福州和睦佳妇产医院有限公司侵害商标权及不正当竞争纠纷案

最高人民法院（2018）最高法民再428号民事判决书

5. 克诺尔·伯莱姆斯股份公司与衡水永信制动材料有限公司、衡水永泽制动材料有限公司、克诺尔制动系统有限公司、亚东实业（国际）有限公司、北京辉门进出口有限公司、赵树亮侵害商标权及不正当竞争纠纷案

河北省高级人民法院（2019）冀知民终43号民事判决书

6. 上海冠生园食品有限公司与重庆红伊人食品有限公司、南岸区雅福链食品超市侵害商标权及不正当竞争纠纷案

重庆自由贸易试验区人民法院（2019）渝0192民初6600号民事判决书

7. 广州王老吉大健康产业有限公司与加多宝（中国）饮料有限公司虚假宣传纠纷案

最高人民法院（2017）最高法民再151号民事判决书

8. 华阳新兴科技（天津）集团有限公司与麦达可尔（天津）科技有限公司、王成刚、张红星、刘芳侵害商业秘密纠纷案

最高人民法院（2019）最高法民再268号民事判决书

9. 北京联盟影业投资有限公司与北京小马奔腾壹影视文化发展有限公司、北京小马奔腾文化传媒股份有限公司、安徽广电海豚传媒集团有限公司等不正当竞争纠纷案

北京市高级人民法院（2019）京民终229号民事判决书

10. 湖南快乐阳光互动娱乐传媒有限公司与广州唯思软件股份有限公司不正当竞争纠纷案

广州知识产权法院（2018）粤73民终1022号民事判决书

第十章 商品质量安全法律制度

【本章提示】

商品的质量关系着人的身体健康，必须对商品的质量进行严格的监督管理，由此国家制定了大量有关质量方面的规范性文件，其中尤以《产品质量法》和《食品安全法》为主。本章主要阐述这两部法的主要内容，包括产品质量法的适用范围，产品的定义，产品的质量范畴，缺陷产品的定义，产品责任和产品质量责任的区别，产品责任的免责事由，食品安全法的适用范围，食品安全监管制度，食品生产经营规范等内容。

【重点内容】

1. 产品质量法的适用范围。
2. 产品的界定。
3. 缺陷产品和产品责任。
4. 食品安全监管制度。
5. 食品生产经营规范。

商品质量安全法律制度是指调整商品质量监督管理机构和生产者、销售者之间因商品质量监督管理发生的社会关系，以及生产者、销售者与用户、消费者之间因商品质量安全问题引起损害赔偿而发生的社会关系的法律规范的总称。它是随着现代工业生产的发展而逐步形成和发展起来的，主旨是加强生产者和销售者的责任，保护消费者的利益。

扩充阅读

我国有关商品质量安全的法律规范主要有：《产品质量法》《食品安全法》《农产品质量安全法》《药品管理法》《进出口商品检验法》《商标法》《产品质量监督抽查管理办法》《农产品质量安全监测管理办法》《产品质量申诉处理办法》《食品生产许可管理办法》《餐饮服务食品安全监督管理办法》《食品添加剂生产监督管理规定》《食品标识管理规定》《食品流通许可证管理办法》等。目前，我国以《产品质量法》《食品安全法》为核心，以民事、刑事、行政及其他法规中有关责任条款为补充的商品质量安全的法律体系已初步形成，并日臻完善。

第一节　产品质量法律制度

【案例导入】

北京家乐福商业有限公司马连道店与张某军等买卖合同纠纷❶

2015 年 3 月 13 日和 17 日，张某军在北京家乐福商业有限公司家乐福马连道店购买了法克曼擀面杖（榉木）20 个、木铲（榉木）16 个、胡椒研磨器（木、不锈钢）39 个，产品上标明的执行标准为 GB 19790.2—2005，共计 5809.5 元，后来发现以上商品标签标注的执行标准与实际不符，违反了相关法律规定，后找到商家多次协商无果，至今不予解决，故请求法院依法判决：（1）判令北京家乐福公司、北京家乐福马连道店退还张某军购物款 5809.5 元，并按购物款的 3 倍赔偿原告 17428.5 元，（2）北京家乐福公司、北京家乐福马连道店承担诉讼费。

一审法院审理后认为，GB 19790.2—2005 为一次性筷子第 2 部分：竹筷，该标准规定了一次性竹筷的产品类型、一般要求、检测规则、包装、标志、储存和运输，适用于以原竹为材料，经过加工而成的一次性竹筷。北京家乐福马连道店销售的产品包装所标注的产品标准与实际不符属实，北京家乐福马连道店没有尽到验明产品标识的义务，其对此情况应为明知，故北京家乐福马连道店销售明知是执行标准明显错误的商品，属于欺诈行为。

张某军要求家乐福马连道店退还货款并增加赔偿的请求，于法有据，法院予以支持。判决：（1）北京家乐福商业有限公司、北京家乐福商业有限公司马连道店于判决生效之日起 10 日内返还张某军货款 5809.5 元，张某军于判决生效之日起 10 日内返还北京家乐福商业有限公司马连道店单价为 76.9 元的 "FACKELMANN" 牌胡椒研磨器 39 个，单价为 26.9 元的 "FACKELMANN" 牌榉木铲 16 个，单价为 119 元的 "FACK-ELMANN" 牌榉木擀面杖 20 个；（2）北京家乐福商业有限公司、北京家乐福商业有限公司马连道店于判决生效之日起 10 日内向张某军支付赔偿款 17428.5 元。

北京家乐福马连道店不服一审法院上述民事判决，向北京市第二中级人民法院提起上诉，其主要上诉理由为：一审判决中关于家乐福马连道店销售法克曼产品构成欺诈部分，认定事实不清且适用法律不够准确。（1）对法克曼产品标签是否违反规定，家乐福马连道店不具有判定的专业能力和资质，也没有任何行政机关认定其违法。（2）家乐福马连道店销售法克曼产品的行为，不具有欺诈的主观故意。（3）依据相关法律规定，家乐福马连道店出售的商品如果标签不符合规定，不属于欺诈，其应承担的修理、更换、退货减少价款或报酬等法律责任。（4）依据《产品质量法》第 27 条及第 36 条规定，家乐福马连道店作为销售者对其商品标识的审查范围并不包括对 "产品适用标准" 的审查，其仅为第 27 条规定的形式审查；对产品标准的审查，依据《产品质量法》第 26 条的规定，"产品质量应符合在产品或者其包装上注明采用的产品

---

❶ 北京市第二中级人民法院 2015 年二中民（商）终字第 10726 号。http://openlaw.cn。

标准"是生产者"产品质量责任和义务"。

二审法院认为：张某军在家乐福马连道店购买商品，双方形成的买卖合同关系，系当事人真实意思表示，内容不悖法律法规之强制性规定，合法有效。

家乐福马连道店上诉主张其对产品标识不具有专业的判定能力和资质，亦无审查"产品适用标准"之义务，不应就该商品标识错误承担法律责任，二审法院认为，《产品质量法》明确规定产品或其包装上的标识必须真实，且销售者应当建立并执行进货检查验收制度，验明产品合格证明和其他标识，故家乐福马连道店对其销售商品上的标识是否真实具有法定的检查验收义务，且本案所涉商品中标识的执行标准为公开公布执行的国家标准，家乐福马连道店作为销售者亦应具有查验识别该标识是否名实相符之能力，故本院对其该项上诉理由不予采信。针对家乐福马连道店主张其不具有欺诈之故意，仅应承担更换或退货之法律责任一节，本院认为，家乐福马连道店向张某军出售的产品标识信息不真实，家乐福马连道店亦未提交充分证据证明其已尽法定之审查义务，故对其不具欺诈故意之抗辩，本院不予支持。判决驳回上诉，维持原判。

我国《产品质量法》颁布实施于1993年，这是我国第一次用法律的形式规定产品质量监督管理的模式和产品质量责任制度。2000年，我国对《产品质量法》进行了修改，修改后的《产品质量法》在限制地方保护主义、增加质量监督人员的执法手段、加大对制售假冒伪劣产品的打击力度、近一步保护消费者利益等方面有了重大的改进。2018年12月29日对《产品质量法》又进行了一次修订，但修订的内容不大，主要是将有关"产品质量监督部门及或工商行政管理部门"等机关的名称修改为"市场监督管理部门"。

一、产品质量法的原则

（一）预防原则

预防原则的指导思想是防患于未然。根据这项原则，国家对重要产品设立了安全标准和质量标准，并建立了监督管理产品安全和质量法规实施的机构和检验产品的机构。

（二）保护原则

保护原则是指保护消费者、用户的合法利益。产品质量法采用严格责任原则加强生产者、销售者的责任，更有利于保护消费者。

（三）补偿原则

补偿原则是指当消费者或其财产受到有缺陷的产品损害后应依法得到赔偿。

二、产品质量法的适用范围

我国《产品质量法》第2条规定：本法所称产品是指经过加工、制作，用于销售的产品。建筑工程不适用本法的规定；但是，建设工程使用的建筑材料、建筑构配件和设备，属于前款规定的产品范围的，适用本法规定。这样，我国产品质量法所规定的产品只能是动产。经过加工、制作用于销售的产品是指产品的生产制造者改变原材料、毛坯或半成品的形状、性质、表面状态等，使之达到各种使用要求，从而用于销售的各种商品的总和。未经加工制作的矿产品、初级农产品和水产品不适用于《产品质量法》。

三、产品质量的法律规定

产品质量是指产品应具有的、符合人们需要的各种特性和特征的总和。根据国际标准化组织颁布的 ISO 8402—1994《质量术语》对产品质量的界定，"产品特性"是指产品必须具备规定的，或潜在需要的性能，也即产品自身应固有的安全性、适用性的一般性能，以及可替换性、可维修性等个别性能。

1. 产品内在质量要求

我国《产品质量法》第 26 条规定，产品的内在质量应当符合下列要求：①不存在危及人身、财产安全的不合理的危险，有保障人体健康和人身、财产安全的国家标准、行业标准的，应当符合该标准；②具备产品应当具备的使用性能，但是，对产品使用性能存在瑕疵作出说明的除外；③符合在产品或者包装上注明采用的产品标准；符合以产品说明、实物样品等方式表明的质量状况。

2. 产品外在质量要求

产品外在质量是指对产品外部或者包装上的要求，我国《产品质量法》第 27 条明确规定产品或者其包装上的标识必须真实，并符合下列要求：①有产品质量检验合格证明；②有中文标明的产品名称、生产厂厂名和厂址；③根据产品的特点和使用要求，需要标明产品规格、等级、所含主要成分的名称和含量的，用中文相应予以标明；需要事先让消费者知晓的，应当在外包装上标明，或者预先向消费者提供有关资料；④限期使用的产品应当在显著位置清晰地标明生产日期和安全使用期或者失效日期；⑤使用不当，容易造成产品本身损坏或者可能危及人身、财产安全的产品，应当有警示标志或者中文警示说明。裸装的食品和其他根据产品的特点难以附加标识的裸装产品，可以不附加产品标识。

《产品质量法》第 28 条规定，易碎、易燃、易爆、有毒、有腐蚀性、有放射性等危险物品以及储运中不能倒置和其他有特殊要求的产品，其包装质量必须符合相应要求，依照国家有关规定作出警示标志或者中文警示说明，标明储运注意事项。

四、产品的分类

根据产品的质量是否符合法律的规定，是否满足用户、消费者的要求，以及符合、满足的程度，产品质量可分为合格与不合格两大类。其中不合格产品包括：①瑕疵产品。瑕疵是指产品质量不符合用户、消费者所需的某些要求，但不存在危及人身、他人财产安全的不合理危险，或者未丧失原有的使用价值。产品瑕疵可分为表面瑕疵和隐蔽瑕疵两种。②缺陷产品。我国《产品质量法》第 46 条规定，缺陷是指产品存在危及人身、他人财产安全的不合理的危险；或者是指产品不符合有关保障人体健康和人身、财产安全的国家标准、行业标准的相关规定。包括设计缺陷、制造缺陷和原材料缺陷。③劣质产品。劣质是指其标明的成分的含量与法律规定的标准不符，或已超过有效使用期限的产品。④假冒产品。假冒是指该产品根本未含法律规定的标准的内容，以及非法生产、已经变质的而根本不能作为某产品使用的产品。

五、产品责任及产品质量责任

（一）概念

1. 产品责任

我国《产品质量法》第41条、第42条明确规定，因产品存在缺陷造成人身、缺陷产品以外的其他财产（以下简称"他人财产"）损害的，生产者、销售者应当承担赔偿责任。产品责任一般是民事责任。

2. 产品质量责任

产品质量责任是指生产者、销售者以及其他对产品质量负有责任的人违反我国《产品质量法》的规定所应当承担的法律责任，包括民事责任、行政责任和刑事责任。

（二）责任的承担

1. 产品责任

（1）归责原则。我国《产品质量法》规定，产品责任采取严格责任原则。即产品责任不以当事人是否有疏忽或合同是否有约定而存在，而主要是以产品是否存在不合理的危险加以确定。产品责任应具备两个要素：一是产品存在缺陷；二是缺陷引起了人身或他人财产的损害。

（2）产品责任的承担者。产品责任的承担者主要是产品的生产者，销售者不能指明缺陷产品的生产者也不能指明缺陷产品的供货者的，销售者应当承担赔偿责任。但若是由于销售者的过错使产品存在缺陷，造成人身、他人财产损害的，销售者应当承担赔偿责任。

因产品存在缺陷造成人身、他人财产损害的，受害人可以向产品的生产者要求赔偿，也可以向产品的销售者要求赔偿。

（3）产品责任的排除。有两种情形生产者可以免除承担产品责任。一种情形是生产者能证明有下列情景之一的，不承担赔偿责任：未将产品投入流通；或产品投入流通时，引起损害的缺陷尚不存在；或将产品投入流通时的科技水平尚不能发现缺陷的存在。另一种情形是已过诉讼时效，即《产品质量法》第45条规定："因产品存在缺陷造成损害要求赔偿的诉讼时效期间为2年，自当事人知道或者应当知道其权益受到损害时起计算。因产品存在缺陷造成损害要求赔偿的请求权，在造成损害的缺陷产品交付最初消费者满10年丧失；但是，尚未超过明示的安全使用期的除外。"

（4）产品责任的赔偿范围。赔偿范围分人身伤亡和财产损失。《产品质量法》第44条规定，因产品缺陷造成受害人人身伤害的，侵害人应当赔偿医疗费、治疗期间的护理费、因误工减少的收入等费用；造成残疾的，还应当支付残疾者生活自助用具费、生活补助费、残疾赔偿金以及由其扶养的人所必需的生活费等费用；造成受害人死亡的，并应当支付丧葬费、死亡赔偿金以及由死者生前扶养的人所必需的生活费等费用。因产品缺陷造成受害人财产损失的，侵害人应当恢复原状或者折价赔偿。受害人因此遭受其他重大损失的，侵害人应当赔偿损失。

2. 产品质量责任

产品质量责任是一种综合的法律责任，只要产品的生产、流通、消费等任何一个环节出现违反《产品质量法》规定的产品质量义务的行为或者存在损害的事实，就有可能产生产品质量责任，并不一定在产品使用中有损害事实作为承担责任的要件。产品质量责任的责任主体除了生产者和销售者外，还包括对产品质量有直接责任的个人。产品质量责任除侵权损害赔偿责任以外，其责任形式还有合同责任、行政责任和刑事责任，可以说，产品质量责任是包含产品责任概念在内的一个大的综合的责任概念。产品责任是产品质量责任的内容之一。

**扩充阅读**

冯某顺与重庆市壹品源食品有限责任公司产品责任纠纷❶

2013 年 6 月 6 日，冯某顺在北京家乐福商业有限公司（以下简称"家乐福公司"）双井店购买了壹品源公司生产的壹品源手撕鱿鱼 900 袋（以下简称"涉案产品"），共计花费 10800 元，所有产品系同一生产日期、同一生产批次。

次日，即 2013 年 6 月 7 日，冯某顺将涉案产品样品送至北京锦绣大地技术检测分析中心有限公司（以下简称"锦绣大地中心"）对甲醛进行检测。

2013 年 6 月 9 日，锦绣大地中心出具检测报告，载明"样品名称：手撕鱿鱼；检测项目：甲醛；单位：mg/kg；标准值：不得检出；检测结果：38.94；单项判定：不合格"。

2018 年 5 月 10 日，冯某顺向北京市丰台区人民法院（以下称"丰台法院"）起诉家乐福公司，要求家乐福公司退还货款并 10 倍赔偿、支付误时费。

丰台法院于 2018 年 12 月 25 日作出（2018）京 0106 民初 18361 号民事判决书，认为现有证据不足以证明家乐福公司明知涉案产品不符合食品安全标准而进行销售，驳回了冯某顺要求 10 倍赔偿的诉讼请求。

后冯某顺上诉至北京市第二中级人民法院，该院于 2019 年 2 月 29 日作出（2019）京 02 民终 3880 号民事判决书，驳回冯某顺上诉，维持原判。

2019 年冯某顺向北京市朝阳区人民法院起诉重庆市壹品源食品有限责任公司要求其承担产品责任，主张 10 倍赔偿及误时费。

一审法院认为，根据《食品安全法》《消费者权益保护法》及《产品质量法》的相关规定，消费者向销售者或生产者主张赔偿损失的，均需以消费者因产品受到损害为前提，也即单纯的购买行为并不构成相关损害赔偿条款的适用条件。根据冯某顺的自述，其大量购买涉案产品并非自用，而系献爱心捐献给孤儿院，且其购买后通过快递及自行携带等方式带回哈尔滨，并已向孤儿发放；但根据本案查明的事实，冯某顺在购买 900 袋涉案产品后，次日便将产品样品进行送检，锦绣大地中心于第三日便出具检测报告。冯某顺的陈述与一审法院查明的事实相矛盾，亦不符合正常消费者的消

---

❶ 北京市第三中级人民法院：（2020）京 03 民终 4656 号。http://openlaw.cn.

费习惯，加之冯某顺并未就其因食用涉案产品受到损害进行举证，一审法院认为冯某顺应就其诉请符合 10 倍赔偿金及误时费的适用条件承担举证责任。但其未能举出相应的证据，故，冯某顺的诉讼请求缺乏事实依据，一审法院不予支持。

冯某顺不服该判决，遂上诉，二审法院认为，当事人对自己提出的诉讼请求所依据的事实或者反驳对方诉讼请求所依据的事实，应当提供证据加以证明；在作出判决前，当事人未能提供证据或者证据不足以证明其事实主张的，由负有举证证明责任的当事人承担不利的后果。本案中，冯某顺主张 10 倍赔偿的请求权基础为《食品安全法》第 148 条。冯某顺主张涉案产品不符合食品安全标准，但其目前提交的证据不足以证明涉案产品中检出的甲醛系违法添加，其主张涉案产品不符合食品安全标准缺乏依据。此外，冯某顺亦未就其因食用涉案产品受到损害进行举证，故冯某顺的请求缺乏依据。一审法院驳回其诉讼请求并无不当，本院予以维持。综上所述，冯某顺的上诉请求不能成立，应予驳回；一审判决认定事实清楚，适用法律正确，应予维持。

六、产品质量的监督管理

（一）产品质量监督管理机构

国务院产品质量监督部门主管全国产品质量监督工作。国务院有关部门在各自的职责范围内负责产品质量监督工作。县级以上地方产品质量监督部门主管本行政区域内的产品质量监督工作。

（二）产品质量管理制度

国家鼓励推行企业质量体系认证制度和产品质量认证制度。企业可自愿申请企业质量体系认证和产品质量认证。

1. 企业质量体系认证制度

根据《产品质量法》第 14 条的规定，企业质量体系认证制度主要包括以下内容：①认证依据。认证依据为国际通用的质量管理标准。②认证原则。认证原则为自愿申请原则。③认证机构。认证机构必须是国务院产品质量监督管理部门认可的或授权部门认可的机构。④认证对象。认证的对象是企业质量体系，即企业的生产经营目标、生产过程、组织系统等。认证机构颁发的企业质量体系认证证书，其标志只能用在企业上，不能用在产品上。

2. 产品质量认证制度

产品质量认证制度是一种提供商品信誉的标志制度，是对社会和消费者所作出的一种质量明示担保。根据《产品质量法》第 14 条的规定，企业根据自愿原则可以向国务院产品质量监督部门认可的或者国务院产品质量监督部门授权的部门认可的认证机构申请产品质量认证。

（三）产品质量监督检查方法

国家对产品质量实行以抽查为主要形式的监督检查方法。

抽查的重点包括：①可能危及人体健康和人身、财产安全的工业产品，如易燃易爆品、医疗器械、压力容器等。对于这些产品我国同时实行生产许可证制度加以管理。

②影响国计民生的重要工业产品，如钢材、水泥、机电产品、化肥等工业品生产资料。

③消费者、有关组织反映有质量问题的产品。

第二节　食品安全法律制度

【案例导入】

北京木易和风餐饮有限公司与姜某剑买卖合同纠纷❶

2017 年 6 月 5 日，姜某剑出于个人消费原因从木易和风公司购买了两瓶久保田万寿清酒，单价 2288 元，合计 4576 元，该清酒瓶身贴有日文标签，标明"100% 使用新潟县产大米"、生产厂商为"朝日酒造株式会社"，其地址位于"新潟县长冈市超日 880 – 1"；该清酒瓶身无中文标签。姜某剑购买后发现木易和风公司销售给姜某剑德清酒属于日本辐射区进口的食品。国家质量监督检验检疫总局《关于进一步加强从日本进口食品农产品检验检疫监督的公告》（总局 2011 年第 44 号公告）"禁止从日本福岛县、群马县、栃木县、茨城县、宫城县、山形县、新潟县、长野县、山梨县、埼玉县、东京都、千叶县等 12 个都县进口食品、食用农产品及饲料"。

姜某剑认为其购买的清酒属于新潟县进口的食品，属于不符合食品安全要求的食品，且未加贴中文标签，故根据《食品安全法》第 148 条的规定，诉至法院：（1）请求法院依法判令木易和风公司退还所有货款 4576 元；（2）请求法院依法判令木易和风公司承担相当于货款 10 倍的赔偿额 45760 元；（3）本案诉讼费由木易和风公司承担。

一审法院认为：消费者是相对于生产经营者即生产者和销售者的概念，只要在市场交易中购买、使用商品是为了个人、家庭生活需要，而不是为了生产经营需要的，就应当认定为消费者，法律并没有对消费者的主观购买动机作出限制性规定，其合法权益就应当受消费者权益保护法、食品安全法的保护。本案中，虽然木易和风公司主张姜某剑系为牟利购买商品，具有主观恶意，并非真正的消费者，也不能据此否定姜某剑的消费者身份，其合法权益应依法予以保护。其次，在本案中，木易和风公司销售没有中文标签的清酒不符合食品安全标准，且涉案清酒进口于国家质检总局严令禁止进口的地区，严重影响消费者饮食安全和健康。再者，木易和风公司作为经营者负有保证所销售的食品符合食品安全的法定义务，应当对其销售的产品尽到高度审慎的注意义务，严格按照食品安全的要求采购和销售食品。木易和风公司销售的涉案商品不符合食品安全的相关国家标准，木易和风公司销售涉案商品的行为，属于销售明知不符合食品安全标准的食品。故判决（1）木易和风公司于判决生效之日起 7 日内退还姜某剑货款 4576 元；（2）木易和风公司于判决生效之日起 7 日内赔偿姜某剑 45760 元。

木易和风公司不服，提起上诉，二审法院认为：

（1）关于姜某剑是否具有消费者身份，"知假买假"的食品购买人是否有权主张"十倍价款赔偿"。《消费者权益保护法》第 2 条规定："消费者为生活消费需要购买、

❶ 北京市第三中级人民法院（2018）京 03 民终 8136 号。http://openlaw.cn.

使用商品或者接受服务，其权益受本法保护；本法未作规定的，受其他有关法律、法规保护。"该条是对《消费者权益保护法》适用范围的调整，不是对消费者身份的定义，经营者不能以此条的规定否认购买者具有消费者的身份。

本案在一审、二审诉讼过程中，木易和风公司并没有提供充分的证据证明姜某剑购买涉案食品不是出于生活消费的目的，也没有充分的证据证明姜某剑购买涉案食品是用于转售或者生产经营。至于购买动机是否用于牟利，在现有法律规定下，无法用来否认购买者的消费者身份。

故二审法院确认姜某剑系普通消费者，其购买涉案食品的行为属于《消费者权益保护法》《食品安全法》的调整范围。

（2）涉诉商品是否属于不符合食品安全标准的食品。我国的食品安全法采纳的食品安全标准均非狭义的"食品安全"标准，即并非只要是"无毒、无害、有营养"食品就是符合食品安全标准的食品，而是一个广义的概念，包括卫生标准、营养标准、标签标准等多个方面的强制性标准，只有符合全部强制性标准的食品才属于符合食品安全法规定的安全食品。本案中，木易和风公司销售没有中文标签的清酒不符合食品安全标准，且涉案清酒进口于国家质检总局严令禁止进口的地区，严重影响消费者饮食安全和健康。

（3）木易和风公司是否应当承担十倍价款的赔偿责任。木易和风公司作为经营者负有保证所销售的食品符合食品安全的法定义务，应当对其销售的产品尽到高度审慎的注意义务，严格按照食品安全的要求采购和销售食品。其销售的涉案商品不符合食品安全的相关国家标准，其销售涉案商品的行为，属于销售明知不符合食品安全标准的食品。故木易和风公司应向姜某剑退还货款4576元，并10倍赔偿45760元。

二审法院判决驳回上诉，维持原判。

食品安全法律制度主要以2009年6月1日起施行历经2015年和2018年两次修订的《食品安全法》和2009年7月20日起施行历经2016年和2019年两次修订的《食品安全法实施条例》为核心，配套其他相关法律法规构成。

一、《食品安全法》的适用范围

按照《食品安全法》第150条的规定，食品是指各种供人食用或者饮用的成品和原料以及按照传统既是食品又是药品的物品，但是不包括以治疗为目的的物品。按照《食品安全法》第2条的规定，在我国境内所进行的与食品相关的生产、经营行为，都要遵循食品安全法律的规定。即食品生产和加工；食品销售和餐饮服务；食品添加剂的生产经营；用于食品的包装材料、容器、洗涤剂、消毒剂和用于食品生产经营的工具、设备的生产经营等，都必须遵循食品安全法律制度的相关规定。但供食用的源于农业的初级产品（以下称"食用农产品"）的质量安全管理，遵守《农产品质量安全法》的规定。

《食品安全法》同时又规定，转基因食品和食盐的食品安全管理，除法律、行政法规另有规定外，亦适用本法。

二、食品安全监管制度

（一）监管部门

国家组建国家食品药品监督管理总局，对生产、流通、消费环节的食品安全和药品的安全性、有效性实施统一监督管理等。

（二）食品安全风险监测和评估制度

1. 食品安全风险监测制度

根据《食品安全法》第 14 条的规定，食品安全风险监测制度是指对食源性疾病、食品污染以及食品中的有害因素进行监测的制度。该制度由国务院卫生行政部门会同国务院有关部门制定、实施。

2. 食品安全风险评估制度

根据《食品安全法》第 17 条的规定，食品安全风险评估制度是指对食品、食品添加剂、食品相关产品中生物性、化学性和物理性危害因素进行风险评估的制度。国务院卫生行政部门负责组织食品安全风险评估工作，成立由医学、农业、食品、营养、生物、环境等方面的专家组成的食品安全风险评估专家委员会进行食品安全风险评估。《食品安全法》第 21 条明确，食品安全风险评估结果是制定、修订食品安全标准和实施食品安全监督管理的科学依据。

《食品安全法》第 18 条明确，国务院卫生行政部门通过食品安全风险监测或者接到举报发现食品、食品添加剂、食品相关产品可能存在安全隐患的，应当立即组织进行食品安全风险评估。

（三）食品安全标准

《食品安全法》第 25 条明确，食品安全标准是强制执行的标准。除食品安全标准外，不得制定其他的食品强制性标准。

扩充阅读

《食品安全法》第 27 条明确，食品安全国家标准由国务院卫生行政部门会同国务院食品安全监督管理部门制定、公布。食品中农药残留、兽药残留的限量规定及其检验方法与规程由国务院卫生行政部门、国务院农业行政部门会同国务院食品安全监督管理部门制定。屠宰畜、禽的检验规程由国务院农业行政部门会同国务院卫生行政部门制定。

《食品安全法》第 29 条明确，对地方特色食品，没有食品安全国家标准的，省、自治区、直辖市人民政府卫生行政部门可以制定并公布食品安全地方标准，报国务院卫生行政部门备案。食品安全国家标准制定后，该地方标准即行废止。

《食品安全法》第 31 条明确，省级以上人民政府卫生行政部门应当在其网站上公布制定和备案的食品安全国家标准、地方标准和企业标准，供公众免费查阅、下载。对食品安全标准执行过程中的问题，县级以上人民政府卫生行政部门应当会同有关部门及时给予指导、解答。

（四）食品召回制度

《食品安全法》第 63 条明确，国家建立食品召回制度。食品生产者发现其生产的食品不符合食品安全标准或者有证据证明可能危害人体健康的，应当立即停止生产，召回已经上市销售的食品，通知相关生产经营者和消费者，并记录召回和通知情况。

食品经营者发现其经营的食品不符合食品安全标准，应当立即停止经营，通知相关生产经营者和消费者，并记录停止经营和通知情况。食品生产者认为应当召回的，应当立即召回。食品生产经营者应当对召回的食品采取补救、无害化处理、销毁等措施，并将食品召回和处理情况向县级以上质量监督部门报告。

（五）食品检验制度

我国对食品实施检验制度。有关食品药品监督管理部门应对食品进行定期或者不定期的抽样检验。对食品不得实施免检。

食品检验机构按照国家有关认证认可的规定取得资质认定后，方可从事食品检验活动。食品检验由食品检验机构指定的检验人独立进行。食品检验实行食品检验机构与检验人负责制。食品检验报告应当加盖食品检验机构公章，并有检验人的签名或者盖章。食品检验机构和检验人对出具的食品检验报告负责。

（六）食品安全信息统一公布制度

国家食品安全总体情况、食品安全风险警示信息、重大食品安全事故及其调查处理信息和国务院确定需要统一公布的其他信息由国务院食品安全监督管理部门统一公布。食品安全风险警示信息和重大食品安全事故及其调查处理信息的影响限于特定区域的，也可以由有关省、自治区、直辖市人民政府食品安全监督管理部门公布。未经授权不得发布上述信息。

三、食品生产经营

（一）食品生产经营的准入

1. 许可制度

《食品安全法》第 35 条明确，国家对食品生产经营实行许可制度。从事食品生产、食品销售、餐饮服务，应当依法取得许可。食品生产经营者应当在依法取得相应的许可后，方可办理工商登记。

食品生产许可、食品流通许可和餐饮服务许可的有效期为 5 年。

2. 生产经营条件

食品生产经营应当符合食品安全标准，国家主要从生产经营场所、与生产经营的食品品种数量相适应的生产经营设备或者设施、食品安全专业技术人员及管理人员、保证食品安全的规章制度、设备布局和工艺流程、餐具与饮具和盛放直接入口食品的容器、贮存及运输和装卸食品的容器、工具和设备、包装材料、用水及洗涤剂和消毒剂等方面对食品的生产经营进行了严格的规定。

（二）生产经营行为规范

（1）禁止行为。禁止生产经营有毒有害等不合格食品。

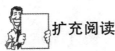

扩充阅读

根据《食品安全法》第34条的规定，有毒有害等不合格食品主要指：①用非食品原料生产的食品或者添加食品添加剂以外的化学物质和其他可能危害人体健康物质的食品，或者用回收食品作为原料生产的食品；②致病性微生物，农药残留、兽药残留、生物毒素、重金属等污染物质以及其他危害人体健康的物质含量超过食品安全标准限量的食品、食品添加剂、食品相关产品；③用超过保质期的食品原料、食品添加剂生产的食品、食品添加剂；④超范围、超限量使用食品添加剂的食品；⑤营养成分不符合食品安全标准的专供婴幼儿和其他特定人群的主辅食品；⑥腐败变质、油脂酸败、霉变生虫、污秽不洁、混有异物、掺假掺杂或者感官性状异常的食品、食品添加剂；⑦病死、毒死或者死因不明的禽、畜、兽、水产动物肉类及其制品；⑧未按规定进行检疫或者检疫不合格的肉类，或者未经检验或者检验不合格的肉类制品；⑨被包装材料、容器、运输工具等污染的食品、食品添加剂；⑩标注虚假生产日期、保质期或者超过保质期的食品、食品添加剂等不符合法律、法规或者食品安全标准的食品、食品添加剂、食品相关产品。

（2）建立食品安全管理制度。

（3）建立并执行从业人员健康管理制度。

扩充阅读

《食品安全法》第45条明确，食品生产经营者应当建立并执行从业人员健康管理制度。患有国务院卫生行政部门规定的有碍食品安全疾病的人员，不得从事接触直接入口食品的工作。从事接触直接入口食品工作的食品生产经营人员应当每年进行健康检查，取得健康证明后方可上岗工作。

《食品企业通用卫生规范2017》第6.3.1.3条明确，患有痢疾、伤寒、甲型病毒性肝炎、戊型病毒性肝炎等消化道传染病，以及患有活动性肺结核、化脓性或者渗出性皮肤病等有碍食品安全的疾病的人员，或有明显皮肤损伤未愈合的，应当调整到其他不影响食品安全的工作岗位。

（4）建立查证查验制度。食品生产经营者在采购食品原料、食品等产品时，应查验供货者的生产经营许可证和产品合格证明等证明文件。

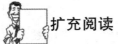

扩充阅读

《食品安全法》第51条明确，食品生产企业应当建立食品出厂检验记录制度，查验出厂食品的检验合格证和安全状况，如实记录食品的名称、规格、数量、生产日期或者生产批号、保质期、检验合格证号、销售日期以及购货者名称、地址、联系方式等内容，并保存相关凭证。记录和凭证保存期限应当符合本法第50条第2款的规定。

第52条明确，食品、食品添加剂、食品相关产品的生产者，应当按照食品安全标准对所生产的食品、食品添加剂、食品相关产品进行检验，检验合格后方可出厂或者销售。

第 53 条明确，食品经营者采购食品，应当查验供货者的许可证和食品出厂检验合格证或者其他合格证明（以下称合格证明文件）。

食品经营企业应当建立食品进货查验记录制度，如实记录食品的名称、规格、数量、生产日期或者生产批号、保质期、进货日期以及供货者名称、地址、联系方式等内容，并保存相关凭证。记录和凭证保存期限应当符合本法第 50 条第 2 款的规定。

实行统一配送经营方式的食品经营企业，可以由企业总部统一查验供货者的许可证和食品合格证明文件，进行食品进货查验记录。

从事食品批发业务的经营企业应当建立食品销售记录制度，如实记录批发食品的名称、规格、数量、生产日期或者生产批号、保质期、销售日期以及购货者名称、地址、联系方式等内容，并保存相关凭证。记录和凭证保存期限应当符合本法第 50 条第 2 款的规定。

（5）遵守食品贮存制度。《食品安全法》第 54 条明确，食品经营者应当按照保证食品安全的要求贮存食品，定期检查库存食品，及时清理变质或者超过保质期的食品。食品经营者贮存散装食品，应当在贮存位置标明食品的名称、生产日期或者生产批号、保质期、生产者名称及联系方式等内容。

（6）符合食品标签要求。《食品安全法》第 67 条至第 72 条，对预包装食品、散装食品、转基因食品、食品添加剂的标签事宜进行了规范。

扩充阅读

标签应当标明下列事项：①名称、规格、净含量、生产日期；②成分或者配料表；③生产者的名称、地址、联系方式；④保质期；⑤产品标准代号；⑥贮存条件；⑦所使用的食品添加剂在国家标准中的通用名称；⑧生产许可证编号；⑨法律、法规或者食品安全标准规定应当标明的其他事项。

专供婴幼儿和其他特定人群的主辅食品，其标签还应当标明主要营养成分及其含量。

食品经营者销售散装食品，应当在散装食品的容器、外包装上标明食品的名称、生产日期或者生产批号、保质期以及生产经营者名称、地址、联系方式等内容。

四、食品安全事故处置

（一）事前防范

1. 制定应急预案

《食品安全法》第 102 条明确，国务院组织制定国家食品安全事故应急预案。县级以上地方人民政府应当根据有关法律、法规的规定和上级人民政府的食品安全事故应急预案以及本地区的实际情况，制定本行政区域的食品安全事故应急预案，并报上一级人民政府备案。

2. 制订处置方案

食品生产经营企业应当制订食品安全事故处置方案，定期检查本企业各项食品安全防范措施的落实情况，及时消除食品安全事故隐患。

（二）事中和事后处置

《食品安全法》第 103 条明确，发生食品安全事故的单位应当立即予以处置，防止事故扩大。事故发生单位和接收病人进行治疗的单位应当及时向事故发生地县级卫生行政部门报告。县级以上人民政府农业行政等部门在日常监督管理中发现食品安全事故，或者接到事故举报，应当立即向同级食品安全监督管理部门通报。

发生食品安全事故，接到报告的县级人民政府食品安全监督管理部门应当按照应急预案的规定向本级人民政府和上级人民政府食品安全监督管理部门报告。县级人民政府和上级人民政府食品安全监督管理部门应当按照应急预案的规定上报。

任何单位和个人不得对食品安全事故隐瞒、谎报、缓报，不得隐匿、伪造、毁灭有关证据。

本章主要内容归纳总结图

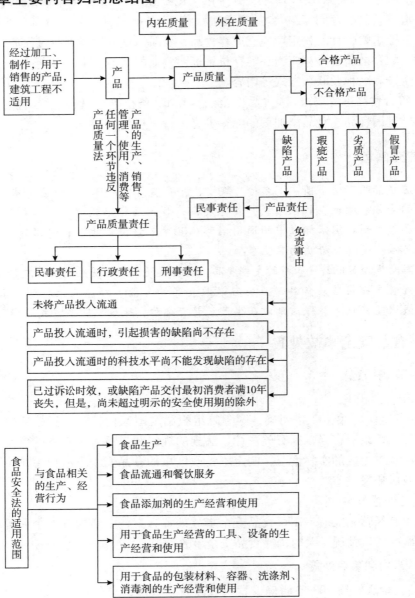

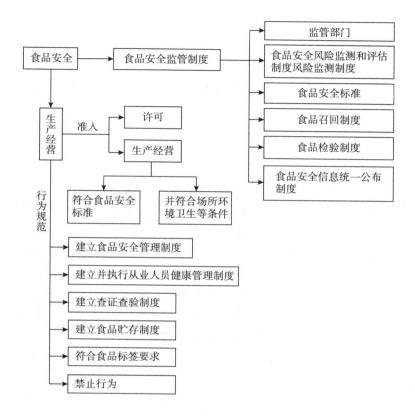

复习思考题

1. 《产品质量法》中产品的定义及范围。
2. 缺陷产品的概念。
3. 有关免除生产者产品责任的法律规定。
4. 食品安全监管制度的内容。
5. 食品生产经营者的义务及行为规范。

推荐阅读

1. 钟先江与北京物美大卖场商业管理有限公司高米店北店买卖合同纠纷案
   北京市第二中级人民法院/（2019）京02民终14396号/2019.11.29

2. 刘长海与深圳沃尔玛百货零售有限公司哈尔滨友谊路分店买卖合同纠纷案
   黑龙江省哈尔滨市中级人民法院/（2017）黑01民终539号/2017.02.13

3. 朱德全与沈阳金贝氏生物科技有限公司产品责任纠纷案
   广东省广州市中级人民法院/（2015）穗中法民二终字第2037号/2015.12.23

4. 江苏瑞智精密机械制造有限公司与上海普睿玛智能科技有限公司买卖合同纠纷案
   上海市第一中级人民法院/（2019）沪01民终15500号/2020.01.20

5. 周磊与北京天地行者户外用品店网络购物合同纠纷案
   北京市第四中级人民法院/（2020）京04民终257号/2020.07.29

第十一章　工业产权保护法律制度

【本章提示】

在知识经济时代，各类智力成果在促进经济发展、改善人类生活中的作用日益突出。各国都特别重视对于智力成果的法律保护，这种法律保护被视为是"在智慧的火焰上添加了利益的燃料"。工业产权就是其中重要的组成部分。本章主要介绍我国的工业产权法律制度，首先，概括介绍工业产权及工业产权法的概念；其次，介绍我国专利法律制度，包括专利与专利法的概念，专利权的客体和主体，专利授予的条件和程序，专利权人的权利与义务，专利的实施，专利权的保护等；再次，介绍我国商标法律制度，包括商标和商标法的概述，商标注册，商标权的内容，商标侵权行为，商标权的消灭，对驰名商标的特殊规定等；最后，简要介绍了工业产权的国际法律制度。

【重点内容】

1. 工业产权的特点。
2. 专利权的主体。
3. 专利授予的条件。
4. 专利强制实施。
5. 商标注册的条件。
6. 商标权的消灭。
7. 驰名商标。

第一节　工业产权概述

一、工业产权的概念

工业产权是指人们对应用于商品生产和流通中的发明创造和商业性标记等，依法在一定地域和期限内享有的专有权利。工业产权与版权（亦称著作权）共同构成知识产权的主要内容。

工业产权包括发明、实用新型、外观设计、商标、服务标记、厂商名称、货源标记或者原产地名称以及制止不正当竞争的权利。我国所称的工业产权，主要是指商标权和专利权。

二、工业产权的特征

（一）工业产权的客体是智力成果

工业产权不同于一般的有形财产权利，其权利客体是无形的智力成果。所谓智力成果，又称知识产品，是指人们通过智力劳动创造的，具有一定表现形式的成果。其具有以下特性：①非物质性；②创造性；③可感知性和可复制性。

（二）工业产权具有专有性

专有性即排他性。法律规定工业产权是国家赋予专利权人、商标专用权人，在一定期限内对其发明专利和注册商标享有的独占、使用、收益和处分的权利。

（三）工业产权具有时间性

在法律规定的期间内，工业产权受到法律的保护。当法律规定的期限届满后，权利的客体即其智力成果将进入公有领域，为社会公众无偿使用，并且使用前无需再征求原有权利人的同意。

（四）工业产权具有地域性

工业产权的地域性指的是根据某国法律而取得的工业产权只在该国内受到保护，权利的效力不及于他国，他国没有承认和保护该权利的义务。也就是说，工业产权没有域外效力。

三、工业产权法的概念和立法概况

工业产权法是调整因确认、保护、转让和使用工业产权而发生的各种社会关系的法律规范的总称。我国对工业产权的保护，在改革开放之后进入了崭新阶段。1983年制定实施《商标法》（1993年第一次修订、2001年第二次修订、2013年第三次修订、2019年第四次修订），1985年实施《专利法》（1992年第一次修订、2000年第二次修订、2008年第三次修订、2020年第四次修订），1993年实施《反不正当竞争法》（2017年第一次修订、2019年第二次修订），1997年实施《植物新品种保护条例》（2013年第一次修订、2014年第二次修订），2001年实施《集成电路布图设计保护条例》，通过这一系列法律法规的颁布施行，我国建立了较为健全的工业产权法律体系。

在健全国内法体系的同时，我国不断参加工业产权保护的国际公约。1980年加入《建立世界知识产权组织公约》，1985年加入《保护工业产权巴黎公约》（简称《巴黎公约》），1989年加入《商标国际注册马德里协定》（简称《马德里协定》），1994年加入《专利合作条约》。2001年我国加入世界贸易组织，《与贸易有关的知识产权协定》开始在我国适用，我国在更大范围内承担起相应的国际义务。

第二节 专利法律制度

【案例导入】

2017年10月19日，重庆川东化工通过受让方式获得"用过磷酸酸化甲酸钠生产甲酸联产各种磷酸钠盐的方法"专利权，并用此专利与公司传统技艺结合，成为公司的核心竞争力。2018年，公司原总经理兼副总工程师左某和原甲酸车间主任唐某高薪受聘于四川省绵阳市启明星磷化工有限公司，并将公司专利技术一起带走，之后投入市场，造成重庆川东化工巨大损失。

请问：左某、唐某是否构成专利侵权？如果构成，应承担何种法律责任？

一、专利和专利法的概念

（一）专利的概念

专利一词，通常有两种含义。

（1）专利是专利权的简称。它是指国家专利机关依法授予发明创造者或者其所在单位，在一定期限内对其发明创造享有的专有权。它是国家主管机关授予发明人或申请人在生产经营其发明创造并禁止他人生产经营其发明创造的某种特权，是对发明创造的独占的排他权。

（2）专利是指国家主管机关颁发的授予专利权的官方证明文件，即专利证书，其重要部分为记载发明创造内容的专利说明书。

（二）专利法的概念

专利法是调整因确认和保护发明创造的所有权，以及利用发明创造而产生的各种社会关系的法律规范的总称。

狭义的专利法专指《专利法》。广义的专利法还包括《专利法实施细则》《专利代理条例》等专利行政法规、规章，以及我国已参加的有关专利权保护的国际公约、条约等。

二、专利权的客体和主体

（一）专利权的客体

专利权的客体，是指专利法保护的对象，即依法可以取得专利权的发明创造。我国《专利法》所称的发明创造，是指发明、实用新型和外观设计。

1. 发明

发明是指对产品、方法或者其改进所提出的新的技术方案。发明必须是一种技术方案，是发明人将自然规律在特定技术领域进行运用和结合的结果，而不是自然规律本身，因而科学发现不属于发明范畴。同时，发明是自然科学领域的智力成果，文学、艺术和社会科学领域的成果也不能构成专利法意义上的发明。

发明分为产品发明、方法发明两种。产品发明是关于新产品或新物质的发明。这种产品或物质是自然界从未有过的，是人利用自然规律作用于特定事物的结果。非经加工制造的天然物不能申请专利。方法发明是指为解决某特定技术问题而采用的手段和步骤的发明。能够申请专利的方法通常包括制造方法和操作使用方法两大类，前者如产品制造工艺、加工方法等，后者如测试方法、产品使用方法等。

2. 实用新型

实用新型是指对产品的形状、构造或者二者的结合所提出的适于实用的新的技术方案。产品的形状是指产品所具有的、可以从外部观察到的确定的空间形状。产品的构造是指产品的各个组成部分的安排、组织和相互关系。它可以是机械构造，也可以是线路构造。

实用新型与发明的主要区别在于：发明既包括产品发明也包括方法发明。而实用新型不包括方法，也不包括不具有确定形状和立体结构的物品的产品发明。

3. 外观设计

外观设计是指对产品的整体或者局部的形状、图案或者其结合以及色彩与形状、图案的结合所作出的富有美感并适于工业应用的新设计。形状是指对产品造型的设计，也就是指产品外部的点、线、面的移动、变化、组合而呈现的外表轮廓，可以是平面或立体轮廓，即所占的空间形状；图案是指作为装饰而加于产品表面的花色图样、线条等；色彩是指产品表面所用的颜色或者颜色的组合，制造该产品所用材料的本色不是外观设计的色彩。外观设计必须能与产品相结合并能够用于生产经营目的的制造或生产，且富有美感才是专利法意义上的外观设计。

4. 对专利权客体的限制

我国《专利法》根据我国的国情，并参照世界各国有关法律规定，对专利权客体的范围作了某些限制性的规定。

（1）违反法律、社会公德或妨碍社会公共利益的，不受专利法保护。包括某发明创造本身的目的并不违法，但其实施可能破坏社会公德或妨碍社会公共利益的，也不受专利法的保护。

（2）对违反法律、行政法规的规定获取或者利用遗传资源，并依赖该遗传资源完成的发明创造，不授予专利权。

（3）不具有技术特征的发现和方法。我国专利法中的发明创造必须具有技术特征和对自然规律利用的特征。

《专利法》第25条明确，下列各项发现或方法不授予专利权：科学发现；智力活动的规则和方法；疾病的诊断和治疗方法；动物和植物品种；原子核变换方法以及用原子核变换方法获得的物质；对平面印刷品的图案、色彩或者二者的结合作出的主要起标识作用的设计。但对于动物和植物品种的生产方法，可以授予专利权。其中，智力活动的规则和方法，是指人们进行推理、分析、判断、记忆等思维活动的规则和方法，如游戏规则等。

（二）专利权的主体

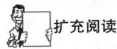

扩充阅读

公司甲与业余发明人乙订立了一份技术开发协议，约定由乙为甲开发完成一项电冰箱温控装置技术，由甲为乙提供技术开发资金、设备、资料等，并支付报酬。在约定的时间内乙完成了合同约定的任务，并按约定将全部技术资料和权利都交给了甲公司。此外，乙在完成开发任务的过程中，还开发出了一项附属技术 T，并以自己的名义就技术 T 申请专利。甲公司知道此事后，认为技术 T 的专利申请权应归甲公司所有，因此，甲、乙双方就技术 T 的专利申请权归属发生争议。

专利权的主体，包括专利申请权人、专利权人。其中，专利申请权人是指可以申请专利权的单位和个人，包括发明人和设计人所属单位、非职务发明中的发明人和设计人、受让人。专利权人是指享有专利权并承担相应义务的单位和个人。专利申请权人的专利申请经批准后就成为专利权人。此外，其他人经过合法转让也可以成为专利权人。

根据《专利法》的规定，发明人、设计人是指对发明创造的实质性特点做出了创造性贡献的自然人。在完成发明创造的过程中，只负责组织工作的人、为物质技术条件的利用提供方便的人或者从事其他辅助性工作的人均不是发明人或设计人。其中，发明人是指发明的完成人，设计人是指实用新型或外观设计的完成人。发明人、设计人不可能是单位。因为发明创作是通过自然人大脑的思维而完成的创造结果。依法理，发明创造属于客观的事实行为，不是法律行为，因此任何自然人，均可以成为发明人、设计人。

专利申请权人、专利权人具体包括以下几类。

1. 发明人、设计人所属的单位

发明人、设计人在执行本单位的任务或者主要是利用本单位的物质技术条件所完成的发明创造为职务发明创造。

执行本单位任务是指：①在本职工作中做出的发明创造。本职工作应当是发明人或设计人的职务范围，即工作责任的范围，不是指单位的业务范围，也不是指个人所学专业的业务范围。②履行本单位交付的本职工作以外的任务所做出的发明创造。其中，本职工作以外的任务主要是指工作人员根据单位领导的要求承担比较短期或临时的任务。这样的任务与发明人的本职工作在性质和内容上可能有联系，也有可能没有任何联系。③退休、调离原单位后或者劳动、人事关系终止后一年内做出的，与其在原单位承担的本职工作或原单位分配的任务有关的发明创造。

其中的本单位，包括临时工作单位；"本单位的物质技术条件"是指本单位的资金、设备、零部件、原材料或者不对外公开的技术资料等，"主要是"的意思是指完成发明创造所需的物质技术条件多数或主要部分取自本单位，本单位的物质技术条件对发明创造的完成起了主要的作用。

对于职务发明创造，如果单位与发明人或者设计人订有合同，对申请专利的权利和专利权的归属作出约定的，从其约定。没有约定或约定不明的，原则上来说，职务发明创造的专利申请权和取得的专利权归发明人或设计人所在的单位。发明人或设计人享有署名权和获得奖金、报酬的权利。

扩充阅读

根据《专利法》的规定，发明人或设计人享有署名权和获得奖金、报酬的权利是指发明人和设计人有权在专利申请文件及有关专利文献中注明自己是发明人或设计人；被授予专利权的单位应当按规定向职务发明创造的发明人或者设计人发给奖金；在发明创造专利实施后，单位应根据其推广应用的范围和取得的经济效益，对发明人或者设计人给予合理的报酬。发明人或设计人的署名权可以通过书面声明放弃。

2. 非职务发明创造的发明人、设计人

非职务发明创造是指既不是执行本单位的任务，也没有主要利用单位提供的物质技术条件所完成的发明创造。对于非职务发明创造，申请专利的权利属于发明人或者设计人。发明人或者设计人对非职务发明创造申请专利，任何单位或者个人不得压制。申请被批准后，该发明人或者设计人为专利权人。

3. 受让人

受让人是指通过合同或继承而依法取得专利权的单位或个人。专利申请权和专利权可以转让。专利申请权转让之后，如果获得了专利，那么受让人就是该专利权的主体，专利权转让后，受让人成为该专利权的新主体。

继受了专利申请权或专利权之后，受让人并不因此而成为发明人、设计人，该发明创造的发明人、设计人也不因发明创造的专利申请权或专利权转让而丧失其特定的人身权利。

4. 外国人

外国人包括具有外国国籍的自然人和法人。在中国有经常居所或者营业所的外国人，享有与中国公民或单位同等的专利申请权和专利权。在中国没有经常居所或者营业所的外国人、外国企业或者外国其他组织在中国申请专利和办理其他专利事务的，应当委托依法设立的专利代理机构办理。

此外，两个以上单位或者个人合作完成的发明创造、一个单位或者个人接受其他单位或者个人委托所完成的发明创造，除另有协议的以外，申请专利的权利属于完成或者共同完成的单位或者个人；申请被批准后，申请的单位或者个人为专利权人。

三、专利授予的条件

发明创造要取得专利权，必须满足实质条件和形式条件。实质条件是指申请专利的发明创造自身必须具备的属性要求；形式条件则是指申请专利的发明创造在申请文件和手续等程序方面的要求。

（一）授予专利权的形式条件

某项发明创造要想获得专利权，其必须按《专利法》的规定提出申请，并符合对专利申请文件的格式的要求，履行各种申请手续，这就是授予专利权的形式要件。它包括申请人的资格、申请文件的准备和申请手续的履行等。

 扩充阅读

1. 专利申请人的资格

专利申请人的资格是指依照法律规定或合同约定享有专利申请权的自然人、法人或者其他组织。专利申请权的共有人对权利的行使有约定的，从其约定。无约定的，行使共有的专利申请权应当取得全体共有人的同意。

2. 专利申请文件

专利申请程序实行书面原则，办理专利申请的各种手续都必须采用书面形式。根据《专利法》及其《实施细则》的规定，申请发明或者实用新型专利的，应当提交请求书、说明书及其摘要和权利要求书等文件。请求书应当写明发明或者实用新型的名称，发明人的姓名，申请人姓名或者名称、地址，以及其他事项。说明书应当对发明或者实用新型作出清楚、完整的说明，以所属技术领域的技术人员能够实现为准；必要的时候，应当有附图。摘要应当简要说明发明或者实用新型的技术要点。权利要求书应当以说明书为依据，清楚、简要地限定要求专利保护的范围。依赖遗传资源完成的发明创造，申请人应当在专利申请文件中说明该遗传资源的直接来源和原始来源；申请人无法说明原始来源的，应当陈述理由。

对于外观设计专利的申请，法律规定相对简单。《专利法》第27条规定："申请外观设计专利的，应当提交请求书、该外观设计的图片或者照片以及对该外观设计的简要说明等文件。申请人提交的有关图片或者照片应当清楚地显示要求专利保护产品的外观设计。"

（二）授予专利权的实质条件

1. 授予发明和实用新型专利的实质条件

我国《专利法》规定，授予专利权的发明和实用新型应当具备新颖性、创造性和实用性。

（1）新颖性。确定一项发明创造是否可以授予专利权，衡量的第一个标准即是否具备新颖性。新颖性是指该发明或者实用新型不属于现有技术，同时，也没有任何单位或者个人以同样的发明或者实用新型在申请日之前向国务院专利行政部门提出过申请，并记载在申请日以后公布的专利申请文件或者公告的专利文件中。

 扩充阅读

现有技术。现有技术是指申请日以前在国内外为公众所知的技术。技术公开的方式有三种：第一种是出版物公开，即通过出版物在国内外公开披露技术信息。其地域标准是国际范围。这里的出版物，是指记载有技术或设计内容的独立存在的有形传播载体，可以是印刷、打印、手写的，也可以是采用电、光、磁、照相等其他方式制成的。其载体不限于纸张，也包括各种其他类型的载体，如缩微胶片、影片、磁带、光盘、照相底片等。公开披露技术信息，是指技术内容向不负有保密义务的不特定相关公众公开。公开的程度以所属技术领域一般技术人员能实施为准。第二种是使用公开，即在国内外通过使用或实施方式公开技术内容。第三种是其他方式的公开，即在国内外以出版物和使用以外的方式公开，主要是指口头方式公开，如通过口头交谈、讲课、作报告、讨论发言、在广播电台或电视台播放等方式，使公众了解有关技术内容。

申请专利的发明创造在申请日以前6个月内，有下列情形之一的，不丧失新颖性：在国家出现紧急状态或者非常情况时，为公共利益目的首次公开的；在中国政府主办或者承认的国际展览会上首次展出的；在规定的学术会议或者技术会议上首次发表的；他人未经申请人同意而泄露其内容的。

（2）创造性。创造性是指同申请日以前已有的技术相比，该发明有突出的实质性特点和显著的进步，该实用新型有实质性特点和进步。在创造性方面，对发明的要求要比实用新型的要求高。

扩充阅读

创造性也叫先进性，其实质性特点是指申请专利保护的发明创造与现有技术相比，在技术方案的构成上有实质性的差别，必须是通过创造性思维活动的结果，不能是现有技术通过简单的分析、归纳、推理就能够自然获得的结果。凡是发明创造所属技术领域的普通技术人员都不能直接从现有技术得出构成该发明创造的全部必要技术特征的，都应认为具有实质性的特点。进步则是指与现有技术相比较有所发展和进步，新发明创造的应用能产生新的更好的效果，如提高生产率等。

（3）实用性。实用性是指该发明或实用新型能够制造或使用，并且能够产生积极效果。实用性包含技术属性和社会属性两层含义。技术属性是指发明创造具有在产业上被付诸应用的技术上的可能性；社会属性是指发明创造具有一定的社会效果，能够对社会有益，即同现有的技术相比，申请专利的发明或实用新型能够产生更好的经济效益或社会效益。

2. 授予外观设计专利的实质条件

（1）新颖性。授予专利权的外观设计应当不属于现有设计；也没有任何单位或者个人就同样的外观设计在申请日以前向国务院专利行政部门提出过申请，并记载在申请日以后公告的专利文件中。

（2）实用性。授予专利权的外观设计必须适于工业应用。这要求外观设计本身以及作为载体的产品能够以工业的方法重复再现，即能够在工业上批量生产。

（3）授予专利权的外观设计不得与他人在申请日以前已经取得的合法权利相冲突。这里的在先权利包括商标权、著作权、企业名称权、肖像权、知名商品特有包装装潢使用权等。"在先取得"是指在外观设计的申请日或者优先权日之前取得。

四、授予专利权的程序

专利授予程序一般经过申请、审查和批准等环节。

（一）专利申请

专利申请的原则

（1）形式法定原则。申请专利的各种手续，都应当以书面形式或者国家知识产权局专利局规定的其他形式办理。

（2）先申请原则。两个以上的申请人分别就同样的发明创造申请专利的，专利权授予最先申请的人。两个以上的申请人在同一日分别就同样的发明创造申请专利的，应当在收到国务院专利行政部门的通知后自行协商确定申请人。国务院专利行政部门收到专利申请文件之日为申请日，如果申请文件是邮寄的，以寄出的邮戳日为申请日。

（3）优先权原则。我国是《巴黎公约》的成员国，我国《专利法》也明确了优先权的原则。即申请人自发明或者实用新型在外国第一次提出专利申请之日起 12 个月内，或者自外观设计在外国第一次提出专利申请之日起 6 个月内，又在中国就相同主题提出专利申请的，依照该外国同中国签订的协议或者共同参加的国际条约，或者依照相互承认优先权的原则，可以享有优先权。申请人自发明或实用新型在中国第一次提出专利申请之日起 12 个月内，又向国务院专利行政部门就相同主题提出专利申请的，可以享有优先权。

（4）单一性原则。根据《专利法》的规定，一件发明或者实用新型的专利申请应当限于一项发明或者实用新型。属于一个总的发明构思的两项以上的发明或者实用新型，可以作为一件申请提出。一件外观设计专利申请应当限于一项外观设计。同一产品两项以上的相似外观设计，或者用于同一类别并且成套出售或者使用的产品的两项以上外观设计，可以作为一件申请提出。

一般情况下，同样的发明创造只能被授予一项专利权。但是，当同一申请人同日对同样的发明创造既申请实用新型专利又申请发明专利的，如果先获得的实用新型专利权尚未终止，但是申请人声明放弃该项实用新型专利权的，则可以对该项申请授予发明专利权。

（二）专利的审查和批准

我国《专利法》对发明、实用新型和外观设计三种专利规定了两种不同的制度，对发明专利申请采取早期公开、迟延审查制度，对外观设计和实用新型采取登记制度。

1. 发明专利的审查和批准

（1）初步审查。专利主管机关查明该申请是否符合专利法关于申请形式要求的规定。审查内容主要有两项：第一，对专利申请文件的格式进行审查；第二，审查专利申请的内容是否属于不授予专利的领域，是否涉及国家安全或重大利益而需要保密的范围。

（2）早期公开。专利局收到发明专利申请后，经初步审查认为符合相关要求的，自申请日起满 18 个月后向社会公布。专利局可以根据申请人的请求早日向社会公布其申请。

（3）实质审查。发明专利申请自申请日起 3 年以内，专利局可以根据申请人随时提出的请求，对其专利申请予以实质条件的审查。申请人无正当理由超过 3 年不请求实质审查的，该申请即被视为撤回。专利局认为必要的时候，也可以自行对发明专利申请进行实质审查。

（4）授权登记公告。发明专利申请经实质审查没有发现驳回理由的，由专利局作出授予发明专利权的决定，发给发明专利证书，同时予以登记和公告。发明专利权自公告之日起生效。

2. 实用新型和外观设计专利的审查和批准

实用新型和外观设计专利申请经初步审查没有驳回理由的，由国务院专利行政部门作出授予实用新型专利权或者外观设计专利权的决定，发给相应的专利证书，同时予以登记和公告。实用新型专利权和外观设计专利权自公告之日起生效。

（三）不服驳回申请的复审请求

国务院专利行政部门设立有专利复审委员会。专利申请人对国务院专利行政部门驳回专利申请的决定不服的，可以自收到该驳回通知之日起3个月以内，向专利复审委员会请求复审。专利复审委员会经过复审后作出决定，并通知专利申请人。专利申请人对该复审决定不服的，可以自收到通知之日起3个月内向人民法院起诉。

（四）向外国申请专利

根据我国《专利法》的规定，任何单位或者个人将在中国完成的发明或者实用新型向外国申请专利的，应当事先报经国务院专利行政部门进行保密审查。中国单位或者个人可以根据中华人民共和国参加的有关国际条约提出专利国际申请。申请人提出专利国际申请的，也应当事先报经国务院专利行政部门进行保密审查。对违反前述规定向外国申请专利的发明或者实用新型，在中国申请专利的，不授予专利权。

五、专利权人的权利与义务

（一）专利权人的权利

专利权人可以依自己的意志独立行使其专利权。专利权的共有人对权利的行使有约定的从其约定。没有约定的，共有人可以单独实施或者以普通许可方式许可他人实施该专利；许可他人实施该专利，收取的使用费应当在共有人之间分配。除前述情形外，行使共有的专利权应当取得全体共有人的同意。

（1）独占实施权。独占实施权是指专利权人享有自己单独实施并排除他人实施其专利的权利。

（2）实施许可权。实施许可权是指专利权人享有许可他人实施其专利的权利。

（3）转让权。转让权是指专利权人将其专利权转让给他人。根据《专利法》的规定，当事人转让专利权的，应当订立书面合同，并向国务院专利行政部门登记，由国务院专利行政部门予以公告。专利权的转让自登记之日起开始生效。

中国单位或者个人向外国人、外国企业或者外国其他组织转让其专利权的，应当依照有关法律、行政法规的规定履行相关手续。

（4）标示权。标示权是指专利权人享有在其专利产品或者该产品的包装上标明专利标记和专利号的权利。

（5）请求保护权。请求保护权是指专利权人认为其专利权受到侵犯时，有权向人民法院起诉或请求专利管理部门处理以保护其专利权的权利。保护专利权是专利制度的核心，他人未经专利权人许可而实施其专利，侵犯专利权并引起纠纷的，专利权人可以直接向人民法院起诉，也可以请求管理专利工作的部门处理。

（6）放弃权。专利权人可以在专利权保护期限届满前的任何时候，以书面形式声明或以不缴纳年费的方式自动放弃其专利权。

（二）专利权人的义务

专利权人的义务主要是缴纳专利年费。

六、专利的实施

专利实施是指专利权人或者他人为了生产经营目的制造、使用、许诺销售、销售、进口发明和实用新型专利产品，或者使用发明或实用新型专利方法以及使用、许诺销售、销售、进口依照该专利方法直接获得的产品；或专利权人或他人为生产经营目的制造、销售、进口其外观设计专利产品。专利实施有以下几种情况。

（一）专利权人自己实施

专利权人实施又分为自己单独实施和以专利作为出资与他人合资经营实施。

（二）许可他人实施

1. 普通许可

专利权人以订立书面实施许可合同，许可他人实施其专利，并获得专利使用费。

2. 开放许可

专利权人自愿以书面方式向国务院专利行政部门声明愿意许可任何单位或者个人实施其专利，并明确许可使用费支付方式、标准的，由国务院专利行政部门予以公告，实行开放许可。就实用新型、外观设计专利提出开放许可声明的，应当提供专利权评价报告。

专利权人撤回开放许可声明的，应当以书面方式提出，并由国务院专利行政部门予以公告。开放许可声明被公告撤回的，不影响在先给予的开放许可的效力。

任何单位或者个人有意愿实施开放许可的专利的，以书面方式通知专利权人，并依照公告的许可使用费支付方式、标准支付许可使用费后，即获得专利实施许可。

实行开放许可的专利权人可以与被许可人就许可使用费进行协商后给予普通许可，但不得就该专利给予独占或者排他许可。

（三）指定许可实施

国有企业事业单位的发明专利，对国家利益或者公共利益具有重大意义的，国务院有关主管部门和省、自治区、直辖市人民政府报经国务院批准，可以决定在批准的范围内推广应用，允许指定的单位实施，由实施单位按照国家规定向专利权人支付使用费。

（四）强制许可实施

强制许可实施是指国务院专利行政部门在一定条件下，不需要经过专利权人的同意，准许其他单位和个人实施专利权人的专利的一种强制性法律手段。强制许可实施的对象是发明和实用新型，不适用于外观设计。实施强制许可有三种情况。

1. 未实施专利权的强制许可

根据《专利法》的规定，有下列情形之一的，国务院专利行政部门根据具备实施条件的单位或者个人的申请，可以给予实施发明专利或者实用新型专利的强制许可：

（1）专利权人自专利权被授予之日起满 3 年，且自提出专利申请之日起满 4 年，无正当理由未实施或者未充分实施其专利的；

（2）专利权人行使专利权的行为被依法认定为垄断行为，为消除或者减少该行为对竞争产生的不利影响的。

2. 根据公共利益需要的强制许可

根据我国《专利法》的规定，在国家出现紧急状态或者非常情况时，或者为了公共利益的目的，国务院专利行政部门可以给予实施发明专利或者实用新型专利的强制许可。或者为了公共健康目的，对取得专利权的药品，国务院专利行政部门可以给予制造并将其出口到符合中华人民共和国参加的有关国际条约规定的国家或者地区的强制许可。

3. 从属专利的强制许可

根据我国《专利法》的规定，一项取得专利权的发明或者实用新型比前已经取得专利权的发明或者实用新型具有显著经济意义的重大技术进步，其实施又有赖于前一发明或者实用新型的实施的，国务院专利行政部门根据后一专利权人的申请，可以给予实施前一发明或者实用新型的强制许可。

在依照前款规定给予实施强制许可的情形下，国务院专利行政部门根据前一专利权人的申请，也可以给予实施后一发明或者实用新型的强制许可。

七、专利权的期限、终止、无效

（一）专利权的期限

专利权人对其发明创造所享有的专有权仅在法律规定的期限内受法律保护，超过有效期，专利权就自行终止，这项发明创作就成为全社会的公共财富，任何人都可以自由地利用这项发明创作。我国《专利法》规定，发明专利权的期限为 20 年，实用新型专利权的期限为 10 年，外观设计专利权的期限为 15 年，均自申请日起计算。

（二）专利权的终止

专利权的终止有三种情况：

（1）期限届满终止；

（2）专利权人在期限届满前没有按照规定缴纳年费的；

（3）专利权人在期限届满前以书面形式声明放弃其专利权的。

（三）专利权的无效

专利权可能在有效期内被宣告无效。根据我国《专利法》的规定，自国务院专利行政部门公告授予专利权之日起，任何单位或者个人认为该项专利权的授予不符合专利法有关规定的，可以请求专利复审委员会宣告该专利权无效。专利复审委员会对宣告专利权无效的请求应当及时审查并做出相应决定，通知请求人和专利权人。国务院专利行政部门登记和公告宣告专利权无效的决定。宣告无效的专利权视为自始即不存在。

八、专利权的保护

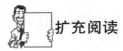

扩充阅读

温某杰与孙某春侵害外观设计专利权纠纷❶

2018 年 3 月 21 日，孙某春向国家知识产权局申请了名称为"吊坠"（三九如意）、专利号为 ZL201830106184.9 外观设计专利权（简称"涉案专利"）。该专利于 2018 年 6 月 19 日获得授权，现处于有效状态。2019 年 2 月 19 日，孙某春的委托代理人登录淘宝网，在首页搜索栏中输入"三九如意"，搜索结果中显示有名为"三如九意三九如意吊坠数字能量学数字能力奇门数易"的产品，定价为 413 元，交易成功数量为"2"，库存为 37 件。点击该产品图标可进入"环境能量"店铺，该店铺掌柜 id 为"无诚当远商"。店铺页面显示有另一款名为"三如九意三九如意奇门数易升级款"的产品，定价为 431 元，交易成功数量为"5"，库存为 45 件。孙某春的委托代理人通过淘宝网购买了上述两款产品。并将上述浏览、购买过程、接收过程办理了公证证据保全，将被诉侵权产品进行封存，载于相应的公证书。淘宝网的经营主体浙江淘宝网络有限公司通过手机短信向孙某春披露了"环境能量"店铺经营者"无诚当远商"的身份信息，所披露的姓名、身份证号、电话均与温某杰的身份信息一致。孙某春公证购买的两款被诉侵权产品与涉案专利附图相比对，均由两个套环和一个金属圆饼组成，金属圆饼表面图形基本一致，大小套环、金属圆饼的连接方式、转动方式也较为近似。所以孙某春向北京知识产权法院提起诉讼，请求：（1）判令温某杰立即停止侵犯涉案专利权的行为；（2）判令温某杰赔偿经济损失 92448 元，并支付为本案支出的律师费 5000 元、公证费 3996 元以及购买侵权产品的费用 844 元。温某杰主张其在涉案专利申请日前已经销售了与涉案专利相同或近似的产品，并提交了淘宝网网页截图打印件用以证明该主张。其提交的网页打印件显示其在涉案专利申请日前，有 10 笔名为"三九如意"的产品的销售记录。但该网页截图打印件无法清晰显示产品的图片，其亦未提交公证书或以现场勘验的方式做整改截图内容的真实性。一审法院认为：孙某春系涉案专利的专利权人，该专利目前为有效状态，孙某春有权提起本案诉讼。被诉侵权产品落入了涉案外观设计专利权的保护范围。温某杰未经许可，在与涉案专利指定使用的同类产品上，使用了与涉案专利高度相似的设计，侵害了孙某春对涉案外观设计享有的专利权。温某杰提交的相应证据不足以证明在涉案专利申请日前，已有公开的与之相对应的现有设计存在。孙某春提出要求温某杰立即停止侵权并赔偿损失的诉讼请

---

❶ 北京市高级人民法院 案号：（2020）京民终 355 号。http://openlaw.cn.

求，予以支持。

综合考虑涉案侵权行为的方式、范围、持续时间和温某杰的主观过错程度等因素，酌情确定温某杰赔偿孙连春经济损失 30000 元。孙某春主张的律师费、公证费、购买涉案侵权产品的费用，均系为本案所实际支出的费用，予以了全额支持。

一审法院依据《专利法》第 11 条第 2 款、第 59 条第 2 款、第 65 条，《侵权责任法》第 15 条第 1 款，《民事诉讼法》第 144 条，《最高人民法院关于审理侵犯专利权纠纷案件应用法律若干问题的解释》第 8 条之规定，判决：（1）温某杰于判决生效之日起停止销售侵害涉案专利权的产品；（2）于判决生效之日起 10 日内，赔偿孙某春经济损失 30000 元，以及合理支出 9840 元；（3）驳回孙某春的其他诉讼请求。温某杰如果未按本判决指定的期间履行给付金钱义务，应当依照《民事诉讼法》第 253 条之规定，加倍支付迟延履行期间的债务利息。

温某杰不服一审判决，提起上诉，二审法院认定，根据查明的事实可知，温某杰提交的用于证明其在先使用涉案专利外观设计的证据为其淘宝网上销售相关产品的网页截屏打印件。首先，考虑到网页截屏打印件的易篡改性等特点，在未经公证且无其他证据佐证的情况下，其真实性通常难以确认。其次，温某杰提交的相关网页打印件存在图片模糊等情形，亦不能充分表明其在先销售的产品使用的外观设计与被控侵权产品使用的外观设计相同或实质相同。且一审判决对温某杰提交的上述证据存在的上述缺陷已明确指出，而二审期间温某杰亦未对上述缺陷提交相应的补强证据。

据此，温某杰请求二审法院进行勘验，进而撤销一审判决的主张，缺乏事实及法律依据，二审法院不予支持。

二审法院认为，审判决认定事实清楚，适用法律正确，应予维持。

依照《事诉讼法》第 170 条第 1 款第 1 项之规定，判决驳回上诉，维持原判。

一审案件受理费 2346 元，由孙某春负担 796 元（已交纳），由温某杰负担 1550 元（于本判决生效之日起 7 日内交纳）；二审案件受理费 796 元，由温某杰负担（已交纳）。

（一）专利侵权

1. 专利侵权的概念

专利侵权是指未经专利权人许可实施其专利的行为。

2. 专利侵权纠纷解决

根据我国《专利法》的规定，专利权侵权纠纷可以通过当事人协商、管理专利工作的部门行政处理、法院诉讼解决等方式加以解决。具体而言，发生专利侵权纠纷时，当事人可以自行协商解决；不愿协商或者协商不成的，当事人可以向人民法院起诉，或者请求管理专利工作的部门处理。管理专利工作的部门在处理纠纷时，认定专利侵权行为成立的，可以责令侵权人立即停止侵权行为。当事人不服管理专利部门的处理决定的，可以依照《行政诉讼法》向人民法院起诉。侵权人期满不起诉又不停止侵权行为的，管理专利工作的部门可以申请人民法院强制执行。此外，管理专利工作的部门还可以应当事人的请求，就侵犯专利权的赔偿数额进行调解；调解不成的，当事人也可以依照《民事诉讼法》向人民法院起诉。

3. 专利侵权纠纷中的举证责任

我国《专利法》对于专利侵权纠纷中当事人的举证责任作出特殊规定。

（1）如果一项专利侵权纠纷涉及新产品制造方法的发明专利的，制造该相同产品的单位或者个人（被控侵权人）应当承担提供其产品制造方法不同于专利方法的证明的义务。

（2）如果一项专利侵权纠纷涉及实用新型专利或者外观设计专利的，人民法院或者管理专利工作的部门可以要求专利权人或者利害关系人出具由国务院专利行政部门对相关实用新型或者外观设计进行检索、分析和评价后作出的专利权评价报告，作为审理、处理专利侵权纠纷的证据。

（3）在专利侵权纠纷中，被控侵权人有证据证明其实施的技术或者设计属于现有技术或者现有设计的，不构成侵犯专利权。

（4）被控侵权人为生产经营目的使用或者销售不知道是未经专利权人许可而制造并售出的专利产品或者依照专利方法直接获得的产品，如果能证明其产品合法来源的，不承担赔偿责任。

4. 侵犯专利权的赔偿数额

根据我国《专利法》的规定，侵犯专利权的赔偿数额按照权利人因被侵权所受到的实际损失或者侵权人因侵权所获得的利益确定；权利人的损失或者侵权人获得的利益难以确定的，参照该专利许可使用费的倍数合理确定。对故意侵犯专利权，情节严重的，可以在按照上述方法确定数额的一倍以上五倍以下确定赔偿数额。

权利人的损失、侵权人获得的利益和专利许可使用费均难以确定的，人民法院可以根据专利权的类型、侵权行为的性质和情节等因素，确定给予 3 万元以上 500 万元以下的赔偿。

赔偿数额还应当包括权利人为制止侵权行为所支付的合理开支。

人民法院为确定赔偿数额，在权利人已经尽力举证，而与侵权行为相关的账簿、资料主要由侵权人掌握的情况下，可以责令侵权人提供与侵权行为相关的账簿、资料；侵权人不提供或者提供虚假的账簿、资料的，人民法院可以参考权利人的主张和提供的证据判定赔偿数额。

5. 专利侵权的例外

根据《专利法》第 75 条的规定，有下列情形之一的，不视为侵犯专利权：

（1）专利产品或者依照专利方法直接获得的产品，由专利权人或者经其许可的单位、个人售出后，使用、许诺销售、销售、进口该产品的；

（2）在专利申请日前已经制造相同产品、使用相同方法或者已经作好制造、使用的必要准备，并且仅在原有范围内继续制造、使用的；

（3）临时通过中国领陆、领水、领空的外国运输工具，依照其所属国同中国签订的协议或者共同参加的国际条约，或者依照互惠原则，为运输工具自身需要而在其装置和设备中使用有关专利的；

（4）专为科学研究和实验而使用有关专利的；

（5）为提供行政审批所需要的信息，制造、使用、进口专利药品或者专利医疗器械的，以及专门为其制造、进口专利药品或者专利医疗器械的。

（二）专利犯罪

《专利法》规定了三种违法犯罪行为。

（1）假冒专利，除依法承担民事责任和行政责任外，构成犯罪的，依法追究刑事责任。

（2）擅自向外国申请专利，泄露国家秘密的，由所在单位或者上级主管机关给予行政处分；构成犯罪的，依法追究刑事责任。

（3）从事专利管理工作的国家机关工作人员以及其他有关国家机关工作人员玩忽职守、滥用职权、徇私舞弊，构成犯罪的，依法追究刑事责任。

第三节　商标法律制度

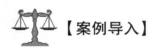 【案例导入】

保健品傍"清华"大学起诉其侵权企业判赔21万元

2012年，清华大学向北京市第一中级人民法院起诉北京水木博众科技发展中心及洛阳清华博众生物技术有限公司侵犯其商标权及不正当竞争。清华大学诉称，其1998年11月21日获得"清华"注册商标，核定于第41类的学校（教育）、培训等服务项目上。而两被告未经清华大学许可，于2003年起在二人研发和生产的保健品"清华脂蛋白"的产品包装、宣传册、电视广告、报纸及部分网站上长期突出使用"清华"字样，误导公众，进行产品的销售和宣传。此外，洛阳清华博众将商标"清华"二字在企业名称中使用，容易使相关公众产生误认，属于不正当竞争。因此，清华大学请求法院认定"清华"为驰名商标，并判令两被告停止侵权、公开致歉并赔偿损失。

面对起诉，两名被告表示，"清华脂蛋白"只是别名，其产品名称为"博众牌安睡美胶囊"，并未含有"清华"商标，且"清华脂蛋白"产品为保健品，与清华大学所持有的"清华"商标核定的第41类教育类服务相差甚远，在包装和说明中并无突出"清华"的字样，没有误导公众。此外，"清华脂蛋白"作为一项完整的商标申请，已被商标局受理，正在审核中，所以非恶意使用。两名被告同时提出，"清华"并非驰名商标，因此自己并不构成侵权。

请问："清华"能否被认定为驰名商标？两被告是否要承担侵权责任？

一、商标和商标法的概述

（一）商标概述

1. 商标的概念和作用

商标俗称牌子，是商品生产者或者经营者用以标明其生产或者经销的商品或者提供的服务，与他人的商品或者提供的服务相区别的标志。

商标的主要作用有：①区别功能；②商品质量指示功能；③广告宣传功能。

2. 商标的分类

根据构成要素不同，商标可分为：①文字商标；②图形商标；③三维标志商标；④颜色商标；⑤声音商标；⑥组合商标。

根据商标的用途不同，商标可分为：商品商标和服务商标。

根据商标是否注册并享有商标专用权，可以分为注册商标和非注册商标。

除以上分类，还有几种特殊性质的商标，如证明商标、集体商标等。

 扩充阅读

1. 声音要成为注册商标，第一，必须严格按照法律规定，不能滥用商标法规定的禁用条款，比如军歌、国歌等；第二，声音要具有显著性和独特性，第一时间引发客户对商品服务的联想，也就是人们通常所说的条件反射；第三，声音成为注册商标，有别于文字、图形等传统商标只要不是地名或法律禁止的不文明用语等，未被其他人注册成的，都可被注册成商标的申请原则。❶

自 2014 年 5 月 1 日新《商标法》实施后，中国国际广播电台在国家工商行政管理总局商标局成功提交了中国国际广播电台"开始曲"的声音商标申请。据悉，这也是新商标法实施后，国家工商总局商标局接到的中国首例声音商标申请。

2. 根据我国《商标法》的规定，集体商标是指以团体、协会或者其他组织名义注册，供该组织成员在商事活动中使用，以表明使用者在该组织中的成员资格的标志。

证明商标是指由对某种商品或者服务具有监督能力的组织所控制，而由该组织以外的单位或者个人使用于其商品或者服务，用以证明该商品或者服务的原产地、原料、制造方法、质量或者其他特定品质的标志。

3. 不得构成商标的情形

 扩充阅读

2020 年 3 月 3 日，国家知识产权局对首批 63 件进入实质审查阶段的"钟南山"等恶意商标注册申请依法作出驳回决定，包括 27 件"火神山"、24 件"雷神山"、3件"钟南山"、3 件"方舱"等商标注册申请，涉及 41 个申请人，共 23 个商品和服务类别。商标局认为火神山医院、雷神山医院是武汉抗击疫情前线医院名称，是疫情防控期间全社会舆论关注焦点，是全国人民团结一心，抗击疫情的重要标志之一。火神山、雷神山医院以外的其他申请人将其作为商标注册易造成重大社会不良影响，依法应予驳回。钟南山是中国工程院院士、著名呼吸病学专家、2003 年抗击"非典"先进人物，国家卫生健康委员会高级别专家组组长。申请人未经本人授权将其姓名作为商标申请注册，易造成重大社会不良影响，依法应予驳回。

新冠肺炎疫情发生后，随着媒体的报道，方舱医院成为社会公众熟知的词汇，"方舱"作为商标申请注册，易造成重大社会不良影响，依法应予驳回。❷

---

❶ https：//baike. baidu. com/item/声音商标/2738217？fr = aladdin.

❷ https：//zhuanlan. zhihu. com/p/112361288.

　　为什么上述商标申请会被驳回？对此，北京市朝阳区人民法院亚运村法庭法官助理徐川涵进行了法律分析："姓名权属于人格权，但也包含经济利益，名人姓名尤为突出，公众人物的姓名和公众人物自身的商业价值联系紧密，社会公众极容易将商品和该公众人物联系起来。若公众人物的姓名可以被随便注册为商标，将会产生'搭便车'的竞争行为，扰乱市场正常秩序。"徐川涵表示，《商标法》第 10 条规定了不得作为商标使用的几种情形，并未明确人名是否可以作为商标，但在其第 1 款第（八）项明确"有害于社会主义道德风尚或者有其他不良影响的"不得作为商标使用。此外，最高人民法院《关于审理商标授权确权行政案件若干问题的规定》第 5 条规定：商标标志或者其构成要素可能对我国社会公共利益和公共秩序产生消极、负面影响的，人民法院可以认定其属于商标法第 10 条第 1 款第（八）项规定的"其他不良影响"。"钟南山、李文亮等人名，具备了高辨识度，应列入'政治、经济、文化、宗教、民族等领域'范围，将上述公众人名姓名申请注册为商标，属于前款所指的其他不良影响，商标局认为其注册为商标易产生不良影响是比较妥当的。"徐川涵说。徐川涵表示，当然，并非所有公众人物都不能注册成商标，经本人或经其授权后，注册商标的行为是合法的。比如，李宁担任法定代表人的李宁体育（上海）有限公司早在多类商品上注册"李宁"商标，董明珠担任法定代表人的珠海格力电器股份有限公司将"董明珠""董明珠的店"注册为商标，林志玲亦将自己的姓名注册为商标。❶

　　根据我国《商标法》第 10 条规定，下列标志不得作为商标使用：

　　（1）同中华人民共和国的国家名称、国旗、国徽、国歌、军旗、军徽、军歌、勋章等相同或者近似的，以及同中央国家机关的名称、标志、所在地特定地点的名称或者标志性建筑物的名称、图形相同的；

　　（2）同外国的国家名称、国旗、国徽、军旗等相同或者近似的，但经该国政府同意的除外；

　　（3）同政府间国际组织的名称、旗帜、徽记等相同或者近似的，但经该组织同意或者不易误导公众的除外；

　　（4）与表明实施控制、予以保证的官方标志、检验印记相同或者近似的，但经授权的除外；

　　（5）同"红十字""红新月"的名称、标志相同或者近似的；

　　（6）带有民族歧视性的；

　　（7）带有欺骗性，容易使公众对商品的质量等特点或者产地产生误认的；

　　（8）有害于社会主义道德风尚或者有其他不良影响的。

　　县级以上行政区划的地名或者公众知晓的外国地名，不得作为商标。但是，地名具有其他含义或者作为集体商标、证明商标组成部分的除外；已经注册的使用地名的商标继续有效。

（二）商标法概述

　　商标法是调整在确认、保护商标专用权和商标使用、管理过程中发生的各种社会

---

❶ https：//www.sohu.com/a/378483472_ 473656.

关系的法律规范的总称。

狭义的商标法仅指《商标法》。广义的商标法除了《商标法》外，还包括与商标有关的其他法律规范和我国已经加入的相关国际公约、条约等。

二、商标注册

（一）商标注册的概念

商标注册是指商标使用人将其商标依照法律规定的注册条件、程序，向商标管理机关提出注册申请，经商标局依法审核批准，在商标注册簿上登录，发给商标注册证，并予以公告，授予注册人商标专用权的法律活动。经过商标局核准注册并刊登在商标公告上的商标称为注册商标。

（二）商标注册的原则

1. 自愿注册与强制注册相结合的原则

我国大部分商品实行自愿注册原则，在极少数商品上实行强制注册原则。我国《商标法》规定，法律、行政法规规定必须使用注册商标的商品，必须申请商标注册，未经核准注册的，不得在市场销售。

2. 申请在先为主，使用在先为补充的原则

根据我国《商标法》的规定，两个或者两个以上的商标注册申请人，在同一种商品或者类似商品上，以相同或者近似的商标申请注册的，初步审定并公告申请在先的商标；同一天申请的，初步审定并公告使用在先的商标，驳回其他人的申请，不予公告。

3. 注册取得商标专用权原则

根据我国《商标法》的规定，商标经商标局核准注册后成为注册商标，商标注册人享有商标专用权，受法律保护。未注册商标虽然可以在生产服务中使用，但其使用人不享有专用权，无权禁止他人在同种或类似商品上使用与其商标相同或近似的商标，但驰名商标除外。

（三）申请注册商标应具备的条件

1. 申请注册商标的必备条件

申请注册商标包括两项必备条件：第一，具备法定的构成要素。即任何能够将自然人、法人或者其他组织的商品与他人的商品区别开来的标志，包括文字、图形、字母、数字、三维标志、声音和颜色组合，以及上述要素的组合，均可以作为商标申请注册。气味等不能在我国注册为商标。第二，商标应当具有显著特征，便于识别，并不得与他人在先取得的合法权利相冲突。

扩充阅读

作为商标申请注册的标志，可能同时存在其他合法权利，如著作权、外观设计专利权、商号权、姓名权、肖像权等。

2. 申请注册商标的禁止条件

申请注册商标的禁止条件是指注册商标的标记不应当具有的情形。

第一，违反商标法关于不得作为商标的标志的规定。

第二，违反我国《商标法》关于禁止某些标志作为商标注册的规定。包括：

（1）仅有本商品的通用名称、图形、型号的；仅直接表示商品的质量、主要原料、功能、用途、重量、数量及其他特点的；缺乏显著特征的；但是上述标志经过使用取得显著特征，并便于识别的，可以作为商标注册。

（2）以三维标志申请注册商标的，仅由商品自身的性质产生的形状、为获得技术效果而需有的商品形状或者使商品具有实质性价值的形状的。

（3）商标中有商品的地理标志，而该商品并非来源于该标志所标示的地区，误导公众的，不予注册并禁止使用；但是，已经善意取得注册的继续有效。

第三，侵犯他人的在先权益或合法利益。根据《商标法》的规定，主要包括：

（1）在相同或类似商品上与已注册或申请在先的商标相同或近似；就相同或者类似商品申请注册的商标是复制、模仿或者翻译他人未在中国注册的驰名商标，容易导致混淆的；就不相同或者不相类似商品申请注册的商标是复制、模仿或者翻译他人已经在中国注册的驰名商标，误导公众，致使该驰名商标注册人的利益可能受到损害的。对上述情形的标志均不予注册并禁止使用。

（2）未经授权，代理人或者代表人以自己的名义将被代理人或者被代表人的商标进行注册，被代理人或者被代表人提出异议的，对于此类标志不予商标注册并禁止使用。

（3）就同一种商品或者类似商品申请注册的商标与他人在先使用的未注册商标相同或者近似，申请人与该他人具有代理或者委托关系以外的合同、业务往来关系或者其他关系而明知该他人商标存在，该他人提出异议的，不予商标注册。

（4）侵犯他人的其他在先权利。如侵犯他人的姓名权、肖像权、著作权、外观设计专利权、商号权、知名商品特有名称、包装、装潢专用权、特殊标志专用权等。

（5）以不正当手段抢先注册他人已经使用并有一定影响的商标。

第四，属于不以使用为目的的恶意商标注册申请。

（四）商标注册的程序

1. 商标注册的申请

（1）申请人。根据我国《商标法》的规定，自然人、法人或者其他组织均可以成为商标注册的申请人。两个以上的自然人、法人或者其他组织可以共同向商标局申请注册同一商标，并共同享有和行使该商标的专用权。外国人或者外国企业在中国申请商标注册的，应当按照其所属国和我国签订的协议或者共同参加的国际条约办理，或者按对等原则办理。

当事人直接申请商标注册，也可以委托依法设立的商标代理组织办理。外国人或外国企业在中国申请商标注册或者办理其他事务，应当委托依法设立的商标代理机构办理。

（2）提交申请注册文件。我国《商标法》规定，商标注册申请人在注册申请时，应当按规定的商品分类表填报使用商标的商品类别和商品名称，商标注册申请人还可以通过一份申请就多个类别的商品申请注册同一商标。商标注册申请等有关文件可以采用书面方式或者数据电文方式提出，所申报的事项和所提供的材料应当真实、准确、完整。已经注册的商标需要在核定使用范围之外的商品上取得商标专用权的，应当另行提出注册申请。注册商标需要改变其标志的，应当重新提出注册申请。

申请人申请国家规定的必须使用注册商标的商品的商标注册的，应当附送有关主管部门的批准证明文件。

（3）商标申请中的优先权。根据《商标法》的规定，商标注册申请人自其商标在外国第一次提出商标注册申请之日起6个月内，又在中国就相同商品以同一商标提出商标注册申请的，依照该外国同中国签订的协议或者共同参加的国际条约，或者按照相互承认优先权的原则，可以享有优先权。要求优先权的，应当在提出商标注册申请的时候提出书面声明，并且在3个月内提交第一次提出的商标注册申请文件的副本；未提出书面声明或者逾期未提交商标注册申请文件副本的，视为未要求优先权。

《商标法》还规定，商标在中国政府主办的或者承认的国际展览会展出的商品上首次使用的，自该商品展出之日起6个月内，该商标的注册申请人可以享有优先权。要求优先权的，应当在提出商标注册申请的时候提出书面声明，并且在3个月内提交展出其商品的展览会名称、在展出商品上使用该商标的证据、展出日期等证明文件；未提出书面声明或者逾期未提交证明文件的，视为未要求优先权。

2. 商标注册的审批

（1）初步审定。初步审定是对申请注册的商标进行形式和实质审查。根据我国《商标法》的规定，对申请注册的商标，商标局应当自收到商标注册申请文件之日起9个月内审查完毕，符合法律规定的，予以初步审定公告。同时，对于驳回申请、不予公告的商标，商标局应当书面通知商标注册申请人。商标注册申请人不服该项决定的，可以向商标评审委员会申请复审。如果当事人对商标评审委员会的决定仍然不服的，可以自收到决定通知之日起30日内向人民法院起诉。

（2）公告。经过初步审定的商标在商标局编印的定期刊物《商标公告》上进行公告。

（3）异议。对初步审定的商标，自公告之日起3个月内，包括在先权利人、利害关系人在内的任何人均可以提出异议。商标局经调查核实后，自公告期满之日起12个月内做出是否准予注册的决定，并书面通知异议人和被异议人。商标局做出准予注册决定的，异议人可以向商标评审委员会请求宣告该注册商标无效。商标局作出不予注册决定的，被异议人可以向商标评审委员会申请复审。如果异议人或者被异议人不服商标评审委员会的上述复审决定，均可以向人民法院起诉，由其做出裁决。

（4）发证。对于初步审定的商标，公告后3个月内无人提出异议或虽有异议但经裁定不能成立的，予以核准注册，登记在册，发给商标注册证，并予以公告。经审查异议不成立而准予注册的商标，商标注册申请人取得商标专用权的时间自初步审定公告3个月期满之日起计算。

《商标法》规定，自商标公告期满之日起至准予注册决定做出之前，对他人在同一种或者类似商品上使用与该商标相同或者近似的标志的行为不具有追溯力；但是，因该使用人的恶意给商标注册人造成的损失，应当给予赔偿。

三、商标权的内容

商标注册后，商标注册申请人即成为商标权人，依法享有商标权人的各项权利和义务。

（一）商标权人的权利

1. 专用权

专用权是指商标权人对其注册商标依法享有的独占使用的权利。我国《商标法》规定，注册商标的专用权，以核准注册的商标和核定使用的商品为限。

2. 标识权

商标标识权是指商标注册人使用注册商标，有权标明"注册商标"字样或者注册标记。

3. 使用许可权

使用许可权是指商标权人可以通过签订商标使用许可合同许可他人使用其注册商标的权利。在商标许可过程中，许可人负有监督被许可人使用其注册商标的商品质量的义务，被许可人必须在使用该注册商标的商品上标明被许可人的名称和商品产地。商标使用许可合同应当报商标局备案，未在商标局备案的，不得对抗善意第三人。

4. 转让权

转让权是指商标权人将其注册商标依照法定程序和条件转让给他人的权利。根据我国《商标法》的规定，转让注册商标的，转让人和受让人应当签订转让协议，并共同向商标局提出申请。商标注册人对其在同一种或者类似商品上注册的相同或者近似的商标，应当一并转让；对容易导致混淆或者有其他不良影响的转让，商标局不予核准，书面通知申请人并说明理由。转让注册商标经核准后，予以公告，受让人自公告之日起享有商标专用权。受让人应当保证使用该注册商标的商品质量。

5. 续展权

续展权是指商标权人依法享有申请续展商标注册，从而延长其注册商标保护期的权利。根据我国《商标法》的规定，注册商标的有效期为10年，自核准注册之日起计算。注册商标有效期满，需要继续使用的，应当在期满前6个月内申请续展注册；在此期间未能提出申请的，可以给予6个月的宽展期。每次续展注册的有效期为10年，自该商标上一届有效期满次日起计算。宽展期满仍未提出申请的，注销其注册商标。

6. 禁用权

禁用权是指商标权人有依法禁止他人伪造、擅自制造本人的注册商标标识或者在同一种商品、类似商品上使用与本人的注册商标相同或者相近似的商标的权利。

（二）商标权人的义务

商标权人的义务包括：仅在核定的商品范围内依法使用注册商标的义务；标明注

册商标标记的义务；确保商品质量的义务；交纳规定费用的义务；不得自行改变注册商标的文字、图形或其组合的义务；不得自行改变注册人的名称、地址或者其他注册事项和不得自行转让注册商标的义务。

四、商标侵权

（一）商标侵权行为的概念及表现形式

扩充阅读

根据《最高人民法院关于审理商标民事纠纷案件适用法律若干问题的解释》第8条、第9条、第10条的规定，商标法所称相关公众，是指与商标所标识的某类商品或者服务有关的消费者和与前述商品或者服务的营销有密切关系的其他经营者；商标近似，是指被控侵权的商标与原告的注册商标相比较，其文字的字形、读音、含义或者图形的构图及颜色，或者其各要素组合后的整体结构相似，或者其立体形状、颜色组合近似，易使相关公众对商品的来源产生误认或者认为其来源与原告注册商标的商品有特定的联系；人民法院认定商标相同或者近似按照以下原则进行：（1）以相关公众的一般注意力为标准；（2）既要进行对商标的整体比对，又要进行对商标主要部分的比对，比对应当在比对对象隔离的状态下分别进行；（3）判断商标是否近似，应当考虑请求保护注册商标的显著性和知名度。

注册商标的专用权，以核准注册的商标和核定使用的商品为限。商标侵权行为，是指侵犯注册商标专用权的行为。根据我国《商标法》的规定，凡具有下列行为之一的，均属商标侵权行为：

（1）未经商标注册人的许可，在同一种商品上使用与其注册商标相同的商标的；

（2）未经商标注册人的许可，在同一种商品上使用与其注册商标近似的商标，或者在类似商品上使用与其注册商标相同或者近似的商标，容易导致混淆的；

（3）销售侵犯注册商标专用权的商品的；

（4）伪造、擅自制造他人注册商标标识或者销售伪造、擅自制造的注册商标标识的；

（5）未经商标注册人同意，更换其注册商标并将该更换商标的商品又投入市场的；

（6）故意为侵犯他人商标专用权行为提供便利条件，帮助他人实施侵犯商标专用权行为的；

（7）给他人的注册商标专用权造成其他损害的。

（二）商标侵权行为的除外

商标侵权行为的除外是指非注册商标专用权人在法定情况下可以使用该他人注册商标或者商标的组成部分，不构成侵权。根据我国《商标法》的规定，包括以下几种情形。

（1）注册商标中含有本商品的通用名称、图形、型号，或者直接标示商品的质

量、主要原料、功能、用途、重量、数量及其他特点或者含有地名，注商标专用权人无权禁止他人正当使用。对他人的正当使用行为不能作为商标侵权行为查处。

（2）三维标志注册商标中含有的商品自身的性质产生的形状、为获得技术效果而需有的商品形状或者使商品具有实质性价值的形状，注册商标专用权人无权禁止他人正当使用。

（3）商标注册人申请商标注册前，他人已经在同一种商品或者类似商品上先于商标注册人使用与注册商标相同或者近似并有一定影响的商标的，注册商标专用权人无权禁止该使用人在原使用范围内继续使用该商标，但可以要求其附加适当区别标识。

（三）商标侵权纠纷解决

对于商标侵权引发的纠纷，我国《商标法》规定了多种解决方式。即因商标侵权引起纠纷的，由当事人协商解决；不愿协商或者协商不成的，商标注册人或者利害关系人可以向人民法院起诉，也可以请求工商行政管理部门处理。

（四）商标侵权的法律责任

根据我国《商标法》的规定，商标侵权人行为可能因其侵权行为承担多种的法律责任，而且这些责任并不具有相互替代性。

1. 民事责任

根据有关法律规定，商标权遭受侵害的，被侵权人有权要求侵害方停止侵害，消除影响，赔偿损失。

（1）赔偿数额的确定。侵犯商标专用权的赔偿数额，按照权利人因被侵权所受到的实际损失确定；实际损失难以确定的，可以按照侵权人因侵权所获得的利益确定；权利人的损失或者侵权人获得的利益难以确定的，参照该商标许可使用费的倍数合理确定。对恶意侵犯商标专用权，情节严重的，可以在按照上述方法确定数额的一倍以上五倍以下确定赔偿数额。赔偿数额应当包括权利人为制止侵权行为所支付的合理开支。

人民法院为确定赔偿数额，在权利人已经尽力举证，而与侵权行为相关的账簿、资料主要由侵权人掌握的情况下，可以责令侵权人提供与侵权行为相关的账簿、资料；侵权人不提供或者提供虚假的账簿、资料的，人民法院可以参考权利人的主张和提供的证据判定赔偿数额。

权利人因被侵权所受到的实际损失、侵权人因侵权所获得的利益、注册商标许可使用费难以确定的，由人民法院根据侵权行为的情节判决给予 500 万元以下的赔偿。

（2）假冒注册商标的商品及材料、工具的处理。人民法院审理商标纠纷案件，应权利人请求，对属于假冒注册商标的商品，除特殊情况外，责令销毁；对主要用于制造假冒注册商标的商品的材料、工具，责令销毁，且不予补偿；或者在特殊情况下，责令禁止前述材料、工具进入商业渠道，且不予补偿。

假冒注册商标的商品不得在仅去除假冒注册商标后进入商业渠道。

（3）不承担赔偿责任的情形。注册商标专用权人请求赔偿，被控侵权人以注册商标专用权人未使用注册商标提出抗辩的，人民法院可以要求注册商标专用权人提供此前三年内实际使用该注册商标的证据。注册商标专用权人不能证明此前三年内实际使用过该注册商标，也不能证明因侵权行为受到其他损失的，被控侵权人不承担赔偿责任。

销售不知道是侵犯注册商标专用权的商品，能证明该商品是自己合法取得并说明提供者的，不承担赔偿责任。

（4）有关保全行为。商标注册人或者利害关系人有证据证明他人正在实施或者即将实施侵犯其注册商标专用权的行为，如不及时制止将会使其合法权益受到难以弥补的损害的，可以依法在起诉前向人民法院申请采取责令停止有关行为和财产保全的措施。

为制止侵权行为，在证据可能灭失或者以后难以取得的情况下，商标注册人或者利害关系人可以依法在起诉前向人民法院申请保全证据。

扩充阅读

侵犯商标专用权的赔偿数额，按照权利人因被侵权所受到的实际损失确定；实际损失难以确定的，可以按照侵权人因侵权所获得的利益确定；权利人的损失或者侵权人获得的利益难以确定的，参照该商标许可使用费的倍数合理确定。对恶意侵犯商标专用权，情节严重的，可以在按照上述方法确定数额的 1 倍以上 5 倍以下确定赔偿数额。赔偿数额应当包括权利人为制止侵权行为所支付的合理开支。

人民法院为确定赔偿数额，在权利人已经尽力举证，而与侵权行为相关的账簿、资料主要由侵权人掌握的情况下，可以责令侵权人提供与侵权行为相关的账簿、资料；侵权人不提供或者提供虚假的账簿、资料的，人民法院可以参考权利人的主张和提供的证据判定赔偿数额。

权利人因被侵权所受到的实际损失、侵权人因侵权所获得的利益、注册商标许可使用费难以确定的，由人民法院根据侵权行为的情节判决给予 500 万元以下的赔偿。

人民法院审理商标纠纷案件，应权利人请求，对属于假冒注册商标的商品，除特殊情况外，责令销毁；对主要用于制造假冒注册商标的商品的材料、工具，责令销毁，且不予补偿；或者在特殊情况下，责令禁止前述材料、工具进入商业渠道，且不予补偿。

假冒注册商标的商品不得在仅去除假冒注册商标后进入商业渠道。

2. 行政责任

根据法律规定，侵权人所在地或者侵权行为地县级以上工商行政管理机关有权依法对商标侵权行为采取行政处罚措施。即如果认定侵权行为成立的，工商行政管理机关有权责令立即停止侵权行为，没收、销毁侵权商品和主要用于制造侵权商品、伪造注册商标标识的工具，并可以根据违法情节处以相应的罚款。对于销售不知道是侵犯注册商标专用权的商品，能证明该商品是自己合法取得并说明提供者的，由工商行政管理部门责令停止销售。商标侵权涉嫌犯罪的，应当及时移送司法机关依法处理。

3. 刑事责任

根据我国《刑法》的规定，未经注册商标所有人许可，在同一种商品上使用与其注册商标相同的商标，情节严重的；销售明知是假冒注册商标的商品，销售金额较大或巨大的；伪造、擅自制造他人注册商标标识或者销售伪造、擅自制造的注册商标标识，情节严重的；分别按刑法规定以相关犯罪论处。

五、商标权的消灭

商标权的消灭是指根据法律规定的条件，注册商标权人所享有的商标权消灭，不再受法律保护。根据我国《商标法》的规定，商标权的消灭分为以下情形。

（一）注册商标的注销

注册商标的注销是指商标主管机关基于法定原因取消某项注册商标的一种措施。主要是指注册商标法定期限届满，未办理续展手续的，商标局予以注销。

（二）注册商标的撤销

我国《商标法》规定，在商标使用过程中，由于注册商标权利人的不当使用，商标局可以撤销其注册商标。

（1）商标注册人在使用注册商标的过程中，自行改变注册商标、注册人名义、地址或者其他注册事项的，由地方工商行政管理部门责令限期改正；期满不改正的，由商标局撤销其注册商标。

（2）注册商标成为其核定使用的商品的通用名称或者没有正当理由连续三年不使用的，任何单位或者个人可以向商标局申请撤销该注册商标。商标局应当自收到申请之日起 9 个月内做出决定。有特殊情况需要延长的，经国务院工商行政管理部门批准，可以延长 3 个月。

对商标局撤销或者不予撤销注册商标的决定，当事人不服的，可以向商标评审委员会申请复审，由商标评审委员会做出决定。当事人对商标评审委员会的决定不服的，可以向人民法院起诉。注册商标因为违法使用被撤销的，该注册商标的专用权自商标局的撤销决定生效之日起消灭。

（三）注册商标的宣告无效

我国《商标法》规定，出现法定事由时，商标局可以宣告注册商标无效。

（1）已经注册的商标，违反《商标法》第 4 条、第 10 条、第 11 条、第 12 条、第 19 条第 4 款规定的，或者是以欺骗手段或者其他不正当手段取得注册的，由商标局宣告该注册商标无效；其他单位或者个人可以请求商标评审委员会宣告该注册商标无效。

商标局做出宣告注册商标无效的决定，应当书面通知当事人。当事人对商标局的决定不服的，可以向商标评审委员会申请复审。当事人对商标评审委员会的决定不服的，可以向人民法院起诉。

其他单位或者个人请求商标评审委员会宣告注册商标无效的，商标评审委员会应当自收到申请之日起 9 个月内做出维持注册商标或者宣告注册商标无效的裁定。当事人对商标评审委员会的裁定不服的，可以向人民法院起诉。

（2）已经注册的商标，违反《商标法》关于侵犯他人的在先权益或合法利益的相关规定，自商标注册之日起 5 年内，在先权利人或者利害关系人可以请求商标评审委员会宣告该注册商标无效。对恶意注册的，驰名商标所有人不受 5 年的时间限制。

当事人对商标评审委员会的维持注册商标或者宣告注册商标无效的裁定不服的，可以向人民法院起诉。

（3）宣告注册商标无效的结果。根据我国《商标法》的规定，法定期限届满，当事人对商标局宣告注册商标无效的决定不申请复审或者对商标评审委员会的复审决定、维持注册商标或者宣告注册商标无效的裁定不向人民法院起诉的，商标局的决定或者商标评审委员会的复审决定、裁定生效。

宣告注册商标无效的决定或者裁定，对宣告无效前人民法院做出并已执行的商标侵权案件的判决、裁定、调解书和工商行政管理部门做出并已执行的商标侵权案件的处理决定以及已经履行的商标转让或者使用许可合同不具有追溯力。但是，因商标注册人的恶意给他人造成的损失，应当给予赔偿。依照前款规定不返还商标侵权赔偿金、商标转让费、商标使用费，明显违反公平原则的，应当全部或者部分返还。

六、商标使用的管理

（一）商标使用的管理机关

商标的使用，是指将商标用于商品、商品包装或者容器以及商品交易文书上，或者将商标用于广告宣传、展览以及其他商业活动中，用于识别商品来源的行为。商标使用的管理，是指商标行政管理部门依法对商标注册、商标使用、商标印制等行为所进行的监督、检查、控制、协调、服务等管理活动的总称。根据我国《商标法》的规定，国家工商行政管理部门商标局主管全国商标注册和管理工作。地方各级工商行政管理部门负责本行政区域内的商标管理。商标评审委员会是国家工商行政管理部门负责处理商标评审事宜的专门机构。

（二）注册商标的使用管理

有关部门对注册商标的使用管理主要是监督注册商标的使用情况以及监督使用注册商标的商品质量。

（三）未注册商标的使用管理

未注册商标的使用与注册商标专用权的保护关系密切，必须加强管理。根据我国《商标法》的规定，凡使用未注册商标涉及冒充注册商标、违反商标标识禁用规定或粗制滥造，以次充好，欺骗消费者的，地方工商行政管理部门有权采取相应措施。

七、对驰名商标的特殊规定

驰名商标是指在我国为相关公众广为知晓并享有较高声誉的商标。相关公众包括与使用商标所标志的某类商品或者服务有关的消费者、生产前述商品或者提供服务的其他经营者以及销售渠道中所涉及的销售者和相关人员等。我国《商标法》对于驰名商标的认定、保护及其使用做出了详细规定。

（一）认定驰名商标应当考虑的因素

（1）相关公众对该商标的知晓程度；

（2）该商标使用的持续时间；

（3）该商标的任何宣传工作的持续时间、程度和地理范围；

（4）该商标作为驰名商标受保护的记录；

（5）该商标驰名的其他因素。

（二）驰名商标的认定办法

根据我国《商标法》的规定，驰名商标有以下认定办法。

（1）在商标注册审查、工商行政管理部门查处商标违法案件过程中，当事人要求对其知名商标予以驰名商标保护时，商标局根据审查、处理案件的需要，可以对商标驰名情况做出认定。

（2）在商标争议处理过程中，当事人要求对其知名商标予以驰名商标保护时，商标评审委员会根据处理案件的需要，可以对商标驰名情况做出认定。

（3）在商标民事、行政案件审理过程中，当事人要求对其知名商标予以驰名商标保护时，最高人民法院指定的人民法院根据审理案件的需要，可以对商标驰名情况做出认定。

（三）对驰名商标的保护措施

（1）对于与驰名商标冲突的商标，拒绝其注册；

（2）对已注册的与驰名商标冲突的商标，驰名商标所有人有权要求撤销其注册并禁止使用；

（3）对未注册的与驰名商标冲突的商标，禁止其使用；

（4）商标所有人认为他人将其驰名商标作为企业名称登记，可能欺骗公众或者对公众造成误解的，可以向企业名称登记主管机关申请撤销该企业名称登记。企业名称登记主管机关应当依照《企业名称登记管理规定》处理。

（5）将他人未注册的驰名商标作为企业名称中的字号使用，误导公众，构成不正当竞争行为的，依照《反不正当竞争法》处理。

（四）驰名商标的使用

为防止权利滥用，我国《商标法》规定，生产、经营者不得将"驰名商标"字样用于商品、商品包装或者容器上，或者用于广告宣传、展览以及其他商业活动中。

第四节 工业产权的国际法律制度

工业产权不仅依我国国内法受法律保护，其与相关的国际法律制度也关系密切。以下为与我国有关的主要国际法律制度。

一、保护工业产权巴黎公约

《巴黎公约》是 1883 年 3 月 20 日在巴黎签订的一项关于保护工业产权的国际公约，它是一个开放性的国际公约，任何国家都可以参加。1985 年 3 月 19 日中国成为该公约成员国。公约规定的工业产权包括发明专利权、实用新型、工业品外观设计、商标权、服务标记、厂商名称、产地标记或原产地名称以及制止不正当竞争等。

《巴黎公约》没有制定具体的实体法，而是规定了各成员国必须共同遵守的几个基本原则，以协调各成员国的立法，使之与公约的规定相一致。这些原则主要有：国民待遇原则、优先权原则、独立性原则、关于专利的强制使用原则。

二、商标国际注册马德里协定

《马德里协定》是 1891 年 4 月 14 日在马德里签订的一项关于简化商标在其他国家内注册手续的国际协定。《马德里协定》自生效以来共修改过多次，和 1989 年签署的《商标国际注册马德里协定有关议定书》（简称《马德里议定书》）称为商标国际注册马德里体系。1989 年 10 月 4 日中国成为该协定成员国。

《马德里协定》规定，签约国必须是《巴黎公约》成员国，缔约国的任何申请人在本国注册了一商标后，就可以向设在日内瓦的世界知识产权组织的国际局申请该商标的国际注册，所有国际注册申请都必须由缔约方原属国商标主管局统一向国际局递交。如申请得到核准，国际局即予公布，并通知被要求给予保护的各成员国。有关的成员国在接到通知后的 1 年内可决定是否同意给予保护。如在 1 年之内不向国际局提出批驳该商标在各该国注册的声明，则该商标就算是在该国获准注册。经国际局注册的商标享有 20 年有效期，并且可以不限次数地续展。享受商标国际注册的申请人，必须是《马德里协定》缔约国的国民，非缔约国的国民如要求申请商标的国际注册，必须在缔约国内设有真实有效的营业所或住所。

此外，根据该协定，如果取得了国际注册的商标在其取得国际注册之日起 5 年内被本国商标主管机关撤销了其本国注册或宣告本国注册无效，则该商标在协定其他成员国的商标注册也将随之被撤销。只有当取得国际商标注册届满 5 年之后，该商标在协定各其他成员国的注册才能独立于其本国注册。

三、专利合作条约（PCT）

《专利合作条约》（PCT）于 1970 年在华盛顿签署。目的在于改善对发明的法律保护使之完备，简化为发明要求在几个国家取得保护的手续，使之更加经济；便于并加速公众获得有关所发明的资料中的技术情报，并通过采取旨在提高发展中国家为保护发明而建立的国家和地区法律制度的效率的措施，来促进和加速这些国家的经济发展。

根据《专利合作条约》，对专利申请的受理和审查标准作了国际性统一规定，在成员国的范围内，申请人只要使用一种规定的语言在一个国家提交一件国际申请，在申请中指定要取得专利保护的国家，就产生了分别向各国提交了国家专利申请的效力，条约规定的申请程序简化了申请人就同样内容的发明向多国申请专利的手续，也减少了各国专利局的重复劳动。任何缔约国的国民或居民均可提出国际申请。中国 1994 年 1 月 1 日正式成为《专利合作条约》成员国。

四、与贸易有关的知识产权协议（TRIPS）

TRIPS 是 1993 年乌拉圭回合结束时签署的，1995 年 1 月开始生效，成为世界贸易组织最后文件之一。

协议的宗旨是期望减少国际贸易中的扭曲与阻力，促进对知识产权充分、有效的保护，保证知识产权执法的措施与程序不至于变成合法贸易的障碍。其基本原则有：①各成员应履行《巴黎公约》《保护文学和艺术作品伯尔尼公约》《罗马公约》《关于集成电路的知识产权条约》。②国民待遇。每个成员给予其他成员国民在知识产权保护方面的待遇不应低于其给予本国国民的待遇，除非《巴黎公约》《保护文学和艺术作品伯尔尼公约》《罗马公约》中已分别订立的例外规定。③最惠国待遇。

本章主要内容归纳总结图

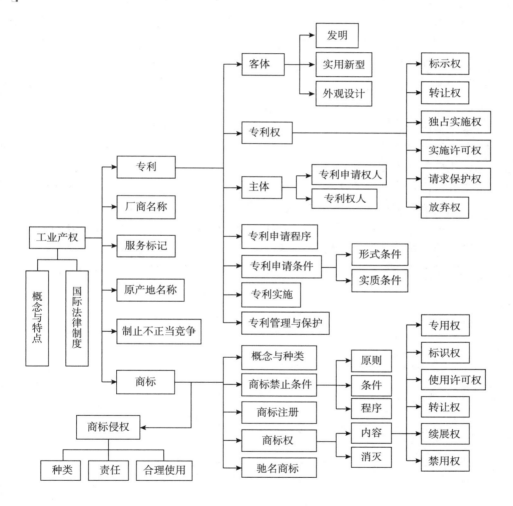

复习思考题

1. 工业产权的特征。
2. 如何理解职务发明？

3. 授予专利权的实质条件。

4. 专利强制实施的条件。

5. 驰名商标的认定与保护范围。

6. 侵犯注册商标专用权行为的种类。

 推荐阅读

1. 佛山市揽一胜贸易有限公司、佛山市禅城区揽一胜塑料厂侵害外观设计专利权纠纷上诉案

   广东省高级人民法院/（2019）粤民终 2679 号/2020.05.12

2. 上海琛达贸易有限公司与东莞市磁宇宙玩具有限公司、浙江天猫网络有限公司等侵害发明专利权纠纷上诉案

   上海市高级人民法院/（2019）沪民终 277 号/2020.07.03

3. 赛雷纳（中国）医疗科技有限公司、成都索尔恩科技有限公司专利权权属纠纷上诉案

   四川省高级人民法院/（2019）川知民终 178 号/2020.04.09

4. 秦皇岛莱特流体设备制造有限公司、秦皇岛德创节能环保科技有限公司专利申请权权属纠纷上诉案

   中华人民共和国最高人民法院/（2019）最高法知民终 337 号/2020.01.22

5. 中粮集团有限公司、深圳市宝安区沙井维联百货店侵害商标权纠纷上诉案

   广东省深圳市中级人民法院/（2019）粤 03 民终 19634 号 /2020.01.06

6. 谭有兰侵害商标权纠纷二审民事判决书

   广东省深圳市中级人民法院/（2019）粤 03 民终 20335 号/2019.11.15

第十二章　消费者权益保护法律制度

 【本章提示】

在所有繁荣活跃的市场环境中，一定存在着一对既相互依赖又彼此争利的市场参与者——买方和卖方，即消费者与经营者。双方在交易行为中各有所求，各取所需。从双方所处地位上分析，因为信息不对称，所以经营者强势，消费者弱势。特别是在一个法制不健全，监管不严格，行业不自律的市场和社会环境中，消费者的权益很多时候会受到非法的侵害。在一个法治社会中，"有损害必有救济"。那么，应当如何对消费者的合法权益提供无缝隙的法律救济呢？基于此，我国立法机关制定并不断完善了《消费者权益保护法》，本章将以该法为蓝本，以消费者权益保护为主线，具体阐述和介绍消费者的概念和特征，消费者权益保护法的概念、适用与立法状况，消费者权利和经营者义务，消费者权益的法律保护方式，争议解决途径等主要内容。

 【重点内容】

1. 消费者概念。
2. 消费者权益保护法基本原则。
3. 消费者权利和经营者义务。
4. 消费者纠纷的解决途径。
5. 经营者的法律责任。

第一节　消费者权益保护的法律基础理论

 【案例导入】

俞某于 2016 年 8 月 5 日通过手机从本市某区 F 小吃店购买 4 斤小龙虾，共计 200 元，由该店员工送达。次日俞某因"恶心伴背部肌肉酸痛 15 小时"而急诊就诊后住院治疗，呕吐物为进食龙虾。俞某的母亲进食相同食物，出现类似症状与俞某共同就医。经诊断，俞某系患急性胃肠炎、横纹肌溶解。现俞某要求 F 小吃店承担其损失 80% 的赔偿责任。司法鉴定意见为：不能排除食用小龙虾与产生横纹肌溶解这一后果之间的因果关系。

一审法院认为，依生活常理并结合鉴定意见，俞某因食用小龙虾不适而至医院治疗之间有着较强的关联性。现 F 小吃店未提供证据证明其已采取了食品安全保障措施，也未提供证据证明俞某购买的小龙虾不存在质量问题，故支持了俞某主张的赔偿责任。F 小吃店不服，提起上诉。

二审法院认为，俞某作为消费者已提供了外卖食品证明、医院病历、住院病情摘要等证据，应认定消费者已尽到了初步的举证责任，一审法院认定俞某食用涉讼小龙虾与其出现的症状之间存在因果关系。现 F 小吃店始终未提供证据证明涉讼小龙虾符合食品质量标准，应由其承担不利的法律后果。故二审判决驳回上诉，维持原判。

问题：小吃店向俞某承担赔偿责任的法律依据是什么？

一、消费者的概念和特征

（一）消费者的概念

消费者，是指为了满足其自身生活消费需要而购买、使用商品或者接受商品性服务的个人。我国《消费者权益保护法》第 2 条规定："消费者为生活消费需要购买、使用商品或者接受服务，其权益受本法保护。"可见，消费者的行为目的是生活消费，而不是生产经营，也不是以营利为目的的。

（二）消费者的特征

1. 消费者只能是自然人个人

相对于法人或其他组织，自然人个人在与经营者发生市场交易法律关系时处于更为不利的地位，在对商品的专业知识、功能用途以及信息获取方面都处于绝对的劣势。因此，需要法律对其合法权益进行相应的保护，以便实现公平正义。可以说，整部《消费者权益保护法》都是建立在限制经营者，保护消费者这一基本原则之上的。

2. 消费目的必须是生活消费

从消费目的上来区分，可以将消费分为生产消费和生活消费。生产消费不属于消费者权益保护法要调整的范围。

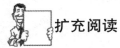 **扩充阅读**

生产消费是指在生产过程中生产器材、原材料、燃料、机械、电子产品等生产资料的消费和劳动力的消费。生活消费具体又包括物质消费和精神消费。物质消费是指消费者为了满足衣食住行等基本生活需求进行的消费。精神消费是指消费者为了满足精神文化生活需要而进行的消费活动，如唱歌、旅游、摄影、看电影、听音乐等。消费者权益保护法中所保护的消费类型是指生活消费。

3. 消费客体包括商品和服务

商品包括工业产品和农产品，产品要成为消费商品，需要具备两个条件：一是必须进入流通领域，进行市场交易；二是该产品与生活消费有关。服务是指向消费者提供的可供其生活消费的各种服务类型。

二、消费者权益保护法的概述

（一）概念

消费者权益保护法是指调整在保护消费者合法权益过程中产生的社会关系的法律规范的总称，其属于市场规制法，是经济法的重要部门法。该法的立法宗旨是保护消费者的合法权益，维护社会经济秩序，促进社会主义市场经济健康发展。我国于 1993 年 10 月 31 日通过，并自 1994 年 1 月 1 日起施行的《消费者权益保护法》为最主要的法律。随着经济社会的不断发展，我国广大消费者的消费方式、消费结构和消费理念发生了很大变化，在消费者权益保护领域出现了不少新情况新问题，2009 年 8 月 27 日我国对该法进行了第一次修正，2013 年 10 月 25 日又进行了第二次修正。

（二）调整范围

我国《消费者权益保护法》调整的法律关系是消费者和经营者之间在市场交易过程中发生的权利义务关系。

从法律关系内容的角度来看，主要是指在消费者购买、使用或者接受服务的过程中所发生的关系。这其中既包括消费者购买商品和接受服务，也包括消费者本人或者他人使用商品过程中发生的法律关系。因此，消费者权益保护法所保护的不只是与经营者之间发生合同关系的消费者，也包括没有和经营者之间直接发生合同关系但是受到经营者商品或者服务侵害的其他权利人。

第二节　消费者的权利和经营者的义务

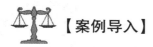【案例导入】

二手车经销商伪造铭牌隐瞒车辆信息构成欺诈，
应向消费者支付惩罚性赔偿金❶

2017 年 4 月 23 日，李某某与锦锋公司签订《车辆转让协议》，约定锦锋公司代理将车牌号为皖 B×237 号奇瑞牌车辆转让给李某某，价格为 6 万元。后李某某分两次共向锦锋公司交付购车款 6 万元，锦锋公司给李某某出具了收据。车辆交付后，李某某在使用过程中发现该车覆盖两张铭牌，表面铭牌上显示制造年月为 2016 年 10 月，被覆盖的铭牌显示制造时间为 2015 年 11 月。后李某某与锦锋公司协商解决未果，提起诉讼要求锦峰公司支付三倍惩罚性赔偿金共计 18 万元。

法院认为：锦峰公司属于二手车经营者，李某某到锦锋公司处要求购买 2016 年生产的电动汽车，但是锦锋公司向李某某交付的涉案车辆覆盖有两张铭牌，表面铭牌显示生产日期为 2016 年，被覆盖铭牌显示生产日期为 2015 年。涉案车辆的车辆登记证书、车辆一致性证书、保险单显示的生产日期均与被覆盖铭牌显示生产日期一致，可

---

❶ 《江苏法院 2019 年度消费者权益保护十大典型案例》，http://www.pkulaw.cn，2020 年 10 月 4 日访问。

见，表面铭牌为假铭牌。因此，锦锋公司隐瞒了产品的真实情况，诱使消费者作出错误的意思表示，符合法律规定的欺诈行为构成要件，对李某某关于惩罚性赔偿的请求依法予以支持。

问题：1. 本案中法院的判决保护了李某某何种消费者权利？

2. 本案中锦锋公司违反了何种经营者义务？

一、消费者的权利

消费者的权利和经营者的义务历来都是消费者权益保护法中最为重要的内容。我国《消费者权益保护法》对消费者的权利和经营者的义务都作出了具体规定。

消费者的权利一共九项，包括保障安全权、知悉实情权、自主选择权、公平交易权、依法求偿权、依法结社权、知识获取权、维护尊严权、监督批评权。

（一）保障安全权

安全权是消费者最基本的权利。消费者的保障安全权主要包括保障人身安全权和财产安全权。其中，消费者人身安全权主要是指消费者在购买、使用商品和接受服务时其生命和身体健康不受损害的权利，即享有生命不受危害、身体器官完整、器官机能健全的权利。消费者财产安全权是指消费者在购买、使用商品和接受服务时财产不受损害的权利。消费者安全权的保障是消费者享有其他权利的基础。

（二）知悉实情权

知悉实情权又称为知情权，即消费者享有全面、准确、及时知悉其购买、使用的商品或者接受的服务的真实情况的权利。只有保障消费者知己知彼，充分了解自己即将进行消费的对象所有实际情况，才能使其可能作出正确的判断和消费行为。消费者的知悉真情权要求经营者必须就自己的商品和服务向消费者提供真实可靠的全面信息，不得隐瞒欺诈和坑蒙拐骗，并为自己提供的虚假信息承担法律责任。

扩充阅读

我国《消费者权益保护法》第8条规定："消费者享有知悉其购买、使用的商品或者接受的服务的真实情况的权利。消费者有权根据商品或者服务的不同情况，要求经营者提供商品的价格、产地、生产者、用途、性能、规格、等级、主要成分、生产日期、有效期限、检验合格证明、使用方法说明书、售后服务，或者服务的内容、规格、费用等有关情况。"

（三）自主选择权

自主选择权是指消费者享有的根据自己的喜好和判断自由决定、自主选择所购买、使用的商品和接受的服务的权利。消费者的自主选择权的切实行使是保障消费者权益的关键所在。

扩充阅读

消费者的自主选择权主要包括以下方面：一是对交易对象的选择，即消费者有权自主选择提供商品或者服务的经营者；二是对商品和服务的选择，即消费者有权自主选择商品品种或者服务方式；三是比较、鉴别和挑选的权利，即消费者在选择商品和服务时，有权对不同的交易对象和商品、服务进行比较、鉴别，并进行挑选；四是作出决定的权利，即消费者有权自主决定购买或者不购买任何一种商品、接受或者不接受任何一项服务。

（四）公平交易权

公平交易权是指消费者在购买商品或者接受服务时享有获得公平交易条件的权利。公平交易权是加强消费者自身经济权益保障的重要权利。

扩充阅读

公平交易权主要体现在以下方面：一是消费者有权获得质量保障，要求经营者提供的商品和服务的质量符合法律规定或者合同约定，不存在质量瑕疵；二是商品和服务的价格合理，经营者对商品和服务的定价应当符合国家规定，进行合理定价，不得牟取暴利，损害消费者利益；三是经营者对所提供的商品和服务应当计量正确，即保证计量单位制统一、量值准确可靠；四是消费者有权拒绝经营者的强制交易行为。

（五）依法求偿权

依法求偿权是指消费者因购买、使用商品或者接受服务受到人身、财产损害的，享有依法获得相应赔偿的权利。依法求偿权是一种救济性权利，是消费者实现其他权利的保障，没有该权利，前述的所有消费者权利都将是空谈，无法实现。

（六）依法结社权

依法结社权是指消费者依法享有的成立维护其合法权益的社会团体的权利。

（七）知识获取权

知识获取权是指消费者有获得消费教育的权利。包括消费知识获取权和消费者权益保护的知识获取权。

扩充阅读

知识获取权主要包括两个方面：一是消费知识获取权，其中又包括：（1）有关商品和服务的基本知识；（2）消费市场和经营者的信息、消费者的消费心理和市场的消费状况等。二是消费者权益保护的知识获取权，其中又包括：（1）我国有关消费者权益保护方面的法律法规；（2）消费者权益保护组织（如消费者保护协会）的情况；（3）消费者自身的权利、经营者承担的义务；（4）了解保护消费者的各种途径和程序，了解消费纠纷的解决方式等。为了保障消费者顺利实现对上述知识的获取，不仅要靠消费者自身的能力，相关国家行政主管机关以及消费者保护协会也应当发挥主导和监管作用。

（八）维护尊严权

维护尊严权是指消费者享有的在消费活动中其人格尊严、民族风俗习惯得到尊重的权利。

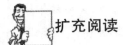

扩充阅读

　　维护尊严权在内容上包括两个方面：一是人格尊严应当得到尊重，人格尊严权作为一般人格权的内容之一，是指民事主体作为人应有的社会地位和社会价值受到他人尊重，具体表现为姓名权、肖像权、名誉权、荣誉权、隐私权等。二是民族风俗习惯应当得到尊重。在消费活动中，民族风俗习惯受到尊重，既是对消费者本身的尊重，也是对消费者的民族生活方式和道德观念的尊重，是对消费者的民族心理和民族感情的尊重，是各民族平等的体现，有利于民族团结和发展。

（九）监督批评权

　　监督批评权是指消费者享有的对商品或者服务以及消费者权益保护工作进行监督和批评建议的权利。此外，消费者享有检举、控告侵害消费者权益的行为和国家机关及其工作人员在保护消费者权益工作中的违法失职行为，以及对保护消费者权益工作提出批评、建议的权利。

二、经营者的义务

　　经营者是与消费者并列出现于市场的重要主体，没有经营者，消费者也就无从购买商品和接受服务。同样，没有经营者义务的具体承担，也就无法实现对消费者合法权益的真正保护。基于此，我国《消费者权益保护法》第三章专门对经营者具体义务作出了相关规定，主要内容如下。

（一）依法定或约定履行义务

　　经营者向消费者提供商品或者服务，应当履行三方面义务：一是法律规定的义务；二是合同约定的义务；三是恪守社会公德、诚信经营。

　　（1）履行法定义务。这里所说的法定义务，不仅包括《消费者权利保护法》里列举的义务，还包括如《产品质量法》《侵权责任法》《食品安全法》《药品管理法》《广告法》等其他法律所列举的义务，以及《直销管理条例》《食品安全法实施条例》《缺陷汽车产品召回管理条例》《乳品质量安全监督管理条例》等行政法规所规定的义务。

　　（2）履行约定义务。经营者与消费者之间的约定，是买卖双方的合同。依据合同法规定，依法成立的合同受法律保护，对当事人具有法律约束力。可见，经营者依法应当履行其与消费者之间的合同约定义务。

　　（3）恪守社会公德、诚信经营。针对现实中一些经营者违法经营，制售假冒伪劣商品，进行虚假宣传等严重损害消费者权益的行为，最新的修正案增加规定：经营者向消费者提供商品或者服务，应当恪守社会公德，诚信经营，保障消费者的合法权益；不得设定不公平、不合理的交易条件，不得强制交易。

（二）听取意见和接受监督的义务

　　经营者应当听取消费者对其提供的商品或者服务的意见，接受消费者的监督。这是从经营者的角度对消费者监督权的落实和强化。

**扩充阅读**

在经营者接受消费者监督的内容方面，主要包括三类：一是商品或者服务本身存在的问题；二是经营者在提供商品或者服务过程中的行为；三是发生损害消费者合法权益行为之后的后续义务履行或者法律责任承担问题。在经营者接受消费者监督的方式方面，主要包括两类：一是经营者应当听取消费者意见；二是通过邀请消费者代表实地参观、组织座谈会等方式接受监督。

（三）保障消费者人身和财产安全的义务

人身权和财产权是公民的基本民事权利。消费者在购买商品和接受服务的过程中，其人身和财产安全是最基本的要求。而这一基本要求的实现，需要经营者保证其提供的商品和服务具有足够的安全性。同时，对于可能危及人身、财产安全的商品和服务，应当向消费者作出真实的说明和明确的警示，并说明和标明正确使用商品或者接受服务以及防止危害发生的方法。

最新的修正案增加规定了经营场所的经营者的安全保障义务，即宾馆、商场、餐馆、银行、机场、车站、港口、影剧院等经营场所的经营者，应当对消费者尽到安全保障义务。此处的安全保障义务是指这些经营场所的经营者负有的在合理限度的范围内保护他人人身和财产安全的义务。

（四）经营者提供商品和服务真实、全面信息的义务

如前文所述，消费者知情权的实现必须依赖经营者提供真实全面的商品或服务信息，即要求经营者提供的信息应当是真实的，且应当是全面的，同时不得作虚假或者引人误解的宣传。

（五）出具相应凭证和单据的义务

发票等购物凭证或者服务单据是经营者在履行合同义务后向消费者出具的证明合同履行完毕的书面凭证。其不仅能够证明经营者和消费者之间的合同关系，更是商品或者服务出现质量问题，消费者合法权益受到损害时主张权利的证据。所以，经营者提供商品或者服务，应当按照国家有关规定或者商业惯例向消费者出具发票等购货凭证或者服务单据；消费者索要发票等购货凭证或者服务单据的，经营者必须出具。

（六）经营者提供符合要求的商品或服务的义务

（1）经营者应当保证在正常使用商品或者接受服务的情况下其提供的商品或者服务应当具有的质量、性能、用途和有效期限；但消费者在购买该商品或者接受该服务前已经知道其存在瑕疵，且该瑕疵不违反法律强制性规定的除外。

（2）经营者以广告、产品说明、实物样品或者其他方式表明商品或者服务的质量状况的，应当保证其提供的商品或者服务的实际质量与表明的质量状况相符。

（3）经营者提供的机动车、计算机、电视机等耐用商品或者装饰装修等服务，消费者自接受商品或者服务之日起 6 个月内发现瑕疵，发生争议的，由经营者承担有关

瑕疵的举证责任。

（七）经营者对缺陷商品或服务采取相应措施的义务

经营者发现其提供的商品或者服务存在缺陷，有危及人身、财产安全危险的，应当立即向有关行政部门报告和告知消费者，并采取停止销售、警示、召回、无害化处理、销毁、停止生产或者服务等措施。采取召回措施的，经营者应当承担消费者因商品被召回支出的必要费用。

（八）经营者承担的退货、更换、修理等"三包"义务

经营者的"三包"义务，可以分为传统的退货义务和适用于网购、电视电话购物、邮购等领域的无理由退货义务。

1. 传统的退换货制度

经营者提供的商品或者服务不符合质量要求的，消费者可以依照国家规定、当事人约定退货，或者要求经营者履行更换、修理等义务。没有国家规定和当事人约定的，消费者可以自收到商品之日起7日内退货；7日后符合法定解除合同条件的，消费者可以及时退货，不符合法定解除合同条件的，可以要求经营者履行更换、修理等义务。依照规定进行退货、更换、修理的，经营者应当承担运输等必要费用。

2. 无理由退货制度

经营者采用网络、电视、电话、邮购等方式销售商品，消费者有权自收到商品之日起7日内退货，且无须说明理由。消费者退货的商品应当完好。经营者应当自收到退回商品之日起7日内返还消费者支付的商品价款。退回商品的运费由消费者承担；经营者和消费者另有约定的，按照约定。

（九）经营者使用格式条款时的义务

经营者在经营活动中使用格式条款的，应当提请消费者注意商品或者服务的数量和质量、价款或者费用、履行期限和方式、安全注意事项和风险警示、售后服务、民事责任等与消费者有重大利害关系的内容，并按照消费者的要求予以说明。经营者不得以格式条款、通知、声明、店堂告示等方式，作出排除或者限制消费者权利、减轻或者免除经营者责任、加重消费者责任等对消费者不公平、不合理的规定，不得利用格式条款并借助技术手段强制交易。

（十）经营者不得侵犯消费者人身权的义务

经营者不得对消费者进行侮辱、诽谤，不得搜查消费者的身体及其携带的物品，不得侵犯消费者的人身自由。

（十一）特定领域经营者的信息披露义务

在网络、电视电话、邮购等领域，消费者和经营者之间的信息不对称十分明显。一是消费者对商品基本信息的掌握非常被动，主要是通过经营者提供的图片、画面或者文字等信息选择商品，难以实地辨识商品的真实性，容易受到不当宣传的影响。二是交易主体虚拟化，消费者难以确定经营者真实身份，发生纠纷后维权困难。可见，这一领域中的消费者弱势地位尤为突出，法律必须针对性地加以规定，全面保护这类

消费者的合法权益。基于此，法律规定：采用网络、电视、电话、邮购等方式提供商品或者服务的经营者，以及提供证券、保险、银行等金融服务的经营者，应当向消费者提供经营地址、联系方式、商品或者服务的数量和质量、价款或者费用、履行期限和方式、安全注意事项和风险警示、售后服务、民事责任等信息。

（十二）经营者收集、使用消费者个人信息时应履行的义务

经营者收集、使用消费者个人信息，应当遵循合法、正当、必要的原则，明示收集、使用信息的目的、方式和范围，并经消费者同意。经营者收集、使用消费者个人信息，应当公开其收集、使用规则，不得违反法律、法规的规定和双方的约定收集、使用信息。经营者及其工作人员对收集的消费者个人信息必须严格保密，不得泄露、出售或者非法向他人提供。经营者应当采取技术措施和其他必要措施，确保信息安全，防止消费者个人信息泄露、丢失。在发生或者可能发生信息泄露、丢失的情况时，应当立即采取补救措施。经营者未经消费者同意或者请求，或者消费者明确表示拒绝的，不得向其发送商业性信息。

扩充阅读

1. 韩某刚于 2009 年 10 月至 2010 年 9 月间，先后在一些报刊上发表了一系列矿泉壶有害健康的文章，提醒消费者"慎用"和"当心"，并对相关公司的广告点名进行了批评。生产矿泉壶的百龙公司、天津市天磁公司等以侵害其名誉权为由，向太原市中级人民法院提起诉讼。2012 年 6 月，山西省高级人民法院终审判决认定，韩某刚从维护消费者权益角度出发，依法行使了舆论监督权，没有侵害天磁公司等商家的名誉权。韩某刚继而向北京市东城区人民法院起诉天磁公司等 5 被告侵害其舆论监督权，要求被告赔偿 48 万元。一审和二审法院均裁定驳回其起诉，理由是山西省高级人民法院作出的终审判决，已依法对韩某刚的舆论监督权给予了保护，韩某刚不能就同一事实再次起诉。但韩某刚因被诉所受到的损失却没有得到补偿——山西法院并没有支持其损害赔偿的反诉，北京法院也不予支持。

2. 2012 年 5 月 15 日，上百名消费者云集象山消保委办公室，因为象山金仕堡健身有限公司悄无声息关门停业了，老板不知去向，这些消费者损失加起来有好几十万元。随后，象山县消保委联合工商、公安等部门展开调查。经了解，象山金仕堡健身有限公司成立于 2010 年 5 月，2012 年 4 月已有会员 2000 余名，按照公司入会条件，大多数消费者预缴会员费 3000 元到 5000 元不等。

之后，原法定代表人陈某波（宁海人）将公司转让给湖南籍人刘某民，一个月后因经营不善公司倒闭，刘某民不知所终。2012 年 5 月 14 日，房东因金仕堡公司租赁到期不付租金，向象山县人民法院提出申请，要求对金仕堡公司健身器材、设施等在价值限额内进行查封保全。消息传出后引发公司会员群体投诉。宁波消保委上门、工商12315 平台同步登记受理，前后登记 800 余人，在与业主陈某波、刘某民进行沟通的同时，也支持消费者向法庭起诉，通知登记过的消费者签署起诉状，要求金仕堡公司解除服务合同并返还会员费。在法院强制下，金仕堡公司同意庭外调解，最后向 696

名消费者返还人民币 143.5 万元。

第三节　消费者权益争议的解决和法律责任的确定

【案例导入】

2018 年年初，消费者冯某在烟台市杨柳居酒店胜利路分店就餐时，服务员没有向消费者讲清楚可以选择收费与免费的餐具，收取了消费者餐具费 12 元。冯某将此事投诉到烟台市消费者协会，杨柳居酒店胜利路分店的经理得知此事后，立即到消费者协会向消费者冯某赔礼道歉，退回了多收的 12 元餐具费，并且补偿了由此而产生的其他的合理费用。

问题：本案中的消费者协会是个什么性质的单位？其如何对消费者进行权益保护？

一、消费者权益争议的解决

（一）争议的解决途径

消费者权益争议是指在消费领域中消费者与经营者之间因权利义务关系产生的争议。消费者权益争议的解决途径如下。

1. 与经营者协商和解

在协商和解中，消费者与经营者在自愿平等的基础上，就发生的争议进行协商，双方相互妥协和让步，从而达成和解协议，以解决纠纷。

2. 请求消费者协会调解

消费者协会是依法成立的对商品和服务进行社会监督的保护消费者合法权益的社会组织。各级人民政府对消费者协会履行职责应当予以必要的经费等支持。

我国《消费者权益保护法》规定，消费者与经营者发生纠纷后，可以请求消费者协会调解。调解是在中立第三方的劝解和协调下，双方当事人互谅互让，形成合意，从而消除争端，解决纠纷的方式。

3. 向有关行政部门申诉

申诉是指消费者向行政机关提出申请，要求处理与经营者之间纠纷的方式。消费者向有关行政部门投诉的，该部门应当自收到投诉之日起 7 个工作日内，可在自己的职责范围内采取解决的措施，如调解、依法作出处理决定，对违法的经营者还可以进行行政处罚，并将处理结果告知消费者。

4. 根据与经营者达成的仲裁协议提请仲裁机构仲裁

仲裁是指消费者与经营者发生纠纷后，根据有关协议，将其纠纷提交仲裁机构，由仲裁机构在调查清楚纠纷事实的基础上，对双方的争议进行裁决的方式。

5. 向人民法院提起诉讼

诉讼是由人民法院对消费者和经营者之间的纠纷行使审判权，处理其消费纠纷的方式。这种方式最规范、最具权威性，也最有效。消费纠纷大多属于民事纠纷，消费者可以行使诉讼权，通过民事诉讼程序寻求审判机关的公正审理和判决。

（二）最终承担损害赔偿责任的主体的确定

1. 生产者、销售者、服务者的赔偿责任

（1）消费者在购买、使用商品时，其合法权益受到损害的，可以向销售者要求赔偿。销售者赔偿后，属于生产者的责任或者属于向销售者提供商品的其他销售者的责任的，销售者有权向生产者或者其他销售者追偿。

（2）消费者或者其他受害人因商品缺陷造成人身、财产损害的，可以向销售者要求赔偿，也可以向生产者要求赔偿。属于生产者责任的，销售者赔偿后，有权向生产者追偿。属于销售者责任的，生产者赔偿后，有权向销售者追偿。

（3）消费者在接受服务时，其合法权益受到损害的，可以向服务者要求赔偿。

（4）消费者在展销会、租赁柜台购买商品或者接受服务，其合法权益受到损害的，可以向销售者或者服务者要求赔偿。展销会结束或者柜台租赁期满后，也可以向展销会的举办者、柜台的出租者要求赔偿。展销会的举办者、柜台的出租者赔偿后，有权向销售者或者服务者追偿。

2. 企业变更的赔偿责任承担主体

消费者在购买、使用商品或者接受服务时，其合法权益受到损害，因原企业分立、合并的，可以向变更后承受其权利义务的企业要求赔偿。

3. 营业执照持有人或使用人赔偿责任

使用他人营业执照的违法经营者提供商品或者服务，损害消费者合法权益的，消费者可以向其要求赔偿，也可以向营业执照的持有人要求赔偿。

4. 虚假广告的赔偿责任承担主体

（1）消费者因经营者利用虚假广告或者其他虚假宣传方式提供商品或者服务，其合法权益受到损害的，可以向经营者要求赔偿。广告经营者、发布者发布虚假广告的，消费者可以请求行政主管部门予以惩处。广告经营者、发布者不能提供经营者的真实名称、地址和有效联系方式的，应当承担赔偿责任。

（2）广告经营者、发布者设计、制作、发布关系消费者生命健康商品或者服务的虚假广告，造成消费者损害的，应当与提供该商品或者服务的经营者承担连带责任。

（3）社会团体或者其他组织、个人在关系消费者生命健康商品或者服务的虚假广告或者其他虚假宣传中向消费者推荐商品或者服务，造成消费者损害的，应当与提供该商品或者服务的经营者承担连带责任。

5. 网购行为中的损害赔偿责任承担主体

（1）消费者通过网络交易平台购买商品或者接受服务，其合法权益受到损害的，可以向销售者或者服务者要求赔偿。网络交易平台提供者不能提供销售者或者服务者的真实名称、地址和有效联系方式的，消费者也可以向网络交易平台提供者要求赔偿；网络交易平台提供者作出更有利于消费者的承诺的，应当履行承诺。网络交易平台提供者赔偿后，有权向销售者或者服务者追偿。

（2）网络交易平台提供者明知或者应知销售者或者服务者利用其平台侵害消费者合法权益，未采取必要措施的，依法与该销售者或者服务者承担连带责任。

二、经营者法律责任的确定

经营者侵犯消费者合法权益，所应承担的法律责任有民事责任、行政责任和刑事责任。

（一）民事责任的确定

当经营者提供商品或者服务存在缺陷的，或不具备商品应当具备的使用性能而出售时未作说明的，或不符合在商品或者其包装上注明采用的商品标准的，或不符合商品说明、实物样品等方式表明的质量状况等情形时，应当依照有关法律、法规的规定，承担相应的民事责任。

1. 经营者侵害生命健康权应承担的民事责任

经营者提供商品或者服务，造成消费者或者其他受害人人身伤害的，应当赔偿医疗费、护理费、交通费等为治疗和康复支出的合理费用，以及因误工减少的收入。造成残疾的，还应当赔偿残疾生活辅助具费和残疾赔偿金。造成死亡的，还应当赔偿丧葬费和死亡赔偿金。

2. 经营者侵犯消费者人格尊严或人身自由应承担的民事责任

（1）经营者侵害消费者的人格尊严、侵犯消费者人身自由或者侵害消费者个人信息依法得到保护的权利的，应当停止侵害、恢复名誉、消除影响、赔礼道歉，并赔偿损失。

（2）经营者有侮辱诽谤、搜查身体、侵犯人身自由等侵害消费者或者其他受害人人身权益的行为，造成严重精神损害的，受害人可以要求精神损害赔偿。

3. 经营者造成消费者财产损失应承担的民事责任

（1）经营者提供商品或者服务，造成消费者财产损失的，应当按照消费者的要求，以修理、重作、更换、退货、补足商品数量、退还货款和服务费用或者赔偿损失等方式承担民事责任。消费者与经营者另有约定的，按照约定履行。

（2）经营者以预收款方式提供商品或者服务的，应当按照约定提供。未按照约定提供的，应当按照消费者的要求履行约定或者退回预付款；并应当承担预付款的利息、消费者必须支付的合理费用。

4. 经营者应承担的"三包"民事责任

对国家规定或者经营者与消费者约定包修、包换、包退的商品，经营者应当负责修理、更换或者退货。在保修期内两次修理仍不能正常使用的，经营者应当负责更换或者退货。对包修、包换、包退的大件商品，消费者要求经营者修理、更换、退货的，经营者应当承担运输等合理费用。

5. 经营者提供不合格商品应承担的民事责任

依法经有关行政部门认定为不合格的商品，消费者要求退货的，经营者应当负责退货。

6. 经营者对其欺诈行为应承担的民事责任

（1）经营者提供商品或者服务有欺诈行为的，应当按照消费者的要求增加赔偿其受到的损失，增加赔偿的金额为消费者购买商品的价款或者接受服务的费用的 3 倍；增加赔偿的金额不足 500 元的，为 500 元。

（2）经营者明知商品或者服务存在缺陷，仍然向消费者提供，造成消费者或者其他受害人死亡或者健康严重损害的，受害人有权要求经营者赔偿损失，并有权要求所受损失 2 倍以下的惩罚性赔偿。

（二）行政责任的确定

经营者的违法经营行为，除承担相应的民事责任外，其他有关法律、法规对处罚机关和处罚方式有规定的，依照法律、法规的规定执行；法律、法规未作规定的，由工商行政管理部门或者其他有关行政部门责令改正，可以根据情节单处或者并处警告、没收违法所得、处以违法所得 1 倍以上 10 倍以下的罚款，没有违法所得的，处以 50 万元以下的罚款；情节严重的，责令停业整顿、吊销营业执照。

 扩充阅读

经营者除承担相应的民事责任外，还须承担行政责任的情形主要有：

（1）提供的商品或者服务不符合保障人身、财产安全要求的；

（2）在商品中掺杂、掺假，以假充真，以次充好，或者以不合格商品冒充合格商品的；

（3）生产国家明令淘汰的商品或者销售失效、变质的商品的；

（4）伪造商品的产地，伪造或者冒用他人的厂名、厂址，篡改生产日期，伪造或者冒用认证标志等质量标志的；

（5）销售的商品应当检验、检疫而未检验、检疫或者伪造检验、检疫结果的；

（6）对商品或者服务作虚假或者引人误解的宣传的；

（7）拒绝或者拖延有关行政部门责令对缺陷商品或者服务采取停止销售、警示、召回、无害化处理、销毁、停止生产或者服务等措施的；

（8）对消费者提出的修理、重作、更换、退货、补足商品数量、退还货款和服务费用或者赔偿损失的要求，故意拖延或者无理拒绝的；

（9）侵害消费者人格尊严、侵犯消费者人身自由或者侵害消费者个人信息依法得到保护的权利的；

（10）法律、法规规定的对损害消费者权益应当予以处罚的其他情形。

经营者有前款规定情形的，除依照法律、法规规定予以处罚外，处罚机关应当记入信用档案，向社会公布。

（三）刑事责任的确定

（1）经营者违反法律规定提供商品或者服务，侵害消费者合法权益，构成犯罪的，依法追究刑事责任。

（2）经营者以暴力、威胁等方法阻碍有关行政部门工作人员依法执行职务的，依法追究刑事责任；拒绝、阻碍有关行政部门工作人员依法执行职务，未使用暴力、威胁方法的，由公安机关依照《治安管理处罚法》的规定处罚。

（3）国家机关工作人员玩忽职守或者包庇经营者侵害消费者合法权益的行为的，由其所在单位或者上级机关给予行政处分；情节严重，构成犯罪的，依法追究刑事责任。

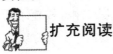 扩充阅读

2000 年 4 月 22 日、28 日及 5 月 1 日，在北京工作的高某 3 次欲进入敦煌公司开办的"TheDen"酒吧消费，均被酒吧工作人员以其"面容不太好，怕影响店中生意"为由挡在门外。2000 年 7 月，高某向北京市朝阳区人民法院提起诉讼，认为酒吧工作人员的行为侵害了其人格尊严，要求被告赔偿精神损失费 5 万元及经济损失 2847 元，并公开赔礼道歉。二审法院审理后认为，敦煌公司的保安一再拒绝高某进入酒吧的行为构成了对高某人格权的侵害，使高某自主选择服务经营者的权利受到侵害；但是敦煌公司的侵权行为情节轻微，赔礼道歉并负担高某的合理支出已经足以抚慰其精神损害，撤销了一审中判赔的精神损失费。

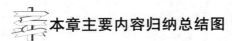 本章主要内容归纳总结图

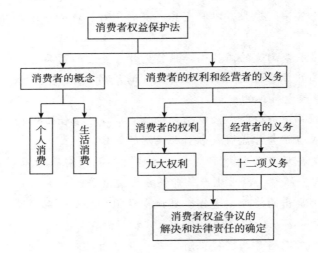

 复习思考题

1. 消费者权利的具体类型。
2. 经营者义务的种类。
3. 消费者权益损害赔偿责任承担主体。
4. 经营者的法律责任类型。

推荐阅读

1. 程超与丁文迪等网络购物合同纠纷

山东省济南市中级人民法院/（2019） 鲁 01 民终 5878 号/2019. 09. 06

2. 程伟强、陈灼新与广州市番禺交通国际旅行社有限公司旅游合同纠纷抗诉案

广东省高级人民法院/（2015） 粤高法审监民提字第 3 号/2015. 09. 28

3. 陈明、徐炎芳、陈洁诉上海携程国际旅行社有限公司旅游合同纠纷案

上海市第一中级人民法院/《最高人民法院公报》2015 年第 4 期/2014. 12. 19

4. 新疆广善堂医药连锁有限公司诉吴德贤产品销售者责任纠纷案

新疆维吾尔自治区乌鲁木齐市中级人民法院/（2014） 乌中民二终字第 439
号/2014. 11. 18

5. 张某某诉郑某买卖合同纠纷案

河南省安阳市文峰区人民法院/（2014） 文民一初字第 983 号/2014. 11. 8

第十三章　税收法律制度

 【本章提示】

本章介绍了税收的概念和特征、税法的概念和税收法律关系。税收实体法构成要素，一般包括：纳税人、征税对象、税目、税率、计税依据、纳税环节、减免税、法律责任等。其中，最基本的要素包括：纳税义务人、征税对象、税率。我国现行税种主要有：增值税、消费税、资源税、企业所得税。我国税收征收管理机关主要有：国家税务局、地方税务局和海关。

 【重点内容】

1. 税收的概念和特征、税法的概念、税收法律关系。
2. 熟悉我国税种分类、我国现行主要税种。
3. 税收实体法构成要素。
4. 计算增值税、所得税。

第一节　税法概述

 【习题导入】

1. 下列税种中，采用超额累进税率征收的税种是（　　）。
A. 印花税
B. 土地增值税
C. 工资、薪金所得应征收的个人所得税
D. 资源税
2. 我国目前税收体系中采用超率累进税率的税种是（　　）。
A. 增值税　　B. 个人所得税　　C. 资源税　　D. 土地增值税

一、税收的概念和特征

（一）税收的概念

税收是国家为实现其职能，凭借政治权力，按照法律规定，通过税收工具强制地、无偿地参与国民收入和社会产品的分配和再分配取得财政收入的一种形式。税收是国家财政收入的重要来源，是国家为实现其公共管理职能，利用政治权力强制参与社会财富分配的一项经济管理活动。国家通过税收取得物质财富，并将其运用于公共管理和社会经济发展过程中，体现"取之于民，用之于民"的宗旨。

（二）税收的特征

税收具有强制性、无偿性和固定性。强制性是指国家凭借政治权力征税，纳税是个人、法人和其他组织等纳税人的法定义务和责任；无偿性是指国家向纳税人征收税款时，不直接向纳税人提供对价的回报；固定性是指国家通过立法对税收构成要素作出明确规定，纳税人据此计算和缴纳税款。

二、税收的分类

在我国，按课税对象分类，可以将税收分为以下几类。

（1）流转税类。流转税类又称为商品（货物）和劳务税类。流转税是指以商品生产流转额和非生产流转额为课税对象征收的一类税。流转税是我国税制结构中的主体税类，目前包括增值税、消费税和关税。

（2）所得税类。所得税又称收益税，是指以各种所得额为课税对象的一类税。所得税类也是我国税制结构中的主体税类，目前包括企业所得税、个人所得税、土地增值税等税种。

（3）财产税和行为税类。财产税是指以纳税人所拥有或支配的财产为课税对象的一类税。行为税是指以纳税人的某些特定行为为课税对象的一类税。财产税和行为税类包括遗产税（未开征）、房产税、印花税、契税和车船使用税等。

（4）资源税和环境保护税类。资源税是指对在我国境内从事资源开发的单位和个人征收的一类税。我国现行税制中资源税、环境保护税和城镇土地使用税都属于资源税。

（5）特定目的税类。特定目的税主要是为了达到特定目的，对特定对象和特定行为发挥调节作用的税类。主要包括城市维护建设税、车辆购置税、耕地占用税、船舶吨税和烟叶税。

另外，还可以分为中央税、地方税、中央地方共享税。

三、税法的概念

税法是调整国家与纳税人之间在征税纳税方面的权利义务关系的法律规范的总称。根据规范内容不同，税法可以分为税收实体法和税收程序法两类，前者是规定具体税种的立法，如《个人所得税法》《增值税暂行条例》等；后者是专门规定税收征收管理过程的立法，目前主要是《税收征收管理法》。税收实体法有时也规定该具体税种征收管理的部分内容。

四、税法的基本原则

税法的基本原则是一切税收活动所必须遵守的根本准则，主要内容如下。

（1）税收法定原则。税收法定原则是指税法主体的权利义务必须由法律加以规定，税法的各项构成要素必须由法律予以明确。

（2）税收公平原则。税收负担必须根据纳税人的负担能力分配，负担能力相同，税负相同；负担能力不同，税负不同。

（3）税收效率原则。税法的制定要有利于资源的有效配置和经济体制的有效运行。

五、税法的构成要素

构成要素是指各种单行税法具有的共同的基本要素的总称。既包括实体性的，也包括程序性的，是所有完善的单行税法都共同具备的。

（一）税收主体

税收主体包括征税主体和纳税主体。征税主体是负有征税职责的税务机关、海关和财政部门；纳税主体一般指纳税人，是直接负有纳税义务的单位和个人。负有代扣代缴、代收代缴税款义务的单位和个人是扣缴义务人。

（二）征税对象

征税对象又称征税客体，即对什么征税。征税对象是税收主体权利义务共同指向的客体，也是区分不同税种的依据。按照征税对象性质的不同，通常可划分为流转税、所得税、财产税、资源税和特定行为税等。

（三）税目

税目是征税对象的具体化，反映具体的征税范围，凡列入税目即为应税项目。比如，我国目前根据消费品的不同设置了不同的消费税目，分别征收消费税。

（四）税率

税率是计算税额的尺度，是税法构成要素的核心部分，直接体现国家与纳税人之间财产分配的数量关系。我国现行税率有三种：比例税率、超额累进税率、定额税率。比例税率是对某一征税对象不论其数额大小，均适用某一固定比例的税率。累进税率是一系列比例税率的组合，是把征税对象按照数额大小分成不同等级，不同等级规定不同税率，数额越大，税率越高。累进税率又分为全额累进税率、超额累进税率和超率累进税率。目前，个人所得税中的有些所得适用超额累进税率，如工资薪金所得、个体工商户生产经营所得等；土地增值税适用超率累进税率。定额税率是对每一单位的征税对象确定固定数量的税额。城镇土地使用税采用的是定额税率。

（五）纳税环节

纳税环节是指对征税客体计算缴纳税款的阶段，包括生产、销售、分配等阶段。

（六）纳税期限

纳税期限是纳税人向国家缴纳税款的时限，分为按期纳税和按次纳税。按期纳税的期限是固定的，按次纳税的期限是不固定的。

（七）纳税地点

纳税地点是指根据纳税环节的不同等而规定纳税人的具体申报缴纳税收的地方。

（八） 减免税

减免税，即减税和免税。减税是从应征税额中减除部分税款免予征收，免税是对应征税款全部免征。减免税属于税收优惠。

（九） 违法处理

违法处理主要是指税收处罚措施。纳税人违反税法规定时，征税机关有权依法采取加收滞纳金、罚款、税收强制执行等措施；若构成犯罪的，应当依法追究其刑事责任。❶

六、我国现行税法体系

我国现行税法体系由税收实体法和税收征收管理程序法两部分法律制度构成。

（一） 税收实体法体系

税收实体法体系主要是指确定税种立法，具体规定各税种的征收对象、征收范围、税目、税率、纳税地点等，例如《企业所得税法》《资源税法》等。

（二） 税收征收管理法律制度——按照征收机关的不同分别规定

（1） 税务机关征收税种的管理——按《税收征收管理法》执行。

（2） 海关机关征收的税种的管理——按照《海关法》和《进出口关税条例》等执行。

七、我国税收的执法权规定

税收执法权是指税收机关依法征收税款，依法进行税收管理活动的权力。具体包括税款征收管理权、税务检查权、税务稽查权、税务行政复议裁决权及其他税务管理权。

（一） 税款征收管理权

1. 税收的征收管理权限的划分

根据国务院关于实行分税制财政管理体制的决定，按税种划分中央和地方的收入。中央税的税收管理权——国务院及其税务主管部门掌握，由中央税务机构负责征收；地方税的管理权——地方人民政府及其税务主管部门掌握，由地方税务机构负责征收；中央与地方共享税——原则上由中央税务机构负责征收。中央政府设立国家税务总局，省及省以下税务机构分为国家税务局和地方税务局两个系统。

2. 中央政府与地方政府税收收入划分

我国的税收收入分为中央政府固定收入、地方政府固定收入和中央政府与地方政府共享收入。①中央政府固定收入，包括消费税（含进口环节海关代征的部分）、车辆购置税、印花税、关税、海关代征的进口环节增值税等。②地方政府固定收入，包括城镇土地使用税、耕地占用税、土地增值税、房产税、车船税、契税、环境保护税

---

❶ 参见宋彪主编：《经济法概论》，中国人民大学出版社 2010 年版，第 188 页。

和烟叶税等。③中央政府与地方政府共享收入。❶

（二）税务检查权

税务检查是税务机关依据国家的税收法律、法规对纳税人等管理相对人履行法定义务的情况进行审查、监督的执法活动。税务检查包括两类：经常性检查❷和特别检查❸。

（三）税务稽查权

税务稽查是税务机关依法对纳税人等履行纳税义务、扣缴义务情况所进行的税务检查和处理工作的总称。税务稽查的基本任务是：依照国家税收法律、法规，查处税收违法行为，保障税收收入，维护税收秩序，促进依法纳税，保证税法的实施。

（四）税务行政复议裁决权

税务行政复议机关是指依法受理行政复议申请，对具体行政行为进行审查并作出行政复议决定的税务机关。

（五）其他税收执法权——税务行政处罚权

税务行政处罚权是指税务机关依法对纳税主体违反税法尚未构成犯罪，但应承担相应法律责任的行为实施制裁措施的权力。税务行政处罚权的法律依据是行政处罚法和税收征管法等法律法规。税务行政处罚的种类应当有警告（责令限期改正）、罚款、停止出口退税权、没收违法所得、收缴发票或者停止发售发票、提请吊销营业执照、通知出境管理机关阻止出境等。

第二节　流转税的法律制度

流转税是对商品或者劳务在流通过程中的发生额征收的一种税，征税对象为商品或者劳务的交易额，即流转额。我国的流转税主要包括：增值税、消费税和关税。

一、增值税

（一）增值税的概念和特征

1. 增值税的概念

增值税是商品（含应税劳务）在流转过程所中产生的增值额作为计税依据的一种流转税。依据《增值税暂行条例》第 1 条的规定，增值税是对从事销售或进口货物或者提供加工、修理修配劳务；销售服务、无形资产、不动产的单位和个人取得的增值

---

❶　主要包括：①增值税（不含进口环节由海关代征的部分）：中央政府分享50%，地方政府分享50%；②企业所得税：铁道部、各银行总行及海洋石油企业缴纳的部分归中央政府，其余部分中央与地方政府按60%与40%的比例分享；③个人所得税：除储蓄存款利息所得的个人所得税外，其余部分的分享比例与企业所得税相同；④资源税：海洋石油企业缴纳的部分归中央政府，其余部分归地方政府；⑤城市维护建设税：铁道部、各银行总行、各保险总公司集中缴纳的部分归中央政府，其余部分归地方政府。

❷　指税务机关为取得确定税额所需资料，证实纳税人纳税申报的真实性与准确性而进行的经常性检查，其依据是税法赋予税务机关的强制行政检查权。

❸　指为打击税收违法犯罪而进行的特别调查，可以分为行政性调查和刑事调查两个阶段。

额为课税对象征收的一种税。

2. 增值税的特征

增值税只对增值额进行征税，避免了对同一产品重复征收的现象；增值税实行多环节征税，商品或者劳务流转一次征收一次；增值税是间接税，税负由终端消费者承担。

（二）增值税的征税范围

根据《增值税暂行条例》第 1 条的规定，增值税征税范围包括：销售或者进口的货物；提供的加工、修理修配劳务；销售服务、无形资产、不动产。

（三）增值税的纳税人

《增值税暂行条例》规定，在中华人民共和国境内销售或进口货物或提供加工、修理修配劳务以及销售服务、无形资产、不动产的单位和个人为增值税的纳税人。按照增值税纳税人的生产经营规模及财务核算健全程度，增值税的纳税人可分为一般纳税人和小规模纳税人。

1. 小规模纳税人的标准

根据《财政部、税务总局关于统一增值税小规模纳税人标准的通知》（财税〔2018〕33 号）的规定，小规模纳税人的标准为：年应征增值税销售额 500 万元及以下。

2. 一般纳税人的认定标准

一般纳税人是指年应征增值随销售额超过小规模纳税人标准的企业和企业性单位。

（四）增值税的税率和征收率

1. 增值税税率

（1）纳税人销售货物、劳务、有形动产租赁服务或者进口货物，除本条第 2 项、第 4 项、第 5 项另有规定外，税率为 13%。

（2）纳税人销售交通运输、邮政、基础电信、建筑、不动产租赁服务，销售不动产，转让土地使用权，销售或者进口下列货物，税率为 9%：

① 粮食等农产品、食用植物油、食用盐；

② 自来水、暖气、冷气、热水、煤气、石油液化气、天然气、二甲醚、沼气、居民用煤炭制品；

③ 图书、报纸、杂志、音像制品、电子出版物；

④ 饲料、化肥、农药、农机、农膜；

⑤ 国务院规定的其他货物。

（3）纳税人销售服务、无形资产，除本条第 1 项、第 2 项、第 5 项另有规定外，税率为 6%。

（4）纳税人出口货物，税率为零；但是，国务院另有规定的除外。

（5）境内单位和个人跨境销售国务院规定范围内的服务、无形资产，税率为零。

2. 增值税征收率

增值税征收率是指对特定的货物或特定的纳税人发生应税销售行为在某一生产流通环节应纳税额与销售额的比率。主要适用于小规模纳税人。

小规模纳税人增值税征收率为 3%，国务院另有规定的除外。

（五）应纳税额的计算

1. 一般纳税人的计税方法

根据《增值税暂行条例》第 4 条规定，除小规模纳税人外，纳税人销售货物、劳务、服务、无形资产、不动产（以下统称"应税销售行为"），应纳税额为当期销项税额抵扣当期进项税额后的余额。其计算公式为：

$$应纳税额 = 当期销项税额 - 当期进项税额$$

当期销项税额小于当期进项税额不足抵扣时，其不足部分可以结转下期继续抵扣。

（1）关于销项税额的计算。

根据《增值税暂行条例》第 5 条规定，销项税额是指纳税人发生应税销售行为，按照销售额和规定的税率计算的增值税额。其计算公式为：

$$销项税额 = 销售额 \times 税率$$

根据《增值税暂行条例》第 6 条规定，销售额为纳税人发生应税销售行为收取的全部价款和价外费用，但是不包括收取的销项税额。销售额以人民币计算。纳税人以人民币以外的货币结算销售额的，应当折合成人民币计算。

 **扩充阅读**

根据《增值税暂行条例实施细则》第 12 规定，价外费用，包括价外向购买方收取的手续费、补贴、基金、集资费、返还利润、奖励费、违约金、滞纳金、延期付款利息、赔偿金、代收款项、代垫款项、包装费、包装物租金、储备费、优质费、运输装卸费以及其他各种性质的价外收费。但下列项目不包括在内：

（1）受托加工应征消费税的消费品所代收代缴的消费税；

（2）同时符合以下条件的代垫运输费用：

① 承运部门的运输费用发票开具给购买方的；

② 纳税人将该项发票转交给购买方的。

（3）同时符合以下条件代为收取的政府性基金或者行政事业性收费：

① 由国务院或者财政部批准设立的政府性基金，由国务院或者省级人民政府及其财政、价格主管部门批准设立的行政事业性收费；

② 收取时开具省级以上财政部门印制的财政票据；

③ 所收款项全额上缴财政。

（4）销售货物的同时代办保险等而向购买方收取的保险费，以及向购买方收取的代购买方缴纳的车辆购置税、车辆牌照费。

（2）关于进项税额的计算。

进项税额是指纳税人购进货物、劳务、服务、无形资产、不动产支付或者负担的增值税额。这里包含两层含义：一是进项税额由购进方支付给销售方通过销售方缴纳；二是进项税额应在发票上注明，一般情况下不需购进方再进行计算，是销货方在销售时计算，登记在专用发票上的。

① 准予从销项税额中抵扣的进项税额。根据《增值税暂行条例》第 8 条规定，准

予从销项税额中抵扣的进项税额：

从销售方取得的增值税专用发票上注明的增值税额；

从海关取得的海关进口增值税专用缴款书上注明的增值税额；

购进农产品，除取得增值税专用发票或者海关进口增值税专用缴款书外，按照农产品收购发票或者销售发票上注明的农产品买价和11%的扣除率计算的进项税额，国务院另有规定的除外。

进项税额的计算公式为：

$$进项税额＝买价×扣除率$$

自境外单位或者个人购进劳务、服务、无形资产或者境内的不动产，从税务机关或者扣缴义务人取得的代扣代缴税款的完税凭证上注明的增值税额。

准予抵扣的项目和扣除率的调整，由国务院决定。

② 不准从销项税额中抵扣的进项税额。根据《增值税暂行条例》第10条规定，不准从销项税额中抵扣的进项税额：用于简易计税方法计税项目、免征增值税项目、集体福利或者个人消费的购进货物、劳务、服务、无形资产和不动产；非正常损失的购进货物，以及相关的劳务和交通运输服务；非正常损失的在产品、产成品所耗用的购进货物（不包括固定资产）、劳务和交通运输服务；国务院规定的其他项目。

2. 小规模纳税人的计税方法

应纳税税额的计算：

根据《增值税暂行条例》第11条规定，小规模纳税人发生应税销售行为，按照简易方法计算应纳增值税税额，即以销售额和增值税法规定的征收率计算应纳税额，不得抵扣进项税额。

应纳税额计算公式为：

$$应纳税额＝销售额×征收率$$

3. 纳税人进口货物

按照组成计税价格和规定的税率计算应纳税额。组成计税价格和应纳税额的计算公式为：

$$组成计税价格＝关税完税价格＋关税＋消费税$$
$$应纳税额＝组成计税价格×税率$$

二、消费税

（一）消费税的概念和税目

消费税是对特定的消费品征收的一种税。征收消费税可以引导消费、增加税源、调整产业结构。从2006年4月1日起新税目有14个，分别是烟、酒及酒精、化妆品、实木地板、贵重首饰及珠宝石、鞭炮和焰火、成品油、汽车轮胎、摩托车、小汽车、高尔夫球及球具、高档手表、游艇、木制一次性筷子。

（二）消费税的纳税义务人

根据《消费税暂行条例》第1条规定，在我国境内生产、委托加工和进口应税消费品的单位和个人，以及国务院确定的销售应税消费品的单位和个人，为消费税的纳税人。

（三）消费税的计算

根据《消费税暂行条例》第 5 条规定，消费税实行从价定率、从量定额或者从价定率和从量定额复合计税的办法计算应纳税额。实行从价定率方法的，应纳税额 = 销售额 × 税率，这里的销售额是纳税人销售应税消费品向购买方收取的全部价款和价外费用。实行从量定额方法的，应纳税额 = 销售数量 × 单位税额。实行复合计税方法的，应纳税额 = 销售额 × 比例税率 + 销售数量 × 定额税率。

（四）消费税的征收

根据《消费税暂行条例》第 12 条规定，消费税由税务机关征收，进口应税消费品的消费税由海关代征。个人携带或者邮寄进境的应税消费品的消费税，连同关税一并计征。

根据《消费税暂行条例》第 13 条规定，纳税人销售的应税消费品，以及自产自用的应税消费品，除国务院财政、税务主管部门另有规定外，应当向纳税人机构所在地或者居住地的主管税务机关申报纳税。委托加工的应税消费品，除受托方为个人外，由受托方向其机构所在地或者居住地的主管税务机关解缴消费税税款。进口的应税消费品，应当向报关地海关申报纳税。

第三节　所得税的法律制度

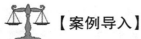 【案例导入】

王晗某年 12 月取得以下几笔收入：

（1）王晗为某一企业董事会成员，本月实际取得工资收入 1128 元（已扣除按国家规定比例提取上缴的住房公积金 72 元），独生子女补贴 100 元，年终奖金 3000 元，又取得董事会收入 2000 元。

（2）因投保财产遭损失，取得保险赔款 5000 元；本月还取得国库券利息收入 200 元，集资利息 1800 元。

（3）王晗共有两套住房，本月将另一城市的一套住房出售，取得转让收入 150000 元，该房屋原价值 80000 元，卖房时支付有关税费 8500 元，广告费 1500 元。

（4）王晗因在国外某公司投资，本月取得该国净股息所得 3000 美元（折合人民币 24600 元），已被扣缴所得税 700 美元（折合人民币 5637.50 元）。

（5）本月与他人共同编写一本 30 万字的著作，稿酬 20000 元，各分 10000 元。

（6）本月接受邀请为一单位讲学 2 次，第一次取得报酬 20000 元，第二次取得报酬 15000 元。

根据上述资料，计算王晗 12 月份应纳的个人所得税额。

一、企业所得税

（一）企业所得税的纳税义务人

根据《企业所得税法》规定，在我国境内的企业和其他取得收入的组织是企业所得税的纳税人。个人独资企业、合伙企业不计征企业所得税。根据企业设立的法律依据和住所地，我国《企业所得税法》将纳税义务人分为居民企业和非居民企业。居民企业是指依法在中国境内成立，或者依照外国（地区）法律成立但实际管理机构在中国境内的企业。非居民企业是指依照外国（地区）法律成立且实际管理机构不在中国境内，但在中国境内设立机构、场所的，或者在中国境内未设立机构、场所，但有来源于中国境内所得的企业。

扩充阅读

根据《企业所得税法》第6条规定，收入包括销售货物收入、提供劳务收入、转让财产收入、股息红利等权益性投资收益、利息收入、租金收入、特许权使用费收入、接受捐赠收入和其他收入。

（二）企业所得税的税率

我国《企业所得税法》规定企业所得税的税率为25%。非居民企业在中国境内未设立机构、场所的，或者虽设立机构、场所但取得的所得与其所设机构、场所没有实际联系的，应当就其来源于中国境内的所得缴纳企业所得税时适用税率为20%。同时，国家对某一部分特定企业和课税对象给予减轻或免除税收负担的税收优惠。

扩充阅读

我国《企业所得税法实施条例》规定：小型微利企业，是指从事国家非限制和禁止行业，并符合下列条件的企业：

（1）工业企业，年度应纳税所得额不超过30万元，从业人数不超过100人，资产总额不超过3000万元；

（2）其他企业，年度应纳税所得额不超过30万元，从业人数不超过80人，资产总额不超过1000万元。

国家需要重点扶持的高新技术企业，是指拥有核心自主知识产权，并同时符合下列条件的企业：

（1）产品（服务）属于《国家重点支持的高新技术领域》规定的范围；

（2）研究开发费用占销售收入的比例不低于规定比例；

（3）高新技术产品（服务）收入占企业总收入的比例不低于规定比例；

（4）科技人员占企业职工总数的比例不低于规定比例；

（5）高新技术企业认定管理办法规定的其他条件。

《国家重点支持的高新技术领域》和高新技术企业认定管理办法由国务院科技、财政、税务主管部门商国务院有关部门制定，报国务院批准后公布施行。

（三）应纳税所得额的确定

应纳税所得额是指纳税人每一纳税年度的收入总额，减除不征税收入、免税收入、各项扣除以及允许弥补的以前年度亏损后的余额，为应纳税所得额。基本计算公式为：

应纳税所得额＝收入总额－不征税收入－免税收入－各项扣除－以前年度亏损

非居民企业按照下列方法计算其应纳税所得额：

（1）股息、红利等权益性投资收益和利息、租金、特许权使用费所得，以收入全额为应纳税所得额；

（2）转让财产所得，以收入全额减除财产净值后的余额为应纳税所得额；

（3）其他所得，参照前两项规定的方法计算应纳税所得额。

（四）应纳税额的计算

企业的应纳税所得额乘以适用税率，减除依照《企业所得税法》规定减免和抵免的税额后的余额，为应纳税额。其计算公式为：

$$应纳税额 = 应纳税所得额 \times 适用税率 - 减免税额 - 抵免税额$$

二、个人所得税

（一）个人所得税的纳税人

个人所得税的纳税人按照国际通常的做法，依据住所和居住时间两个标准，区分为居民纳税人和非居民纳税人，并分别承担不同的纳税义务。

个人所得税纳税人的判断标准

纳税人分类	判断标准	纳税义务
居民纳税人	只要具备以下条件之一即为居民纳税人： （1）在中国境内有住所的个人； （2）在中国境内无住所，而一个纳税年度内在中国境内居住累计满183天的个人	负有无限纳税义务，就其来源于中国境内、境外所得，向中国境内缴纳个人所得税
非居民纳税人	只要具备以下条件之一即为非居民纳税人： （1）在中国境内无住所且不居住的个人； （2）在中国境内无住所而一个纳税年度内在中国境内居住累计不满183天的个人，为非居民个人	负有有限纳税义务，仅就其来源于中国境内所得，向中国境内缴纳个人所得税

在中国境内有住所，是指因户籍、家庭、经济利益关系而在中国境内习惯性居住。

在中国境内无住所的个人，在中国境内居住累计满183天的年度连续不满6年的，经向主管税务机关备案，其来源于中国境外且由境外单位或者个人支付的所得，免予缴纳个人所得税；在中国境内居住累计满183天的任一年度中有一次离境超过30天的，其在中国境内居住累计满183天的年度的连续年限重新起算。

在中国境内无住所的个人，在一个纳税年度内在中国境内居住累计不超过90天的，其来源于中国境内的所得，由境外雇主支付并且不由该雇主在中国境内的机构、场所负担的部分，免予缴纳个人所得税。

（二）个人所得税的征税范围

1. 应税所得税目

根据《个人所得税法》第2条规定，个人所得税以个人取得的各项应税所得为征税对象。《个人所得税法》列举了 11 项应税所得项目。

（1）工资、薪金所得；

（2）劳务报酬所得；

（3）稿酬所得；

（4）特许权使用费所得；

（5）经营所得；

（6）利息、股息、红利所得；

（7）财产租赁所得；

（8）财产转让所得；

（9）偶然所得。

居民个人取得前款第 1 项至第 4 项所得（以下称"综合所得"），按纳税年度合并计算个人所得税；非居民个人取得前款第 1 项至第 4 项所得，按月或者按次分项计算个人所得税。纳税人取得前款第 5 项至第 9 项所得的分别计算个人所得税。

2. 免征个人所得税

下列各项个人所得免征个人所得税：

（1）省级人民政府、国务院部委和中国人民解放军军以上单位，以及外国组织、国际组织颁发的科学、教育、技术、文化、卫生、体育、环境保护等方面的奖金；

（2）国债和国家发行的金融债券利息；

（3）按照国家统一规定发给的补贴、津贴；

（4）福利费、抚恤金、救济金；

（5）保险赔款；

（6）军人的转业费、复员费、退役金；

（7）按照国家统一规定发给干部、职工的安家费、退职费、基本养老金或者退休费、离休费、离休生活补助费；

（8）依照有关法律规定应予免税的各国驻华使馆、领事馆的外交代表、领事官员和其他人员的所得；

（9）中国政府参加的国际公约、签订的协议中规定免税的所得；

（10）国务院规定的其他免税所得。

前款第 10 项免税规定，由国务院报全国人民代表大会常务委员会备案。

3. 减征个人所得税

有下列情形之一的，可以减征个人所得税，具体幅度和期限，由省、自治区、直辖市人民政府规定，并报同级人民代表大会常务委员会备案：

（1）残疾、孤老人员和烈属的所得；

（2）因自然灾害遭受重大损失的。

国务院可以规定其他减税情形，报全国人民代表大会常务委员会备案。

（三）个人所得税的税率

根据《个人所得税法》第 3 条规定，综合所得，适用 3%—45% 的超额累进税率。

个人所得税税率表一（综合所得适用）

级数	全年应纳税所得额	税率（%）
1	不超过 36000 元的	3
2	超过 36000 元至 144000 元的部分	10
3	超过 144000 元至 300000 元的部分	20
4	超过 300000 元至 420000 元的部分	25
5	超过 420000 元至 660000 元的部分	30
6	超过 660000 元至 960000 元的部分	35
7	超过 960000 元的部分	45

注：1. 本表所称全年应纳税所得额是指依照《个人所得税法》第 6 条的规定，居民个人取得综合所得以每一纳税年度收入额减除费用 6 万元以及专项扣除、专项附加扣除和依法确定的其他扣除后的余额。

2. 非居民个人取得工资、薪金所得，劳务报酬所得，稿酬所得和特许权使用费所得，依照本表按月换算后计算应纳税额。

经营所得，适用 5%—35% 的超额累进税率。

个人所得税税率表二（经营所得适用）

级数	全年应纳税所得额	税率（%）
1	不超过 30000 元的	5
2	超过 30000 元至 90000 元的部分	10
3	超过 90000 元至 300000 元的部分	20
4	超过 300000 元至 500000 元的部分	30
5	超过 500000 元的部分	35

注：本表所称全年应纳税所得额是指依照《个人所得税法》第 6 条的规定，以每一纳税年度的收入总额减除成本、费用以及损失后的余额。

利息、股息、红利所得，财产租赁所得，财产转让所得和偶然所得，适用比例税率，税率为 20%。

（四）个人所得税应纳税额的计算

应纳税所得额的计算：

（1）居民个人的综合所得，以每一纳税年度的收入额减除费用 6 万元以及专项扣除、专项附加扣除和依法确定的其他扣除后的余额，为应纳税所得额。

（2）非居民个人的工资、薪金所得，以每月收入额减除费用 5000 元后的余额为应纳税所得额；劳务报酬所得、稿酬所得、特许权使用费所得，以每次收入额为应纳税所得额。

（3）经营所得，以每一纳税年度的收入总额减除成本、费用以及损失后的余额，为应纳税所得额。

（4）财产租赁所得，每次收入不超过 4000 元的，减除费用 800 元；4000 元以上的，减除 20% 的费用，其余额为应纳税所得额。

（5）财产转让所得，以转让财产的收入额减除财产原值和合理费用后的余额，为应纳税所得额。

（6）利息、股息、红利所得和偶然所得，以每次收入额为应纳税所得额。

劳务报酬所得、稿酬所得、特许权使用费所得以收入减除 20% 的费用后的余额为收入额。稿酬所得的收入额减按 70% 计算。

个人将其所得对教育、扶贫、济困等公益慈善事业进行捐赠，捐赠额未超过纳税人申报的应纳税所得额 30% 的部分，可以从其应纳税所得额中扣除；国务院规定对公益慈善事业捐赠实行全额税前扣除的，从其规定。

专项扣除，包括居民个人按照国家规定的范围和标准缴纳的基本养老保险、基本医疗保险、失业保险等社会保险费和住房公积金等；专项附加扣除，包括子女教育、继续教育、大病医疗、住房贷款利息或者住房租金、赡养老人等支出，具体范围、标准和实施步骤由国务院确定，并报全国人民代表大会常务委员会备案。

第四节 税收征收管理法律制度

一、税收征收管理法概述

《税收征收管理法》的制定目标是加强税收征收管理，规范税收征收和缴纳行为，保障国家税收收入，保护纳税人的合法权益，促进经济和社会发展。凡依法由税务机关征收的各种税收的征收管理，均适用税收征收管理法。

根据《税收征收管理法》第 2 条规定，税收征收管理法只适用于规范依照税收法律、行政法规规定的，由税务机关负责征收的各种税收的征收管理活动。根据《税收征收管理法》第 5 条规定，国务院税务主管部门主管全国税收征收管理工作。各地国家税务局和地方税务局应当按照国务院规定的税收征收管理范围分别进行征收管理。地方各级人民政府应当依法加强对本行政区域内税收征收管理工作的领导或者协调，支持税务机关依法执行职务，依照法定税率计算税额，依法征收税款。

根据《税收征收管理法》第 3 条规定，税收的开征、停征以及减税、免税、退税、补税，依照法律的规定执行；法律授权国务院规定的，依照国务院制定的行政法规的规定执行。任何机关、单位和个人不得违反法律、行政法规的规定，擅自作出税收开征、停征以及减税、免税、退税、补税和其他同税收法律、行政法规相抵触的决定。

纳税人、扣缴义务人有权向税务机关了解国家税收法律、行政法规的规定以及与纳税程序有关的情况。纳税人、扣缴义务人有权要求税务机关为纳税人、扣缴义务人的情况保密。纳税人依法享有申请减税、免税、退税的权利。纳税人、扣缴义务人对税务机关所作出的决定，享有陈述权、申辩权；依法享有申请行政复议、提起行政诉讼、请求国家赔偿等权利。纳税人、扣缴义务人有权控告和检举税务机关、税务人员的违法违纪行为。

二、税务管理

（一）税务登记管理

1. 开业登记

根据《税收征收管理法》第 15 条规定，从事生产、经营的纳税人应当自领取营业执照之日起 30 日内，持有关证件，向税务机关申报办理税务登记。税务机关自收到申报之日起 30 日内审核并发给税务登记证件。税务登记证件不得转借、涂改、损毁、买卖或者伪造。

从事生产、经营的纳税人应当按照国家有关规定，持税务登记证件，在银行或者其他金融机构开立基本存款账户和其他存款账户，并将其全部账号向税务机关报告。

2. 变更或者注销登记

根据《税收征收管理法》第 16 条规定，从事生产、经营的纳税人，税务登记内容发生变化的，自工商机关办理变更登记之日起 30 日内或者在向工商机关申请办理注销登记之前，持有关证件向税务机关申报办理变更或者注销税务登记。

（二）账簿、凭证管理

根据《税收征收管理法》第 19 条、第 20 条规定，纳税人、扣缴义务人应当按照规定设置账簿，根据合法、有效凭证记账，进行核算。从事生产、经营的纳税人的财务、会计制度或者财务、会计处理办法和会计核算软件，应当报送税务机关备案。账簿、记账凭证、完税凭证及其他有关资料不得伪造、变造或者擅自损毁。

（三）发票管理

发票是一种收付款凭证。根据《税收征收管理法》第 21 条规定，单位、个人在购销商品、提供或者接受经营服务以及从事其他经营活动中，应当按照规定开具、使用、取得发票。税务机关是发票的主管机关，负责发票印制、领购、开具、取得、保管、缴销的管理和监督。

（四）纳税申报

根据《税收征收管理法》第 25 条规定，纳税人必须依照法律、行政法规规定的或者税务机关依法确定的申报期限、申报内容如实办理纳税申报，报送纳税申报表、财务会计报表以及税务机关根据实际需要要求纳税人报送的其他纳税资料。扣缴义务人也必须依法如实报送代扣代缴、代收代缴税款报告表以及税务机关根据实际需要要求扣缴义务人报送的其他有关资料。

根据《税收征收管理法》第 26 条，规定纳税人、扣缴义务人可以直接到税务机关办理纳税申报或者报送代扣代缴、代收代缴税款报告表，也可以按照规定采取邮寄、数据电文或者其他方式办理上述申报、报送事项。

三、税款征收与税务检查

（一）税款征收法律制度

1. 税款征收的原则

我国负责税款征收的主要是税务机关。根据《税收征收管理法》第 28 条、第 31 条规定，税务机关应当依照法律、行政法规的规定征收税款，不得违反法律、行政法规的规定开征、停征、多征或者少征、提前征收或者延缓征收或者摊派税款。纳税人、扣缴义务人应当按照法律、行政法规规定或者税务机关依照法律、行政法规的规定确定的期限，缴纳或者解缴税款。

2. 征收方式

征收方式是指税务机关依照税法的规定和纳税人的生产经营、财务管理情况而采取的具体组织税款入库的方法。在实践中，具体采用的税款征收方式有：查账征收、查定征收、查验征收、定期定额征收、委托代征税款、邮寄纳税以及其他方式。

（二）税务检查法律制度

税务检查与税务管理、税款征收共同构成了税收征收管理法律制度中的三个重要的环节。纳税人缴纳税款后，税务机关依法实施税务检查，既可以发现税务登记、申报等事前监控中的漏洞和问题，也可以检查核实税款征收的质量，从而成为事后监控的一道重要环节。

根据《税收征收管理法》第54条规定，税务机关有权进行下列税务检查：

（1）检查纳税人的账簿、记账凭证、报表和有关资料，检查扣缴义务人代扣代缴、代收代缴税款账簿、记账凭证和有关资料；

（2）到纳税人的生产、经营场所和货物存放地检查纳税人应纳税的商品、货物或者其他财产，检查扣缴义务人与代扣代缴、代收代缴税款有关的经营情况；

（3）责成纳税人、扣缴义务人提供与纳税或者代扣代缴、代收代缴税款有关的文件、证明材料和有关资料；

（4）询问纳税人、扣缴义务人与纳税或者代扣代缴、代收代缴税款有关的问题和情况；

（5）到车站、码头、机场、邮政企业及其分支机构检查纳税人托运、邮寄应纳税商品、货物或者其他财产的有关单据、凭证和资料；

（6）经县以上税务局（分局）局长批准，凭全国统一格式的检查存款账户许可证明，查询从事生产、经营的纳税人、扣缴义务人在银行或者其他金融机构的存款账户。税务机关在调查税收违法案件时，经设区的市、自治州以上税务局（分局）局长批准，可以查询案件涉嫌人员的储蓄存款。税务机关查询所获得的资料，不得用于税收以外的用途。

税务机关派出的人员进行税务检查时，应当出示税务检查证和税务检查通知书，并有责任为被检查人保守秘密；未出示税务检查证和税务检查通知书的，被检查人有权拒绝检查。

四、税务行政复议

（一）税务行政复议的复议范围

为了防止和纠正违法的或不当的税务具体行政行为，保护纳税人及其他税务当事人的合法权益，保障和监督税务机关依法行使职权，国家税务总局根据《行政复议法》和其他有关法律、法规的规定，制定了《税务行政复议规则》。

公民、法人和其他组织（以下简称"申请人"）认为税务机关的具体行政行为侵犯其合法权益，向税务行政复议机关申请行政复议，行政复议的复议范围有：

（1）征税行为；

（2）行政许可、行政审批行为；

（3）发票管理行为，包括发售、收缴、代开发票等；

（4）税收保全措施、强制执行措施；

（5）行政处罚行为：罚款；没收财物和违法所得；停止出口退税权；

（6）不依法履行职责的行为；

（7）资格认定行为；

（8）不依法确认纳税担保行为；

（9）政府信息公开工作中的具体行政行为；

（10）纳税信用等级评定行为；

（11）通知出入境管理机关阻止出境行为；

（12）其他具体行政行为。

（二）税务行政复议管辖

对各级税务局的具体行政行为不服的，向其上一级税务局申请行政复议。

对计划单列市税务局的具体行政行为不服的，向国家税务总局申请行政复议。

对税务所（分局）、各级税务局的稽查局的具体行政行为不服的，向其所属税务局申请行政复议。

对国家税务总局的具体行政行为不服的，向国家税务总局申请行政复议。对行政复议决定不服，申请人可以向人民法院提起行政诉讼，也可以向国务院申请裁决。国务院的裁决为最终裁决。

（三）税务行政复议申请期限

申请人可以在知道税务机关作出具体行政行为之日起 60 日内提出行政复议申请。因不可抗力或者被申请人设置障碍等原因耽误法定申请期限的，申请期限的计算应当扣除被耽误时间。

（1）申请人对征税行为不服的，应当先向行政复议机关申请行政复议；对行政复议决定不服的，可以向人民法院提起行政诉讼。申请人按照前款规定申请行政复议的，必须依照税务机关根据法律、法规确定的税额、期限，先行缴纳或者解缴税款和滞纳金，或者提供相应的担保，才可以在缴清税款和滞纳金以后或者所提供的担保得到作出具体行政行为的税务机关确认之日起 60 日内提出行政复议申请。

（2）申请人对征税行为以外的其他具体行政行为不服，可以申请行政复议，也可以直接向人民法院提起行政诉讼。

申请人对税务机关作出逾期不缴纳罚款加处罚款的决定不服的，应当先缴纳罚款和加处罚款，再申请行政复议。

五、税收法律责任

所谓税收法律责任，是指税收法律关系的主体因违反税收法律规范所应承担的法律后果。税收法律责任依其性质和形式的不同，可分为经济责任、行政责任和刑事责任；依承担法律责任主体的不同，可分为纳税人的责任、扣缴义务人的责任、税务机关及其工作人员的责任。明确规定税收法律责任，不仅有利于维护正常的税收征纳秩序，确保国家的税收收入及时足额入库，而且有利于增强税法的威慑力，为预防和打击税收违法犯罪行为提供有力的法律武器，也有利于维护纳税人的合法权益。

本章主要内容归纳总结图

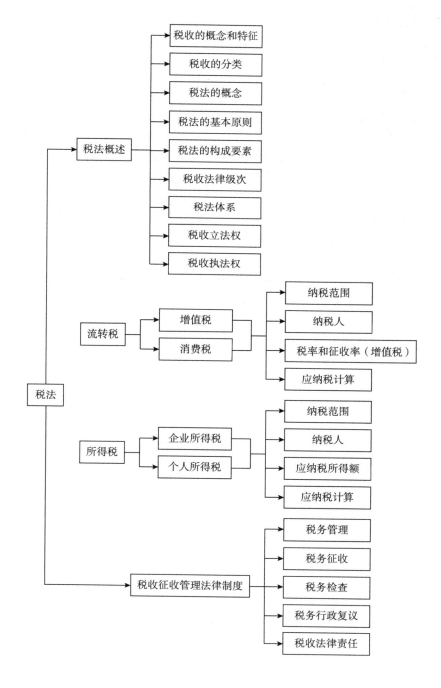

复习思考题

1. 简述增值税一般纳税人的标准。
2. 简述个人所得税缴纳办法的规定。
3. 试述税务登记登记的程序。

推荐阅读

1. 北京紫禁城中医门诊部等与国家税务总局北京市房山区税务局债权人代位权纠纷案
   北京市第二中级人民法院/案号：（2019）京02民终2207号/2019.02.28
2. 光大国际建设工程总公司与北京市恒治律师事务所法律服务合同纠纷案
   北京市第一中级人民法院/案号：2015年一中民终字第07054号/2015.10.15
3. 北方（天津）外贸综合服务有限公司、伽师科达服装有限公司进出口代理合同纠纷案
   天津市第二中级人民法院/案号：（2020）津02民终958号/日期：2020.04.21
4. 北京中油国门油料销售有限公司与北京市顺义区国家税务局税务行政处罚纠纷案
   北京市第三中级人民法院/案号：（2017）京03行终164号/2017.06.06
5. 北京康拓科技有限公司与国家税务总局北京市税务局第三稽查局纠纷案
   北京市第一中级人民法院/案号：（2019）京01行终648号/2019.08.30

第六编

流通纠纷解决法律制度

第十四章　民事诉讼法律制度

 【本章提示】

在经济生活领域，人们之间会经常发生涉及各种经济权益的冲突和纠纷。伴随着我国市场经济的不断发展兴盛，经济交往和市场交易的日益活跃，各类经济纠纷也不可避免地大量涌现出来。在争议发生之后，除了平等协商解决或者申请仲裁，可供人们选择的是将纠纷诉诸诉讼来解决。法院作为司法机关，是维护公平正义的最后一条防线。民事诉讼程序能够在法院的主导下通过司法途径解决当事人之间的经济纠纷。本章关于民事诉讼法律制度的主要内容有：民事诉讼概述、民事诉讼的管辖、民事诉讼的当事人、民事诉讼的程序、民事诉讼的裁判和执行。

 【重点内容】

1. 民事诉讼的基本原则。
2. 民事诉讼的管辖。
3. 民事诉讼的当事人。
4. 民事诉讼的程序。
5. 民事诉讼的裁判。

第一节　民事诉讼概述

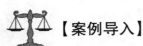 【案例导入】

浙江省义乌市吉甘特进出口有限公司（以下简称"吉甘特公司"）与东阳市天怡服饰有限公司（以下简称"天怡公司"）于 2012 年 4 月 27 日订立合同，约定由吉甘特公司向天怡公司订购服装，吉甘特公司先行支付货款的 30% 作为定金。在合同履行过程中，吉甘特公司以天怡公司加工的货物质量不符合要求为由向义乌市人民法院提起诉讼，要求解除合同，天怡公司返还货款 16966.4 元并支付违约金 56300 元。而天怡公司则提起反诉，要求吉甘特公司支付货款 140750 元和违约金 56300 元，并继续履行合同。

义乌法院经审理后认为，天怡公司已按约完成了生产，但吉甘特公司并未依约支付剩余货款，其行为已构成违约，故判令合同继续履行，吉甘特公司支付天怡公司货款 98525 元及违约金 56300 元；天怡公司交付涉案货物。吉甘特公司不服，提起上诉。金华市中级人民法院经审理后，除了将违约金调整为 42225 元外，其余判决事项与一审相同。判决生效后，双方均未主动履行义务，且均向义乌法院申请执行。

在执行期间，吉甘特公司又以涉案货物有质量问题为由向浙江省高级人民法院申请再审，浙江高院经审查后裁定驳回再审申请。吉甘特公司遂向法院缴纳了执行款，天怡公司也向吉甘特公司交付货物。

后吉甘特公司再次向义乌法院提起诉讼，称天怡公司在执行过程中交付的货物有严重的质量问题，要求天怡公司返还已取得的款项共计 168716.4 元，并收回交付的货物。义乌法院经审理后认为，该案起诉违反了一事不再理原则，系重复起诉，故裁定驳回起诉。吉甘特公司不服，向金华中院提起上诉，金华中院裁定驳回上诉，维持原裁定。

一、民事诉讼的概念和特征

（一）概念

民事诉讼，是人民法院根据当事人的请求，保护当事人正当权利和合法权益的审判程序制度。

（二）特征

民事诉讼具有以下特征。

（1）民事诉讼具有公权性。与协商和解以及仲裁的自愿性不同，民事诉讼是由人民法院主导进行的体现国家公权性的纠纷解决途径。

（2）民事诉讼具有程序性。民事诉讼法是对程序行为的规定和调整，是关于民事诉讼活动时应遵守的法律规定。主要内容是民事诉讼主体的诉讼权利和诉讼义务，以及保障民事诉讼主体诉讼权利和落实诉讼义务的规定。

（3）民事诉讼是一种当事人对立，法院居间审理、裁判的等腰三角形结构。当事人因为利益冲突诉诸法院，在诉讼中，一方提出诉讼请求，另一方则进行防御、抗辩。双方形成对立抗争的基本态势和结构。法院作为国家司法机关在诉讼中处于中立地位，平等地对待双方当事人。

（4）从诉讼对象来看，民事诉讼解决的争议是有关民事权利的争议。此与刑事诉讼和行政诉讼不同。

二、民事诉讼的基本制度

民事诉讼的基本制度，是在民事诉讼过程中的某个阶段或某几个阶段，或者在民事诉讼的某个重要方面起重要作用的制度。根据我国《民事诉讼法》的规定，民事诉讼的基本制度主要有：

（1）合议制度，是指由三名以上为奇数的审判人员组成审判庭，以人民法院的名义，具体行使民事审判权，对民事案件进行审理并作出裁判的制度。

（2）回避制度，是指在民事诉讼中，审判人员以及其他可能影响案件公正审理的有关人员，在遇有法律规定的情形时，退出该案诉讼程序的制度。

扩充阅读

审判人员或书记员、翻译人员、鉴定人员、勘验人员，有下列情形之一时，不得参加案件的审理或不得参与有关诉讼活动的制度：一是本案当事人或者当事人、诉讼代理人的近亲属；二是与本案有利害关系；三是与本案当事人有其他关系可能影响对案件公正审理的。

回避的方式有两种：主动回避和被动回避。主动回避是指应当回避的主体积极申请退出审理或者诉讼程序。被动回避是指当事人及诉讼代理人根据民事诉讼法的规定，申请审判人员或其他有关人员退出本案的审理或者诉讼程序。

（3）公开审判制度，是指人民法院审理民事案件，除涉及国家秘密、个人隐私或法律另有规定的以外，应当将其审判活动向社会公开的制度。涉及商业秘密的案件，当事人申请不公开审理的，可以不公开审理。但人民法院对公开审理或者不公开审理的案件，一律公开宣告判决。

（4）两审终审制度，是指民事案件经过两级人民法院审理和判决即告终结的制度。值得注意的是，并非所有民事案件都适用两审终审制度。一是 2017 年新修订的《民事诉讼法》中规定了小额案件实行一审终审，即基层人民法院和它派出的法庭审理的符合事实清楚、权利义务关系明确、争议不大的简单的民事案件，标的额为各省、自治区、直辖市上年度就业人员年平均工资 30% 以下的，实行一审终审；二是适用特别程序审理的案件实行一审终审，如选民资格案件、宣告失踪或者宣告死亡案件、认定公民无民事行为能力或者限制民事行为能力案件、认定财产无主案件、确认调解协议案件和实现担保物权案件。

扩充阅读

《民事诉讼法》第十三章　简易程序

第 157 条　基层人民法院和它派出的法庭审理事实清楚、权利义务关系明确、争议不大的简单的民事案件，适用本章规定。

基层人民法院和它派出的法庭审理前款规定以外的民事案件，当事人双方也可以约定适用简易程序。

第 162 条　基层人民法院和它派出的法庭审理符合本法第 157 条第 1 款规定的简单的民事案件，标的额为各省、自治区、直辖市上年度就业人员年平均工资百分之三十以下的，实行一审终审。

第十五章　特别程序

第 177 条　人民法院审理选民资格案件、宣告失踪或者宣告死亡案件、认定公民无民事行为能力或者限制民事行为能力案件、认定财产无主案件、确认调解协议案件和实现担保物权案件，适用本章规定。本章没有规定的，适用本法和其他法律的有关规定。

第 178 条　依照本章程序审理的案件，实行一审终审。选民资格案件或者重大、疑难的案件，由审判员组成合议庭审理；其他案件由审判员一人独任审理。

三、民事诉讼立法概述

（一）民事诉讼法的概念

民事诉讼法，是指国家制定或者认可的，规范民事诉讼程序和民事诉讼法律关系主体之间权利义务的法律规范的总和。

民事诉讼法分为狭义和广义两种。狭义的民事诉讼法是指民事诉讼法典，在我国即为 1991 年 4 月 9 日颁布，并分别于 2007 年 10 月 28 日和 2012 年 8 月 31 日、2017 年 6 月 27 日修订的《民事诉讼法》。这是我国最重要的民事诉讼法律规范。广义的民事诉讼法是指由国家或有关部门制定或者认可的，关于调整民事诉讼活动，确定民事诉讼法律关系和义务的法律规范的总称。包括民事诉讼法典在内的国家宪法和其他法律中有关民事诉讼的规定。最高人民法院发布的有关民事诉讼的解答、批复、意见等司法解释性的文件，对民事诉讼也具有规范作用，属于广义的民事诉讼法范围。

（二）民事诉讼法的任务

民事诉讼法的任务，是保护当事人行使诉讼权利，保证人民法院查明事实，分清是非，正确适用法律，及时审理民事案件，确认民事权利义务关系，制裁民事违法行为，保护当事人的合法权益，教育公民自觉遵守法律，维护社会秩序、经济秩序，保障社会主义建设事业顺利进行。

（三）民事诉讼法的基本原则

民事诉讼法的基本原则，是指在民事诉讼的整个过程中或者在主要的程序阶段起指导作用或主导作用的基本准则。根据我国《民事诉讼法》的规定，民事诉讼法的基本原则主要如下。

（1）当事人诉讼权利平等原则。一是双方当事人诉讼地位平等；二是双方当事人享有对等的诉讼权利，承担对等的诉讼义务；三是具有不同国籍、无国籍的当事人在我国进行民事诉讼时，其享有与我国民事诉讼的当事人同等的诉讼地位。

（2）调解原则。在民事诉讼中，双方当事人在人民法院的主持下，可以就争议的问题进行协商或通过协商而达成协议。对于有一方当事人不愿接受调解或者经过调解而未能达成协议时，应当及时作出判决。

（3）辩论原则。辩论权是当事人的一项重要的诉讼权利，当事人行使辩论权的范围既包括对案件的实体方面，也包括对如何适用法律和诉讼程序上争议的问题。辩论的形式包括口头和书面两种，其中口头辩论又称为"言辞辩论"或"言词辩论"，主要集中在法庭审理阶段，书面辩论主要在其他阶段。

（4）处分原则。处分原则又称为处分权原则，是指当事人是否起诉，何时或者何种内容、范围，对何人起诉等，原则上由当事人自由决定，国家不得干预。当然，这种处分权的行使必须是依法处分，不得损害国家、社会、集体的利益，也不得损害其他公民的合法权益。

（5）诚实信用原则。2012 年修订后的《民事诉讼法》特意增加了诚实信用原则。该法第 13 条第 1 款规定，"民事诉讼应当遵循诚实信用原则"。其适用要求主要在于：一是当事人真实陈述的义务；二是当事人负有促进诉讼义务；三是禁止当事人以欺骗方法形成不正当诉讼状态；四是禁止当事人滥用诉讼权利。

第二节　民事诉讼管辖

【案例导入】

四川省甲市 A 公司与云南省乙市 B 公司于 2017 年 5 月在丙市签订了一份购销合同。合同中约定："B 公司售给 A 公司高级云腿月饼 2000 盒，单价 50 元。A 公司预付货款 2 万元，预付款支付后，由 B 公司派车将月饼运至甲市，运杂费由 A 公司负担。"2017 年 6 月，A 公司以 B 公司所售月饼的包装盒上未印明"高级云腿月饼"字样，将严重影响销售为由，拒绝收货、拒付货款和运杂费，并且还要求 B 公司退回预付款和赔偿经济损失。双方各执己见，致使货物滞留甲市某露天货场。为了解决纠纷，B 公司在乙市法院对 A 公司提起诉讼，并请求法院采取财产保全措施，以免月饼霉变。

问题：乙市法院对本案有无管辖权？为什么？

一、民事诉讼管辖的概念和意义

民事诉讼管辖是指确定上下级人民法院之间和同级人民法院之间受理第一审民事纠纷案件的分工和权限。我国民事诉讼法规定的管辖种类有：级别管辖、地域管辖、移送管辖和指定管辖。

管辖的意义在于，一是在民事诉讼中通过科学、合理确定管辖，可以充分体现国家主权；二是通过对管辖的规定，可以明确各级人民法院以及同级人民法院受理第一审民事案件的分工和权限，避免管辖不明导致的相关问题；通过对管辖的规定，可以使当事人明确案件的受理法院，方便当事人通过诉讼解决民事纠纷，维护其合法权益。

（一）级别管辖

1. 级别管辖的概念和标准

级别管辖，是指各级人民法院之间受理第一审案件的分工和权限。我国人民法院有四级，每一级都受理一审民事案件。《民事诉讼法》是按照案件的性质、案件的繁简程度、案件的影响范围以及案件标的的大小这四个标准来确定案件的级别管辖。

2. 级别管辖的内容

（1）基层人民法院管辖的第一审民事案件。《民事诉讼法》第 17 条规定，"基层人民法院管辖第一审民事案件，但本法另有规定的除外"。可见，除中级人民法院、高级人民法院和最高人民法院管辖的第一审案件以外的所有第一审民事案件，都由基层人民法院管辖。

这样的管辖设置是为了便于当事人行使诉讼权，参加民事诉讼。原因在于：第一，基层法院是我国法院体系的基层单位，特点是数量多、分布广；第二，当事人所在地、争议财产所在地、行为地一般都在基层法院的辖区内，由基层法院审理民事案件，既有利于当事人诉讼，又便于法院及时审理案件。

（2）中级人民法院管辖的第一审民事案件。根据《民事诉讼法》第 18 条的规定，中级人民法院管辖以下三类第一审民事案件。

第一类，重大涉外案件，即争议标的额大，或者案情复杂，或者一方当事人人数众多等具有重大影响的案件。第二类，在本辖区有重大影响的案件。第三类，最高人民法院确定由中级人民法院管辖的案件。目前，根据《最高人民法院关于调整高级人民法院和中级人民法院管辖第一审民事案件标准的通知》（法发〔2019〕14 号）的规定，中级人民法院管辖第一审民事案件的诉讼标的额上限原则上为 50 亿元（人民币），诉讼标的额下限继续按照《最高人民法院关于调整地方各级人民法院管辖第一审知识产权民事案件标准的通知》（法发〔2010〕5 号）、《最高人民法院关于调整高级人民法院和中级人民法院管辖第一审民商事案件标准的通知》（法发〔2015〕7 号）、《最高人民法院关于明确第一审涉外民商事案件级别管辖标准以及归口办理有关问题的通知》（法发〔2017〕359 号）、《最高人民法院关于调整部分高级人民法院和中级人民法院管辖第一审民商事案件标准的通知》（法发〔2018〕13 号）等文件执行。

（3）高级人民法院管辖的第一审民事案件。《民事诉讼法》第 19 条规定，"高级人民法院管辖在本辖区有重大影响的第一审民事案件"。目前，根据《最高人民法院关于调整高级人民法院和中级人民法院管辖第一审民事案件标准的通知》（法发〔2019〕14 号）的规定，高级人民法院管辖诉讼标的额 50 亿元（人民币）以上（包含本数）或者其他在本辖区有重大影响的第一审民事案件。

（4）最高人民法院管辖的第一审民事案件。《民事诉讼法》第 20 条规定，"最高人民法院管辖下列第一审民事案件：（一）在全国有重大影响的案件；（二）认为应当由本院审理的案件"。

（二）地域管辖

地域管辖又称为区域管辖或者土地管辖，是指同级人民法院之间受理第一审民事案件的分工和权限，它是按照法院管辖区和民事案件的隶属关系来划分的管辖。

确定地域管辖的标准主要有两个：其一是诉讼当事人的所在地（尤其是被告的所在地）与法院辖区之间的联系；其二是诉讼标的物或法律事实与法院辖区之间的联系。根据以上两个标准，可以将地域管辖划分为一般地域管辖、特殊地域管辖、专属地域管辖和协议管辖几种。

1. 一般地域管辖

一般地域管辖是指根据法院辖区与当事人所在地之间的隶属关系而确定的管辖。根据《民事诉讼法》的规定，民事纠纷案件地域管辖的一般原则是"原告就被告"，即由被告住所地人民法院管辖。被告为公民的，其住所地为户籍所在地，住所地与经常居住地不一致的，由经常居住地人民法院管辖。被告为法人或其他组织的，其住所地一般是其主要营业地或主要办事机构所在地。

2. 特殊地域管辖

特殊地域管辖又称特殊管辖，是指不仅以被告所在地为标准确定管辖，而且还以诉讼标的特定法律关系或者标的物所在地为标准来确定管辖。我国现行《民事诉讼法》规定的特殊地域管辖有以下情况。

（1）合同纠纷案件由被告所在地或者合同履行地人民法院管辖。合同约定履行地点的，以约定的履行地点为合同履行地。合同对履行地点没有约定或者约定不明确，争议标的为给付货币的，接收货币一方所在地为合同履行地；交付不动产的，不动产所在地为合同履行地；其他标的，履行义务一方所在地为合同履行地。即时结清的合同，交易行为地为合同履行地。合同没有实际履行，当事人双方住所地都不在合同约定的履行地的，由被告住所地人民法院管辖。

除合同对履行地另有约定外，财产租赁合同、融资租赁合同以租赁物使用地为合同履行地。以信息网络方式订立的买卖合同，通过信息网络交付标的的，以买受人住所地为合同履行地；通过其他方式交付标的的，收货地为合同履行地，除合同对履行地另有约定外。

（2）保险合同纠纷案件由被告住所地或保险标的物所在地法院管辖。若保险标的物为运输工具或运输中的货物，则由被告住所地或者运输工具登记地、运输目的地、保险事故发生地人民法院管辖。因人身保险合同纠纷提起的诉讼，可以由被保险人住所地人民法院管辖。

（3）票据纠纷案件由票据支付地或者被告住所地人民法院管辖。票据支付地是指票据上载明的付款地，如未载明付款地，则以票据付款（包括代理付款人）的住所地或主营业所在地为票据付款地。

（4）因铁路、公路、水上、航空运输和联合运输合同纠纷提起的诉讼，由运输始发地、目的地或被告所在地法院管辖。水上运输或水陆联合运输合同纠纷发生在我国海事法院辖区的，由海事法院管辖；铁路运输合同，由铁路法院管辖。

（5）侵权纠纷案件由侵权行为地或被告所在地法院管辖。侵权行为地，包括侵权行为实施地和侵权结果发生地。

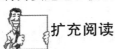 **扩充阅读**

在具体的侵权纠纷的案件中，应当注意以下几点：一是如果侵权行为实施地、侵权结果发生地和被告所在地不在同一法院辖区时，几个法院都有管辖权。二是因产品质量不合格造成他人财产、人身损害提起的诉讼，产品制造地、产品销售地、侵权行为地和被告所在地的人民法院都有管辖权。三是因侵犯专利权行为提起的诉讼，由侵权行为地或者被告住所地法院管辖。四是因侵犯注册商标专用权行为提起的民事诉讼，由侵权行为地、侵权商品储藏地或者查封扣押地、被告住所地人民法院管辖。五是因为侵犯著作权行为提起民事诉讼，由侵权行为的实施地、侵权复制品储藏地或者查封扣押地、被告住所地人民法院管辖。六是涉及计算机网络域名的侵权纠纷案件，由侵权行为地或者被告住所地的中级人民法院管辖。七是涉及计算机网络著作权的侵权纠纷案件由侵权行为地或者被告住所地法院管辖，其中，侵权行为地包括实施被诉侵权

行为的网络服务器、计算机终端等设备所在地。八是侵害信息网络传播权民事纠纷案件由侵权行为地或者被告住所地人民法院管辖，其中，侵权行为地包括实施被诉侵权行为的网络服务器、计算机终端等设备所在地。

（6）交通事故损害赔偿纠纷案件由事故发生地或车辆和船舶最先到达地、航空器最先降落地或被告住所地法院管辖。

（7）船舶碰撞或其他海损事故损害赔偿纠纷案件由碰撞发生地、碰撞船舶最先到达地、加害船舶被扣留地或被告住所地法院管辖。船舶碰撞是指船舶在航行过程中因接触和碰撞而造成的损害事故，其他海损事故是指船舶在航行中因触礁、触岸、失火、爆炸、沉没等造成的事故。

（8）海难救助费用纠纷案件由救助地或被救助船舶最先到达地法院管辖。海难救助是指对遭遇海难的船舶及船舶上的人员、货物给予的救助。救助行为实施后，救助人有权根据救助的事实和效果要求被救助方支付救助费用，双方对此可能出现纠纷引起诉讼，这类诉讼由实施救助行为地点的人民法院或被救助船舶最先到达地人民法院管辖。

（9）共同海损纠纷案件由船舶最先到达地、共同海损理算地或航程终止地法院管辖。共同海损是指在海运中遭受到海难等意外事故时，为了排除危险，挽救船舶、人员和货物而作出的物质牺牲或支付的费用。

（10）因公司设立、确认股东资格、分配利润、解散、股东名册记载、请求变更公司登记、股东知情权、公司决议、公司合并、公司分立、公司减资、公司增资等纠纷提起的诉讼，由公司住所地人民法院管辖。

3. 协议地域管辖

协议地域管辖又称合议管辖或约定管辖，是指双方在纠纷发生之前或之后，以书面方式约定诉讼管辖地的人民法院。协议管辖只适用于合同或者其他财产权益纠纷的第一审地域管辖，双方当事人可以在书面合同中协议选择被告住所地、合同履行地、合同签订地、原告住所地、标的物所在地等与争议有实际联系的地点的人民法院管辖，但不得违反级别管辖和专属管辖的规定，否则将导致约定管辖的协议无效。

4. 共同地域管辖

共同地域管辖是指同一诉讼的几个被告住所地、经常居住地在两个以上人民法院辖区内的，每个人民法院都有管辖权。两个以上人民法院都有管辖权的诉讼，原告可以向其中一个人民法院起诉；原告向两个以上都有管辖权的人民法院起诉的，由最先立案的人民法院管辖，并不得将案件移送给另一有管辖权的人民法院。

5. 专属地域管辖

专属地域管辖是指法律规定某些特殊类型的案件专门由特定的人民法院管辖。我国《民事诉讼法》规定的属于专属管辖的经济纠纷案件有以下三类：①因不动产引起的纠纷案件，由不动产所在地人民法院管辖；②因港口作业发生纠纷提起的诉讼，由港口所在地人民法院管辖；③因继承遗产纠纷提起的诉讼，由被继承人死亡时住所地或者主要遗产所在地人民法院管辖。

（三）移送管辖和指定管辖

移送管辖是指人民法院发现受理的案件不属于本院管辖的，应当移送有管辖权的人民法院，受移送的人民法院应当受理。受移送的人民法院认为受移送的案件依照规定不属于本院管辖的，应当报请上级人民法院指定管辖，不得再自行移送。

指定管辖是指有管辖权的人民法院由于特殊原因，不能行使管辖权的，由上级人民法院指定管辖。人民法院之间因管辖权发生争议，由争议双方协商解决；协商解决不了的，报请它们的共同上级人民法院指定管辖。

第三节　民事诉讼当事人及诉讼代理人

【案例导入】

居住在甲市 A 区的乔甲伟从事汽车修理业，其所开的汽车修理铺位于甲市 C 区。该汽车修理铺的个体工商户营业执照所登记的业主是其兄乔乙伟（居住在甲市 B 区），乔某伟实际上并不经营汽车修理。乔某伟为了承揽更多的业务，与乡办集体企业正华汽车修理厂（位于甲市 L 县）签订了一份协议，约定乔某伟的汽车修理铺可以以正华汽车修理厂的名义从事汽车修理业务，乔某伟每年向正华汽车修理厂交管理费 2 万元。2018 年 1 月，乔某伟雇用的修理工钱某旺（常年居住在甲市 D 区），为客户李某良（居住在甲市 E 区）修理一辆捷达车。修好后，钱某旺按照工作程序要求在汽车修理铺前试车时，不慎将车撞到了一棵大树上，造成汽车报废，钱某旺自己没有受伤。相关各方就如何赔偿该汽车损失发生纠纷，未能达成协议。现李某良拟向法院起诉。

问题：李某良应以谁为被告？

一、当事人

（一）当事人的概念和称谓

1. 当事人的概念

民事诉讼的当事人，是指因民事权利义务发生纠纷，以自己名义进行诉讼，要求法院行使民事裁判权的人。当事人有狭义和广义之分，狭义上的当事人仅指原告和被告；广义上的当事人还包括共同诉讼人和第三人。

2. 当事人的称谓

当事人在不同的诉讼阶段称谓也不一样。在第一审程序中，起诉和被诉的当事人被称为原告和被告。在第二审程序中，当事人被称为上诉人和被上诉人。在审判监督程序中，如果适用第一审程序再审，原审的原告和被告仍被称为原告和被告；如果适用第二审程序再审，原审的上诉人和被上诉人仍被称为上诉人和被上诉人。在执行程序中，称申请人和被申请人。

（二）当事人的诉讼权利和义务

1. 当事人的诉讼权利

当事人的诉讼权利是当事人保护自己合法民事权益的诉讼手段。根据我国《民事诉讼法》的规定，当事人享有下列民事诉讼权利：①起诉权。公民、法人和其他组织的合法民事权益受到侵害或者与人发生争议时，均有权向人民法院提起诉讼。②答辩权。③委托诉讼代理人权。④申请回避权。⑤调解权。该项权利包括两个内容，一是请求调解权，二是达成调解协议权。⑥反诉权。⑦辩论权。⑧提出证据和质证权。⑨上诉权。⑩申请执行权。⑪和解权。和解不同于调解，和解是在没有人民法院参与的情况下，当事人自愿对实体权利义务达成协议。在审判和执行过程中，当事人都有权进行和解，若在审判过程中和解，可按撤诉处理。⑫撤诉权。⑬变更诉讼请求权。⑭申请再审权。⑮查阅权。⑯复制权。⑰法庭笔录补正权。当事人对法庭笔录认为有错误的，有权要求进行补正。⑱管辖异议权。⑲申请不公开审理权。⑳财产保全申请权。当事人有权依法在起诉前或者起诉后向人民法院提出财产保全申请。㉑先予执行申请权。对可以先予执行的案件，当事人有权申请先予执行。㉒要求重新调查、鉴定、勘验的权利。㉓要求补正法律文书中笔误的权利。㉔要求补充判决权。若判决书漏判了诉讼请求，当事人有权要求人民法院对漏判的诉讼请求进行补充判决。㉕使用本民族语言和文字进行诉讼的权利。上述是当事人主要的民事诉讼权利，对上述权利，当事人可以行使，也可以不行使。但是，如果行使，必须遵从法律规定的条件进行，否则，不产生法律效力。上述权利，可以由当事人本人亲自行使，也可以依法通过法定代理人或者委托代理人行使。

2. 当事人的诉讼义务

当事人的诉讼义务主要包括：①当事人必须依法行使诉讼权利，不能滥用诉权的义务。②当事人在整个诉讼过程中，必须遵守诉讼秩序，服从法庭指挥，不实施妨害诉讼的行为，使诉讼按法定程序进行的义务。③当事人有如实提供或补充证据的义务。④当事人有自觉履行人民法院发生法律效力的裁判文书的义务。

二、诉讼代理人

（一）诉讼代理人的概念和特点

1. 诉讼代理人的概念

诉讼代理人是指根据法律规定或者当事人的委托，代当事人进行民事诉讼活动的人。在诉讼中，诉讼代理人代当事人进行民事诉讼活动的权限，被称为诉讼代理权。代当事人实施的诉讼行为被称为诉讼代理行为。

2. 诉讼代理人的特点

诉讼代理人具有以下特点：一是以被代理人的名义进行民事诉讼活动。二是诉讼代理人应当具有相应的诉讼行为能力。三是诉讼代理人必须在代理权限内实施代理行为，凡是超越代理权限实施的诉讼行为，都是无效诉讼行为，不能产生诉讼法上的效果。四是诉讼代理人在诉讼中代理行为的所有法律后果均由被代理人承担。五是在同一诉讼中，一个诉讼代理人不得双方代理。

（二）诉讼代理人的种类

我国民事诉讼代理人可以分为法定代理人和委托代理人。

1. 法定代理人

法定代理人是指根据法律规定，代理无诉讼行为能力的当事人进行民事诉讼活动的人。法定代理人的代理权的取得不是基于当事人的委托，而是根据法律的直接规定。因为被代理人是无诉讼行为能力人，所以法定代理是一种全权代理。法定代理人可以按照自己的意志代理被代理人实施所有诉讼行为，同时，法定代理人也应当履行当事人所应承担的一切诉讼义务。

2. 委托代理人

委托代理人是指根据当事人、法定代理人或者法定代表人的委托，代为进行民事诉讼活动的人。

委托代理人具有以下特点：一是诉讼代理权的取得是基于当事人、法定代理人或者法定代表人的委托；二是诉讼代理的权限范围和代理事项由被代理人决定；三是委托诉讼代理人必须具有诉讼行为能力。

第四节　证　据

一、民事诉讼证据的分类

民事诉讼证据是证明民事案件客观事实存在与否的根据，它是诉讼主体进行诉讼活动的前提条件，是人民法院查明案件真相、当事人维护自身合法权益的重要手段。我国《民事诉讼法》明确规定民事诉讼证据包括当事人的陈述、书证、物证、视听资料、电子数据、证人证言、鉴定意见、勘验笔录八类。

证据必须查证属实，才能作为认定事实的根据。

二、举证责任

举证责任是指当事人对自己所提出的诉讼请求所依据的事实或者反对对方诉讼请求所依据的事实，有提供证据并加以证明的责任。

当事人对自己提出的主张，有责任在法院指定的举证期限内提供证据。当事人及其诉讼代理人因客观原因不能自行收集的证据，或者人民法院认为审理案件需要的证据，人民法院应当调查收集。但法律另有规定的除外。

在作出判决前，当事人未能提供证据或者证据不足以证明其事实主张的，由负有举证证明责任的当事人承担不利的后果。

三、证据的质证

证据应当在法庭上出示，并由当事人互相质证，未经当事人质证的证据，不得作为认定案件事实的根据。对涉及国家秘密、商业秘密和个人隐私的证据应当保密，需要在法庭出示的，不得在公开开庭时出示。书证应当提交原件。物证应当提交原物。提交原件或者原物确有困难的，可以提交复制品、照片、副本、节录本。提交外文书证，必须附有中文译本。

人民法院应当组织当事人围绕证据的真实性、合法性以及与待证事实的关联性进行质证，并针对证据有无证明力和证明力大小进行说明和辩论。

第五节 民事诉讼程序和裁判

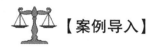 **【案例导入】**

家住某市甲区的潘某（甲方）与家住乙区的舒某（乙方）签订房屋租赁合同，舒某将位于丙区的一处 500 平方米二层楼租给潘某经营饭馆。合同中除约定了有关租赁事项外，还约定："甲方租赁过程中如决定购买该房，按每平方米 2000 元的价格购买，具体事项另行协商。"

潘某的饭馆开张后生意兴隆，遂决定将租赁的房屋买下长期经营。但因房价上涨，舒某不同意出卖。潘某将房价款 100 万元办理提存公证，舒某仍不同意出卖。后舒某以每平方米 2500 元的价格与杏林公司签订了房屋买卖合同，合同中约定了仲裁条款。潘某为阻止舒某与杏林公司成交，向丙区人民法院提起诉讼，要求认定租赁合同中的买卖条款有效并判决舒某履行协助办理房屋过户手续的义务。

法院受理后，舒某提出管辖权异议，法院审查后发出驳回通知书。一审法院经审理认定，原被告之间构成了预约合同关系，但尚不构成买卖关系，故判决驳回原告的诉讼请求。潘某不服提出上诉。

问题：如果本案二审法院判决潘某胜诉，潘某申请执行，杏林公司能否申请再审？为什么？

一、民事诉讼的程序

在我国，民事诉讼程序范围很广，就审级而言，有第一审程序、第二审程序以及审判监督程序即再审程序。

（一）第一审程序

第一审程序中包括普通程序与简易程序。

1. 普通程序

普通程序是我国民事诉讼法规定的人民法院审理第一审民事案件通常所适用的程序。除了简单的民事诉讼案件适用简易程序进行审理外，其他的民事诉讼案件都应按照普通程序进行审理。普通程序是最完整、最系统、内容最充实的一种程序。普通程序主要包括以下阶段和程序：起诉、受理、开庭审理前的准备工作、开庭审理、法院调解等。

（1）起诉。起诉是指原告实施的要求法院启动审判程序，审理自己提出的特定诉讼请求的诉讼行为。起诉是诉讼程序开始的前提条件。起诉必须符合下列条件：原告是与本案有直接利害关系的公民、法人和其他组织；有明确的被告；有具体的诉讼请求和事实、理由；属于人民法院受理民事诉讼的范围和受诉人民法院管辖。

（2）受理。受理是指人民法院对起诉进行审查，对符合起诉条件的案件，予以立案的审判行为。受理之后，人民法院取得了对该案的管辖权，当事人之间由此产生了具体的诉讼法律关系。

（3）开庭审理前的准备工作。开庭审理前的准备工作主要包括以下内容：一是在法定期间内向当事人送达诉讼文书；二是告知当事人诉讼权利义务和合议庭组成人员；三是通知必须参加诉讼的当事人参加诉讼；四是审查有关诉讼材料；五是调查收集应当由人民法院调查收集的证据；六是通知当事人参加诉讼；七是在有需要时组织当事人交换证据。

（4）开庭审理。开庭审理是指人民法院在当事人和其他诉讼参与人的参加下，依照法定程序和形式，在法庭上对当事人之间的民事争议进行审理的过程。主要程序有开庭准备、法庭调查、法庭辩论、案件评议和宣告判决。

（5）法院调解。法院调解是指在人民法院审判人员的主持下，双方当事人通过自愿协商，达成协议，解决民事争议的活动和结案方式。法院调解有利于彻底解决当事人之间的民事纠纷；有利于简化诉讼程序，及时化解矛盾。

人民法院适用普通程序审理的案件，应当在立案之日起6个月内审结。有特殊情况需要延长的，由本院院长批准，可以延长6个月；还需要延长的，报请上级人民法院批准。

2. 简易程序

（1）简易程序概述。简易程序是指基层法院和它派出的法庭审理简单的民事纠纷案件所适用的诉讼程序。它只适用于那些事实清楚，权利义务关系明确，争议不大的案件，或者当事人双方约定适用简易程序的案件。在简易程序中，原告可以采用口头方式起诉，审判员一人独任审判。

（2）简易程序的意义。一是方便当事人进行诉讼，减少诉讼成本；二是提高审判效率。

人民法院适用简易程序审理案件，应当在立案之日起3个月内审结。

 扩充阅读

公益诉讼是指非以维护自身民事权益，由特定的机关、社会团体或者个人提起旨在维护公共利益为目的的追究行为人民事责任的诉讼。2012年《民事诉讼法》的修改对公益诉讼作出了原则性的规定，为其确立了基本框架。《民事诉讼法》第15条规定，"机关、社会团体、企业事业单位对损害国家、集体或者个人民事权益的行为，可以支持受损害的单位或者个人向人民法院起诉"。民事公益诉讼主要适用于以下类型的纠纷：①因破坏环境导致环境污染引发的纠纷；②侵害消费者权益所引发的纠纷；③国有资产流失所引发的纠纷。

（二）第二审程序和审判监督程序

1. 第二审程序

第二审程序是指由于民事诉讼的当事人不服一审人民法院作出的未发生法律效力

的第一审裁判而在法定期间内向上一级人民法院提起上诉而引起的诉讼程序，是第二审级的人民法院审理上诉案件所适用的程序。

当事人不服法院第一审判决的，有权在判决书送达之日起 15 日内向上一级法院提起上诉，当事人不服法院第一审裁定的，有权在裁定书送达之日起 10 日内向上一级法院提起上诉。

我国实行两审终审制（除民事诉讼法明确规定不适用两审终审制的纠纷案件外）。第二审法院即终审法院，其裁判为终审裁判。第二审法院作出的具有给付内容裁判，如果义务人拒不履行义务的，对方当事人有权向法院申请强制执行，人民法院也可以视情况依职权采取强制措施，从而保护当事人合法权益的实现。

第二审人民法院对上诉案件，应当组成合议庭，开庭审理。经过阅卷、调查和询问当事人，对没有提出新的事实、证据或者理由，合议庭认为不需要开庭审理的，可以不开庭审理。第二审人民法院审理上诉案件，可以在本院进行，也可以到案件发生地或者原审人民法院所在地进行。

第二审人民法院对上诉案件，经过审理，按照不同情形，可分别以判决、裁定方式驳回上诉，维持原判决、裁定；或以判决、裁定方式依法改判、撤销或者变更；或裁定撤销原判决，发回原审人民法院重审，或者查清事实后改判；或裁定撤销原判决，发回原审人民法院重审。

原审人民法院对发回重审的案件作出判决后，当事人提起上诉的，第二审人民法院不得再次发回重审。

人民法院审理对判决的上诉案件，应当在第二审立案之日起 3 个月内审结。有特殊情况需要延长的，由本院院长批准。人民法院审理对裁定的上诉案件，应当在第二审立案之日起 30 日内作出终审裁定。

2. 审判监督程序

在我国，审判监督程序即再审程序，是指人民法院、人民检察院对已经发生法律效力的判决、裁定，发现在认定事实或适用法律上确有错误，依法提出并由人民法院重新审判的程序。审判监督程序只是纠正生效裁判错误的法定程序，它在程序的性质、提起的主体、提起的理由、提起的时间、审理的对象、使用的程序、审理的法院、产生的法律效果等方面与一审、二审程序相区别。

（1）再审的启动。各级人民法院院长对本院已经发生法律效力的判决、裁定、调解书，发现确有错误，认为需要再审的，应当提交审判委员会讨论决定。

最高人民法院对地方各级人民法院已经发生法律效力的判决、裁定、调解书，上级人民法院对下级人民法院已经发生法律效力的判决、裁定、调解书，发现确有错误的，有权提审或者指令下级人民法院再审。

当事人对已经发生法律效力的判决、裁定，认为有错误的，可以向上一级人民法院申请再审；当事人一方人数众多或者当事人双方为公民的案件，也可以向原审人民法院申请再审。当事人申请再审的，不停止判决、裁定的执行。

当事人申请再审，应当在判决、裁定发生法律效力后 6 个月内提出；若符合有新的证据，足以推翻原判决、裁定的；或原判决、裁定认定事实的主要证据是伪造的；

或据以作出原判决、裁定的法律文书被撤销或者变更的；或审判人员审理该案件时有贪污受贿，徇私舞弊，枉法裁判行为情形之一的，当事人应自知道或者应当知道之日起6个月内提出。

（2）抗诉。最高人民检察院对各级人民法院已经发生法律效力的判决、裁定，上级人民检察院对下级人民法院已经发生法律效力的判决、裁定，发现有《民事诉讼法》第200条规定情形之一的，或者发现调解书损害国家利益、社会公共利益的，应当提出抗诉。地方各级人民检察院对同级人民法院已经发生法律效力的判决、裁定，发现有《民事诉讼法》第200条规定情形之一的，或者发现调解书损害国家利益、社会公共利益的，可以向同级人民法院提出检察建议，并报上级人民检察院备案；也可以提请上级人民检察院向同级人民法院提出抗诉。

各级人民检察院对审判监督程序以外的其他审判程序中审判人员的违法行为，有权向同级人民法院提出检察建议。

有下列情形之一的，当事人可以向人民检察院申请检察建议或者抗诉：

（1）人民法院驳回再审申请的；

（2）人民法院逾期未对再审申请作出裁定的；

（3）再审判决、裁定有明显错误的。

人民检察院对当事人的申请应当在3个月内进行审查，作出提出或者不予提出检察建议或者抗诉的决定。当事人不得再次向人民检察院申请检察建议或者抗诉。

二、民事诉讼的裁判

（一）判决

判决是指人民法院在民事案件和非诉讼案件审理程序终结时对案件的实体问题作出的权威性判定。根据判决所裁决的诉的不同种类，判决可以分为给付判决、确认判决和形成判决。

扩充阅读

（1）给付判决是依法责令败诉一方的当事人履行某项义务或为一定行为的判决。它是基于给付之诉的胜诉而作出的，通过责令被告履行义务来实现原告具有给付内容的诉讼请求。这种判决与确认判决有联系，要以民事法律关系的确认为前提。

（2）确认判决是对当事人之间所争议的一定的民事法律关系是否存在进行确认的判决。虽然这种判决本身不存在给付和执行的内容，但由于它明确了当事人之间的法律关系，所以，往往为以后可能发生的给付之诉，提供审理和判决的依据，起到预决的效果。

（3）形成判决又称变更判决，是指人民法院对当事人之间已经存在的民事实体法律关系作出变更的判决。形成判决确定时，不需要通过强制执行便自动发生法律状态的效果，一般情况下形成判决的效果是使已经存在的法律关系不再存在，例如，解除或撤销合同，解除婚姻关系、收养关系等。形成判决在法律效力方面具有形成力，这种形成力具有绝对效力，不仅及于当事人，也及于一般第三人，如离婚判决之判决书，其效力可当离婚证。

（二）裁定与决定

1. 民事裁定

民事裁定是指人民法院对民事诉讼和执行程序中的程序问题以及个别实体问题所作出的权威性判定。裁定适用于下列范围：不予受理；对管辖权有异议的；驳回起诉；保全和先予执行；准许或者不准许撤诉；中止或者终结诉讼；补正判决书中的笔误；中止或者终结执行；撤销或者不予执行仲裁裁决；不予执行公证机关赋予强制执行效力的债权文书；其他需要裁定解决的事项。对不予受理、对管辖权有异议的、驳回起诉三项裁定，可以上诉。

2. 民事决定

民事决定是指人民法院对诉讼中某些特殊的问题作出的权威性判定。

扩充阅读

民事决定主要适用于以下情形：

（1）申请回避。人民法院对于当事人申请回避的问题，应以口头或书面形式作出。法院院长担任审判长时的回避，由审判委员会决定；审判人员的回避，由院长决定；其他人员的回避，由审判长决定。

（2）对妨害民事诉讼行为采取强制措施。对妨害民事诉讼行为采取强制措施，必须由人民法院决定。罚款、拘留的，应当用决定书。

（3）当事人申请顺延诉讼期间。当事人因不可抗拒的事由或者其他正当理由耽误诉讼期限的，在障碍消除后的 10 日内，可以申请顺延期限，是否准许，应由人民法院作出决定。

（4）解决当事人申请缓、减、免交诉讼费用问题。在实践中，有的当事人交纳诉讼费用可能有一定困难。对此，民事诉讼法规定了救济原则，即在一定条件下，当事人可向法院申请缓交、减交或免交诉讼费用，是否同意当事人缓、减、免的申请由人民法院审查决定。

（5）审判监督程序事项。在审判监督程序中，各级人民法院院长对本院已经发生法律效力的判决、裁定、调解书，发现确有错误，需要再审的，提交审判委员讨论决定；最高人民法院和上级人民法院对下级人民法院生效的判决、裁定发现确有错误，有权作出提审和指令下级人民法院再审的决定。

本章主要内容归纳总结图

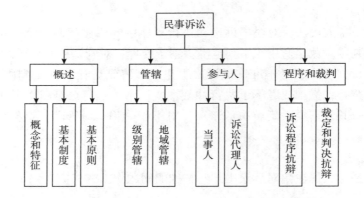

复习思考题

1. 民事诉讼的特征。
2. 民事诉讼的基本原则。
3. 民事诉讼的基本制度。
4. 民事诉讼管辖的种类。
5. 民事诉讼的当事人。
6. 民事诉讼的程序和裁判。

推荐阅读

1. 郑州曳头网络科技有限公司与丁晓梅、浙江天猫网络有限公司等侵害外观设计专利权先予执行案
   江苏省南京市中级人民法院/（2019）苏 01 民初 687 号/2020. 04. 22
2. 中国生物多样性保护与绿色发展基金会诉秦皇岛方圆包装玻璃有限公司大气污染责任民事公益诉讼案
   最高人民法院指导性案例 132 号/河北省高级人民法院/（2018）冀民终 758 号/2019. 12. 26
3. 振发能源集团有限公司与被上诉人深圳英大资本管理有限公司管辖权异议案
   最高人民法院/（2018）最高法民辖终 415 号/2018. 12. 06
4. 筑银公司诉艾福敦公司等第三人撤销之诉案
   上海市第一中级人民法院/（2017）沪 01 民终 8803 号/2017. 10. 13
5. 付金华诉吕秋白、刘剑锋案外人执行异议之诉案
   上海市第一中级人民法院/《最高人民法院公报》2017 年第 3 期/2015. 02. 09

第十五章 仲裁法律制度

 【本章提示】

    在经济生活中，难免会出现各类纠纷，对此，当事人可以选择自行协商解决，也可以将纠纷提交给第三方解决。第三方解决方式包括仲裁、调解、诉讼等。其中，仲裁是一种重要的非司法性质的解决方式。本章主要介绍我国的仲裁法律制度。包括：仲裁的概念、范围，仲裁的基本原则，仲裁协议，仲裁程序，申请撤销仲裁裁决，仲裁裁决的执行。

 【重点内容】

    1. 仲裁的范围。
    2. 仲裁的基本原则。
    3. 仲裁协议。
    4. 仲裁的撤销。

第一节 仲裁与仲裁法概述

一、仲裁概述

    仲裁是指双方当事人在争议发生之前或者争议发生之后，在自愿的基础上达成协议，同意将争议提交非司法机构的第三者审理，由第三者作出对争议各方均有约束力的裁决，从而解决争议的法律制度。仲裁是解决纠纷的一种重要方式。它具有自愿性、专业性、灵活性、快捷性、经济性、独立性等特点。

二、仲裁法的概念与适用范围

（一）概念

    仲裁法是国家制定或认可的规范仲裁法律关系主体的行为和调整仲裁法律关系的法律规范的总称。仲裁法有广义和狭义之分。狭义的仲裁法即仲裁法典，是国家最高权力机关制定颁行的关于仲裁的专门法律。我国1994年8月31日通过、2017年9月1日修订的《仲裁法》即为狭义的仲裁法。广义的仲裁法除包括仲裁法典外，还包括所有涉及仲裁制度的法律中的相关法律规范。

（二）适用范围

根据《仲裁法》的规定，仲裁适用于平等主体的公民、法人和其他组织之间发生的合同纠纷和其他财产权益纠纷；但与身份权有关的案件如婚姻、收养、监护、扶养、继承纠纷以及应由行政机关处理的行政争议不允许仲裁。劳动争议和农业集体经济组织内部的农业承包合同纠纷，也不属于《仲裁法》所规定的仲裁范围。

三、仲裁的基本原则

（一）自愿仲裁原则

自愿仲裁原则主要包括以下方面：①当事人是否将他们之间发生的纠纷提交仲裁，由他们自愿协议决定。②当事人将哪些争议事项提交仲裁，由双方当事人在法律规定的范围内自行约定。③当事人将纠纷提交哪一个仲裁委员会仲裁，由他们自愿协商决定。《仲裁法》规定仲裁不实行级别管辖和地域管辖。④仲裁庭如何组成，由谁组成，由当事人自主选定。⑤双方当事人还可以自主约定仲裁的审理方式、开庭方式等有关的程序事项。

（二）以事实为根据，以法律为准绳原则

仲裁机构作出仲裁裁决须以客观事实为依据，以民商事实体法和程序法作为处理案件的标准。为了准确地认定事实，仲裁庭必须充分听取双方当事人的陈述、证人证言和鉴定人的鉴定意见，防止偏听偏信和主观臆断。仲裁庭认为有必要收集的证据，可以自行收集；在适用法律时，法律有明文规定的，按照法律的规定，无明文规定的，则按照法律的基本精神和公平合理原则处理。

（三）独立公正的仲裁原则

我国《仲裁法》第8条规定，仲裁依法独立进行，不受行政机关、社会团体和个人的干涉，为保证这一原则的实施，《仲裁法》第14条进一步规定，仲裁委员会独立于行政机关，与行政机关没有隶属关系，仲裁委员会之间也没有隶属关系。

（四）一裁终局原则

"一裁终局"是指仲裁裁决作出之后，当事人就同一纠纷，不能再申请仲裁或向人民法院起诉，裁决书自作出之日起发生法律效力，当事人应当履行裁决，一方当事人不履行的，另一方当事人可以依照《民事诉讼法》的有关规定向人民法院申请执行，受申请的人民法院应当执行。但如果该仲裁裁决被法院撤销或者不予执行，当事人可以重新达成仲裁协议申请仲裁，也可以向人民法院起诉。

四、仲裁委员会

（一）仲裁委员会的设立机制

根据我国《仲裁法》第10条的规定，仲裁委员会可以在直辖市和省、自治区人民政府所在地的市设立，也可以根据需要在其他设区的市设立，不按行政区划层层设

立。依法可以设立仲裁委员会的市只能组建一个统一的仲裁委员会，不得按照不同专业设立不同的专业仲裁委员会或者专业仲裁庭。

（二）仲裁委员会应具备的条件

根据我国《仲裁法》第11条的规定，仲裁委员会应当具备下列条件。

（1）有自己的名称、住所和章程。

扩充阅读

根据《仲裁法》，仲裁委员会的名称应当规范，即一律在仲裁委员会前冠以仲裁委员会所在市的地名，如北京仲裁委员会、上海仲裁委员会。仲裁委员会的住所是仲裁委员会作为常设仲裁机构的固定地点，是其主要办事机构所在地。仲裁委员会的章程是规定仲裁委员会的设立宗旨、组成、结构，规范其行为的准则。仲裁委员会的章程应按照仲裁法的规定具体制定。

（2）有必要的财产。

（3）有该仲裁委员会的组成人员。

扩充阅读

仲裁委员会由主任1人、副主任2—4人和委员7—11人组成。仲裁委员会的主任、副主任和委员由法律、经济贸易专家和有实际工作经验的人员担任。仲裁委员会的组成人员中，法律、经济贸易专家不得少于2/3。

（4）有聘任的仲裁员。

仲裁委员会应当从具备仲裁员资格的人员中聘任仲裁员，并按照不同的专业设置仲裁员名册。仲裁委员会不设专职仲裁员。

扩充阅读

我国《仲裁法》第13条对仲裁员资格的要求是，在思想品德方面应公道正派，同时要有较高的业务水平。具体条件是：从事仲裁工作满8年的；从事律师工作满8年的；曾任法官满8年的；从事法律研究、教学工作并具有高级职称的；具有法律知识、从事经济贸易等专业工作并具有高级职称或者具有同等专业水平的。

公务员及参照实行公务员制度的机关工作人员符合《仲裁法》第13条规定的条件，并经所在单位同意，可以受聘为仲裁员，但不得因从事仲裁工作影响本职工作。

第二节 仲裁协议

【案例导入】

在社会上引起广泛关注的红罐王老吉商标之争案再起波澜。2012年5月9日，中国国际经济贸易仲裁委员会作出裁决：广药集团与加多宝母公司鸿道集团签订的"王老吉"商标许可补充协议无效，鸿道集团停止使用"王老吉"商标。但2012年5月27日，加多宝集团发表声明称不服该裁决，向北京市第一中级人民法院起诉，申请撤销该裁决。同时，根据《仲裁法》第64条的规定，当一方当事人申请撤销裁决时，人民法院应当裁定中止另一方当事人申请执行裁决，申请法院裁定广药集团依法不得申请执行该裁决。

请问：仲裁委员会在何种情况下可以仲裁本案？法院在何种情况下可以撤销仲裁裁决？

一、仲裁协议的概念

仲裁协议是双方当事人达成的，将有可能发生或已经发生的纠纷提交仲裁，并服从裁决的一种书面约定。仲裁协议是仲裁制度的基石，是仲裁机构对某一特定案件取得管辖权的前提。

仲裁协议一般以三种书面形式存在。

（1）仲裁条款。仲裁条款是指双方当事人在签订的合同中订立的将与该合同有关的争议提交仲裁的条款。仲裁条款一般比较简短，它订立于合同之中，具有与该合同的其他条款不同的性质和效力，其他条款的无效，并不必然引起仲裁条款的无效。

（2）仲裁协议书。仲裁协议书是指争议发生之前或之后，双方当事人在自愿的基础上订立的同意将争议提交仲裁的一种独立协议。

（3）其他书面形式的仲裁协议。其他书面形式的仲裁协议包括以合同书、信件和数据电文（包括电报、电传、传真、电子数据交换和电子邮件）等形式达成的请求仲裁的协议。这种形式的仲裁协议有别于仲裁条款和仲裁协议书，实质上相当于通过要约和承诺达成的协议，即一方当事人提出仲裁解决纠纷的意愿，另一方当事人通过一定的通信手段表示接受，从而达成仲裁协议。

二、仲裁协议的内容

仲裁协议的内容，是指一份完整、有效的仲裁协议必须具备的约定事项。仲裁协议应当具备下列内容：

（1）请求仲裁的意思表示。在仲裁协议中，当事人应明确表示愿意将争议提交仲裁解决。

（2）仲裁事项。仲裁事项是指双方当事人提交仲裁的争议范围，即双方当事人将何种性质的争议提交仲裁机构仲裁。仲裁事项包括未来可能性争议事项和现实已发生的争议事项。但不论争议事项是否已经发生，在仲裁协议中都必须明确规定。当事人概括约定仲裁事项为合同争议的，基于合同成立、效力、变更、转让、履行、违约责任、解释、解除等产生的纠纷都可以认定为仲裁事项。

（3）选定的仲裁委员会。双方当事人在签订仲裁协议时，应明确写明仲裁事项由哪一个仲裁委员会进行仲裁，否则仲裁协议无效。仲裁协议约定的仲裁机构名称不准确，但能够确定具体的仲裁机构的，应当认定选定了仲裁机构。仲裁协议仅约定纠纷适用的仲裁规则的，视为未约定仲裁机构，但当事人达成补充协议或者按照约定的仲裁规则能够确定仲裁机构的除外。

三、仲裁协议的无效

根据我国《仲裁法》，仲裁协议应采用书面形式，并且具备上述三项内容。当有下列情形出现时，仲裁协议无效。

（1）以口头方式订立的仲裁协议无效。

（2）约定的仲裁事项超出法律规定的仲裁范围的。

（3）无民事行为能力或限制民事行为能力人订立的仲裁协议。

（4）一方采取胁迫手段迫使对方订立仲裁协议的。

（5）仲裁协议对仲裁事项没有约定或约定不明确，或者仲裁协议对仲裁委员会没有约定或者约定不明确并无法加以确定的，当事人对此亦达不成补充协议的。

（6）当事人约定争议可以向仲裁机构申请仲裁也可以向人民法院起诉的，仲裁协议无效。但一方向仲裁机构申请仲裁，另一方未在仲裁庭首次开庭前提出异议的除外。

四、仲裁协议的效力

仲裁协议一经成立，即具有法律效力。有效的仲裁协议即可排除法院对案件的司法管辖权，仲裁机构获得仲裁权，只有在没有仲裁协议或者仲裁协议无效的情况下，法院才可以行使司法管辖权予以审理。

仲裁协议独立存在，合同的变更、解除、终止或者无效，均不能影响仲裁协议的效力。

除当事人订立仲裁协议时另有约定外，当事人订立仲裁协议后合并、分立的，仲裁协议对其权利义务的继受人有效。当事人订立仲裁协议后死亡的，仲裁协议对承继其仲裁事项中的权利义务的继承人有效。

债权债务全部或者部分转让的，仲裁协议对受让人有效，但当事人另有约定、在受让债权债务时受让人明确反对或者不知有单独仲裁协议的除外。

当事人对仲裁协议的效力有异议的，可以请求仲裁委员会作出决定或者请求人民法院作出裁定。一方请求仲裁委员会作出决定，另一方请求人民法院作出裁定的，由人民法院裁定。

 **扩充阅读**

当事人达成仲裁协议，一方向人民法院起诉未声明有仲裁协议，人民法院受理后，另一方在首次开庭前提交仲裁协议的，人民法院应当驳回起诉，但仲裁协议无效的除外；另一方在首次开庭前未对人民法院受理该案提出异议的，视为放弃仲裁协议，人

民法院应当继续审理。

第三节　仲裁程序

一、申请和受理

1. 申请

当事人申请仲裁应当符合下列条件：首先，有仲裁协议；其次，必须有具体的仲裁请求和事实理由；最后，属于仲裁委员会的受理范围。当事人申请仲裁时，应当向约定的仲裁委员会递交仲裁协议、仲裁申请书及副本，并按规定缴纳仲裁费用。

2. 受理

仲裁委员会收到仲裁申请以后，经审查，认为符合申请仲裁条件的，应当在 5 日内受理，并通知当事人；若不予受理，应说明理由。仲裁委员会受理仲裁申请后，应当在仲裁规则规定的期限内将仲裁规则和仲裁员名册送达申请人，并将仲裁申请书副本和仲裁规则、仲裁员名册送达被申请人。在仲裁庭组成之前，申请人可以放弃或者变更仲裁请求，被申请人可以承认或反驳仲裁请求，可以在提交答辩书的期限内提起反诉。

二、仲裁庭的组成

1. 仲裁庭的组成形式

当事人既可以约定由 3 名仲裁员组成合议仲裁庭，也可以约定由 1 名仲裁员组成独任仲裁庭。如果当事人没有在仲裁规则规定的期限内约定仲裁庭的组成形式的，由仲裁委员会主任指定。

扩充阅读

（1）合议庭仲裁。当事人约定由 3 名仲裁员组成仲裁庭的，应当各自选定或者各自委托仲裁委员会主任指定 1 名仲裁员，第三名仲裁员由当事人共同选定或者共同委托仲裁委员会主任指定，第三名仲裁员是首席仲裁员。首席仲裁员是合议仲裁庭的主持者，与其他仲裁员有同等的权利，但在裁决不能形成多数意见时，仲裁裁决应当按照首席仲裁员的意见作出。

（2）独任仲裁庭。当事人约定由 1 名仲裁员成立仲裁庭的，应当由当事人共同选定或者共同委托仲裁委员会主任指定该独任仲裁员。当事人没有在仲裁规则规定的期限内选定仲裁员的，由仲裁委员会主任指定。

2. 仲裁员的回避

被选定或者指定的仲裁员，如果有下列情况之一的，应予以回避：一是本案当事人或者当事人、代理人的近亲属；二是与本案有利害关系；三是与本案当事人、代理人有其他关系，可能影响公正仲裁的；四是私自会见当事人、代理人或者接受当事人、代理人请客送礼的。情节严重时，仲裁委员会应当将其除名。仲裁员既可以自行回避，也可以由当事人申请回避。仲裁员是否回避，由仲裁委员会主任决定；仲裁委员会主任担任仲裁员时，由仲裁委员会集体决定。

三、开庭和裁决

1. 开庭

仲裁以开庭和不公开为原则。当事人协议不开庭的，仲裁庭可以根据仲裁申请书、答辩书以及其他材料作出裁决，即进行书面审理。当事人协议公开仲裁的，可以公开进行，但涉及国家秘密的除外。当事人经书面通知，无正当理由不到庭或者未经仲裁庭许可中途退庭的，对于申请人可以视为撤回申请仲裁，对于被申请人可以作出缺席裁决。

2. 举证

当事人应当对自己的主张提供证据。仲裁庭认为有必要时，可以自行收集证据。证据可能灭失或者以后难以取得时，当事人可以申请证据保全。凡证据都应当在开庭时出示，当事人可以质证，作出鉴定结论的鉴定人也应参加开庭，在仲裁庭许可下接受当事人的提问。

3. 辩论

当事人在仲裁过程中有权进行辩论。辩论终结时，首席仲裁员或者独任仲裁员应当征得当事人的最后意见，并记入仲裁笔录。

4. 调解

在作出仲裁裁决前，仲裁庭可以根据当事人的申请或者依职权调解。调解达成协议的，应制作调解书或者根据协议的结果制作裁决书。调解书经双方当事人签收后，即与裁决书有同等的法律效力。调解不成的或者当事人在调解书签收前反悔的，仲裁庭应当及时作出裁决。

5. 和解

仲裁和解是指仲裁当事人通过、协商，自行解决已提交仲裁的争议事项的行为。仲裁和解是仲裁当事人行使处分权的表现。我国《仲裁法》第49条规定，当事人申请仲裁后，可以自行和解。当事人达成和解协议的，可以请求仲裁庭根据和解协议作出调解书，也可以请求仲裁庭根据和解协议作出裁决书，还可以撤回仲裁申请。如果当事人撤回仲裁申请后反悔的，则仍可以根据原仲裁协议申请仲裁。

6. 裁决

裁决按照多数仲裁员的意见作出，少数仲裁员的不同意见可以记入笔录。仲裁庭不能形成多数意见的，裁决应当按首席仲裁员的意见作出。裁决书自作出之日起发生法律效力。

仲裁裁决的效力体现在：当事人不得就已经裁决的事项再行申请仲裁，也不得就此提起诉讼。仲裁机构不得随意变更已生效的仲裁裁决。其他任何机关或个人均不得变更仲裁裁决。仲裁裁决具有执行力。

第四节　仲裁裁决的撤销及执行

一、仲裁裁决的撤销

（一）申请撤销仲裁裁决的概念

申请撤销仲裁裁决是指对符合法定应予撤销情形的仲裁裁决，经由当事人提出申请，人民法院组成合议庭审查核实，裁定撤销仲裁裁决的行为。仲裁法中设置申请撤销仲裁裁决这种程序监督机制，对确保仲裁裁决的合法性和正确性，维护仲裁当事人的合法权益具有非常重要的意义。

（二）申请撤销仲裁裁决的条件

按照我国《仲裁法》的规定，申请撤销仲裁裁决必须符合下列条件。

（1）提出撤销仲裁裁决申请的主体必须是仲裁当事人。

（2）当事人申请撤销仲裁裁决，必须向仲裁委员会所在地的中级人民法院提出。

（3）当事人申请撤销仲裁裁决的，应当自收到裁决书之日起 6 个月内提出。

（4）当事人提出证据证明裁决有下列情形之一的，可以申请撤销仲裁裁决：

① 没有仲裁协议的；

② 裁决的事项不属于仲裁协议的范围或者仲裁委员会无权仲裁的；

③ 仲裁庭的组成或者仲裁的程序违反法定程序的；

④ 裁决所根据的证据是伪造的；

⑤ 对方当事人隐瞒了足以影响公正裁决的证据的；

⑥ 仲裁员在仲裁该案时有索贿受贿，徇私舞弊，枉法裁决行为的。

此外，人民法院认定该裁决违背社会公共利益的，应当裁定撤销。

（三）法院对撤销仲裁裁决申请的处理及其法律后果

1. 程序

人民法院对于撤销仲裁裁决的申请必须组成合议庭进行审查，并询问当事人。根据审理撤销仲裁裁决案件的实际需要，人民法院可以要求仲裁机构作出说明或者向相关仲裁机构调阅仲裁案卷，在此基础上作出是否撤销仲裁裁决的裁定。

2. 处理结果

（1）驳回撤销仲裁裁决申请。人民法院经过审查未发现仲裁裁决具有法定可被撤销的理由的，应在受理撤销仲裁裁决申请之日起 2 个月内作出驳回申请的裁定。对人民法院依法作出的驳回当事人申请的裁定，当事人无权上诉。

（2）重新仲裁。重新仲裁是指人民法院在受理了仲裁当事人撤销仲裁裁决的申请后，认为仲裁裁决虽具有法律规定的撤销情形，但可以由仲裁庭通过重新进行仲裁加以纠正的，则裁定中止撤销程序，并通知仲裁庭在一定期限内重新进行仲裁的制度。对重新仲裁的通知是否采纳，由仲裁庭决定。仲裁庭既可以决定重新仲裁，也可以拒绝重新仲裁。仲裁庭在人民法院指定的期限内开始重新仲裁的，人民法院应当裁定终结撤销程序；未开始重新仲裁的，人民法院应当裁定恢复撤销程序，进而决定是否撤销仲裁裁决。

（3）撤销仲裁裁决。法院应当在受理撤销裁决申请之日起 2 个月内作出是否撤销仲裁的决定。人民法院裁定撤销仲裁裁决，会产生一定的法律效力。具体表现为：对于人民法院依法作出的撤销仲裁裁决的裁定，当事人不能上诉，不得申请再审，检察院也不能通过抗诉启动再审程序。我国《仲裁法》第 9 条规定，裁决被人民法院依法裁定撤销的，当事人就该纠纷可以根据双方重新达成的仲裁协议申请仲裁，也可以向人民法院起诉。

二、仲裁裁决的执行

1. 仲裁裁决的执行的概念

仲裁裁决的执行即对仲裁裁决的强制执行，是指人民法院经当事人申请，采取强制措施将仲裁裁决书中的内容付诸实现的行为和程序。我国《仲裁法》规定，当事人应当履行裁决。一方当事人不履行的，另一方当事人可以依照民事诉讼法的有关规定向人民法院申请执行。受申请的人民法院应当执行。

2. 申请执行仲裁的条件

申请执行仲裁必须满足以下条件：具有有效的仲裁裁决；申请人是仲裁当事人；债务人拒绝履行仲裁裁决中的债务；在两年内提出申请；向被执行人住所地或者被执行的财产所在地人民法院提出。

3. 不予执行仲裁裁决

我国法律规定，被申请人提出证据证明仲裁裁决有下列情形之一的，经人民法院组成合议庭审查核实，裁定不予执行：当事人在合同中没有订有仲裁条款或者事后没有达成书面仲裁协议的；裁决的事项不属于仲裁协议的范围或者仲裁机构无权仲裁的；仲裁庭的组成或者仲裁的程序违反法定程序的；认定事实的主要证据不足的；适用法律确有错误的；仲裁员在仲裁该案时有贪污受贿，徇私舞弊，枉法裁决行为的。

此外，人民法院认定执行该裁决违背社会公共利益的，裁定不予执行。裁定书应当送达双方当事人和仲裁机构。仲裁裁决被人民法院裁定不予执行的，当事人可以根据双方达成的书面仲裁协议重新申请仲裁，也可以向人民法院起诉。

本章主要内容归纳总结图

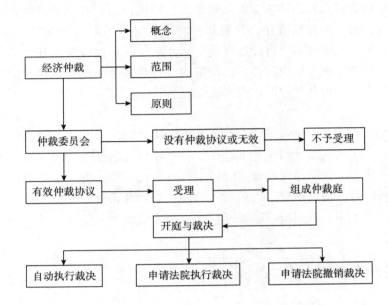

复习思考题

1. 如何理解仲裁协议的法律效力？
2. 撤销仲裁裁决的条件。

推荐阅读

1. 怀化市一建房地产开发有限公司与丁友萍确认仲裁协议无效上诉案
   湖南省高级人民法院/（2017）湘民终 622 号/2017. 11. 10
2. 顾恺诉安庆市天盛装饰工程有限公司申请撤销仲裁裁决案
   安徽省安庆市中级人民法院/（2016）皖 08 民特 20 号/2016. 12. 20
3. 李建文与海南凤凰地产有限公司申请撤销仲裁裁决纠纷案
   海南省海口市中级人民法院/（2013）海中法仲字第 44 号/2013. 09. 05
4. IBM 软件销售合同争议仲裁案/中国国际贸易仲裁委员会/2006. 04. 14
5. 日中合资集装箱公司合同争议仲裁案/国际经济贸易仲裁委员会上海分会/2006. 10. 18